作者简介

赵廷光，汉族，1935年5月生，贵州镇宁人，武汉大学法学院教授，博士生导师，享受国务院政府特殊津贴。主要研究方向为：定罪与量刑、刑法专家系统和反计算机犯罪。曾出版《中国刑法原理》（上下卷）、《量刑公正实证研究》、《计算机犯罪的定罪与量刑》和《论罪名、罪行与法定刑》等著作10余部，发表《论量刑精确制导》、《论罪行》和《法定刑中间线是量刑公正的生命线》等论文百余篇，主持研制《中国刑法专家系统》和《计算机辅助量刑系统》等软件，获全国高校人文社会科学研究优秀成果一、二等奖，国家科委火炬高新技术成果银奖等奖项。

湖北省社会公益出版专项资金资助项目

赵廷光教授量刑姊妹篇之二

量刑标尺论

赵廷光　著

什么是衡量犯罪的真正标尺？即犯罪对社会的危害。

这是一条显而易见的真理，尽管认识这类明了的真理并不需要借助象限仪和放大镜，而且它们的深浅程度都不超出任何中等智力水平的认识范围，但是，由于环境惊人的复杂，能够有把握认识这些真理的人，仅仅是各国和各世纪的少数思想家。

刑罚的目的既不是要摧残折磨一个感知者，也不是要消除业已犯下的罪行。……刑罚的目的仅仅在于：阻止罪犯再重新侵害公民，并规诫其他人不要重蹈覆辙。

因而，刑罚和实施刑罚的方式应当经过仔细的推敲。

——［意］贝卡里亚：《论犯罪与刑罚》

图书在版编目(CIP)数据

量刑标尺论/赵廷光著. —武汉：武汉大学出版社,2015.3
ISBN 978-7-307-14924-3

Ⅰ.量… Ⅱ.赵… Ⅲ.量刑—研究—中国 Ⅳ.D924.134

中国版本图书馆 CIP 数据核字(2014)第 279362 号

责任编辑:郭园园　　责任校对:鄢春梅　　版式设计:马　佳

出版发行：武汉大学出版社　(430072　武昌　珞珈山)
(电子邮件：cbs22@ whu. edu. cn　网址：www. wdp. com. cn)
印刷:武汉中远印务有限公司
开本：720×1000　1/16　印张:32.25　字数:460 千字　插页:2
版次:2015 年 3 月第 1 版　2015 年 3 月第 1 次印刷
ISBN 978-7-307-14924-3　定价:86.00 元

什么是衡量犯罪的真正标尺？即犯罪对社会的危害。这是一条显而易见的真理，尽管认识这类明了的真理并不需要借助象限仪和放大镜，而且它们的深浅程度都不超出任何中等智力水平的认识范围，但是，由于环境惊人的复杂，能够有把握认识这些真理的人，仅仅是各国和各世纪的少数思想家。

刑罚的目的既不是要摧残折磨一个感知者，也不是要消除业已犯下的罪行。……刑罚的目的仅仅在于：阻止罪犯再重新侵害公民，并规诫其他人不要重蹈覆辙。因而，刑罚和实施刑罚的方式应当经过仔细的推敲。

——[意]贝卡里亚：《论犯罪与刑罚》

前　言

1978年，改革开放的春风吹拂神州大地。中共十一届三中全会高度重视法制建设，但高等法学教育已停办十多年，法律人才奇缺，于是我这个法律专业出身，毕业后曾在高校任教近三年，后又调党政机关工作的干部得以“归队”，重返高校讲授《刑法学》，同时做了几年兼职律师。在教学科研和刑事辩护的过程中，常听人说：“只要定罪正确，多判几年少判几年无关紧要。”令人百思不得其解的是，在市场经济条件下，就连购买白菜萝卜这种小事都要用秤来称，而对事关生杀予夺的量刑问题却用“估堆”方法处理？古今哲人教导我们：真理是在不同观点的碰撞中迸发出来的智慧火花。为了解决这个问题，本人在十年前先后发表量刑方面的著述百万余字，试图将自己的浅见公之于众，恳请学界同仁严加批驳，不吝赐教，以达抛砖引玉之目的。但是在实现量刑公正的问题上，学界存在着这么一种现象：各说各话，互不争论，因而很少听到批评指正的声音。此时本人已年近七十，切盼在有生之年能听到客观公允的评论，于是在几次学术研讨会上正式申明：“谁能驳倒本人关于量刑的观点，愿以3年退休金相赠。”

对此问题，不少媒体相继作过报道。例如《民主与法制》2007年第23期在“人物专访”中说：“现在令赵廷光困惑的是，自己关于量刑改革理论得不到与别人争锋的机会，就像一个修炼多年寻遍天下找不到与之过招的侠客，这种‘独孤求败’的失意让赵廷光很无奈。”本人没有看过金庸先生的小说和电视连续剧，不知“独孤求败”这个典故，后来才知道它的含义，不由得阵阵汗颜。我非常感谢记者先生对本人研究项目的支持和鼓励，但是这种比喻对我来说是非常不恰当的。本人只是一个普通的退休教师，并非什么“剑仙侠客”，而今年近八旬，除了“抛砖引玉”之外别无其他目的。科学研究能净化人们的灵魂。名利对本人来说已是过眼烟云。

该期刊还说：“国内某著名学术期刊曾经刊发一位教授的关于‘克服量刑偏差’的研究文章，赵廷光认为该文章的观点和自己正好相左，就向此刊撰文，希望能够‘引起学术争鸣’，以自己为批判‘靶子’，哪怕把自己的观点批得体无完肤都没有关系。这样可以使自己的理论获得验证真伪的机会，让年轻的学者少走弯路。并且在致该期刊编辑部的信上注明：‘如果社外审稿专家能从理论上推翻本文基本观点，愿以3年退休金酬谢。立此存照，决不食言。’但是，期刊编辑部并没有给赵廷光任何答复。”

那么，本人关于“愿以3年退休金相赠”承诺，现在是否还算数呢？覆水难收嘛！当然算数。但是，科学研究是一个不断发现真理和修正错误的过程，敬请争鸣者以本书观点为准，其中有如下8个与众不同的问题，便是学术争鸣的“靶子”。

一、定罪不但要定到“罪名”而且必须定到“罪行”

正确定罪是适当量刑的前提。定罪不但要定到罪名而且必须定到罪行。现行刑法虽然在多个条文中使用“罪行”一词，但是传统刑法理论却没有罪行的科学概念，罪名与罪行往往混淆不清。罪名是对某种或者某些罪行的本质特征的高度概括和称谓；罪行是具有特定犯罪构成且配置一定法定刑的行为模式(抽象个罪)，或者说是符合特定犯罪构成起码要求且适用一定法定刑的现实危害行为(具象个罪)。犯罪构成不但是罪行的法律表达方式，而且是唯一无二、与众不同的，有多少种罪行就有多少个犯罪构成。一种罪行配置一档相应的法定刑是我国刑法关于个罪的立法模式。法定刑是指刑法分则条文对各种具体罪行所规定的刑罚或者刑期幅度。法定刑在法律条文中列于罪状之后，是刑法分则条文的基本组成部分。现行刑法共规定452个罪名，下辖878种罪行。其中：有127个罪名只涵纳1种罪行，简称单一罪名，约占全部罪名的28%和全部罪行的14.5%；另有325个罪名分别涵纳 2~4 种罪行，下辖 751 种罪行，简称集合罪名，约占全部罪名的 72%和全部罪行的 85.5%。对于前者来说，虽然罪名是罪行的上位概念，但将两者视为同一概念不会引起混乱；而对于后者来说，由于不同罪名所辖罪行多寡不等，如果用罪名替代罪行或者罪行缺位，后果将是不堪设想的，所以定罪不但要定到罪名而且必须定到罪行。

二、"虚拟徒刑"是将法定刑转换为"量刑标尺"的关键所在

法定刑是量刑标尺的原型。法定刑只有转换为各刑种刻度分明(每刻度体现多少刑罚量)的量刑标尺，才能成为衡量罪责程度的工具。法定刑中间线是从重与从轻处罚的自然分水岭，是量刑公正的生命线。但是传统刑法理论则认为，由于各刑种没有统一的计量单位，多刑种法定刑无法划中间线，这似乎切中了问题的要害。但是，笔者经过深入探索，终于找到解决这个问题的科学方法，它就是：根据刑罚的共同本质属性，将有期徒刑作为其他主刑的"一般等价物"，暂时虚拟为有期徒刑，待到得出量刑结论时，再还原为各自本来的惩罚方法。分述如下：

(一)根据刑法第 38 条第 1 款关于"管制的期限为 3 个月以上 2 年以下"的规定精神和第 41 条关于"……判决执行以前先行羁押的，羁押 1 日折抵刑期 2 日"的规定精神，可将管制虚拟为有期徒刑"1.5~12 个月"，于是，将其幅度刑罚量虚拟为有期徒刑"10.5 个月"便是顺理成章的。

(二)根据刑法第 42 条关于"拘役的期限为 1 个月以上 6 个月以下"的规定精神和第 44 条关于"……判决执行以前先行羁押的，羁押 1 日折抵刑期 1 日"的规定精神，可将拘役虚拟为有期徒刑"1~6 个月"，于是，将其幅度刑罚量为虚拟徒刑"5 个月"便是言之有理的。

(三)根据刑法第 78 条关于"减刑以后实际执行的刑期"，被"判处管制、拘役、有期徒刑的，不能少于原判刑期的 1/2；判处无期徒刑的，不能少于 13 年"的规定精神以及第 81 条第 1 款关于"被判处有期徒刑的犯罪分子，执行原判刑期 1/2 以上，被判处无期徒刑的犯罪

分子，实际执行13年以上……可以假释”的规定精神，可视“13年”为无期徒刑的1/2，于是，将无期徒刑虚拟为有期徒刑“15～26年”，其幅度刑罚量为11年便是必然的逻辑结论。

（四）那么，死刑应当虚拟为多少年徒刑呢？它应当与无期徒刑相等，其幅度刑罚量也是11年，即虚拟为有期徒刑“26～37年”。理由有二：其一是，在现行刑法中，有一档法定刑是“处无期徒刑或者死刑”，适用于7种罪行，其“死刑”为从重处罚空间，其“无期徒刑”为从轻处罚空间，两者在法定刑中的“等间距”是毋庸置疑的；其二是，既然死刑的幅度刑罚量在该档法定刑中可以同无期徒刑相等齐观，那么在别的法定刑中两者为什么不能相等呢？因此，将死刑虚拟为有期徒刑“26～37年”，不失为依法构建量刑标尺的最佳选择。

（五）在法定刑包括单处附加刑（罚金或者剥夺政治权利）且被划分为200个刻度的场合，先按刑种平均分配量刑空间刻度，在明确附加刑所占空间基础上，再调相关主刑在其间的空间刻度，这也是言之有理，持之有故的。

总之，“虚拟徒刑”方法能使法定刑“中间线”凸显出来，这就解决了法定刑无法划中间线的瓶颈问题。

三、建立相对完备的“量刑情节体系”是量刑公正的基本保障

严格区分定罪情节与量刑情节，建立相对完备的量刑情节体系，是实现量刑公正的基本保障。所谓定罪情节，是指据以认定行为成立某种罪行，从而满足犯罪构成起码要求的主客观事实情况；所谓量刑情节，是指定罪情节以外的，能够在一定程度上揭示行为社会危害性和行为人人身危险性的主客观事实情况。定罪剩余的选择要件理所当然地转化为从重处罚量刑情节。表明行为社会危害性和行为人人身危险性的主客观事实情况，要么是定罪情节，要么是量刑情节，二者必居其一，但是预备、未遂和中止除外。定罪情节只有正确认定行为成立某种罪行的功能，量刑情节只有理性评价犯罪人罪责程度（并以一定积分来表达）的功能。由于量刑情节是对犯罪人处罚轻重的唯一根据，因此，建立起一个分门别类的相对完备量刑情节体系，阐明其来

源和根据，防止漏选和错选犯罪人具有的量刑情节，是实现量刑公正的基本保障；如果发生了漏选和错选的情形，再好的量刑方法也无济于事。

据不完全统计，目前可供适用的量刑情节至少有480种，可以按不同标准进行分类：

（一）按量刑情节的来源划分，法定量刑情节共有69种，司法解释规定的情节共有109种，酌定量刑情节共有67种，定罪剩余的选择要件转化而来的从重处罚情节共235种。

（二）按量刑情节的处罚功能划分，从重处罚情节共有347种，从轻处罚情节共有48种，多功能从宽处罚情节63种，单功能从宽处罚情节22种。

（三）按量刑情节的适用范围划分，总则性量刑情节共有95种，分则性量刑情节共有385种；前者的数量虽然较少但是适用的罪行则较多，后者虽然数量较多但是适用的罪行则较少。

迄今为止，我国刑法学界尚无学者提出数量如此之多、内容如此翔实的量刑情节体系，特别是将定罪剩余的选择要件转化为从重处罚情节的论断，不能不说是创新性研究成果。

四、从重与从轻处罚空间最多只能分别容纳两个积满分的相应量刑情节

量刑标尺是各刑种排列有序且刻度分明的法定刑。它不但内部存在刑种之间的数量关系，而且还与犯罪人具有的量刑情节发生一定的数量关系。后者面临着三种选择：其一是，如果犯罪人具有一个积满分的从重或者从轻处罚情节，便适用法定最高刑或者最低刑，这就意味着“从重者愈重，从轻者愈轻”，从而导致处罚宽严“两极分化”，显然不足为取。其二是，如果犯罪人具有三个积满分的从重或者从轻处罚情节，才判处法定最高刑或者最低刑，势必造成“从重者愈轻，从轻者愈重”，两者反差巨大，更是不足为取。其三是，只有当犯罪人具有两个积满分的从重或者从轻处罚情节时，才可以判处法定最高刑或者最低刑；由于这种选择比较适中，充分体现了党和国家关于

“该严则严，当宽则宽”的刑事政策，不失为我国“责刑关系”的最佳选择。既然前两者均不足为取，那么后者也就成了实现量刑公正的唯一选择。由此可见，法定最高刑的适用与两个积满分的相应量刑情节之间具有内在的必然联系，违反这种联系和关系则无量刑公正可言。

上述第三种选择的优越性在于：(一)它能将单个从重与从轻处罚情节的最高积分(积满分)设置为50个积分，从而使从重与从轻处罚空间分别为100个刻度，进而将法定刑空间平均划分为200个刻度，最后形成量刑情节理性评价“积分”与法定刑空间“刻度”两者之间的“1∶1”对应的关系。这些数量关系乃量刑公正客观规律之使然，并非主观臆断和随心所欲的产物。(二)在现实生活中，一个犯罪人具有两个“积满分”的从重与从轻处罚情节十分罕见，由于从重与从轻处罚空间能够分别容纳若干不同积分的相应量刑情节，所以，第三种选择是罪责程度转换为刑罚程度的桥梁和枢纽。

五、量刑情节理性评价“积分”是犯罪人罪责程度的最佳表达方式

犯罪人具有的量刑情节，从其功能上划分有从重、从轻、减轻和免除处罚四种，其中需要进行理性评价的只有前三种，后者不存在理性评价的问题。那么评价的内容和根据是什么呢？现将从重与从轻处罚情节的“两个层面两个层次的五级评价模型”和减轻处罚情节评价模型，简述如下：

(一)从重、从轻处罚情节的理性评价模型

第一层面的“五等五级评价”是，根据量刑情节的性质，将特定从重或者从轻处罚情节在量刑中的“重要性程度”划分为五个选择等级，并给每个等级设置五个选择分值，用以相对精确地表达该量刑情节在案件中的“重要性程度”：一等为“特别次要情节”，积1～5分；二等为“比较次要情节”，积6～10分；三等为“一般重要情节”，积11～15分；四等为“比较重要情节”，积16～20分；五等为“特别重要情节”，积21～25分。这个层面的理性评价能从宏观上将从重或者从轻处罚情节，分解为25种不同的“重要性程度”。办案人员应当根据该量刑情节的“特定性质”，理性评价其属于何种“重要性等级”，再

联系具体案情，在本等级的"积分幅度"范围内选择一个适当的分值，并用简洁文字阐明选择与评价的理由和根据。

第二层面的"五等五级评价"是，将特定从重或者从轻处罚情节在案件中的"具体表现"划分为五个选择等级，并给每个等级设置五个选择分值，用以相对精确表达该情节在本案中的"具体表现"情况：一等为"表现略坏的"或者"表现略好的"，积1～5分；二等为"表现较坏的"或者"表现较好的"，积6～10分；三等为"表现一般坏"或者"表现一般好的"，积11～15分；四等为"表现很坏的"或者"表现很好的"，积16～20分；五等为"表现最坏的"或者"表现最好的"，积21～25分。其中表现"好"的为从轻处罚情节理性评价模型，反之为从重处罚情节。这个层面的理性评价也能从宏观上将从重或者从轻处罚情节，分解为25种不同的"具体表现"。办案人员应当根据该量刑情节在案件中的"实际表现"，理性评价其属于何种"表现等级"，再联系具体案情，在本级的"积分幅度"范围内确定一个适当的分值，并用简洁文字阐明选择与评价的理由和根据。

最后，将两个层面两个层次的五级选择评价所得积分相加，便是该量刑情节的"整体积分"。由此可见，这种评价模型能将单个从重、从轻处罚情节划分为48种危害危险程度(减去两个层面分别评价为1分的情形)，其精确度是任何量刑模式都难以比拟的。

(二)减轻处罚情节理性评价模型

减轻处罚是在法定刑以下适用刑罚，这种性质决定其在量刑情节中属于"特别重要情节"中的"特别重要情节"，没有另行评价的余地，所以只须评价其在案件中的"具体表现"，便能达到公正量刑的目的。鉴于不同法定刑的减轻处罚空间宽窄不同，因此减轻处罚情节的理性评价积分，必须用减轻空间刻度的百分比来表达。比如，表现略好的减轻4%～20%，表现较好的减轻24%～40%，表现一般好的减轻44%～60%，表现很好的减轻64%～80%，表现最好的减轻84%～100%。计算方法为：(1)减轻幅度刑罚量÷法定刑"刻度月"＝减轻处罚空间刻度；(2)减轻处罚空间刻度×减轻评价百分比+从轻空间100刻度＝减轻处罚情节积分；(3)减轻处罚情节积分×法定刑"刻度月”=减轻处罚最佳适度。

这里要特别指出的是，有了科学的量刑情节理性评价模型是远远不够的，还需要有理性评价量刑情节的科学理论；对犯罪人具有的某种量刑情节的评价是否客观公允，是实现量刑公正最核心的问题；防止评价错误的基本方法是阐明评价的理由和根据，并通过法庭公开辩论等诉讼程序来加以保障；如果评价错误，再好的量刑理论和方法也无济于事！由此可见，刑事程序法学对于实现量刑公正具有至关重要的意义。

六、一罪单情节“整体积分”与一罪多情节“整合积分”是量刑轻重的唯一根据

犯罪人仅有一种量刑情节的，该情节的理性评价积分是对其处罚轻重的唯一根据。犯罪人具有多种量刑情节，尤其是它们的处罚功能互不相同的，究竟以哪种量刑情节的理性评价积分为量刑轻重的根据？科学的方法是：将各个量刑情节的理性评价积分，通过“同向相加”和“逆向相减”相结合的计算，最后剩下的或重或轻的“整合积分”，便是对犯罪人处罚轻重的唯一根据。这里请注意下列三个问题：

（一）对于法定刑无减轻处罚空间的罪行来说，多情节“同向相加”和“逆向相减”的最后运算结果，要么是从重处罚情节积分，要么是从轻处罚情节积分，要么是免除处罚，不可能是减轻处罚积分。

（二）对于法定刑有减轻处罚空间的罪行来说，多情节“同向相加”和“逆向相减”的最后运算结果，要么是从重处罚情节积分，要么是减轻处罚情节积分，要么是免除处罚，不可能是从轻处罚积分，因为减轻处罚是在法定最低刑以下判处刑罚，从轻处罚情节积分已经被减轻处罚情节积分全部吸收了，所以不存在从轻处罚情节积分。

（三）在犯罪人无从重处罚情节积分的场合，多情节“同向相加”和“逆向相减”的最后运算结果，要么是从轻处罚积分，要么是减轻处罚积分，要么是免除处罚，后者不存在理性评价积分的问题；如果犯罪人具有从重处罚积分的话，应当将免除处罚情节设置为 101 个积

分，用以等量抵消从重处罚情节积分，最后剩下什么就是什么。

七、缓刑考验期长短与原判刑罚轻重具有内在的必然联系

缓刑，是指犯罪人被判处一定刑罚，依法暂缓执行即对原判刑罚附条件地不执行的刑罚制度。根据刑法第 72 条、第 73 条、第 74 条和第 76 条规定，对于被判处拘役、3 年以下有期徒刑的犯罪分子，同时符合下列条件的，可以宣告缓刑；这些条件是：(一)犯罪情节较轻；(二)有悔罪表现；(三)没有再犯罪的危险；(四)宣告缓刑对所居住社区没有重大不良影响。但是，对其中不满 18 周岁的人、怀孕的妇女和已满 75 周岁的人，应当宣告缓刑；对于累犯和犯罪集团的首要分子，不能适用缓刑。宣告缓刑，可以根据犯罪情况，同时禁止犯罪分子在缓刑考验期限内从事特定活动，进入特定区域、场所，接触特定的人。被宣告缓刑的犯罪分子，如果被判处附加刑，附加刑仍须执行。对宣告缓刑的犯罪分子，在缓刑考验期限内，依法实行社区矫正，如果没有刑法第 77 条规定的情形，缓刑考验期满，原判的刑罚就不再执行，并公开予以宣告。拘役的缓刑考验期限为原判刑期以上 1 年以下，但是不能少于 2 个月；有期徒刑的缓刑考验期限为原判刑期以上 5 年以下，但是不能少于 1 年。缓刑考验期限，从判决确定之日起计算。

这里要解决的主要问题是：根据什么怎样分别确定特定犯罪人的缓刑考验期？本书认为，在犯罪人符合上列规定可以宣告缓刑的前提下，原判刑期是确定缓刑考验期长短的唯一根据。现分两种情形阐述如下：

(一)被判处拘役的缓刑。由于适用缓刑的拘役期限为“1~6 个月”，与之对应的拘役缓刑考验期为“2~12 个月”，那么，这就表明：拘役原判刑期为 1 个月的，其缓刑考验期对应 2 个月；拘役原判刑期为 2 个月的，其缓刑考验期对应 4 个月；拘役原判刑期为 3 个月的，其缓刑考验期对应 6 个月；拘役原判刑期为 4 个月的，其缓刑考验期对应 8 个月；拘役原判刑期为 5 个月的，其缓刑考验期对应 10 个月；拘役原判刑期为 6 个月的，其缓刑考验期对应 12 个月。由此可见，

拘役原判刑期与其缓刑考验期之间具有内在的必然联系，所以“拘役缓刑考验期的最佳适度=原判刑期 X 个月×2”，便是理所当然的。

（二）被判处有期徒刑的缓刑。由于适用缓刑的有期徒刑期限为“6～36 个月”，与之对应的缓刑考验期为“12～60 个月”，于是，原判刑期 1 个月对应缓刑考验期 1.66 个月（缓刑考验期上限 60 个月÷原判刑期 36 个月上限），原判刑期 X 个月×缓刑考验期 1.66 个月=有期徒刑缓刑考验期的最佳适度，便是符合逻辑的推论。由此可见，有期徒刑原判刑期与其缓刑考验期之间同样具有内在的必然联系。

总之，在以往的司法实践中，对犯罪人缓刑考验期的确定一般是基于“估堆”，否则，缓刑考验期的确定性判决，究竟是根据什么、采取什么方法、怎样计算出来的呢？对于这个问题，再也不能回避了，因此，本书提出：缓刑考验期长短与原判刑罚轻重具有内在的必然联系。这种观点正确与否？切盼读者批评指正。

八、有期自由刑数罪并罚“执行刑期”的计算方法

根据刑法第 69 条规定，我国数罪并罚实行以限制加重原则为主，以吸收原则和并科原则为补充的折中主义原则。归纳起来有如下三点：一是数罪宣告刑中有死刑或者无期徒刑的，实行吸收原则，决定执行一个最重的刑罚，低于最重刑罚的其他刑罚不再执行。二是数罪宣告刑分别为有期自由刑的，实行限制加重原则，即在数刑最高刑期以上，数罪总和刑期以下，酌情决定执行刑期，但是拘役最高不能超过 1 年，管制最高不能超过 3 年，有期徒刑总和刑期不满 35 年的最高不能超过 20 年，总和刑期在 35 年以上的最高不能超过 25 年。三是数罪宣告刑中有判处附加刑的，附加刑仍须执行，实行并科原则，其中附加刑种类相同的合并执行，种类不同的分别执行。

但是，刑法第 69 条第 1 款对有期自由刑实行限制加重原则的规定，存在两个问题：一是数罪宣告刑分别为有期徒刑、拘役或者管制的，由于不属于同一刑种，执行的方法也不相同，怎样计算它们的总和刑期？这个问题可以通过“虚拟徒刑”解决，已经不在话下；二是在数刑最高刑期以上，数罪总和刑期以下，“酌情决定执行的刑期”，

这里的“酌情”究竟是指什么？这是一个长期困绕司法实践的大问题，目前尚无解决方案，因此必须另辟蹊径，开拓创新。

首先，将“数刑最高刑期～数罪总和刑期”设置为决定执行刑期的“裁量幅度”，但因这种“裁量幅度”千差万别，所以只有结合实际案件才能具体确定。

其次，将决定各罪宣告刑的量刑情节理性评价积分，通过“同向相加”和“逆向相减”的计算，使其形成一个或重或轻的“整合积分”，这个“整合积分”是有期自由刑“酌情决定执行刑期”的唯一根据。这就是说，没有特定数罪的“整合积分”就没有“决定执行刑期”的公正性。

最后，将有期自由刑决定执行刑期的“裁量幅度”平均划分为200个刻度，并计算出每个刻度等于多少徒刑量。计算公式为：（数罪总和刑期－数刑最高刑期）÷200个刻度＝决定执行刑期的“刻度月”，它是衡量犯罪人所犯数罪罪责程度的一般标准。再将数罪宣告刑“整合积分”与数罪执行刑期“裁量空间”刻度按“1∶1”相对应，便能求解有期自由刑决定执行刑期的最佳适度：（一）数罪“整合积分”为从重处罚情节积分的，应当根据其积分量，从数刑最高刑期（裁量空间下限）开始向上读数（正数），读数剩余“裁量空间”的1/2处，便是从重决定数罪执行刑期的最佳适度；计算公式为：（有期自由刑“裁量空间”200刻度－从重处罚“整合积分”）÷2×“裁量幅度”刻度月＝从重决定执行刑期的最佳适度。（二）如果数罪“整合积分”为从轻或者减轻处罚情节积分的，应当根据其积分量，从数罪总和刑期（裁量空间上限）开始向下读数（倒数），读数剩余的“裁量空间”1/2处，便是有期自由刑从宽决定执行刑期的最佳适度；计算公式为：（有期自由刑“裁量空间”200刻度－从宽处罚“整合积分”）÷2×“裁量幅度”刻度月＝从轻决定执行刑期的最佳适度。这就是说，“反向压缩，取其中线”是对这种裁量方法的高度概括。

尊敬的学界同仁们，学术争鸣的“靶子”已经竖起，请向它“开炮”吧！它将像“凤凰涅槃”一样，在烈火中获得新生！

目　录

第一编　实现量刑公正与精准的基本理论与方法

第二编　量刑标尺体系及其适用罪行

第三编　一般量刑情节及其来源和根据

第四编　定罪剩余的选择要件转化而来的从重处罚情节

第一编

实现量刑公正与精准的基本理论与方法

引言 “估堆量刑”是产生量刑偏差的根源

一、“估堆量刑”是法官自由裁量权的形象写照

由于世界各国至今还没有找到量刑情节转换为罪责程度进而转换为刑罚程度的科学计算方法，致使“估堆量刑”成为司法实践中不可避免的普遍现象。所谓“估堆量刑”，是指在既不严格区分罪名与罪行，又不严格区分定罪情节与量刑情节；既不将法定刑依法转换为刻度分明的“量刑标尺”，又不对量刑情节所体现的罪责程度进行理性评价的情况下，仅凭法官个人的刑罚价值取向、笼统片面的认识和狭隘的审判经验，在法定刑范围以内或者以下对犯罪人任意判处刑罚的情形。正如有法官所说：“总的看，大多数法官还是采用估堆的方法”裁量刑罚。① “这种量刑方法称为经验式量刑法或综合估量法，它不区分定罪情节和量刑情节，而是将两者混合在一起整体估量出宣告刑，这样……同一事实实际上反复起了从重或从宽处罚的作用。司法实践中量刑没有参照物，带有较大的随意性。”②可是，我国有些法官十分忌讳这种说法，唯恐被戴上“估堆量刑”的帽子。那么，我们不禁要问：您如果不是“估堆量刑”的话，您能阐明您参与作出的量刑结论是用什么方法、怎样计算出来的吗？其实，大可不必回避，因为探索科学量刑方法是一道世界难题，至今还没有哪个国家解决了这

---

① 田幸：《准确量刑实现司法公正》，载《江苏法制报》2004 年 4 月 13 日。

② 孙公幸、管友军：《量刑基准对刑罚裁量的实践意义》，载刘家琛主编：《当代刑罚价值研究》，法律出版社 2003 年版，第 426 页。

个问题，中国法官岂能例外？

我国虽然没有任何一部法律明文规定法官具有刑罚自由裁量权，但因刑法关于量刑原则的规定笼统模糊，互不协调，缺乏严格具体的要求和科学的操作方法，所以法院和法官实际上拥有极其宽泛的刑罚自由裁量权。于是有人公开撰文说：“在法定刑幅度内判几年，是3年还是4年，是7年还是9年，并没有此是彼非的重大差别”；① 甚至认为：“只要案件定性不错，在量刑上多判几年，少判几年都无所谓，谁能拿秤来称？”②令人匪夷所思的是，在商品社会里，就连买白菜萝卜这样的小事情都要用秤来称，为什么在事关生杀予夺的量刑问题上，竟然采取“估堆”的方式来解决！在“估堆量刑”的状况下，许多显失公正的判例不断被新闻媒体披露出来，使人触目惊心！例如：

1. 某区法院审理四起盗窃案件，甲乙两案盗窃财物都是1600元，甲案被告人被判处有期徒刑6年，而4天后乙案被告人却被判处有期徒刑6个月，相隔4天刑期相差12倍；丙案被告人多次盗窃共计9800元，丁案被告人一次盗窃980元，两案盗窃数额相差10倍，但都判处有期徒刑2年，前者处以罚金3000元，后者处以罚金2300元。③

2. 福建省周宁县前公安局副局长陈××强奸受害少女并实施妨害作证行为，周宁县法院一审对其强奸罪判处有期徒刑3年，对其妨害作证罪判处有期徒刑1年，决定执行有期徒刑3年。在检察机关的抗诉下，宁德市中级人民法院进行二审，对其强奸罪判处有期徒刑8年，对其妨害作证罪判处有期徒刑5年，合并执行有期徒刑12年。一、二审判决误差率高达300%，无论从哪个角度看，都是一个无法理解和容忍的惊人数字。④

---

① 张建伟：《怎样看待量刑建议》，载《检察日报》2001年9月7日“理论新苑”版。

② 东营市中级人民法院网站“法官论坛”第17期：《如何科学、准确地量刑》，2003年10月31日。

③ 谢鹏程：《论量刑公正的程序保障》，载《法制日报》2001年8月5日。

④ 刘以宾：《300%的量刑“误差率”》，人民网2003年3月31日。

3. 某市发生一起抢劫案，被告人抢劫一位澳大利亚妇女的物品并致其轻伤，某市法院对该被告人判处死刑，被害人得知这一判决结果，向我国有关司法机关提出抗议，认为量刑过重。还有一名被告人因抢劫外国人的一架照相机，被认为造成严重国际影响，审判委员会讨论时一致同意判处死刑，只因其中一位委员偶吐一句：“难道中国人的一条命还不值外国人的一架照相机吗?”才挽救了这个被告人的生命。①

4. 山西泽州县巴公二村村民周××，在1984年至2001年担任该村党支部书记兼村委会主任期间，犯有7项罪行，被山西省晋城市中级人民法院判处有期徒刑30年合并执行20年。周××不服，上诉至山西省高级人民法院，二审竟改判为有期徒刑3年。此案经省人大常委会调查发现，二审法官山西省高院审监庭长孟××索取、收受了周××贿赂，为其开脱罪行，重罪轻判。此案在全国人大常委会法工委和最高人民法院的支持下进入再审程序，山西省高级人民法院经过审理，判处被告人周××有期徒刑11年，并处罚金5万元，追缴违法所得493万余元，没收行贿款24万元。② 太原市中级人民法院审理孟××受贿案，查明其利用职务便利，为诉讼当事人谋利益，收受周××等人财物共计人民币253.9万余元，美元1.5万元，其他财物人民币1.7万余元；无法说明合法来源的有人民币192.4万余元、美元5220元和港元、日元、韩元若干，对孟××以受贿罪判处有期徒刑14年，以巨额财产来源不明罪判处有期徒刑2年，数罪并罚决定执行有期徒刑15年。③

---

① 陈兴良：《罪刑均衡的中国命运》，载《中央政法管理干部学院学报》1996年第6期。

② 李吉毅、郭卫艳：《周腊成腐败窝案尘埃落定》，载《山西晚报》2007年4月13日。

③ 马倩茹：《山西高法法官孟来贵受贿案内幕》，载《三晋都市报》2007年7月2日。

二、量刑偏差产生的深层次原因

“估堆量刑”固然是造成量刑偏差的主要原因，但是，从量刑改革的层面上考察，造成量刑偏差还有更深层次的原因：“一是将‘严打’理解为多判、重判甚至多杀，唯恐受到‘打击不力’的指责。有的地方甚至采取定指标的办法，提出判重刑的要占多少比例以上，有的把所谓判刑数量、重刑比例作为评判刑事审判工作成绩的标准，结果是‘水涨船高’，一些不属于‘严打’的对象不仅量刑失重，而且人为地扩大了‘严打’对象范围。二是存在着一定程度的重定罪轻量刑的不良倾向。在相当一部分人思想观念上，长期存在一个带普遍性的认识问题，以为刑事案件只要事实清楚，证据确实充分，定罪准确，审判程序合法就行了，量刑上轻一点重一点没有关系，不是什么问题。在这种观念的影响下，一审法院在裁量决定刑罚的时候，有的就采取宁重勿轻的做法。认为判重了二审可以改判，改判了也不算错判；检察机关一般是抗轻不抗重，判轻了一抗诉，二审改判就算错案了，因此，往往在量刑幅度内普遍偏重判处。二审法院审理中，只要事实、证据和定性上没有问题，只是量刑偏重一点，一般也就不改判了。三是存在重人身刑轻非监禁刑的倾向。”①此外，脱离已经进入数字化信息化时代的中国具体国情，忽视实现量刑公正是一道世界难题，尚未树立起科学发展观，缺乏与时俱进的创新精神，盲目地在美英日等西方国家以往量刑改革“丛林”中“兜圈子”，没有在探索科学量刑方法上下苦工夫，总想摆脱现行刑法架构任意作出这样那样的规定，试图将“法官的”自由裁量权提升为“法院的”自由裁量权，另搞一整套“罪型亚类”体系，使之变成一部《量刑法典》，这是当前量刑改革的最大误区。

令人大惑不解的是，有学者竟然提出这样的诘问：“难道估堆量刑就没有‘估’对的吗？”笔者的回答是，估堆量刑是否“估对”了，在

① 刘家琛：《论刑罚适用及其价值取向》，载《当代刑罚价值研究》，法律出版社 2003 年版，第 7 页。

没有拿出科学量刑方法加以检验之前，谁也不敢妄加评论。例如，在北京百货大楼前矗立着一位普通售货员的塑像，他叫张秉贵。在改革开放初期，由于当时物资相对匮乏，顾客流量很大，通常要排长队，为了不耽搁顾客时间，他练就了一身过硬的售货本领，对所卖的80多种糖果不是用秤称，而是用手“抓”，误差极小，基本上做到了“一抓准”和“一口清”，深受顾客的欢迎和尊敬，被评为全国劳动模范。顾客对张师傅的“一抓准”为什么这样信任？是因为柜台上放着一台公平秤，不信您拿去称一称！“估堆”量刑是否“估”得准确，需要有客观公正的检验标准；离开了柜台上放着的“公平秤”，根本不可能产生张秉贵这样的劳动模范和他那令人称奇的售货技艺。就量刑而言，科学的裁量方法好比一台量刑“公平秤”，人们只能对它显示轻重的“指针”是否绝对“归零”进行监督和讨论，离开了科学量刑方法来谈论量刑结果的公正性是毫无意义的。由于量刑规范化改革是偏离法定刑中间线另行确定 “量刑起点”和“基准刑”，这就好像衡量工具不是“归零”一样，量刑偏差仍然不可避免，所以我们不但要解决科学的量刑方法问题，而且要比较哪种量刑方法最能体现量刑公正。只要我们摆脱传统思维的束缚，尊重科学，一切从本国实际出发，大胆理论创新和方法创新，就能研制出一台最佳的“量刑公平秤”，将量刑偏差控制在最低限度。这台“公平秤”就是以37档法定刑为原型的量刑标尺体系，各档法定刑的“中间线”是特定罪行的量刑公正生命线，它像汽车一样，通过“换档”分别适用于现行刑法规定的878种罪行，还能够根据刑事立法和刑法理论的发展随时进行相应的修改和校正，从而具有前瞻性和广泛的适用性。

三、摒弃“估堆量刑”是广大公民的迫切诉求

“估堆量刑”不仅必然导致量刑偏差而且还使量刑活动失去监督，因为大家都是“估堆”，究竟谁估“对”了还很难说。您说他判刑过重了或者过轻了，他反问：“您是怎样计算出来的”？您将无言以对。在我国产生这种“刑罚擅断主义”的原因虽然是多方面的，但是在刑事立法上对量刑活动缺乏严格具体的要求和限制，则是“估堆量刑”

得以流行的先天土壤，以致量刑偏差既不可避免又难以纠正。

“估堆量刑”的恶果是违背公平正义，造成刑事案件上诉、申诉率居高不下，大量消耗国家有限的司法资源，加大当事人的诉讼成本，给“情”、“权”介入诉讼提供游刃空间，导致不同程度的司法腐败，侵蚀和破坏法律机体，严重降低刑罚适用的效益，从而影响和谐社会的构建：一方面，量刑畸重侵犯了犯罪人的合法权益，影响其认罪服法心理，动摇其洗心革面的决心，致使犯罪人及其亲友对国家产生抵触情绪，引起人民群众对犯罪分子的同情，甚至造就一批残酷报复社会的累犯和极少数死心塌地与社会为敌的死硬分子；另一方面，量刑畸轻则会放纵犯罪，助长犯罪人的侥幸心理，削弱刑罚阻止其再次犯罪功能，丧失警戒社会上不稳定分子的作用，违背民众的正义要求，致使被害人及其亲友对国家产生不满情绪。试问：在这种情况下社会能够和谐吗？量刑问题是事关社会稳定、社会和谐和国家长治久安的重大问题，因此，转变思想观念，调整工作思路，从立法上完善量刑原则，告别粗放的和变相的“估堆量刑”方式，改善实现量刑公正的法律环境，在量刑活动中尊重和保障人权，已成为广大人民群众的强烈愿望和迫切诉求。

第一章　法定刑“中间线”是量刑公正的生命线

第一节　法定刑幅度宽窄与量刑偏差没有必然联系

一、法定刑幅度“过于宽泛”不是产生量刑偏差的原因

量刑公正与量刑偏差是一对矛盾的范畴。但是，什么是量刑公正？什么是量刑偏差？学者们却讳莫如深，竭力回避判断标准，只谈量刑偏差产生的原因。有学者认为，我国“刑法规定的法定刑幅度较宽”，“尤其是常见多发罪的法定刑幅度更大”，这是法官自由裁量权失控，从而导致量刑偏差的主要原因，① 只有偏离法定刑中间线另行确定“量刑基准”，才“有利于解决法定刑幅度过于宽泛”的问题。这种观点不胜枚举。例如，有关人士认为：“量刑规范化改革的主要任务就是在现行刑罚制度比较粗放、法定刑幅度较大的情况下”，如何“解决法定刑幅度过于宽泛”的问题。还说：“《量刑指导意见》根据各种犯罪的基本犯罪构成事实，在相应的法定刑幅度内确定了‘量刑起点幅度’，实质上是对宽泛的法定刑幅度进行合理细化，有利于最大限度地统一全国法院对各种不同犯罪的量刑起点幅度，保证在量刑的

---

①　苏惠渔、张国全、史建三：《量刑与电脑》，百家出版社 1989 年版，第 11、102 页。

起点上不会存在大的差异。”①持这种观点的人士还说：“在刑法分则规定的法定刑当中……依法可以判处5年有期徒刑以下或者3年有期徒刑以下，或者可以判处3年或者5年有期徒刑以上至10年有期徒刑的罪名很多，上下限差值在5年以上的法定刑有270多个，占总数的40%，法定刑幅度宽泛的问题非常突出，法官裁量权的空间是很大的。法官根据被告人罪行的大小，在一个如此宽泛的法定刑幅度内准确确定所应当判处的刑罚，难度是相当大的，从而造成量刑不公、量刑失衡的现象也就在所难免。而且，法定刑幅度如此宽泛，一旦存在减轻处罚的情形，所判处的刑罚就可以降到法定最低刑以下一档甚至二档，量刑结果之悬殊，令人难以接受。”②在外国，日本刑法学者也有类似观点，认为“由于法定刑幅度很大，必然扩大裁判官的裁量权”。为了不使“这种裁量权被滥用”，就应当“将很大的法定刑幅度，划分为若干个亚类，使每一个亚类的罪型适应幅度很小的刑罚”。③ 例如，日本学者曾根威彦教授认为，日本“刑法所定的法定刑幅度与其他国家相比范围非常之广，因此裁判所关于宣告刑的决定不亚于犯罪认定的实际意义”，于是提出“量刑幅度变动值”的理论，主张在法定刑中建立“罪型亚类”，用以限制法官极为宽泛的自由裁量权。④

按照上述观点，“法定刑幅度过于宽泛”是产生量刑偏差的主要

① 《最高人民法院有关负责人就量刑规范化试点答记者问》，载《人民法院报》2009年6月1日。

② 熊选国主编：《〈人民法院量刑指导意见〉理解与适用》，法律出版社2010年版，第6页。此段引文中的数据是错误的，因为现行刑法只规定452个罪名、下辖878种罪行，分别配置37档法定刑，根据这三项基本数据，不可能推算出引文中的数据。请参阅本书附表2. 法定刑与罪行配置一览表。

③ 何鹏主编：《现代日本刑法专题研究》，吉林大学出版社1994年版，第166～167页。

④ ［日］曾根威彦：《量刑基准》，载［日］西原春夫主编，李海东等译：《日本刑事法的形成与特色》，法律出版社、日本成文堂1997年联合出版，第140页。

原因，这不符合我国刑法的立法实际。该观点的倡导者们为“补救”法定刑幅度“过于宽泛”的“缺陷”和“弊端”，提出偏离法定刑中间线的“量刑起点论”、“量刑基准论”和“罪型亚类论”等一系列措施和方法，本身就是“估堆量刑”的产物和变相形式。只不过是将法官的“估堆量刑”提升为法院的“估堆量刑”而已。例如有学者主张：“在制定量刑细则的过程中，法院有必要通过确定性的量化手段，将原来属于法官的一部分自由裁量权收到自己手里。”①这不但不能解决量刑偏差问题，反而成为导致量刑偏差的新源泉。

二、我国法定刑幅度“过于宽泛”是以偏盖全的伪命题

考察法定刑幅度是否过于宽泛，应当有科学的标准。我国现行刑法共规定了 37 档法定刑，分别配置给 878 种罪行。② 其中，有些法定刑配置给一种或者几种罪行，有些法定刑配置给十几种甚至几十种罪行，有些法定刑配置给上百种罪行。那么，以哪一档法定刑作为区分幅度是否“过于宽泛”的标准呢？学界同仁多数认为，应当以“处 3 年以上 10 年以下有期徒刑”这档法定刑(适用于 98 种罪行)，作为区分法定刑幅度是否过于宽窄的标准。这就是说，法定刑幅度刑罚量达到有期徒刑 7 年(即 84 个月)以上的，为幅度较宽的法定刑，反之为幅度较窄的法定刑。笔者赞同这个标准。按照这个标准，将量刑范围落实到具体的从重、从轻或者减轻处罚空间，量刑幅度显然是相当狭窄的。“处 3 年以上 10 年以下有期徒刑”这档法定刑，其幅度刑罚量为“7 年有期徒刑”，骤然一看似乎很宽泛，其实只要根据刑法第 62 条规定，将法定刑划分为从重与从轻处罚两个等间距的量刑空间，各自的量刑幅度也就缩小为一半，只有“3 年 6 个月有期徒刑”；如果犯罪人具有减轻处罚情节的话，减轻处罚幅度也才有 3 年 9.5 个月即

① 陈兴良教授语，转引自田野：《电脑量刑：司法实践里程碑》，载《中国计算机用户》2006 年第 45 期。

② 参见本书附表 2. 法定刑与罪行配置一览表。

45.5个月。① 众所周知，量刑情节是量刑轻重的唯一根据。每个量刑情节所体现危害危险程度(罪责程度)，均可以通过构建量刑情节理性评价模型，分别表现为一定的轻重“积分”。无论犯罪人具有多少个量刑情节，只要通过“同向相加”和“逆向相减”的计算，最后剩下或重或轻的量刑情节积分，要么是从重处罚情节积分，要么是从轻处罚情节积分，要么是减轻处罚情节积分，要么是免除处罚，四者必居其一，不可能数者兼而有之。因此将量刑情节积分与从重、从轻或者减轻处罚空间对号入座，还能说量刑空间“过于宽泛”吗？在这种情况下，法官的“自由裁量权”已经受到了很大的限制，所以法定刑幅度“过于宽泛”之说是一种假象。

笼统地说法定刑幅度“过于宽泛”，在逻辑上和事实上根本不能成立。因为，在现行刑法规定的37档法定刑中，属于幅度较宽的只有12个档次，适用于280种罪行，仅占全部罪行的32%；属于幅度较窄的法定刑共有25个档次，适用于598种罪行，约占全部罪行的68%。在裁量幅度不是“过于宽泛”的法定刑中：(1)幅度刑罚量为“有期徒刑5年~5年10个月”的，有5个档次，适用于107种罪行，约占全部罪行的12%；(2)幅度刑罚量为“有期徒刑4年~4年11个月”的，有5个档次，适用于219种罪行，约占全部罪行的25%；(3)幅度刑罚量为“有期徒刑3年~3年10个月”的，有4个档次，适用于89种罪行，约占全部罪行的10%；(4)幅度刑罚量为“有期徒刑2年6个月~2年11个月”的，有6个档次，适用于164种罪行，约占全部罪行的19%；(5)幅度刑罚量为“拘役5个月~1年11个月有期徒刑”的，有5个档次，适用于19种罪行，约占全部罪行的2%。

如果说法定刑幅度“过于宽泛”是量刑偏差产生的原因的话，那么，量刑偏差只能发生在幅度宽泛的适用于280种罪行的12档法定

① 其中3年以下有期徒刑为2.5年即30个月，拘役虚拟徒刑1~6个月即5个月，管制虚拟徒刑1.5~12个月即10.5个月，幅度刑罚量共45.5个月即3年零9.5个月。

刑中(约占全部罪行32%)，这就是说，适用于598种罪行的幅度较窄的25档法定刑(约占全部罪行68%)，不可能发生量刑偏差问题。由于绝大多数法定刑不是幅度“过于宽泛”的，因此，将量刑偏差归结于法定刑幅度“过于宽泛”，在理论上和事实上都是站不住脚的，至少是以偏盖全的伪命题。①

三、偏离法定刑“中间线”另行确定“量刑起点”是对刑法的失敬

既然法定刑幅度“过于宽泛”是一种假象，为什么还要把它说成是产生量刑偏差的原因呢？笔者百思而不得其解，也许它同下列规定不无关系。相关量刑改革文件认为，量刑的步骤是：“(1)根据基本犯罪构成事实在相应的法定刑幅度内确定量刑起点；(2)根据其他影响犯罪构成的犯罪数额、犯罪次数、犯罪后果等犯罪事实，在量刑起点的基础上增加刑罚量确定基准刑；(3)根据量刑情节调节基准刑，并综合考虑全案情况，依法确定宣告刑。”②按照笔者的理解，所谓“量刑起点”，应当是指法定刑“中间线”。凡是相对确定的法定刑，客观上都存在一条“中间线”，即从重与从轻处罚的正负起点。有关人士认为：从抽象个罪角度而言，“量刑起点”是指在法定刑的从轻处罚空间的较轻一侧设置“量刑起点幅度”，它可以起始于法定最低刑，也可以抛弃其中的拘役、管制和单处附加刑，将它设置在法定“有期徒刑”幅度范围之内；就具体犯罪而言，“量刑起点”是“一个刑罚点，而不是一个幅度”。③ 由此可见，上述量刑步骤所规定的“量刑起点”如果不是指法定刑“中间线”，那么它究竟是什么呢？要么是从重处罚空间的某个幅度，要么是从轻处罚空间的某个幅度，总而言之，只能是偏离法定刑“中间线”另行确定量刑起点。既然法定刑本

① 附表4. 法定刑幅度是否“过于宽泛”与适用罪行统计表。

② 最高人民法院《人民法院量刑指导意见(试行)》，载熊选国主编：《〈人民法院量刑指导意见〉理解与适用》，法律出版社2010年版，第506~514页。

③ 熊选国主编：《〈人民法院量刑指导意见〉理解与适用》，法律出版社2010年版，第65~66页。

身已经存在量刑起点(“中间线”)，为什么还要另行确定“量刑起点”幅度？说穿了就是要通过缩小法定刑幅度来使“中间线”移位，从而导致量刑普遍偏重或者偏轻。

相关量刑改革文件在其第四部分中，对15个“常见犯罪”(罪名)下辖的38种罪行的“量刑”作了如下规定：(一)除寻衅滋事罪的重罪、敲诈勒索罪的更重罪和走私、贩卖、运输、制造毒品罪的最重罪3种罪行没有规定“量刑起点幅度”外，其余35种罪行的法定刑幅度无论是否“宽泛”，均一律规定了“量刑起点幅度”。其中，对于法定刑幅度“过于宽泛”的18种罪行，以“量刑起点幅度”的上限为计算标准，分别缩小法定刑幅度的29%、14%、13%、10%和7%；对于法定刑幅度不是“过于宽泛”的17种罪行，分别缩小法定刑幅度的78%、69%、40%、39%、26%、25%、17%、13%和10%。按照这种规定，法定刑幅度无论宽窄，均应一概另行规定“量刑起点幅度”。既然幅度较窄的法定刑不是造成量刑偏差的原因，为什么还要缩小它们的量刑幅度呢？(二)适用同一法定刑的不同罪行，各自的量刑起点幅度竟然互不相等。例如，故意伤害罪(重罪)等7种罪行与强奸罪(基本罪)，法定刑都是“处3年以上10年以下有期徒刑”，但前者的“量刑起点幅度”规定为“3~4年”，缩幅为法定刑的14%，而后者的“量刑起点幅度”则规定为“3~5年”，缩幅为法定刑的29%。又如，故意伤害罪(基本罪)等2种罪行与走私、贩卖、运输、制造毒品罪(基本罪)，法定刑都是“处3年以下有期徒刑、拘役或者管制”，但前者的“量刑起点幅度”规定为“6个月~1年6个月”，缩幅为法定刑的39%，而后者的“量刑起点幅度”则规定为“拘役3个月~3年”，缩幅则为法定刑的78%。再如，盗窃罪(基本罪)等5种罪行与抢夺罪(基本罪)，法定刑都是“处3年以下有期徒刑、拘役、管制或者单处罚金”，但前者的“量刑起点幅度”规定为“拘役3~6个月”，缩幅为法定刑的13%，而后者的“量刑起点幅度”则规定为“拘役3个月~1年”，缩幅为法定刑的26%。(三)更令人惊讶的是，刑法第347条第3款前段规定的“走私、贩卖、运输、制造毒品罪”(基本罪)，其法定刑为“处3年以下有期徒刑、拘役或者管制”，而量刑起点幅度却规定为“拘役3个月~3年有期徒刑”，其幅度上限竟然与法定最高刑相等，这就是说该罪行的量刑起点可以是其法定最高刑。(四)在“文件”规定的38种罪行中，有12种罪行的法定刑包括拘役、管制和单处附加刑，但是其“量刑起点幅度”下限却规定为拘役3个月或者有期徒刑6个月，这就排除了(部分或者全部)拘役、管制和单处附加刑的适用，既然法定刑包括这些较轻刑种，为什么对该罪行禁止适用呢？现将这12种罪行的量刑起点幅度与法定刑对照如下表：

12种常见罪行“量刑起点幅度”与法定刑对照表

罪　行	法定刑幅度范围	擅自确定的量刑起点幅度及排除较轻刑种的适用	缩幅%
寻衅滋事罪(基本罪)	处5年以下有期徒刑、拘役或者管制	拘役3个月~1年有期徒刑(排除部分拘役和管制的适用)	缩幅17%
交通肇事罪(基本罪)	处3年以下有期徒刑或者拘役	6个月~2年有期徒刑(排除拘役的适用)	缩幅69%
故意伤害罪(基本罪)	处3年以下有期徒刑、拘役或者管制	6个月~1年6个月有期徒刑(排除拘役和管制的适用)	缩幅39%
走私贩卖运输制造毒品罪(基本罪)	处3年以下有期徒刑、拘役或者管制	拘役3个月~3年有期徒刑(排除部分拘役和管制的适用)	缩幅78%
非法拘禁罪(基本罪)	处3年以下有期徒刑、拘役、管制或者单处剥夺政治权利	拘役3~6个月有期徒刑(排除部分拘役和管制、单处剥夺政治权利的适用)	缩幅13%
抢夺罪(基本罪)7种罪行	处3年以下有期徒刑、拘役、管制或者单处罚金	拘役3个月~1年有期徒刑(排除部分拘役和管制、单处罚金的适用)	缩幅26%

这里要特别强调的是，否定法定刑“中间线”是从重与从轻处罚

的自然分水岭的理由，除了多刑种法定刑“无法划中间线”这一议题之外，① 其他的都是不成其理由的“理由”，不成其根据的“根据”。偏离法定刑“中间线”另行确定“量刑起点”和“基准刑”，究竟是采取什么方法怎样计算出来的？为什么只能作这种规定而不能作别的规定？如果拿不出货真价实的理由、根据和科学方法，怎能让人信服呢？法定刑是由刑法分则明文规定的，其“中间线”本身就是实现量刑公正不容争辩的恒定参照系，无论是偏离法定刑“中间线”另行确定“量刑起点”，还是擅自改变其幅度范围，都是对全国人民整体意志的蔑视，如果刑法规定的不算数，谁说的才算数!？笔者并不否认，现行刑法规定的某些法定刑档次随着经济社会的发展变化，可能不再适应今后预防、遏制和惩治犯罪的需要，应当与时俱进地进行修改和完善，即便如此也只能提出立法建议，呈请国家最高立法机关通过法定程序进行补充修改，其他任何机关、团体、部门和个人均无权擅自改动。② 随意变动法定刑幅度必然改变其中间线的既定位置，同样是对刑法的不恭和藐视。所以，以法定刑幅度“过于宽泛”为由，擅自改变法定刑幅度，从而移动法定刑“中间线”，实质上是将局部意志或者少数人的意志凌驾于全民意志之上，这还有什么量刑公正可言!

第二节　法定刑“中间线”是从重与从轻处罚的自然分水岭

法定刑“中间线”是否从重与从轻处罚的分界线，是否处罚轻重的正负起点？此乃是我国当前量刑改革的争论焦点。为了明辨是非，让我们对国内外著名刑法学者的相关论述简要考察如下：

---

① 高铭暄编著：《中华人民共和国刑法的孕育和诞生》，法律出版社 1981 年版，第 92~93 页。

② 正如国务院新闻办公室（2012 年 10 月）发布的《中国司法改革》白皮书所指出的：“中国司法改革始终坚持……依法推进，以宪法和法律规定为依据，凡是与现行法律相冲突的，应在修改法律后实施。”

一、近代西方著名刑法学者关于法定刑“中间线”的论述

在罪责程度能否转换和怎样转换为刑罚程度的问题上，西方著名刑法学者持有不同的观点。例如，近代刑法学创始人贝卡里亚(1738—1794年)曾经提出构建“量刑标尺”的科学构想，指出对于刑罚适用的相关问题“应当用几何学的精确度来解释”，并且认为“这是一条显而易见的真理，尽管认识这类明了的真理并不需要借助象限仪和放大镜，而且它们的深浅程度都不超出任何中等智力水平的认识范围”。按照这种思想，依法构建刻度分明的量刑标尺，应当说距离量刑精确制导只有一步之遥。然而贝卡里亚又指出：“由于环境惊人的复杂，能够有把握认识这些真理的人，仅仅是各国和各世纪的少数思想家。”①这一论断耐人寻味，发人深省！贝卡里亚为什么要这样说呢？至今仍然是个“谜”！它曾使国内外多少刑法学者对“量刑公正”这一选题望而却步！在大陆法系国家，著名刑法学家均不是因为研究量刑公正问题而名扬天下的，难怪西方世界在漫长的岁月中尚未找到一种适宜各国的科学量刑方法。因此，人们只得无可奈何地容忍法官的刑罚自由裁量权，不得不对它违心地屈从。西方国家的这种情形固然与当时的科技发展水平和刑法典的成熟程度不无关系，自有其理论滞后的历史原因，但从人性上分析，限制个人既得的权利却是世界上最困难、最棘手的问题，以致这一步的跨越让世界各国等待了250年。

英国功利主义法学家、哲学家和经济学家边沁(1748—1832年)的信奉者们虽然认为：“法典的制定者明确规定的刑罚已经为每一个人提供了‘计算方法’，每一个人都可以从法律规定的刑罚中衡量并计算出他的行为可能遇到的风险。”②但因刑法为特定罪行所规定的刑

---

① 贝卡里亚著，黄风译：《论犯罪与刑罚》，中国大百科全书出版社1993年版，第7、66~67页。

② [法]卡斯东·斯特法尼著，罗结珍译：《法国刑法总论讲义》，中国政法大学出版社1998年版，第146~147页。

罚是相对确定的，具有一定的幅度和弹性，那么，采取什么方法来计算行为人的“行为可能遇到的风险”呢？命题者并没有告诉我们，这简直似一道量刑“歌德巴赫猜想”！

与上述观点不同的是，刑事实证学派代表人之一、意大利刑法学家菲利(1856—1929年)则认为：犯罪人“若仅有一个表示高度危险性情事，法官应在法律所规定的制裁最低度与最高度之中间以上范围内，定被告所犯罪行之制裁；若仅有一个表示低度的危险性情状，法官应在最低度与最高度之中间以下范围内，定其制裁”。① 这是近代刑法学说史上首次明确提出以法定刑“中间线”为划分从重处罚与从轻处罚界线的第一人。由此可见，菲利已经发现了实现量刑公正的关键问题，但因他在起草1921年《意大利刑法典》(著名的“菲利刑法草案”)中，只提到“人身危险性”和“制裁”，而没有涉及“责任”和“刑罚”问题，该草案不但没有被当时的意大利当局采纳，反而招致刑事古典学派的强烈反对，于是菲利关于依法构建量刑标尺的初步构想被这种强烈的反对声浪所湮没，以后很少有人再提及这个问题。虽然笔者不完全赞同菲利的其他主张，但是对他提出的法定刑“中间线论”却给予高度的肯定和赞赏，认为这种观点对于依法构建量刑标尺和实现量刑公正，具有重大的历史意义。

二、日本刑法学者关于法定刑“中间线”的争论

在以法定刑“中间线”——从重与从轻处罚界线——为量刑起点的问题上，日本刑法学界也有争论。例如，我国著名刑法学家何鹏教授在其主编的《日本刑法专题研究》一书中指出，日本学者认为：“在具体裁量刑罚的过程中，首先遇到的是以什么为量刑起点的问题。”由于“法定刑不是一个点而是一个相当大的范围，在这个范围内，若不确定一个点或一个很小的范围作为量刑的起点，量刑标准中的各种因素对量刑的影响就无法体现，对此学者们曾经提出过多种主张。有

① 格鲁特著，张甘妹译：《刑之裁量问题》，转引自蔡墩铭主编：《刑法论文选辑》(下)，台湾五南图书出版公司1984年版，第836页。

学者提出，应以法定刑的中间线作为量刑的起点，但批评者认为，如果以中间线作为起点，首先应当断定立法在设置刑罚的时候，就已考虑到了属于此罪行为的典型或平均情况而设置的中间点，然后加减特殊事由，形成从中点向上限和下限两端的等间隔的各点推测，以形成宣告刑。但从立法的实际状况来看，没有根据可以形成这种断定。不如说，立法者是考虑到了在一个罪型中可能出现多种不同情况或典型形式而设立了一个幅度的法定刑。因而，以法定刑的中间点作为量刑的起点是不合适的”。① 日本学者反对“中间线”的这种理由显然是苍白无力的，因为在日本刑法中也同样找不到偏离法定刑中间线另行设置量刑起点的根据。

既然以法定刑的中间点作为量刑的起点是“不合适的”，那么量刑的起点应当在哪里呢？日本某些学者认为：“由于法定刑幅度很大，必然扩大裁判官的裁量权。为了保持罪刑均衡，不致使这种裁量权被滥用，裁判官就有这样的义务，客观、合理地行使裁量权；具体的方法，就是将很大的法定刑幅度，划分为若干个亚类，使每一个亚类的罪型适应幅度很小的刑罚。”②这种“幅度很小”的刑罚，“在日本较有代表性的观点是刑的常例，即常年审判经验的积累。如果某一情状的犯罪在一定时期内量刑都相对集中于法定刑范围内的某个狭小的量刑数值之内，这个较小的范围就是该状况犯罪的量刑常例，它应该成为类似罪的量刑起点。刑的常例在量刑中的作用具有以下几个特点：第一，常例并不直接作为具体案件的量刑值而予以适用，它只是作为一个起点，作为量刑标准中各种具体因素的修正对象而存在的。第二，常例并非一个点，而是一个较小的刑的幅度，每一个罪都可能会分为几种类型，每一个类型都可以主要与法定刑的某个范围相适应。第三，量刑直接受到常例的制约。在有经验的法官那里，对于某

① 何鹏主编：《现代日本刑法专题研究》，吉林大学出版社 1994 年版，第 164 页。

② 何鹏主编：《现代日本刑法专题研究》，吉林大学出版社 1994 年版，第 167 页。

一具体案件，都会有直观的刑的数值浮现于头脑，这种浮现，就是刑的常例在起作用。这样一来，刑的常例既是一个量刑的起点，也是一个狭义的量刑标准，如果没有特殊情况出现，就会在常例范围内决定宣告刑”。①

日本学者曾根威彦教授认为：“这种情况的存在，是因为裁判所的量刑实践中存在着所谓‘量刑的幅度变化值’。‘量刑的幅度变化值’是日本近代的刑事审判制度确立以来长期审判实践中的经验蓄积逐渐形成的量刑基准。”②这实际上是在刑法分则规定的各种罪行及其法定刑的范围内创制“罪型亚类”体系，以此作为个罪的量刑依据。何鹏教授还指出，本来，这种工作在有些国家是由立法来完成的，例如瑞典刑法对盗窃罪就规定了若干罪型亚类，日本学者也想通过立法来解决这个问题；③ 但因这种观点并未得到该国绝大多数学者的支持，故“在日本刑法修改工作中，关于量刑基准的立法化从 1931 年提出以来就是悬而未决的课题”。④ 由此可见，在日本某些学者的心目中，量刑起点、量刑基准和刑的常例等，都是“罪型亚类”的不同表达方式。⑤

三、我国刑法学者关于法定刑“中间线”的争论

在我国，法定刑“中间线论”与“量刑基准论”的对立，最初表现

① 何鹏主编：《现代日本刑法专题研究》，吉林大学出版社 1994 年版，第 164~165 页。

② ［日］曾根威彦：《量刑基准》，载［日］西原春夫主编，李海东等译：《日本刑事法的形成与特色》，法律出版社、日本成文堂 1997 年联合出版，第 150~151 页。

③ 何鹏主编：《现代日本刑法专题研究》，吉林大学出版社 1994 年版，第 166 页。

④ ［日］曾根威彦：《量刑基准》，载［日］西原春夫主编，李海东等译：《日本刑事法的形成与特色》，法律出版社、日本成文堂 1997 年联合出版，第 141 页。

⑤ 参阅赵廷光著：《中国量刑改革之路》，第七章第一节“摒弃‘罪型亚类’是量刑改革的当务之急”，武汉大学出版社 2014 年版。

在高层刑法学者之间。例如，著名刑法学家高铭暄教授在1981年出版的《中华人民共和国刑法的孕育和诞生》一书中，转述了在起草“79刑法”的过程中，曾有人坚决反对以法定刑中间线作为从重与从轻处罚的界线，从而影响“79刑法”第58条的制定。①

与此相反，著名刑法学家李光灿教授等在1984年出版的《中华人民共和国刑法论》(上册)中，明确主张以法定刑“中间线”为从重与从轻处罚的分界线，他们认为“如果具有从重处罚的情节，在法定刑的平均刑期以上考虑应当判处的刑罚；如果具有从轻处罚的情节，在法定刑的平均刑期以下考虑应当判处的刑罚，但是都应当在法定刑的幅度内判刑。具有从重情节的，不能高于法定刑的最高刑而判刑；具有从轻情节的，不能低于法定刑的最低刑而判刑”。例如强奸罪的法定刑幅度是3年至10年有期徒刑，“在具有从重处罚的情节时，则在6年零6个月至10年之间考虑应当判处的刑罚，但不能高于10年；具有从轻处罚的情节的，则在6年零6个月以下至3年之间考虑应当判处的刑罚，但不能低于3年”。② 由此可见，“量刑基准论”与“中间线论”的对立始终是我国量刑改革的争论焦点。

那么，反对“中间线论”的理由又是什么呢？根据高铭暄教授的转述，其理由有三：“第一，对犯罪分子判处刑罚，应当根据量刑原则条文的规定，综合分析案件的各种情节，而不能只根据其中的某一个情节。如果某个案件整个案情是轻微的，不足以判处法定刑中线以上的刑罚，就不能因为它具有某个法定从重处罚的情节而判处法定刑中线以上的刑罚；反之，如果某个案件整个案情是严重的，足以判处法定刑中线以上刑罚的，也不能因为它具有某个法定从轻处罚的情节就判处中线以下的刑罚。片面强调和夸大其中某个法定从重、从轻情节的作用，使它独立地决定刑罚，是与量刑原则的规定精神相矛盾

① 参阅赵廷光著：《中国量刑改革之路》，第二章第一节第二目“从重、从轻处罚原则存在的问题”，武汉大学出版社2014年版。

② 李光灿、林汉宁、马克昌著：《中华人民共和国刑法论》(上册)，吉林人民出版社1984年版，第544页。

的。第二，有些法定刑幅度可以划一中线，例如处1年以上7年以下有期徒刑，4年是中线；处5年以上有期徒刑，10年是中线。但有些包括几个刑种的法定刑(如处10年以上有期徒刑、无期徒刑或者死刑)则无法划中线，不得不另立标准(说从重处罚就是判处最重或次重的刑种，从轻处罚就是判处最轻或次轻的刑种)，结果不能自圆其说。第三，如果同时具备几个从重处罚或者从轻处罚情节，怎么划中线呢？既有从重处罚情节又有从轻处罚情节的，怎么划呢？这里用机械的办法和简单数字加减的办法是解决不了问题的。”①

在上述三条理由中，除了多刑种法定刑是否“无法划中间线”这一议题之外，其他理由都是不成其理由的“理由”。遗憾的是，这三条理由被转述公之于众后，长期以来被某些刑法学者和司法工作者误解为立法意图，从而对我国刑法学界和司法实践产生了深远的影响。鉴于历史的局限性，这种误解是可以理解的。但是在我国法院系统，并非一概反对“中间线论”。例如，江苏省高级人民法院《量刑指导规则(试行)》第9条第(一)项规定：“法定刑幅度为单一有期徒刑的，以该幅度的1/2为量刑基准……法定刑为不同刑种的，则以中间刑种为量刑基准；法定刑仅为两个刑种的，则以两个刑种的结合点为量刑基准。”该条文第(二)项还规定：“数额型犯罪，以犯罪数额比对相应的法定刑幅度确定量刑基准。”②这里所说的“量刑基准”实际上是指从重与从轻处罚的分界线。这种规定说明，凡是法定刑能够划中间线的，江苏省高院都规定实行“中间线”；凡是“无法划中间线”的多刑种法定刑，才自行确定基准刑。笔者深信，如果有朝一日我们从理论上和科学上解决了“多刑种法定刑”划“中间线”的问题，江苏省高院定会从善如流。对于江苏省高院这种实事求是的精神，笔者由衷钦佩并表示崇高敬意！

所谓多刑种法定刑，是指包括2~4个刑种的法定刑，分为如下

① 高铭暄编著：《中华人民共和国刑法的孕育和诞生》，法律出版社1981年版，第92~93页。

② 汤建国主编：《量刑均衡方法》，人民法院出版社2005年版，第92页。

三类：第一类是2刑种法定刑，指：(1)包括无期徒刑和死刑的法定刑，只有1个档次，适用于7种罪行；(2)包括一定有期徒刑和无期徒刑的法定刑，共有4个档次，适用于64种罪行；(3)包括一定有期徒刑和拘役的法定刑，共有4个档次，适用于188种罪行；(4)包括一定有期徒刑和单处罚金的法定刑，只有1个档次，适用于1种罪行。合计10个档次，适用于260种罪行，约占全部罪行的31%。第二类是3刑种法定刑，指：(1)包括一定有期徒刑、无期徒刑和死刑的法定刑，共有2个档次，适用于35种罪行；(2)包括一定有期徒刑、拘役和管制的法定刑，共有4个档次，适用于59种罪行；(3)包括一定有期徒刑、拘役和单处附加刑的法定刑，共有4个档次，适用于68种罪行。合计10个档次，适用于162种罪行，约占全部罪行的14%。第三类是4刑种法定刑，指包括一定有期徒刑、拘役、管制和单处附加刑的法定刑，共有4个档次，适用于60种罪行，约占全部罪行的7%。以上三类总计有24个档次，适用于482罪行，约占全部罪行的55%。① 这些法定刑能否划“中间线”，既是科学量刑方法能否诞生的瓶颈又是量刑改革争论的焦点。面对这个瓶颈问题，“基准刑论者”认为：“在这里用机械的办法和简单数字加减的办法是解决不了问题的”；相反，“中间线论者”则认为：在当代信息科学高度发展的条件下，这个瓶颈是不难突破的，一旦突破了这个瓶颈，人们就能找到一个支点，将一切罪行的量刑公正和盘托起。

第三节 “量刑精确制导”是我国量刑改革的最佳选择

一、量刑精确制导的概念

所谓量刑精确制导，亦称“法定刑‘中间线论’”，指从尊重和保护人权的视角出发，在刑法第5条规定的量刑根本方针指导下，以罪

① 参见本书附表2. 法定刑与罪行配置一览表。

行为适用对象，采取科学方法依法构建刻度分明的量刑标尺，理性评价犯罪人具有的量刑情节的社会危害程度和人身危险程度，相对精确地计算罪责程度和刑罚程度，① 揭示两者之间相互对应和转换关系，求解量刑公正最佳适度，最大限度避免刑罚惩罚误差，以利国家长治久安与社会和谐发展的理论与方法体系。

“制导”一词是当代军事科学的一个基本范畴，指在系统论、信息论和控制论的指导下，采取最先进的信息技术，控制和引导火箭、导弹等武器系统按照一定的轨道运行，相对精确地命中目标，最大限度地避免伤及无辜，造成不必要的损害。刑罚是预防、遏制和惩罚犯罪的“武器”，这种武器的适用应当恰如其分，有所节制，不轻不重，否则适得其反，所以量刑也应当像发射火箭、导弹那样尽可能做到精确制导。

刑法学作为一门社会科学，将它高度地概括起来无非是正确定罪和公正量刑两个问题。正确定罪是量刑公正的前提，定罪错误必然导致量刑偏差，但是定罪正确量刑未必公正，许多量刑显失公正的案件就是在定罪正确的前提下发生的。对于多数犯罪人、被害人及其家属和亲朋好友来说，他们最为关注的不是定罪问题而是量刑轻重的问题，所以，通过精确制导的方法来实现量刑公正，是刑法科学研究所追求的最高境界。这不是能不能办到的问题，而是想不想办到的问题。只要我们遵循党的继续解放思想，大胆理论创新和方法创新，实事求是、与时俱进、求真务实的科学发展观，彻底摒弃粗放的“估堆量刑”模式，摆脱主观臆断的“起点刑论”、“基准刑论”和“量化分析说”的影响，便能推动我国量刑改革跨越式健康发展，创造具有时代特色的符合中国国情的量刑模式。

二、科学量刑方法是实现量刑精确制导的关键

实现量刑精确制导的问题，归根结底是在量刑理论创新的基础上

① “罪责”一词，是刑法第 5 条中“犯罪分子所犯罪行和承担的刑事责任”的简称，泛指行为的社会危害性和行为人的人身危险性。

进行量刑方法创新。科学方法是“人们为获得科学认识所采用的规则和手段系统。在科学认识过程中，主体与客体、人与自然之间具有能动的反映关系。在这种反映关系中，人们不仅需要使用科学仪器等物质手段，还必须借助科学方法这种思维手段。科学方法既是科学认识的成果，又是科学认识的必要条件，它在科学认识中处于核心地位。科学方法的产生体现了科学认识主体在反映和变革自然过程中的能动创造性，而它一经产生，便成为科学认识不可缺少的规则和手段系统。不借助于科学方法，就不可能获得科学认识；离开科学方法，科学认识就无法发挥自身的能动性。科学方法与科学知识是同步发展的。科学方法是科学发展的一个重要的内在因素，从一定意义上说，科学方法是潜在的科学知识，科学知识则是实现了的科学方法”。① 作为科学方法的科学知识只有表现为一定形式的物质生产工具或者知识生产工具，才能对社会具有实际意义。量刑活动也是如此，科学的量刑方法一旦形成了量刑工具，便是实现量刑公正的根本保障。离开科学的量刑工具妄谈量刑的公正，无异于刻舟求剑、缘木求鱼，必然陷入主观臆断的泥潭，与量刑公正渐行渐远。正如毛泽东所说：“我们不但要提出任务，而且要解决完成任务的方法问题。我们的任务是过河，但是没有桥或没有船就不能过。不解决桥和船的问题，过河就是一句空话。不解决方法问题，任务也只是瞎说一顿。”②

三、数学思维是开启量刑公正的钥匙

量刑的基础是行为人的罪责。刑罚的度应当与罪责的度相适应。罪责乃犯罪分子“所犯罪行和承担的刑事责任”的简称；罪行是具有特定犯罪构成的行为模式或者符合特定犯罪构成起码要求的现实行为。所谓刑事责任，是指国家司法机关根据行为的社会危害轻重和行为人的人身危险大小，依法对犯罪人所进行的“非难”——否定性法

① 冯契主编：《哲学大辞典》(上)(修订本)，上海辞书出版社 2001 年版，第 727 页。

② 《毛泽东选集》第 1 卷，人民出版社 1991 年版，第 139 页。

律评价和道义谴责；并依非难的严厉程度，强制犯罪人承担的相应刑事法律后果——主要表现为刑罚处罚。罪行决定刑罚适用的范围，刑事责任决定刑罚适用的程度。如果说犯罪构成(定罪情节)是罪行轻重的法律表达方式的话，那么在正确定罪并找准法定刑的前提下，对量刑情节的危害危险程度进行理性评价便是刑事责任轻重的科学表达方式。刑事责任是连接“罪行”与“刑罚”的桥梁和纽带，对罪刑关系起调节作用。这就是说，罪行的轻重与刑事责任大小未必成正比，但刑罚的轻重应当与刑事责任的大小相适应，所以量刑公正有时表现为“罪刑均衡”，有时则表现为“罪刑失衡”，但均应表现为“责刑均衡”。① 由于行为的社会危害程度和行为人的人身危险程度，都是决定罪责轻重程度的因素，所以不同行为人实施的危害社会行为具有不同的罪责程度。

我国刑法第5条关于“刑罚的轻重，应当与犯罪分子所犯罪行和承担的刑事责任相适应”的规定，给量刑活动提出了三个根本性问题：一是怎样将法定刑转换为刻度分明的量刑标尺，科学计算刑罚程度？二是怎样理性评价犯罪人具有的量刑情节，科学计算其罪责程度？三是怎样将罪责程度转换为刑罚程度，求解量刑公正的最佳适度？谁能科学地回答这三个问题，谁就能找到实现量刑公正的支点，掌握开启量刑公正的钥匙，创造科学的量刑方法，实现量刑精确制导，破解困扰全球刑法学界250年的世界难题。

要破解这道世界难题必须应用数学思维，这是量刑的本质属性所决定和要求的。正如马克思所说：“一种科学只有在成功地运用数学时，才算达到真正完善的地步。”②德国哲学家康德认为：“在特定的

---

① 参见赵廷光：《论量刑公正的一般标准》，载《河南省政法管理干部学院学报》2007年第3期；复印报刊资料《刑事法》2007年第9期。

② 保尔·拉法格等著，马集译：《回忆马克思恩格斯》，人民出版社1973年版，第7页。

理论中，只有包含数学的部分才是真正的科学。”①法国哲学家笛卡儿也指出：“要使渴求真理的欲望得到满足，既不能在形而上学的理论中去寻找，也不能在经验学科的博学中去寻找，只能在数学中去寻找。”②数学是研究现实世界的空间形式和数量关系的科学。凡是可以度量的事物都存在一定的空间形式和数量关系，刑罚裁量也是如此。数学具有应用的广泛性、逻辑的严谨性和结论的精准性，所以要把握罪责程度和刑罚程度以及两者之间的对应转换关系，必须应用数学工具。

四、法定刑“中间线”是量刑公正的主轴和标杆

根据我国刑法第62条规定，既然法定刑是“从重处罚”与“从轻处罚”情节的适用范围，那么将它划分为“从重处罚”与“从轻处罚”两个等间距的量刑空间便是顺理成章的事情；既然刑法第62条没有“但书”规定，那么根据“中间公正”的普世观念，以法定刑“中间线”为两者的分界线便是天公地道的事情；既然“法定刑幅度‘过于宽泛’”是误导量刑改革的伪命题，其幅度的“宽窄”与“量刑公正”就没有必然联系，那么偏离法定刑“中间线”另行确定从重与从轻处罚的分界线，其理由和根据又是什么呢？偏离多少又是用什么方法怎样计算出来的呢？如果不能作出科学合理的说明，那么“偏离”法定刑中间线另行确定“起点刑”、“基准刑”和量刑情节“调节幅度”等规定，只能是主观臆断的产物，正如倡导这些规定的学者毫不掩饰地坦陈：这些规定是“浮现于法官头脑中的”、“想象性的”、“观念性的”、

---

① 参见［美］M. 克莱因著，李宠魁译：《数学：确定性的丧失》，湖南科学技术出版社1997年版，第42页。转引自何伯生：《数学对法律文化的影响》，载《法律科学》2000年第6期。

② ［德］文德尔班著，罗达仁译：《哲学史教程》（下卷），商务印书馆1993年版，第533~534页。转引自：何伯生：《数学对法律文化的影响》，载《法律科学》2000年第6期。

“无意识的”、“习惯状态下的”和“潜意识之中若隐若现的”东西,①有学者甚至主张:“在制定量刑细则的过程中，法院有必要通过确定性的量化手段，将原来属于法官的一部分自由裁量权收到自己手里。”②在量刑问题上公然以主观唯心主义为思想指导，令人瞠目结舌!

量刑本身的内在规律告诉我们：偏离法定刑“中间线”另行确定从重与从轻处罚的界线，无论将它称做“量刑起点论”还是“量刑基准论”或者“量化分析说”，都是造成量刑偏差的新源泉；偏离“中间线”越远偏差越大，这是人所共知的道理。所以，笔者认为，法定刑“中间线”是从重与从轻处罚的自然分水岭，它就好像天平横梁的支点不可以随意移动一样，否则天平就会朝一边倾斜，从而导致量刑偏差甚至畸轻畸重。法定刑“中间线”是量刑公正的轴心，无论是从重处罚、从轻处罚抑或减轻处罚，都必须以法定刑“中间线”为量刑起点，围绕这个轴心进行，否则量刑公正将无从谈起。由于这种量刑模式具有无可争辩的合法性、客观性、公平性、公正性、恒定性、透明性、操作简便性、可重复验证性和可持续发展的前瞻性,③ 能够适用于我国一切领域、一切时期、一切罪行和一切犯罪人，所以它是量刑公正的生命线。

---

① 参见苏惠渔、张国全、史建三:《量刑与电脑》，百家出版社 1989 年版，第 105 页；何鹏主编:《现代日本刑法专题研究》，吉林大学出版社 1994 年版，第 165 页；郑伟:《罪轻罪重研究》，中国政法大学出版社 1998 年版，第 49 页；周光权:《量刑基准研究》，载《中国法学》1999 年第 5 期；朱平:《量刑基准分析》，载《中国刑事法杂志》2005 年第 6 期；周长军、徐嘎:《量刑基准论》，载《中国刑事法杂志》2007 年第 2 期。

② 陈兴良教授语，转引自田野:《电脑量刑：司法实践里程碑》，载《中国计算机用户》2006 年第 45 期。

③ 指无论国家今后对刑法进行怎样的补充修改，这种量刑模式均能适用。

第二章 依法构建量刑标尺，科学计算刑罚程度

第一节 量刑的对象只能是罪行

罪名与罪行是两个既相联系又相区别的概念。我国现行刑法虽然没有出现过“罪名”一词，只是明确规定了贪污罪、受贿罪、行贿罪和挪用公款罪4个立法罪名，其他罪名均是由司法解释规定的。“罪行”是刑事立法、刑事诉讼、司法解释和人民群众广泛使用的概念。现行刑法共有9个条文14次使用“罪行”一词，同时刑法又在7个条文中10次使用“犯罪行为”一词，应当说“罪行”与“犯罪行为”是同一概念，是犯罪的最小单位。可是罪行这个概念却被传统刑法学给忽略了，由于“罪行”概念的缺失，给刑法研究和刑事司法造成许多困惑和尴尬。罪行是刑法和刑法学的核心概念，是定罪和量刑的具体对象。这就是说，犯罪构成是认定具体犯罪的规格和标准，定罪不但要定到罪名而且必须定到罪行；刑罚适用的范围仅限于与该种罪行相匹配的法定刑，法定刑是衡量罪责程度的客观标尺。任何刑法著述如果绕开罪行这个范畴，将罪行与罪名混为一谈，必将导致一连串的错误结论，所以严格区分罪名与罪行，科学阐述它们之间的各种联系和关系，是正确定罪和公正量刑的重要保障。那么，什么是罪行呢？要把握这个概念，必须厘清如下四种关系，否则无法进行逻辑论证。

一、罪名与罪行的关系

罪名是对某种或者某些罪行的本质特征的高度概括和称谓。罪行

是具有特定犯罪构成且配置一定法定刑的行为模式(抽象个罪)，或者说是符合特定犯罪构成起码要求且适用一定法定刑的现实危害行为(具象个罪)。现行刑法共规定452个罪名，下辖878种罪行。其中有127个罪名只涵1种罪行，称为单一构成类型的罪名，简称单一罪名，约占全部罪名的28%和全部罪行的14.5%；另有325个罪名分别涵纳2~4种罪行，下辖751种罪行，称为集合构成类型的罪名，简称集合罪名，约占全部罪名的72%和全部罪行的85.5%。① 对于前者来说，虽然罪名是罪行的上位概念，但将两者视为同一概念不会引起混乱；而对于后者来说，由于不同罪名所辖罪行多寡不等，如果用罪名替代罪行或者罪行缺位后果将是不堪设想的，所以必须将罪名与罪行严格区别开来。

二、罪行与犯罪构成的关系

犯罪构成是罪行的法律表达方式。所谓犯罪构成，是指刑法规定的表明并决定某一具体行为的社会危害性及其严重程度，而为该行为成立某种罪行"所必需的"主观要件和客观要件的有机整体。犯罪构成是由刑法规定的"犯罪构成要件体系"②中的主客观"四个方面"的若干要件组装而成的，它是认定某一行为成立某种罪行的规格和标准。缺少其中任何一种构成要件或者变更、增添某种构成要件，该种罪行便不能成立，但是可能符合别的犯罪构成，因而成立其他罪行。在我国刑法中，有多少种罪行就有多少种犯罪构成。犯罪构成是唯一无二、与众不同的，正如自然界没有完全相同的两片绿叶一样。不是构成要件的范围(数量)不同就是构成要件的性质不同，不是构成要件的内容不同就是构成要件的形式不同，至少有一点不同于其他犯罪构成，从而使刑法规定的878种犯罪构成(罪行)相互区别开来。因此，犯罪构成是区分罪与非罪、此非与彼罪和重罪与轻罪的规格和标准。定罪必须定到罪行，量刑范围只限于与该罪行相匹配的法定刑，

---

① 参见本书附表1. 罪名与罪行结构分章节统计表。

② 参见本书附表3. 犯罪构成要件体系一览表。

法定刑是衡量罪责程度的客观公正的标尺。由于集合罪名下辖复数罪行，所以不存在统一的犯罪构成；将集合罪名作为一个量刑对象，不但在理论上站不住脚，而且在实践中必然导致量刑偏差。

三、基本犯罪构成与派生犯罪构成的关系

在集合构成类型的罪名中，基本犯罪构成与派生犯罪构成是既相联系又相区别的两种犯罪形态。所谓基本犯罪构成，一般是指集合罪名中具有“通常危害程度”的那种犯罪构成，同时也指单一罪名中仅有的那个犯罪构成，但是后者不存在派生的犯罪构成。所谓派生的犯罪构成，是指集合罪名中社会危害程度重于或者轻于基本犯罪构成的其他犯罪构成，根据不同罪名涵纳罪行的多寡，可将同一罪名下辖的复数罪行分别称为该罪名的基本罪、重罪、更重罪以至最重罪，或者轻罪、更轻罪。① 派生的犯罪构成是以基本犯罪构成为基础，刑法明文规定变更其中某个或者某些构成要件，或者增添某个或者某些构成要件，从而形成的崭新的犯罪构成类型。刑法变更或者增添的构成要件，称为加重的、特别加重的构成要件，或者减轻的、特别减轻的构成要件。派生的犯罪构成衍生于基本犯罪构成，表现为“全涵基本构成要件”和“选涵基本构成要件”两种形式，具有如下三个显著特征：一是全部或者部分包括基本罪构成要件；二是刑法另外规定不同于基本罪构成要件的加重要件或者减轻要件；三是适用刑法另外配置的相对较重或者相对较轻的法定刑。根据这三个特征，不但能将派生犯罪构成与基本犯罪构成严格区别开来，而且还能正确区分危害程度不同的其他派生犯罪构成。由于派生的犯罪构成全涵或者选涵基本犯罪构成要件且具有特定的加重或者减轻构成要件，所以它是一个相对独立的罪行。

四、罪行与法定刑的关系

罪行与法定刑具有不可分割的联系。一种罪行配置一档相应的法

① 参见本书附表 2. 法定刑与罪行配置一览表。

定刑是我国刑法关于个罪的立法模式。法定刑是刑法的一个基本范畴，指“刑法分则条文对各种具体犯罪所规定的量刑幅度。……法定刑在法律条文中列于罪状之后，是刑法分则条文的基本组成部分”。①所以，法定刑是刑法为某种罪行所配置的刑罚种类或者刑期幅度。宣告刑是犯罪人所承担的具体刑事责任的法律表达方式。一种罪行只能配置一档相应的法定刑，但是绝大多数法定刑(档次)则可以配置给若干罪行。在我国刑法分则条文中，凡是配置一定法定刑的主客观事实情况的，都是关于罪状或者构成要件的规定，亦称定罪情节；凡是配置应当或者可以“从重”、“从轻”、“减轻”或者“免除”处罚等各种主客观事实情况，都是关于量刑情节的规定。罪状是对罪行本质特征的具体描述，是特定犯罪构成区别于其他犯罪构成的关键性或者标志性的构成要件；罪名是对某种或者某些罪行本质特征的高度浓缩和称谓。罪行的大小决定法定刑的轻重配置和刑罚处罚的轻重范围；量刑情节的性质、功能、数量多寡和理性评价(积分)决定处罚轻重的具体程度。罪行与法定刑的统一，在理论上称为罪刑单位。罪刑单位是识别同一罪名具有一种或者几种罪行的主要标志。现将我国刑法中的罪名与罪行结构列表统计如下：

罪名与罪行结构统计表

罪名分类	罪行结构(下辖罪行)	特定罪名占全部罪名的百分比	特定罪行占全部罪行的百分比
(一)单一罪名	单元结构：涵纳1种罪行的	127(占28%)	127(占14%)
(二)集合罪名	多元结构：涵纳2~4种罪行的	325(占72%)	751(占86%)
合　计		452(100%)	878(100%)

① 高铭暄、王作富等著：《中国刑法词典》，学林出版社1989年版，第477页。

续表

<table>
<tr><th colspan="2">罪名分类</th><th>罪行结构(下辖罪行)</th><th>特定罪名占全部罪名的百分比</th><th>特定罪行占全部罪行的百分比</th></tr>
<tr><td rowspan="11">集合罪名的罪行结构分类统计</td><td rowspan="3">二元结构的集合罪名</td><td>基本罪+重罪</td><td>214(占 48%)</td><td>430(占 49%)</td></tr>
<tr><td>基本罪+轻罪</td><td>19(占 4%)</td><td>36(占 4%)</td></tr>
<tr><td>共　计</td><td>233(占 52%)</td><td>466(占 53%)</td></tr>
<tr><td rowspan="4">三元结构的集合罪名</td><td>基本罪+重罪+更重罪</td><td>65(占 14%)</td><td>195(占 22%)</td></tr>
<tr><td>基本罪+重罪+轻罪</td><td>15(占 3%)</td><td>45(占 5%)</td></tr>
<tr><td>基本罪+轻罪+更轻罪</td><td>3(占 0.7%)</td><td>9(占 1%)</td></tr>
<tr><td>共　计</td><td>83(占 18%)</td><td>249(占 28%)</td></tr>
<tr><td rowspan="4">四元结构的集合罪名</td><td>基本罪+重罪+更重罪+最重罪</td><td>4(占 0.9%)</td><td>16(占 2%)</td></tr>
<tr><td>基本罪+重罪+轻罪+更轻罪</td><td>2(占 0.4%)</td><td>8(占 1%)</td></tr>
<tr><td>基本罪+重罪+更重罪+轻罪</td><td>3(占 0.7%)</td><td>12(占 1%)</td></tr>
<tr><td>共　计</td><td>9(占 2%)</td><td>36(占 4%)</td></tr>
</table>

第二节 法定刑应当转换为刻度分明的量刑标尺

一、法定刑是罪行轻重的概括表达方式

关于法定刑的概念，最高人民法院曾经作过如下解释：“如果所犯罪行的刑罚，分别规定有几条或几款时，即以其罪行应当适用的条或款作为‘法定刑’；如果在同一条文中有几个量刑幅度时，即以其罪行应当适用的量刑幅度作为‘法定刑’；如果只有单一的量刑幅度，即以此为‘法定刑’。”①1997 年刑法颁行不久，最高人民法院又颁布

① 最高人民法院研究室 1989 年 10 月 28 日《关于如何理解和掌握“在法定刑以下减轻”处罚问题的电话答复》，请参见最高人民法院《司法解释全集》，人民法院出版社 1994 年版，第 375 页。

新的司法解释加以肯定："如果刑法规定的某一犯罪只有一个法定刑幅度，法定最高刑或者最低刑是指该法定刑幅度的最高刑或者最低刑；如果刑法规定的某一犯罪有两个以上的法定刑幅度，法定最高刑或者最低刑是指具体犯罪行为应当适用的法定刑幅度的最高刑或者最低刑。"①这些解释无疑是正确的。因此，不可将同一罪名所涵盖的轻重不等的若干量刑幅度衔接起来称之为"大法定刑"，何况某些罪名的复数法定刑之间还存在部分重叠交叉的关系。在我国刑法中，只有"罪行法定刑"之说，没有"罪名法定刑"之称；既然法定刑在刑法分则条文中列于罪状之后，那么罪状只能是定罪情节(犯罪构成要件)；如果将适用不同法定刑的"罪状"称之为"量刑情节"，这不但在理论上站不住脚，而且在司法实践中后患无穷。

我国现行刑法共规定 37 种法定刑模式(档次)，分别配置给 878 种轻重不等的罪行。法定刑与罪行的配置是参差不齐的，有的仅适用于 1 种或者几种罪行，有的适用于 10 种或者十几种罪行，有的适用于几十种甚至上百种罪行。例如："处 3 年以下有期徒刑、拘役或者剥夺政治权利"这档法定刑只适用于 1 种罪行，"处 5 年以下有期徒刑、拘役或者管制"这档法定刑适用于 12 种罪行，"处 5 年以上有期徒刑"这档法定刑适用于 45 种罪行，"处 3 年以上 7 年以下有期徒刑"这档法定刑适用于 110 种罪行。② 所以，厘清罪行与法定刑的这种关系，对于依法构建量刑标尺，科学计算罪责程度具有至关重要的意义。在我国刑法中，每种法定刑都有一定的裁量空间，即便是"处死刑或者可以判处死刑"这档法定刑，也有"缓期二年执行"和"立即执行"两种裁量范围。法定刑有基本法定刑、减轻法定刑和并处附加刑之分。由于一切罪行都有基本法定刑，并非每种罪行都有减轻法定刑和并处附加刑，所以，人们习惯地将"基本法定刑"简称为"法定刑"，本书遵从这种约定俗成的称谓，在一般意义上使用这种简称。

① 参见最高人民法院 1997 年 12 月 23 日《关于适用刑法第十二条几个问题的解释》。

② 参见本书附表 2. 法定刑与罪行配置一览表。

法定刑有狭义和广义之分：在犯罪分子没有减轻处罚情节或者法定刑没有减轻处罚空间的场合，法定刑仅限于立法者为该种罪行所配置的基本法定刑，此乃狭义的法定刑；狭义的法定刑还应当划分为“从重处罚”与“从轻处罚”两个等间距的量刑幅度。在法定刑具有减轻处罚空间且犯罪人具有减轻处罚情节的场合，量刑空间还包括因适用减轻处罚情节而依法向下扩展的刑罚空间；此外，有些罪行还配置并处的附加刑，指在适用主刑的同时，依法应当或者可以并处的罚金、剥夺政治权利或者没收财产。因此，广义的法定刑还包括减轻法定刑和并处附加刑。

我国刑法中的基本法定刑，还可以划分为单刑种法定刑和多刑种法定刑两类。顾名思义，所谓单刑种法定刑，是指仅涵 1 个刑种的法定刑，共有 13 个档次，适用于 396 种罪行；其中，除“处死刑或者可以判处死刑”（适用于 13 种罪行）和“处拘役”（适用于 1 种罪行）这两档法定刑外，其余 11 档法定刑均是单一有期徒刑的法定刑（适用于 382 种罪行）。所谓多刑种法定刑，是指包括 2~4 个刑种的法定刑，共有 24 个档次，适用于 482 种罪行，其中除“处无期徒刑或者死刑”（适用于 7 种罪行）这档法定刑外，其余 23 档均是包括一定刑期的有期徒刑和 1~3 个其他刑种的法定刑，还可再分为两类：其一是包括一定有期徒刑、无期徒刑或者死刑的法定刑，共有 6 个档次，适用于 99 种罪行；其二是包括一定有期徒刑、拘役或者管制，或者单处罚金，或者单处剥夺政治权利的法定刑，共有 17 个档次，适用于 376 种罪行。多刑种法定刑能否划“中间线”，从而表现为刻度分明的“量刑标尺”，是能否实现量刑公正的至关重要问题。

根据现行刑法规定，具有减轻处罚空间的法定刑共有 24 个档次，适用于 690 种罪行，约占 78.6%；这就是说，还有 13 档法定刑没有减轻处罚空间，它们适用于 188 种罪行，约占全部罪行的 21.4%。其中：（1）有 4 档的法定最高刑分别为 5 年、3 年、2 年或者 1 年有期徒刑，法定最低刑均为“管制”，适用于 59 种罪行；（2）有 6 档的法定最高刑分别为 5 年、3 年或者 2 年有期徒刑，法定最低刑均为“单处罚金”，适用于 95 种罪行；（3）有 3 档的法定最高刑分别为 5 年或者

3年有期徒刑，法定最低刑均为“单处剥夺政治权利”，适用于34种罪行。由此可见，可以单处附加刑的只有9档法定刑，它们是这些法定刑不可缺少的组成部分。此外，还有很多罪行应当或者可以并处罚金、剥夺政治权利或者没收财产，鉴于它们只能从属或者补充主刑适用，因此不应纳入量刑标尺的范围。

法定刑是罪行轻重的概括表达方式。其轻重评价标准是：下限相同的，以上限重者为重；上限相同的，以下限重者为重；上下限不相同的，以上限重者为重；上下限均相同的，以并处附加刑者为重。按照这个标准，可以根据法定刑与罪行的配置，将现行刑法规定的878种罪行，划分为宏观上的重罪和宏观上的轻罪两大类：所谓宏观上的重罪，是指法定最高刑为7年以上有期徒刑之罪，共有16个档次，配置给475种罪行，约占全部罪行的54%；所谓宏观上的轻罪，是指法定最高刑为5年以下有期徒刑和法定刑为拘役之罪，共有21个档次，配置给403种罪行，约占全部罪行的46%。在并处的附加刑中，并处没收财产的重于并处剥夺政治权利，并处剥夺政治权利的重于并处罚金，“应当”并处附加刑的重于“可以”并处附加刑，并处多种附加刑的重于并处1种附加刑。在并处的限额罚金刑中，应以其幅度(额度、倍数或者比例)上限重者为重。

立法者制定法定刑，量刑者决定宣告刑，这是刑法学的基本常识。量刑是在特定法定刑范围以内或者以下，对犯罪人判处具体刑罚或者免除刑罚处罚以及决定刑罚执行方式的活动(比如是否适用缓刑等)，凡是与此无关的都不是量刑活动本身。鉴于法定刑是罪行轻重的法律表达方式，所以它们的幅度范围具有不可变动性；如果某档法定刑的刑种结构和高低限度已经不再适应动态发展中的某种罪行，人们只能提出立法建议，呈请国家最高立法机关依照法定程序进行修改，除此之外，任何机关、部门、团体和个人都无权擅自修改，正如有学者正确指出：“法定刑只有立法机关才能制定，司法机关、执法人员无权拟制。”①

① 顾肖荣、吕继贵主编：《量刑的原则与操作》，上海社会科学院出版社1991年版，第39页。

二、法定刑应当表现为刻度分明的量刑标尺

在人类刑法文明史上，最早提出“量刑标尺”这一概念的是近代刑法学创始人、意大利刑法学家贝卡里亚。他在《论犯罪与刑罚》一书中指出：既然存在国家和法律，“人们就能找到一个由一系列越轨行为构成的阶梯，它的最高一级就是那些直接毁灭社会的行为，最低一级就是对于作为社会成员的个人所可能犯下的、最轻微的非正义行为。在这两级之间，包括了所有侵犯公共利益的、我们称之为犯罪的行为，这些行为都沿着这无形的阶梯，从高到低顺序排列”。并且认为：“如果说，对于无穷无尽、暗淡模糊的人类行为组合可以应用几何学的话，那么也很需要有一个相应的、由最强到最弱的刑罚阶梯。有了这种精确的、普遍的犯罪与刑罚的阶梯”，我们就有了一把“衡量犯罪的真正标尺”，从而计算出“犯罪对社会的危害”程度。然而，“对于明智的立法者来说，只要标出这一尺度基本点，不打乱其次序，不使最高一级的犯罪受到最低一级的刑罚，就足够了”。①在封建专制的罪刑擅断向工业社会的罪刑法定和罪刑均衡的过渡时期，能够提出罪行阶梯、刑罚阶梯和量刑标尺等伟大构想是非常难能可贵的。遗憾的是，在当时的科技发展条件下，贝卡里亚未能提供依法构建量刑标尺的具体方法，以致怎样实现量刑公正的问题，成了困扰各国刑法学者和刑事司法工作者的世界难题。

“法定刑”作为量刑标尺的原型，是与罪刑法定和罪刑均衡相伴而生的，经过三百多年的历史发展已在大陆法系国家刑法典中普遍确立，一种罪行配置一档相应的法定刑已经成了当代个罪立法的最佳模式，在这种条件下，更加显现出贝卡里亚关于“只要标出这一尺度基本点”的科学构想的伟大现实意义。这个“基本点”是什么呢？只能解读为“法定刑中间线”，因为“中间公正”是颠扑不破的真理，怪不得世界各国均以“天平”作为司法公正的标志和象征，它与某些学者主

① 贝卡里亚著，黄风译：《论犯罪与刑罚》，中国大百科全书出版社 1993 年版，第 66~67 页。

张的所谓“量刑基准”论或者“基准刑”论南辕北辙，风马牛不相及。因为，作为法定刑“中间线”这个“基本点”是量刑标尺的核心，量刑标尺是客观公正的刑罚裁量的工具；而“量刑基准”或者“基准刑”却是“浮现于法官头脑中的”、“想象性的”、“观念性的”、“无意识的”、“习惯状态下的”和“潜意识之中若隐若现的”思想观念的产物，① 其本质特征是偏离法定刑中间线另行确定“量刑基准”或者“基准刑”，实际上是任意法定刑，否则，“偏离”的理由和根据又是什么呢？“偏离”多少又是怎样计算出来的呢？

贝卡里亚虽然提出罪刑均衡论，但他并非绝对的报应刑论者，而是“折中主义刑罚论”的早期代表人物。例如，他在论述罪刑均衡的同时指出：“刑罚的目的既不是要摧残折磨一个感知者，也不是要消除业已犯下的罪行。……刑罚的目的仅仅在于：阻止罪犯再重新侵害公民，并规诫其他人不要重蹈覆辙。因而，刑罚和实施刑罚的方式应当经过仔细的推敲。”②由此可见，刑罚的适用不应当只以已然之罪为绝对的原因，而应将行为人的人身危险性纳入刑罚价值取向的视野。总之，贝氏关于“无形的罪行阶梯”与衡量犯罪的“潜在标尺”的科学构想，为我们提供了探索罪责程度向刑罚程度转换的理论前提。

所谓量刑，是指采取科学的方法先将犯罪人具有的各种量刑情节，通过理性评价转换为一定的罪责程度，再将罪责程度转换为刑罚程度的过程。正如刑事社会学派创始人之一、德国著名刑法学家李斯特(1851—1919年)所说：“法官的任务是在具体案件中解决具体适用何种刑罚，而立法者只是规定刑罚的范围。这种在刑罚范围内确定刑

① 参见苏惠渔、张国全、史建三：《量刑与电脑》，百家出版社1989年版，第105页；何鹏主编：《现代日本刑法专题研究》，吉林大学出版社1994年版，第165页；郑伟：《罪轻罪重研究》，中国政法大学出版社1998年版，第49页；周光权：《量刑基准研究》，载《中国法学》1999年第5期；朱平：《量刑基准分析》，载《中国刑事法杂志》2005年第6期；周长军、徐嘎：《量刑基准论》，载《中国刑事法杂志》2007年第2期。

② 贝卡里亚著，黄风译：《论犯罪与刑罚》，中国大百科全书出版社1993年版，第42页。

罚的过程，叫做量刑。”①但因他忽略了依法构建“刻度分明”的量刑标尺这个问题，于是陷入了不可知论的泥潭，所以他认为“报应理论所要求的犯罪和刑罚之间的均衡，将我们的法官推到了一个完全无法解决的难题面前”。② 在他看来，罪刑均衡是无法实现的，以致“估堆量刑”得以长期流行，所以量刑偏差是世界各国普遍存在的问题。

三、量刑标尺的概念与基本特征

量刑亦称刑罚裁量。正如测量地面宽窄、建筑物高低或者水体深浅量必须有一把刻度分明的尺子一样，裁量刑罚也应当有一把客观公正的“标尺”。“刻度”是一切标尺的本质特征，没有刻度就没有标尺。法定刑作为裁量刑罚的范围也应当以“标尺”和“刻度”的形式展现出来，成为测算罪责大小和处罚轻重的法律工具。所谓量刑标尺，是指法定刑空间的刑种结构、排列位置、轻重范围和不同刑种所占的空间刻度以及相互之间的数量关系。这里所说的“刑种结构”，包括主刑和可以单处的附加刑；主刑有死刑、无期徒刑、有期徒刑、拘役和管制五种，可以单处的附加刑只有罚金和剥夺政治权利。这里所说的“排列位置”，是指将量刑空间平均划分为若干细小的刻度(以 200 个刻度为佳)，将刑期和刑种按轻重顺序排列，明确各刑种在其间的位置和所占的空间刻度，用以测算犯罪人的罪责程度和刑罚适用的具体程度。如果没有这种表明刑种宽窄的刻度分明的量刑标尺，宣告刑何以为特定犯罪人“量身定做”呢？然而，在现行刑法规定的 37 档法定刑中，由于死刑和无期徒刑没有明确的适用幅度，有期徒刑、拘役、管制和可以单处的附加刑虽然有一定的适用幅度但却没有统一的刑罚计量单位，于是，要将法定刑转换为一整套“刻度分明”的量刑标尺体系，也就成了令人望而生畏的难题。其实，只要我们转变思路，将

① 李斯特著，徐久生译：《德国刑法教科书》，法律出版社 2005 年版，第 465 页。

② 李斯特著，徐久生译：《德国刑法教科书》，法律出版社 2005 年版，第 464 页。

法定刑所涵纳的其他主刑“虚拟”为“有期徒刑”，在按刑种平均分配法定刑空间的基础上，再按各主刑的幅度刑罚量调整它们在法定刑中应占的空间刻度，这个问题就会迎刃而解。因此，将广义量刑空间中的有期徒刑以外的其他主刑暂时“虚拟”为有期徒刑，是实现量刑精确制导的关键环节。

第三节　依法构建量刑标尺的根据和步骤

一、“虚拟徒刑”是依法构建量刑标尺的科学方法

贝卡里亚在《论犯罪与刑罚》一书的“引言”中开宗明义地指出：对于刑罚适用的相关问题，“应当用几何学的精确度来解释……因为这种精确度足以制胜迷人的诡辩、诱人的雄辩和怯懦的怀疑”。① 那么，怎样用几何学的精确度来解释刑罚适用问题呢？依法构建刻度分明的量刑标尺是实现量刑公正的最佳途径。要构建刻度分明的量刑标尺，首先必须将法定刑中的其他主刑依法“转换”为有期徒刑。在刑法规定的37档法定刑中，不是单一有期徒刑和不包括有期徒刑的法定刑只有3个档次，② 仅适用于21种罪行，约占全部罪行的2.4%；③ 法定刑为单一有期徒刑的共有11个档次，适用于382种罪行，约占全部罪行的43.5%；法定刑包括一定有期徒刑和其他刑种的共有23个档次，适用于475种罪行，约占全部罪行的54.1%。由于后两者相加共有34个档次，适用于857种罪行，约占全部罪行的97.6%，在司法实践中适用频率最高，是我国刑罚体系的主要组成部分，所以，应当根据刑罚的共同本质属性和刑法的相关规定精神，将

① 贝卡里亚著，黄风译：《论犯罪与刑罚》，中国大百科全书出版社1993年版，第7页。

② 即“处死刑或者可以判处死刑”（适用于13种罪行）、“处无期徒刑或者死刑”（适用于7种罪行）和“处拘役”（适用于1种罪行）。

③ 参见本书附表2. 法定刑与罪行配置一览表。

有期徒刑作为衡量其他主刑的“一般等价物”。这就是说，应当将管制、拘役、无期徒刑和死刑暂时“虚拟”为一定的“有期徒刑”，以便按统一的刑罚计量单位——有期徒刑的“月数”来计算法定刑的幅度总量，再将法定刑平均划分为200个刻度，以明确每个刻度等于多少不同性质的刑罚量，从而确定各主刑在法定刑中的空间位置和宽度，待得出量刑结论时再还原为本来的刑罚惩罚性质，这种数量转换关系称为“虚拟徒刑”。在上述34档法定刑中，有9档法定刑还包括可以单处的罚金或者剥夺政治权利，共适用于129种罪行，约占全部罪行的14.7%；鉴于单处罚金和单处剥夺政治权利具有特殊性和相对独立性，能够直接计算其刑罚量，所以没有必要再虚拟为徒刑。

二、“虚拟徒刑”的法律根据和计算方法

怎样根据刑法的规定和刑罚的共同本质属性，将法定刑中的其他主刑暂时虚拟为有期徒刑呢？法律根据和计算方法如下：

（一）将“管制”暂时虚拟为有期徒刑“1.5~12个月”

根据刑法第38条第1款关于“管制的期限，为3个月以上2年以下”的规定和第41条关于“管制的刑期，从判决执行之日起计算；判决执行以前先行羁押的，羁押1日折抵刑期2日”的规定精神，暂时将管制虚拟为有期徒刑“1.5~12个月”，其幅度刑罚量为虚拟徒刑“10.5个月”。

（二）将“拘役”暂时虚拟为有期徒刑“1~6个月”

根据第42条关于“拘役的期限，为1个月以上6个月以下”和第44条关于“拘役的刑期，从判决执行之日起计算；判决执行以前先行羁押的，羁押1日折抵刑期1日”的规定精神，暂时将拘役虚拟为有期徒刑“1~6个月”，其幅度刑罚量为虚拟徒刑“5个月”。

（三）将“无期徒刑”暂时虚拟为有期徒刑“15~26年”

根据刑法第78条第1款关于“可以减刑”的规定和第2款关于“减刑以后实际执行的刑期”，被“判处管制、拘役、有期徒刑的，不能少于原判刑期的1/2；判处无期徒刑的，不能少于13年”的规定以及第81条第1款关于“被判处有期徒刑的犯罪分子，执行原判刑期

1/2以上，被判处无期徒刑的犯罪分子，实际执行13年以上……可以假释”的规定精神，应当视“13年”为无期徒刑的1/2。于是，无期徒刑的幅度为“虚拟徒刑15~26年”，其幅度刑罚量为虚拟徒刑11年；这就是说，无期徒刑的最高刑期为26年，这26年除以2，恰巧与被判处无期徒刑的犯罪分子减刑以后“实际执行的刑期不能少于13年”和“实际执行13年以上……的可以假释”的规定相吻合。由此可见，将无期徒刑虚拟为有期徒刑“15~26年”是言之有理，持之有故的。

(四)将“死刑”暂时虚拟为有期徒刑“26~37年”

超过无期徒刑虚拟幅度上限26年的显然是死刑。但因死刑的执行方法有“立即执行”与“缓期2年执行”之分，所以死刑在法定刑中所占空间宽窄，将会影响其他刑罚的公正适用。那么，应当将死刑虚拟为多大幅度的有期徒刑呢？笔者研究的结果是：它应当与无期徒刑相等，其幅度刑罚量也是虚拟徒刑11年，即将死刑暂时虚拟为有期徒刑“26~37年”。理由有四点：首先，按刑种平均分配法定刑空间，死刑应当在其中占一定的空间刻度，这是理所当然的；其次，再按各主刑的刑种幅度刑罚量调整各自应占的空间刻度，这也是顺理成章的；再次，在现行刑法中，有一档法定刑是“处无期徒刑或者死刑”，适用于7种罪行，①其“无期徒刑”为从轻处罚空间，其“死刑”为从重处罚空间，两者在法定刑空间中的“等间距”是不容置疑的逻辑结论；复次，既然死刑的幅度刑罚量在这档法定刑中可以同无期徒刑相等，那么在别的法定刑中两者为什么不能相等呢？最后，如果试图偏离法定刑中间线另行确定从重与从轻处罚的分界线，能讲得出“偏离”的理由和根据吗？因此，将死刑虚拟为有期徒刑“26~37年”，其幅度刑罚量与无期徒刑相等也是11年虚拟徒刑，不失为依法构建量刑标

---

① 该档法定刑适用的7种罪行是：刑法第151条第2段规定的走私武器、弹药罪(重罪)，走私核材料罪(重罪)和走私假币罪(重罪)；第199条规定的集资诈骗罪(更重罪)；第358条第2款规定的组织卖淫罪(更重罪)和强迫卖淫罪(更重罪)；第426条后段规定的阻碍执行军事职务罪(更重罪)。

尺的明智选择。

三、“虚拟徒刑”的哲理基础和法理依据

以有期徒刑为“一般等价物”，暂时将其他主刑虚拟为有期徒刑，具有深厚的哲理基础和法理依据：首先，我国古代早就产生了“天有万象，物有万象，万象皆数，得数而忘象”的朴素哲学思想；在现代曾有学者精辟指出：“一切事物皆可量化，亦即任一事物皆可无条件地转化成数量信息而被提升(抽象)出来。这是符合信息概念的，且已成为人们的流行看法。”①其次，“刑罚的本质属性是限制或剥夺犯罪人的某种权益，使其遭受一定的损失和痛苦”，② 这种损失和痛苦是可以比较的，不同刑罚方法之所以能够区分孰轻孰重，就是因为它们相互之间具有一定的可比性，这种可比性是由刑罚的共同本质决定的；外国刑法之所以规定“刑罚易科”制度，③ 就是基于这种可比性。再次，要正确处理量刑标尺中各刑种之间的数量关系，就应当按照数学上的“去量纲化”和“转换原理”，④ 将法定刑中的管制、拘役、无

① 高昌隆著：《社会度量学原理》，西南交通大学出版社2000年版，第67页。

② 高铭暄、马克昌等主编：《刑法学》，北京大学出版社、高等教育出版社2007年版，第237页。

③ 所谓刑罚易科制度，主要是指被判处短期自由刑的犯罪分子符合刑法规定的条件，准以罚金替代自由刑的执行，折抵的罚金全部完纳后，原判自由刑就认为已经执行的刑罚制度；它是短期自由刑的一种执行制度，不是对原判刑罚的否定。例如《联邦德国刑法典》第47条、《土耳其刑法典》第15条和《奥地利刑法典》第37条。参见赵廷光：《关于用罚金替代短期自由刑的可行性研究》，载《中外法学》1995年第2期。

④ 所谓数学上的去量纲化(“量纲”即事物的计量单位)，“是指将单位各异因而不可比的各种事物放在一起，剥离其间的不可比因素，抽出共有的属性使其获得可比性”。所谓数学上的转换原理，是指“根据事物之间的系统关联和逻辑关系，把某种测量对象转换到相关的事物上去，然后通过测量相关事物，间接地测量目标事物”。白建军著：《罪刑均衡实证研究》，法律出版社2004年版，第107页。

期徒刑和死刑暂时虚拟为有期徒刑，① 以明确各种刑罚在法定刑中的空间位置和相互之间的边界，否则量刑标尺无法产生。总之，虚拟徒刑概念的提出并非要在有期徒刑和其他主刑之间画等号，而仅仅在于测算刑罚适用的轻重程度。将其他主刑暂时虚拟为有期徒刑的“月数”和“日数”，② 待到得出量刑结论后再回归原来的惩罚性质的过程，是依法构建量刑标尺从而实现量刑精确制导之关键所在。

四、依法构建量刑标尺的步骤

在将其他主刑虚拟为有期徒刑的前提下，依法构建量刑标尺有如下四个步骤：

第一步是，将法定刑平均划分为200个刻度，③ 使其从重与从轻处罚空间分别为100个刻度，从而明确法定刑中间线是从重与从轻处罚的分界线，或者说处罚轻重的正负起点——此乃量刑公正的生命线。④

第二步是，在按刑种平均分配法定刑空间刻度的基础上，计算出各主刑应占多少空间刻度，并根据主刑总量计算出每个刻度等于有期

---

① 为了叙述方便，凡阐述对象包含有期徒刑和“虚拟徒刑”，用前者表述即可。

② 宣告刑尾数(零头)不足1个月的，应当将其折算为法定刑“日数”，从而更好地体现量刑公正与精准，计算方法为：不足1个月的宣告刑尾数×每月30日=徒刑日，比如宣告刑尾数0.74个月×30=徒刑22.2日。

③ 将法定刑平均划分为多少个刻度，一般地说不会对量刑公正产生实质影响，但将影响量刑公正的精准程度。笔者之所以将法定刑划分为200个刻度，不但能使从重与从轻处罚空间分别为100个刻度，具有方便计算的优点，而且还能将80%以上罪行的法定刑“刻度月”控制在有期徒刑15日以下，有利于实现量刑的精确制导，即便是对量刑情节的评价发生某种认识误差，每个刻度所造成的量刑偏差也不会太大。参见本书附表10. 法定刑“主刑刻度月”与“中间线刑罚量”一览表。

④ 法定刑中间线刑罚量=100个刻度×主刑刻度月+法定最低刑。

徒刑(包括虚拟徒刑)多少个月(简称"刻度月"),① 然后根据各主刑的幅度刑罚量，调整它们在法定刑中应占的空间刻度，从而形成各刑种按轻重顺序排列且刻度分明的量刑标尺。

第三步是，如果法定刑包括单处罚金或者单处剥夺政治权利的话，应根据各自所占的空间刻度，分别计算出每个刻度等于多少罚金量或者剥夺政治权利刑罚量。② 由于单处的附加刑具有特殊性和相对独立性，能够单独直接计算其特定刑罚量，所以没有必要再将它们虚拟为徒刑，只需按刑种平均分配它们在法定刑中应占的空间刻度，便能精确计算出每个刻度所体现的特定刑罚量。③

第四步是，根据刑法第 33 条和第 34 条规定，将量刑标尺中的各刑种按其所占的空间刻度由轻至重顺序排列，便是衡量特定犯罪人罪责程度的公正标尺，即以其法定刑中间线为量刑轻重的正负起点(分界线)，正数第 1～100 刻度为从重处罚空间幅度，倒数第 1～100 刻度为从轻处罚空间幅度；如果犯罪人具有减轻处罚情节且法定刑又有减轻处罚空间的话，再倒数一定的刻度则为减轻处罚空间幅度。④

---

① 所谓"刻度月"，指法定刑空间的 1 个刻度等于徒刑或者虚拟徒刑多少个月；其计算公式为：法定刑主刑幅度刑罚总量÷主刑共占空间刻度=主刑刻度月。法定刑的主刑刻度刑罚量，可以表现为"刻度月"，也可以表现为"刻度日"，即每刻度等于徒刑或者虚拟徒刑多少"天"；将"刻度月"转换为"刻度日"的计算公式为："刻度月×每月 30 日=刻度日"。因此，对于次轻罪行和轻微罪行，在必要时其宣告刑也可以精确到"日"。参见本书附表 2. 法定刑与罪行配置一览表和附表 10. 法定刑"主刑刻度月"与"中间线刑罚量"一览表。

② 参见本编第四章第二节第一项"单处剥夺政治权利的计算方法"和第三节第二项"限额罚金刑的量刑最佳适度"。

③ 计算公式分别为：(1)罚金刑幅度刑罚量÷罚金刑所占的空间刻度=每刻度罚金量；(2)剥夺政治权利幅度刑罚量 48 个月÷该刑种所占的空间刻度=每刻度刑罚量。

④ 不同的减轻处罚空间具有不同的底线。在现行刑法规定的 37 种法定刑模式中，有 13 档法定刑的下限是管制或者单处附加刑，它们分别配置给 188 种罪行，这些罪行没有减轻处罚空间。

现以刑法第263条规定的抢劫罪（重罪）法定刑和第264条规定的盗窃罪（基本罪）的法定刑为例，将两者的量刑标尺图示如下：

转换为“量刑标尺”的抢劫罪（重罪）法定刑①

<table>
<tr><td>减轻处罚空间</td><td colspan="2">从轻处罚空间</td><td colspan="2">从重处罚空间</td></tr>
<tr><td>处5~10年</td><td>处10~15年</td><td colspan="2">处无期徒刑</td><td>处死刑</td></tr>
<tr><td>幅度量60个月</td><td>5年=60个月</td><td colspan="2">虚拟15~26年=11年</td><td>虚拟26~37年=11年</td></tr>
<tr><td>占37个刻度</td><td>占37个刻度</td><td>占63个刻度</td><td>占18个刻度</td><td>占82个刻度</td></tr>
<tr><td>←再倒数37个刻度</td><td colspan="2">←倒数第100~1个刻度</td><td colspan="2">正数第101~200个刻度→</td></tr>
<tr><td>←减轻处罚底线</td><td colspan="4">←法定刑（↑）中间线→
（中间线为虚拟徒刑13年6个月+起刑期10年=虚拟徒刑23年6个月）</td></tr>
</table>

转换为“量刑标尺”的盗窃罪（基本罪）法定刑②

<table>
<tr><td colspan="3">从轻处罚空间</td><td colspan="2">从重处罚空间</td></tr>
<tr><td>处罚金</td><td>处管制</td><td colspan="2">处拘役</td><td>处3年以下有期徒刑</td></tr>
<tr><td>不虚拟为徒刑</td><td colspan="4">主刑幅度刑罚量为45.5个月，共占150个刻度，每刻度=0.303个月</td></tr>
<tr><td>单独计算刻度罚金量</td><td>10.5个月</td><td colspan="2">5个月</td><td>6个月~3年=30个月</td></tr>
<tr><td>占50个刻度</td><td>占34个刻度</td><td colspan="2">占16个刻度</td><td>占99个刻度</td></tr>
<tr><td colspan="3">←从轻处罚空间，倒数第100~1个刻度</td><td colspan="2">从重处罚空间，正数第101~200个刻度→</td></tr>
<tr><td colspan="5">法定刑（↑）中间线
（中间线为拘役5个月+起刑期1个月=拘役6个月）</td></tr>
</table>

① 参见本书第二编第一章第四节第4号量刑标尺：“处10年以上有期徒刑、无期徒刑或者死刑”。

② 参见本书第二编第五章第七节第30号量刑标尺：“处3年以下有期徒刑、拘役、管制或者罚金”。

第四节　完善减轻处罚幅度的立法建议

一、减轻处罚幅度是多数量刑标尺不可缺少的组成部分

量刑标尺一般是指基本法定刑，即等间距的从重与从轻处罚幅度，但是，根据刑法第 63 条第 1 款前段关于“犯罪分子具有本法规定的减轻处罚情节的，应当在法定刑以下判处刑罚”的规定，当犯罪分子具有减轻处罚情节的时候，刑罚的适用将突破法定刑下限，向下扩展一定的量刑空间并改变量刑标尺的刑期与刑种结构。正如有学者正确指出：“法定刑一经确定，便对法官量刑具有不可变更的制约性。然而立法者在确定法定刑时，只针对某一性质的犯罪之一般情形，而不可能反映该犯罪的一切情况。因此为兼顾具体案件中可能出现的特殊情况，不可避免地要规定可以超越法定刑幅度的一些特殊情况”，所以，减轻处罚情节的适用具有“变更法定刑”的功能。① 减轻处罚空间是相对于基本法定刑空间——从重与从轻空间——而言的，两者合称为广义量刑空间。减轻处罚空间是多数法定刑的依法延伸，在理论上可称为“减轻法定刑”。

在现行刑法规定的 37 档法定刑中，具有减轻处罚空间的法定刑共有 24 个档次，适用于 690 种罪行，约占全部罪行的 78. 6%，表现为两种形式：一是法定最低刑分别为无期徒刑、15 年、10 年或者 7 年有期徒刑的罪行，共有 9 个法定刑档次，适用于 145 种罪行；二是法定最低刑分别为 5 年、3 年、2 年、1 年、6 个月有期徒刑、拘役或者管制的，共有 15 个法定刑档次，适用于 545 种罪行。② 前者是实行限制减轻的罪行，后者是不实行限制减轻的罪行。由此可见，减轻处罚幅度是绝大多数“量刑标尺”不可缺少的组成部分。

在《刑法修正案(八)》第 5 条颁行以前，刑法第 63 条第 1 款只有

---

① 陈兴良、莫开勤：《论量刑情节》，载《法律科学》1995 年第 2 期。

② 请参见本书附表 5. 减轻处罚幅度立法建议一览表。

前段，仅规定减轻处罚是“在法定刑以下判处刑罚”，至于是否需要有一定限度，法条尚未明示，于是刑法学界存在两种不同的主张：一种观点认为，减轻处罚不应有所限制，只要不免除处罚便是合法的；① 另一种观点认为，减轻处罚应当有所限制，否则难免宽大无边。② 笔者赞成后一种观点。《刑法修正案(八)》第 5 条为了对极重的和重大的罪行限制减轻，将刑法第 63 条第 1 款修改为：“犯罪分子具有本法规定的减轻处罚情节的，应当在法定刑以下判处刑罚；本法规定有数个量刑幅度的，应当在法定量刑幅度的下一个量刑幅度内判处刑罚。”此规定试图用“下一个量刑幅度”来解决限制减轻的问题，但因该条款修正案的拟稿人不知道哪些罪行需要限制减轻，哪些罪行不需要限制减轻，于是造成本条修正案未能穷尽需要限制减轻的罪行。

《刑法修正案(八)》第 5 条修改后的刑法第 63 条第 1 款共有两段，其前段为一般规定(普通条款)，后段是特别规定(特别条款)。按照特别条款优于普通条款的法律适用原则，在犯罪人具有减轻处罚情节的前提下，应当作如下解读：所犯罪名有“数个量刑幅度”的，应当以“下一个量刑幅度”为减轻处罚幅度——适用特别条款，实行限制减轻原则；所犯罪名如果仅有一个量刑幅度的，“应当在法定刑以下判处刑罚”——适用普通条款，实行无限制减轻原则。笔者对该条文第 2 款规定不持异议，但是认为第 1 款虽然经过《刑法修正案(八)》第 5 条的修改，对于多数需要限制减轻的罪行，仍然存在未能限制减轻的立法瑕疵。

二、限制减轻处罚不应实行双重标准

根据多数学者的共识，凡是法定刑最低刑为 7 年以上有期徒刑的，其“下一个量刑幅度”均视为比较“宽泛”的减轻处罚空间。此类

① 曾芳文：《“减轻处罚”适用新探》，载《中央政法管理干部学院学报》1996 年第 4 期。

② 姜冬：《试论减轻处罚的幅度》，载《律师世界》2003 年第 1 期。

法定刑共有 9 个档次，涉及 145 种罪行，它们是：(1)“处死刑或者可以判处死刑”，涉及 13 种罪行；(2)“处无期徒刑或者死刑”，涉及 7 种罪行；(3)“处 15 年有期徒刑、无期徒刑或者死刑”，涉及 1 种罪行；(4)“处 10 年以上有期徒刑、无期徒刑或者死刑”，涉及 34 种罪行；(5)“处 15 年有期徒刑或者无期徒刑”，涉及 1 种罪行；(6)“处 10 年以上有期徒刑或者无期徒刑”，涉及 57 种罪行；(7)“处 7 年以上有期徒刑或者无期徒刑”，涉及 4 种罪行；(8)“处 10 年以上有期徒刑”，涉及 12 种罪行；(9)“处 7 年以上有期徒刑”，涉及 16 种罪行。因此，在我国刑法中，需要限制减轻处罚的只有这 145 种极重的和重大的罪行。

但是，《刑法修正案(八)》第 5 条修改后的刑法第 63 条第 1 款规定，只能对需要限制减轻的上述 145 种罪行中的 63 种罪行起限制减轻作用(约占其 43%)，还有 82 种罪行未能限制减轻(约占其 57%)，列表统计如下：

需要限制减轻但未能限制减轻的罪行一览表

上一个量刑幅度(所犯罪行的法定刑)	下一个量刑幅度(所犯罪行的减轻法定刑)	涉及罪行	罪行举例
处死刑或者可以判处死刑	处 10 年以上有期徒刑或无期徒刑	13	劫持航空器罪(重罪)
处无期徒刑或者死刑	处 7 年以上有期徒刑	4	走私假币罪(重罪)
处 15 年有期徒刑、无期徒刑或者死刑	处 5 年以上有期徒刑	1	走私、贩卖、运输、制造毒品罪(最重罪)
处 10 年以上有期徒刑、无期徒刑或者死刑	处 3 年以上 10 年以下有期徒刑	25	抢劫罪(重罪)
	没有下一量刑幅度	2	抢劫枪支、弹药、爆炸物、危险物质罪(基本罪)

续表

上一个量刑幅度 (所犯罪行的法定刑)	下一个量刑幅度 (所犯罪行的减轻法定刑)	涉及罪行	罪行举例
处15年有期徒刑或者无期徒刑	处7年以上有期徒刑	1	生产、销售伪劣产品罪(最重罪)
处10年以上有期徒刑或者无期徒刑	处3年以上10年以下有期徒刑	29	盗窃罪(更重罪)
	没有下一量刑幅度	2	劫持航空器罪(基本罪)
处10年以上有期徒刑	处3年以上10年以下有期徒刑	5	敲诈勒索罪(更重罪)
合　　计		82	

上述82种罪行的法定最低刑分别是有期徒刑10年、15年和无期徒刑，它们的下一个量刑幅度分别为“处无期徒刑或者10年以上有期徒刑”、“15年以下7年以上有期徒刑”和“15年以下5年以上有期徒刑”，减轻幅度刑罚量分别为徒刑16年(含无期徒刑虚拟徒刑11年)、10年和8年或者不作任何限制，其减轻处罚幅度之宽泛是显而易见的。在能够限制减轻处罚的63种罪行中，它们的减轻处罚幅度上限均不超过5年有期徒刑，其中有8种罪行的上下两个量刑幅度存在部分交叉重合的情形，扣除重叠部分之后，其“下一个量刑幅度”的上限均不超过5年有期徒刑，所以这63种罪行的下一个量刑幅度具有限制减轻处罚的功能。这里需要提出的问题是：在应当限制减轻处罚的145种罪行中，为什么只对其中63种罪行实行限制减轻，而对上表所列的82种罪行不实行限制减轻？它们都是极重的和重大的罪行，为什么要实行双重标准？这显然违背了“科学立法”的精神。

此外，还要特别指出的是，犯刑法第431条第2款规定的为境外窃取、刺探、收买、非法提供军事秘密罪(基本罪)和第127条第2款前段规定的抢劫枪支、弹药、爆炸物、危险物质罪(基本罪)两种罪行的，它们的法定刑均是“处 10 年以上有期徒刑、无期徒刑或者死刑”；犯第 102 条第 1、2 款和第 113 规定的背叛国家罪(基本罪)和第 121 条规定的劫持航空器罪(基本罪)两种罪行的，两者的法定刑均是“处 10 年以上有期徒刑或者无期徒刑”。这 4 种罪行均无下一个量刑幅度，怎么对它们限制减轻呢？当然只能按照刑法第 63 条第 1 款前段规定，“在法定刑以下判处刑罚”——实行无限制减轻了。所以，《刑法修正案(八)》第 5 条关于“下一个量刑幅度”的规定存在严重的立法瑕疵。

三、法定刑无减轻空间但犯罪人有减轻情节的应当免除处罚

在现行刑法规定的 37 档法定刑中，共有 13 档法定刑没有减轻处罚空间，共适用于 188 种罪行，约占全部罪行的 22%。所谓没有减轻处罚空间，是指法定最低刑为管制或者单处罚金或者剥夺政治权利的情形。其中：(1)法定最低刑为管制的共有 4 个档次，适用于 59 种罪行，例如“处 5 年以下有期徒刑、拘役或者管制”；(2)法定最低刑为单处罚金的共 6 个档次，适用于 95 种罪行，例如“处 3 年以下有期徒刑、拘役、管制或者罚金”；(3)法定最低刑为单处剥夺政治权利的共 3 个档次，适用于 34 种罪行，例如“处 5 年以下有期徒刑、拘役、管制或者剥夺政治权利。”如果行为构成此类罪行而行为人又具有减轻处罚情节的话，要不要从宽处理——“免予刑事处罚”呢？如果不予从宽处理的话，对于这类犯罪人来说，岂不是显失公平吗?!

四、减轻处罚幅度的进一步完善

为了剔除减轻处罚的立法瑕疵，弥补其立法漏洞，建议将刑法第 63 条修改为：

(一)“犯罪分子具有减轻处罚情节，依照下列规定处罚：(1)犯法定刑为处死刑之罪的，减轻为处无期徒刑；(2)犯法定最低刑为处无期徒刑或者处 15 年有期徒刑之罪的，减轻为 10 年以上不满 15 年有期徒刑；(3)犯法定最低刑为处 10 年有期徒刑之罪的，减轻为处 5 年以上不满 10 年有期徒刑；(4)犯法定最低刑为处 7 年有期徒刑之

罪的，减轻为处 2 年以上不满 7 年有期徒刑；(5) 犯法定最低刑为处 5 年、3 年、2 年或者 1 年有期徒刑之罪的，减轻处罚不受限制。”

(二) 在第 1 款后增加一款作为第 2 款：“犯法定最低刑为管制或者单处罚金，或者单处剥夺政治权利之罪，犯罪分子具有减轻处罚情节的，应当免除处罚。”

(三)“原第 2 款改为第 3 款。”

第三章　理性评价量刑情节，科学计算罪责程度

第一节　严格区分定罪情节与量刑情节是量刑公正的基本保障

一、定罪情节与量刑情节的概念

在我国刑法中，犯罪事实、犯罪构成事实、定罪情节和量刑情节是既相联系又相区别的四个概念，严格区分它们之间的界限对于正确定罪与公正量刑至关重要。所谓犯罪事实，是指发生在犯罪过程中的，能够在一定程度上揭示行为客观危害和行为人主观恶性的一切事实情况。它包括犯罪构成事实和非犯罪构成事实，后者是量刑情节的重要组成部分。所谓犯罪构成事实，是指特定犯罪构成诸要件所涵盖的能够用以满足该种犯罪构成起码要求的一切主客观事实情况。犯罪构成是罪行的法律表达方式。对于多数罪行来说，犯罪构成事实与定罪情节是同一概念，不存在定罪剩余的犯罪构成事实；但是对于少数罪行来说，犯罪构成事实可能多于定罪的需要，因而存在定罪剩余的犯罪构成事实。例如，在仅涵必备要件的犯罪构成中，行为人在具备其他构成要件的基础上，行为犯只要实施一次危害行为，结果犯只要造成一种危害结果，数额犯的只要达到犯罪数额起点，犯罪便可成立，不存在定罪剩余的犯罪构成事实；如果多次实施同种危害行为，或者造成多个同种危害结果，或者犯罪数额超过法定起点的，就会产生定罪剩余的犯罪构成事实。又如，在兼涵选择要件的犯罪构成中，

行为在齐全必备要件的基础上，只要具有其中一种选项，犯罪便可成立，不存在定罪剩余的犯罪构成事实；如果犯罪人具有多种选项时，就会产生定罪剩余的犯罪构成事实。在犯罪构成事实多于定罪需要的场合，应当拿出其中一种作为定罪情节，用以满足该种犯罪构成的起码要求，定罪剩余的其他犯罪构成事实(包括定罪剩余的选择要件)理所当然地转化为量刑情节。①

所谓非犯罪构成事实，是指特定犯罪构成诸要件没有涵盖的其他犯罪事实。例如，作为故意杀人罪核心要件的危害行为，是指非法剥夺他人生命的行为，至于非法剥夺他人生命的方法手段，法律没有限制，定罪时在所不问，因为故意杀人可以表现为“作为”也可以表现为“不作为”，可以是直接故意也可以是间接故意，所以“暴力”虽然是实施故意杀人罪最常见的手段，但它只是故意杀人罪的非犯罪构成事实，故意杀人的动机也是如此，所以非犯罪构成事实只能是量刑情节。表明行为社会危害性的犯罪事实，都是就具体犯罪而言的，有的在此罪中是量刑情节，在彼罪中可能是定罪情节，不可一概而论。所谓定罪情节，是指据以认定行为成立某种罪行的，从而满足犯罪构成起码要求的主客观事实情况。② 由于定罪剩余的其他犯罪构成事实理所当然地转化为量刑情节，因此犯罪构成事实未必都是定罪情节。定罪情节只有认定行为构成某种罪行从而找准法定刑的功能，没有影响量刑轻重的功能，所以定罪情节是认定行为成立某种罪行的唯一根据。所谓量刑情节，是指定罪情节以外的，能够在一定程度上揭示行为社会危害性和行为人人身危险性，从而影响判刑轻重的唯一根据。③

---

① 赵廷光:《论定罪剩余的构成事实转化为量刑情节》，载《人民司法》2004年第12期。参见本书附表9. 定罪剩余的选择要件转化而来的从重处罚情节统计表。

② “起码”一词是属性词，表明特定事物的“最低限度”。见《现代汉语词典》(第5版. 大字本)，第1076页。

③ 参见本书附表7. 中国刑法罪责刑关系示意图。

二、定罪情节与量刑情节的区别

定罪情节与量刑情节在刑事审判中具有不同的功能和作用，两者之间的区别主要有如下四点：(一)定罪情节只能揭示行为的社会危害性(包括客观危害和主观恶性)，而量刑情节有的只能揭示行为的社会危害性，有些却能揭示行为人的人身危险性；(二)定罪情节是用以充足犯罪构成起码要求的主客观事实情况，表明具体犯罪的性质，揭示该种罪行的共性，而量刑情节则是评价特定犯罪人罪责程度的根据，表明个案之间的特点和差异，揭示同种犯罪中不同案犯的个性；(三)定罪情节只限于罪中情节，外延比较狭窄，而量刑情节则包括部分罪中情节和全部罪前和罪后情节，外延比较宽广；(四)定罪情节表明具体罪行的构成类型和特点，决定对犯罪人追究刑事责任的范围，同法定刑具有不可分割的联系，而量刑情节则表明行为人承担刑事责任的程度，决定在法定刑限度以内或者以下判处何种刑罚或者刑期，同宣告刑具有必然联系。正如德国著名刑法学家李斯特所说："法官的任务是在具体案件中解决具体适用何种刑罚，而立法者只是规定刑罚的范围。这种在刑罚范围内确定刑罚的过程，叫做量刑。"①总之，定罪情节只有正确认定行为成立某种罪行和找准法定刑的功能，量刑情节只有评价犯罪人罪责程度从而求解量刑最佳适度的功能。因此，严格划清定罪情节与量刑情节的界限，禁止将定罪情节重复评价为量刑情节或者将后者重复评价为前者，是实现量刑公正的基本保障之一。

三、犯罪未完成形态具有定罪情节和量刑情节的二重性

在我国刑法中，一般地说定罪情节与量刑情节是泾渭分明的，但是也有特殊性，例如，刑法关于预备犯、未遂犯和中止犯三种犯罪未完成形态的规定，既是"修正的构成要件"(定罪情节)又是"多功能从

① 李斯特著，徐久生译：《德国刑法教科书》，法律出版社 2005 年版，第 465 页。

宽处罚情节”(量刑情节)。所谓预备犯，根据刑法第 22 条第 1 款规定，是指在故意犯罪过程中，行为人为了实施犯罪而准备工具、制造条件，由于其意志以外的原因未能着手实行犯罪，致使犯罪未能完成的情形；该条第 2 款规定，“对于预备犯，可以比照既遂犯从轻、减轻处罚或者免除处罚”。所谓未遂犯，根据刑法第 23 条第 1 款规定，是指在故意犯罪过程中，行为人已经着手实行犯罪，由于其意志以外的原因致使犯罪未能得逞，因而未能完成犯罪的情形；该条第 2 款规定，“对于未遂犯，可以比照既遂犯从轻或者减轻处罚”。所谓中止犯，根据刑法第 24 条第 1 款规定，是指在故意犯罪过程中，行为人自动放弃犯罪或者自动有效地防止犯罪结果发生，因而未能完成犯罪的情形；该条第 2 款规定，“对于中止犯，没有造成损害的，应当免除处罚；造成损害的，应当减轻处罚”。在上述三个条文中，它们的第 1 款分别规定预备犯、未遂犯和中止犯的构成条件，第 2 款分别规定各自的从宽处罚功能。传统刑法理论将前者称之为“修正的犯罪构成”(定罪情节)，将后者称之为多功能从宽处罚情节(量刑情节)，因此，犯罪未完成形态具有定罪情节与量刑情节的“二重性”。① 但是这仅仅是三个特例，不可据此推断其他情节也具有这种“二重性”。

但是，有著述认为：“我国刑法中的犯罪构成，是主客观要件的统一，是犯罪成立要件的整体，行为符合犯罪构成，犯罪即可成立……这里所说的犯罪构成，主要指刑法分则条文对各种具体犯罪所规定的具体的犯罪构成，包括独立的犯罪构成与派生的犯罪构成(即加重的或减轻的犯罪构成)，基本的犯罪构成与修正的犯罪构成(即共同犯罪构成或犯罪未完成形态的犯罪构成)等等。”所以，“犯罪既遂”是认定犯罪的科学标准。“所谓犯罪既遂，是指行为人所故意实施的行为已经具备了某种犯罪构成的全部要件。……确认犯罪是否既遂，应以行为人所实施的行为是否具备了刑法分则所规定的某一犯罪

① 指事物本身所具有的相互矛盾的两种属性，正如商品一方面有使用价值另一方面又有交换价值一样。

的全部构成要件为标准。”①按照这种观点，我国刑法是以“既遂”为“标本”来规定各种具体犯罪的。可是按照刑法第 22 条、第 23 条和第 24 条的规定，尚未齐备构成要件的预备犯、未遂犯和中止犯，也可以作为犯罪处理，只不过是对其从宽处罚而已。于是，出现了“行为符合犯罪构成的，犯罪即可成立”；行为不符合犯罪构成，按照上述三个条文规定也同样构成犯罪。这种观点相互矛盾，难以自圆其说。

犯罪未完成形态作为“修正的犯罪构成”，不是对某个和某些罪行的构成要件进行“修正”，而是对一切故意犯罪的构成要件进行“修正”，这就意味着全面降低了故意犯罪的入罪门槛，致使刑法分则关于犯罪构成的规定化为乌有，形同虚设。现行刑法共规定 452 个罪名(涵纳 878 种罪行)，其中过失犯罪只有 45 个罪名(涵纳 82 种罪行)，故意犯罪却有 407 个罪名(涵纳 796 种罪行)，有必要对后者的“犯罪构成”全部都进行“修正”吗？笔者并不反对“修正的犯罪构成”，因为许多犯罪的预备、未遂和中止行为，原本是为了实施极重的、重大的或者严重的犯罪，不但对刑法所保护的法益具有相当严重的现实威胁性和紧迫危险性，而且行为人还具有相当严重的主观恶性和人身危险性，如果不将其作为犯罪追究刑事责任，给予适当的刑罚处罚的话，势必放纵这些严重的社会危害的罪行，难以遏制和预防此类行为的发生，所以对于这类罪行有选择地追究其犯罪未完成形态的刑事责任是很必要的。至于哪些罪行的未完成形态可以入罪，哪些不可以入罪，这是刑法理论和司法实践中十分重要、非常棘手而且至今尚未科学解决的难题，需要通过专题研究和反复论证，形成科学方案，提请全国人大常委会通过立法程序加以解决。在最高立法机关尚未作出新的规定以前，笔者建议：行为人故意实施宏观重罪，行为符合预备犯、未遂犯或者中止犯成立条件的，应当以犯罪论处，依法从宽处罚；行为人故意实施宏观轻罪，行为符合预备犯、未遂犯或者中止犯成立条件

① 高铭暄、马克昌等主编：《刑法学》，北京大学出版社、高等教育出版社 2007 年版，第 160、199 页。

的，可以不起诉或者不追究刑事责任。①

第二节　量刑标尺与量刑情节的关系

一、量刑标尺的内部结构与外部联系

罪行虽然是刑法上的犯罪最小单位，但因犯罪是极其复杂的社会现象，同一性质的罪行及其行为人在现实生活中是形形色色的，所以无论是立法者、司法解释者还是刑法学者，既不可能也没有必要再给千奇百怪的同种罪行及其行为人另外规定若干不同轻重的“具体刑罚”或者刑罚幅度——日本学者称此为“罪型亚类”，② 只能由刑法用一定的犯罪构成和相应的法定刑幅度将它们概括为一个“罪刑单位”，用以覆盖其中各种不同的犯罪情形，并交由法官主导的法庭辩论，根据犯罪人具有的量刑情节的不同性质、不同功能、不同表现和数量多寡，理性评价特定罪行的社会危害程度和特定行为人的人身危险程度，据以判处适当的刑罚，从而实现刑罚个别化，相对精准地体现量刑公正。由此可见，量刑标尺不但内部存在刑种或者刑期之间的数量关系，而且它还与犯罪人具有的量刑情节（通过理性评价并用一定积分表达其罪责程度）发生数量关系，进而推算出量刑的最佳适度。法定刑应当表现为刻度分明的量刑标尺，讲的是法定刑内部各刑种之间的数量关系；法定刑能够容纳几

① 关于宏观重罪与宏观轻罪的范围，参见本书附表2. 法定刑与罪行配置一览表。

② 在我国刑法学界，有学者主张在罪状之下和法定刑之内，另外规定若干“具体事实”并对应若干“具体刑罚”，以此为实现“量刑公正的基础和关键”。参见周长军、徐嘎：《量刑基准论》，载《中国刑事法杂志》2007年第2期。而其他“量刑基准论”者却主张这种“具体刑罚”应当表现为比较狭窄的刑罚幅度。这两种观点实际上是指在刑法规定的“罪刑单位”中擅自建立“罪型亚类”。笔者对此不以为然，理应断然否定之。参见赵廷光著：《中国量刑改革之路》第四章第三节“‘基准事实说’是刑法文明史上的倒退”，武汉大学出版社2014年版。

个积满分的从重从轻处罚情节，讲的是法定刑与量刑情节之间的数量关系。根据刑法第 62 条关于限制从重和限制从轻的规定，① 量刑标尺与量刑情节之间的这种数量关系，首先表现为法定刑的从重与从轻处罚空间能够分别容纳几个积满分(评价程度最高)的相应量刑情节，其次才是相应量刑情节的理性评价积分与相应量刑空间刻度两者之间的对应转换关系。

二、从重从轻处罚空间一般应能分别容纳两个积满分的相应量刑情节

在将法定刑划分为 200 个刻度，其从重与从轻处罚空间分别为 100 个刻度的前提下，两者究竟能够分别容纳几个积满分的相应量刑情节呢？这是量刑公正首先必须解决的问题。我们面临着三种选择：其一是，如果犯罪人只具有 1 个积满分的从重或者从轻处罚量刑情节，便适用法定最高刑或者最低刑，这就意味着“从重者愈重，从轻者愈轻”，从而导致处罚宽严“两极分化”，显然不足为取。例如，行为人犯“处 10 年以上有期徒刑、无期徒刑或者死刑”之罪，如果具有一个积满分的从重处罚情节便判处死刑，未免过于严酷；反之，假如具有一个积满分的从轻处罚情节便判处 10 年有期徒刑，未免过于宽纵。两者反差之大，很难令人接受。其二是，如果犯罪人具有三个积满分的从重或者从轻处罚情节，才判处法定最高刑或者最低刑，势必造成“从重者愈轻，从轻者愈重”，从而颠倒处罚宽严的关系，更是不足为取。仍以行为人犯“处 10 年以上有期徒刑、无期徒刑或者死刑”之罪为例，如果具有三个积满分的从重处罚情节才判处死刑，未免过于宽大；反之，假如具有三个积满分的从轻处罚情节才判处 10 年有期徒刑，未免过于严厉。两者反差更大，应当予以否定。第三种

① 所谓限制从重，指犯罪人具有再多的从重处罚情节理性评价积分，也只能按 100 个积分计算，处以法定最高刑，超出 100 的一概不计；所谓限制从轻，指犯罪人具有再多的从轻处罚情节理性评价积分，也只能按 100 个积分计算，处以法定最低刑，超出 100 的一概不计。

选择是：只有当犯罪人具有两个积满分的从重或者从轻处罚情节时，① 才可以适用法定最高刑或者最低刑；由于这种选择充分体现了党和国家关于“该严则严，当宽则宽”的刑事政策，比较合情合理，不失为我国“责刑关系”的最佳选择。由此可见，单个从重与从轻处罚情节的最高积分只能是 50 个积分。

上述设计的优点在于：(1)一个从重或者从轻处罚情节的最高积分(积满分)为 50 分，两个“积满分”的为 100 分，恰好与从重、从轻处罚空间分别为 100 个刻度相对应，从而使罪责程度与刑罚程度形成“1∶1”的对应关系，这不但直观明了，而且计算简单，具有可操作性。(2)在现实生活中，一个犯罪人具有两个“积满分”的相应量刑情节十分罕见，因此从重或者从轻处罚空间所能容纳的量刑情节，在数量上是多寡不等的，在积分上是参差不齐的。由于从重与从轻处罚空间能够分别容纳若干个积分不同的相应量刑情节，所以，量刑情节理性评价积分是罪责程度转换为刑罚程度的纽带。

这里要特别指出的是，单个从重从轻处罚情节的理性评价最高积分(积满分)为 50 分，是就一般情况和绝大多数量刑情节而言的，但也不排除极少数从重处罚情节的理性评价积分可能超过 50 分直至 100 分。例如，行为犯反复多次实施同一种危害行为，结果犯造成很多同种危害结果，数额犯犯罪数额接近或者达到最高数额以及定罪剩余的选择要件接近或者达到法定选项的上限，在这种场合，它们作为一个从重处罚情节，如果其最高积分仍然停留在 50 个积分以内，显然就不合理了。虽然这些都是特殊的例外，在司法实践中也十分罕见，但是事物的一般性与特殊性往往是并存的，所以应坚持唯物辩证法，具体问题具体分析，特殊问题特殊处理，允许对它们的理性评价积分超过 50 分甚至接近或者达到 100 分，才符合求真务实的科学精神。

① 单个从重或者从轻处罚情节的最高积分为 50 分，两个积满分的相应量刑情节积分为 100 分。

第三节　量刑情节只有转换为罪责程度才能转换为刑罚程度

一、量刑情节是理性评价罪责程度的唯一根据

我国刑法学界有学者正确指出：“量刑情节在量刑过程中有举足轻重的作用。因为它是决定宣告刑的客观依据。刑法依据各种罪行的性质以及社会危害的程度而规定了轻重不同的法定刑，它们从总体上明确了对犯罪人裁量刑罚的范围。也就是说，法定刑已经解决了此罪与彼罪(包括重罪与轻罪)在适用刑罚上的总体区别，但它还没有解决同一性质的犯罪(即同一罪行的案件中不同情况的案件)应如何适用刑罚的问题。而量刑情节则是专门用于解决此类问题的。”①由此可见，法定刑与罪行相匹配的本身，已经从上一层次上限定了对犯罪分子适用刑罚的轻重范围，至于在法定刑范围以内或者以下判处何种轻重程度不同的刑罚，只能由量刑情节来决定。总之，定罪情节决定刑罚适用的轻重范围，② 量刑情节决定刑罚适用的具体程度。所以，在正确定罪并找准法定刑的前提下，犯罪人具有的量刑情节的性质、功能、数量多寡以及对各自所体现的社会危害程度或者人身危险程度逐一进行的理性评价，既是揭示特定犯罪人罪责轻重程度的科学方法，又是对其处罚轻重的唯一根据。

二、“犯罪轻重”是多功能从宽处罚情节功能选择的主要根据

所谓多功能从宽处罚情节，是指一种量刑情节具有两三种从宽处罚功能且只能择一种适用的量刑情节。例如：刑法第 27 条关于“在

① 肖开权主审，顾肖荣、吕继贵主编：《量刑的原则与操作》，上海社会科学院出版社 1991 年版，第 29 页。

② 如果犯罪人具有减轻处罚情节的，应当根据《刑法》第 63 条第 1 款规定，在法定刑以下扩展刑罚的适用范围。

共同犯罪中起次要或者辅助作用的，是从犯。对于从犯，应当从轻、减轻处罚或者免除处罚”的规定；刑法第 17 条之一关于“已满 75 周岁的人故意犯罪的，可以从轻或者减轻处罚”的规定；刑法第 68 条第 2 款关于“犯罪后自首又有重大立功表现的，应当减轻或者免除处罚”的规定；最高人民法院 1998 年 5 月 9 日《关于审理挪用公款案件具体应用法律若干问题的解释》第 2 条第 1 项关于“挪用正在生息或者需要支付利息的公款归个人使用，数额较大，超过 3 个月但在案发前全部归还本金的，可以从轻处罚或者免除处罚”的规定；[①] “两高” 2013 年 5 月 27 日《关于办理寻衅滋事刑事案件适用法律若干问题的解释》第 8 条关于办理寻衅滋事罪，“行为人认罪、悔罪，积极赔偿被害人损失或者取得被害人谅解……犯罪情节轻微的，可以不起诉或者免予刑事处罚”的规定；“两高”2013 年 6 月 8 日《关于办理环境污染刑事案件适用法律若干问题的解释》第 5 条关于“实施刑法第 338 条、第 339 条规定的犯罪行为，但及时采取措施，防止损失扩大、消除污染，积极赔偿损失的，可以酌情从宽处罚”的规定，都是多功能从宽处罚情节的例证。[②]

根据刑法和司法解释规定，当前可供适用的多功能从宽处罚情节共有 61 种，列表统计如下页。

既然刑法和司法解释规定一个量刑情节具有两三种择一适用的从宽处罚功能，那么在哪种情况下选择哪种处罚功能呢？这就成了理性评价量刑情节首先必须解决的问题。根据最高人民法院 1998 年 5 月 9 日《关于处理自首和立功具体应用法律若干问题的解释》第 3 条关于“对于自首的犯罪分子，可以从轻或者减轻处罚；对于犯罪较轻的，可以免除处罚。具体选择从轻、减轻还是免除处罚功能，应当根据犯罪轻重，并考虑自首的具体情节”的规定精神，酌情决定。这就是说，

① 现行司法解释关于多功能从宽处罚情节的规定，全部都是分则性量刑情节。

② 所谓从宽处罚包括从轻、减轻或者免除处罚。

多功能从宽处罚情节的分类与分布一览表

多功能从宽处罚情节的来源及其适用范围 / 多功能从宽处罚情节的分类	(一)法定量刑情节			(二)司法解释规定的量刑情节			合　　计		
	总则性情节	分则性情节	小计	总则性情节	分则性情节	小计	总则性情节	分则性情节	小计
(一)从轻、减轻或者免除处罚情节	5		5		6	6	5	6	11
(二)从轻或者减轻处罚情节	7		7		11	11	7	11	20
(三)减轻或者免除处罚情节	8	5	13		4	4	8	9	17
(四)酌情从宽处罚情节					5	5		5	5
(五)从轻或者免除处罚情节					5	5		5	5
(六)不起诉或免予刑事处罚情节					5	5		5	5
合　　计	20	5	25		36	36	20	41	61

从宽处罚功能的选择根据只有两项，一项是“犯罪轻重”,① 另一项是该情节在案件中的“具体表现”。在这两项选择根据中，主要根据是前者，因为对于许多较轻的罪行来说，量刑情节的“具体表现”有时会因犯罪人所犯罪行的法定刑没有减轻处罚空间而陷入困惑和尴尬。遇到这种情形，应当坚持处罚功能的选择决不可以超出该情节的最低从宽限度，因为其从宽处罚功能的配置和从宽处罚底线是由刑法和司法解释规定的。例如，行为人犯法定刑为“处 5 年以下有期徒刑、拘役或者管制”之罪，如果他是中止犯并“造成损害”，依法“应当减轻处罚”，但因其法定刑没有可供减轻处罚的空间，故只能适用法定最低刑(从轻处罚底线)；如果他是未成年犯，依法“应当从轻或

① 这里所说的“犯罪轻重”，是指配置不同法定刑的不同罪行，即宏观上的重罪和轻罪，不是指同一罪行的不同危害危险程度。参见本书附表 2. 法定刑与罪行配置一览表。

者减轻处罚”，也因其法定刑没有减轻处罚空间，故只能选择从轻处罚并适用其法定最低刑，否则该量刑情节也就没有实际意义了，这对该犯罪人来说是不公平的。所以，“犯罪轻重”是多功能从宽处罚情节功能选择的主要依据。

三、量刑情节理性评价“积分”是揭示罪责程度的科学方法

不同案件具有不同性质、不同表现和不同数量的量刑情节，从而对犯罪人的罪责程度产生不同的影响，所以应当采取定性表述与定量分析相结合的方法，理性评价每个量刑情节所反映的危害危险程度，并用一定数值(积分)表达出来。这种评价方法能使办案人员对犯罪人的罪责程度由感性认识向理性认识升华，真正做到心中有“数”。正如美国著名科学家汤姆生指出：对于“你所研究的问题，如果不能用数字来表示，那么你的认识是不够的，是不能令人满意的，在你的思想上，还没有上升到科学的阶段。”①德国哲学家康德也认为：“在特定的理论中，只有包含数学的部分才是真正的科学。”②由此可见，量刑情节的理性评价积分，是揭示犯罪人罪责轻重程度的最佳方法。

根据刑法、司法解释和学理解释对于司法实践经验的总结，目前可供适用的量刑情节不少于 570 种，其中有 436 种是从重处罚情节，③ 有 48 种是从轻处罚情节，有 86 种是其他从宽处罚情节；从重与从轻处罚情节相加共有 484 种，约占全部量刑情节的 85%。由于它们适用频率很高，覆盖罪行面很广，因此只要从重与从轻处罚情节的

① 转引自苏惠渔、张国全、史建三、胡继光编：《量刑方法研究专论》，复旦大学出版社 1991 年版，第 24 页。

② [美]M. 克莱因著，李宠魁译：《数学：确定性的丧失》，湖南科学技术出版社 1997 年版，第 42 页。转引自何伯生：《数学对法律文化的影响》，载《法律科学》2000 年第 6 期。

③ 从重处罚情节表面上看数量很大，但是它们的适用范围却很窄，多数只能适用于一种罪行，少数适用于几种罪行，个别的也只适用于十几种罪行，而总则性量刑情节虽然数量较少，但是适用范围却很宽广，绝大多数适用于所有罪行，因此不可以数量多寡来判断两者在量刑中的重要意义。

理性评价得以科学解决，减轻和免除处罚情节的理性评价也就迎刃而解了。[①] 那么，当犯罪人具有某种从重或者从轻处罚情节时，应当采取什么方法对其进行理性评价呢？对此，刑法、司法解释和刑法理论均无现成答案，只能靠建立科学的理性评价模型来解决，因此应当从如下两个方面加以考虑：一方面，根据刑法第 62 条关于限制从重和限制从轻处罚的规定，要考虑从重与从轻处罚空间最多能够分别容纳几个积满分的相应量刑情节，才能更好地体现宽严相济的刑事政策；另一方面，要考虑量刑情节积分与量刑空间刻度的对应关系，究竟量刑情节的一个积分对应量刑空间的多少个刻度，才能体现量刑的公正性、直观性、可表述性和操作简便性以及一个积分的评价误差将会对该种罪行的量刑公正产生多大的负面影响——在司法实践中由于各种原因，个别量刑情节的评价误差难以避免。科学实验证明，只有将从重与从轻处罚空间都设定为 100 个刻度，各自只能分别容纳两个积满分(50 分)的相应量刑情节，从而使量刑情节积分与量刑空间刻度按“1 ∶ 1”相对应，才是构建量刑情节理性评价模型的最佳选择。

第四节　从重从轻处罚情节理性评价模型

一、理性评价从重从轻处罚情节的“两大支柱”

犯罪人具有的每个量刑情节都能从某个侧面反映行为的社会危害程度和行为人的人身危险程度，那么怎样评价特定量刑情节所体现的危害危险程度呢？首先必须解决评价的根据和标准问题。人们可以列举若干评价标准或者评价指标体系，但归根结底无非是两个层面：一个层面是该量刑情节在本案量刑中的“重要性程度”，另一个层面是该量刑情节在本案中的“具体表现好(坏)”，这是理性评价从重从轻

① 参见本书附表 6. 量刑情节体系分类分布统计表。

处罚情节不可缺一的两大支柱：(一)所谓量刑情节在量刑中的“重要性程度”，是指将特定量刑情节置于相关的其他量刑情节之中，通过不同“性质”的比较，据以判断其危害危险的轻重程度。例如，预备犯、未遂犯和中止犯这三种量刑情节所反映的社会危害程度就有轻重之分；偶犯、再犯、重犯和累犯这四种量刑情节所反映的人身危险性程度，就有大小之别。(二)所谓量刑情节在案件中的“具体表现好(坏)”，是指将特定量刑情节置于同种量刑情节的范围之内，通过对不同“具体表现”的比较，据以判断其危害危险程度。在这里，表现“好”“坏”是区分从轻与从重处罚情节的标志，正因为它表现“好”才属于从轻处罚情节，反之才属于从重处罚情节。例如，同样都是“累犯”，但是刑满释放不久便实施犯罪与刑满释放三四年以后才犯新罪，累犯重罪与累犯轻罪等，各自反映的人身危险性程度就不相同；同样都是“自首”，在立案前自首与立案后自首、犯罪较轻自首与犯罪较重自首、主动自首与走投无路自首、自首认罪与自首不认罪等，各自反映的人身危险性程度就有所差别。总之，量刑情节的性质决定其影响危害危险的分量，量刑情节在案件中的具体表现决定其影响危害危险的程度，两者相加便是一个特定量刑情节所体现的危害危险程度。试想：除了这“两大支柱”之外，还有什么能够作为理性评价量刑情节的根据呢？

二、从重从轻处罚情节“两个层面两个层次的五级评价模型”

怎样理性评价特定从重从轻处罚情节的罪责程度(危害危险程度)呢？作为评价对象的量刑情节，必须是能够定性表述和定量分析主客观事实的情况，如果评价的差别不能用文字和数值加以表述的话，量刑轻重的法庭辩论就无法理性进行，从而影响审判质量和社会效果。由于单个从重从轻处罚情节对罪责轻重影响，是由其内在本质和外在表现两大因素共同决定的，其在不同案件中的“重要性程度”互不相同，“具体表现”形形色色，加之特定量刑情节在案件中的“重要性程度”和“具体表现情况”未必成正比，所以，只有采取国际上通行的“五级划分法”，对这两个层面通过两个层次的五等五级选择评价，才能客观公正地揭示该情节所体现的罪责程度。

第一层面的“五等五级评价”是，将特定从重或者从轻处罚情节在量刑中的“重要性程度”划分为五个选择等级，并给每个等级设定五个选择分值，用以相对精确地表达该情节在案件中的“重要性程度”：一等为“特别次要情节”，积 1～5 分；二等为“比较次要情节”，积 6～10 分；三等为“一般重要情节”，积 11～15 分；四等为“比较重要情节”，积 16～20 分；五等为“特别重要情节”，积 21～25 分。这个层面的理性评价能从宏观上将从重从轻处罚情节，分解为 25 种不同的“重要性程度”。办案人员应当根据该量刑情节的“特定性质”，理性评价其属于何种“重要性等级”，再联系具体案情，在本等级的“积分幅度”范围内选择一个适当的分值，并用简洁文字阐明评价的理由和根据。

第二层面的“五等五级评价”是，将特定从重或者从轻处罚情节在案件中的“具体表现”划分为五个选择等级，并给每个等级设定五个选择分值，用以相对精确表达该情节在本案中的“具体表现”情况：一等为“表现略坏的”或者“表现略好的”，积 1～5 分；二等为“表现较坏的”或者“表现较好的”，积 6～10 分；三等为“表现一般坏”或者“表现一般好”，积 11～15 分；四等为“表现很坏的”或者“表现很好的”，积 16～20 分；五等为“表现最坏的”或者“表现最好的”，积 21～25 分。这个层面的理性评价也能从宏观上将从重从轻处罚情节，分解为 25 种不同的“具体表现”。办案人员应当根据该量刑情节在案件中的“实际表现”，理性评价其属于何种“表现等级”，再联系具体案情，在本级的“积分幅度”范围内确定一个适当的分值，并用简洁文字阐明评价的理由和根据。

最后，将两个层面两个层次的五级选择评价所得积分相加，便是该量刑情节的整体积分。现将单个从重从轻处罚情节“两个层面两个层次五级评价模型”列表展示如下：

编号：________ **从重从轻处罚情节理性评价积分登记卡**

<table>
<tr><td colspan="2">被告姓名</td><td></td><td colspan="2">案件名称及案件编号</td><td colspan="3"></td></tr>
<tr><td colspan="2">情节功能</td><td></td><td colspan="2">情节名称或主要内容</td><td colspan="3"></td></tr>
<tr><td colspan="8">（本情节的来源、基本内容、适用范围、法律效力、适用说明、评价建议和注意事项等。）</td></tr>
<tr><td rowspan="3">第一层面理性评价</td><td colspan="7">【提示】根据本量刑情节的性质，在下列第一层次的五级选择评价模型中确定一种“重要性程度”，再在第二层次的积分范围内选择一个适当的分值：</td></tr>
<tr><td>第一层次</td><td>特别次要情节</td><td>比较次要情节</td><td>一般重要情节</td><td>比较重要情节</td><td>特别重要情节</td><td>确定积分</td></tr>
<tr><td>第二层次</td><td>积 1～5 分</td><td>积 6～10 分</td><td>积 11～15 分</td><td>积 16～20 分</td><td>积 21～25 分</td><td></td></tr>
<tr><td rowspan="3">第二层面理性评价</td><td colspan="7">【提示】根据本情节在案件中的表现，在下列第一层次的五级选择评价模型中确定一种“具体表现”，再在第二层次的积分范围内选择一个适当的分值：</td></tr>
<tr><td>第一层次</td><td>表现略好（坏）</td><td>表现较好（坏）</td><td>表现一般好（坏）</td><td>表现很好（坏）</td><td>表现最好（坏）</td><td>确定积分</td></tr>
<tr><td>第二层次</td><td>积 1～5 分</td><td>积 6～10 分</td><td>积 11～15 分</td><td>积 16～20 分</td><td>积 21～25 分</td><td></td></tr>
<tr><td colspan="7">【提示】将两个层面两个层次五级评价所得积分相加，便是本情节理性评价的整体积分：</td><td></td></tr>
<tr><td colspan="8">评价的理由和根据：</td></tr>
<tr><td colspan="8">说明：本表第二层面中表现“好”的为从轻处罚情节，表现“坏”的为从重处罚情节。</td></tr>
</table>

三、“两个层面两个层次五级评价模型”的优越性

(一)能将从重从轻处罚情节分解为轻重不同的49种情形

将一个从重或者从轻处罚情节分解为49种危害危险程度,① 是这种理性评价模型的最大优点之一。其最基本最简单的方法是“排除法”，指在五个选择评价等级中，先将不符合该情节实际情况的选项逐一排除，最后剩下的那个选项便是符合该情节实际情况的最佳选项，从而最大限度地体现理性评价的客观性和相对精确性。比如，就量刑情节在量刑中的“重要性程度”这一层面而言，分为五个选择等级，每个等级又再分为五种不同的积分，该量刑情节究竟属于哪个层次的哪种“重要性等级”呢？如果不是属于“特别次要”的，也不是属于“特别重要”的，那就还剩下三个可供选择的等级；在剩下的三个选择等级中，如果既不是属于“比较次要等级”也不是属于“比较重要等级”的话，那就只能是“一般重要等级”了。在“一般重要等级”中，又再分为“积11~15分”五个不同的重要性程度，其中：积11分的是“一般重要”中的“显著次要”，积12分的是“一般重要”中的“比较次要”，积13分的是“一般重要”中的“一般重要”，积14分的是“一般重要”中的“比较重要”，积15分的是“一般重要”中的“显著重要”等级。这就像人的手掌具有5个指头一样，有“拇食中无小”之分，“拇指”积15分，“食指”积14分，“中指”积13分，“无名指”积12分，“小指”积11分，其粗细中短长一目了然，应当说是很容易排除和筛选的。另一个层面的两个层次的五级选择评价，仍然如法炮制，按此办理。最后将两个层面两个层次的五级选择评价所得积分相加，便是该量刑情节理性评价的“整体积分”。能将单个从重和从轻处罚情节划分为49种不同的危害危险程度，其精确度是任何量刑模式都难以比拟的。

① 两个层面的五级选择评价，每个层面至少积1分，两个层面的最低积分不能少于2分，1个量刑情节两个层面的最高积分为50分，由于排除了积1分的可能性，所以1个情节可以分解为49种情形。

按照上述“两个层面两个层次的五级选择评价模型”，一般地说评价误差的几率较低，因为五个等级的正确区分、正确排除和正确选择，对于法官、检察官和律师来说均不难做到。评价误差通常发生在两个选项之间，评价结果非此即彼，偏差值通常为一个积分。那么，偏差一个积分对应多少刑罚量呢？法定刑“刻度月”或者“刻度日”是计算评价偏差的唯一根据。由于各罪行的法定刑幅度刑罚量互不相同，偏差 1 个积分对应多少刑罚量也是互不相等的。按照依法构建的量刑标尺，即便对量刑情节的评价误差为一两个积分的，对绝大多数罪行来说，也不会产生较大的负面影响。事实证明，将法定刑平均划分为 200 个刻度，据以计算出每个刻度等于多少刑罚量，从而使其从重从轻处罚空间分别为 100 个刻度，并以法定刑“中间线”为量刑轻重的正负起点，是实现量刑公正的正确选择。现将法定刑“刻度月”或者“刻度日”的分类分布情况列表展示如下：

法定刑“刻度月”或者“刻度日”的分类分布统计表①

分类	法定刑“刻度月”（×个月～×个月）	法定刑“刻度日”（×日～×日）	法定刑档　次	适用罪行	占全部罪行的百分比
一	1.14 个月～1.62 个月	34.2 日～48.6 日	5	48	5%
二	0.54 个月～0.96 个月	16.2 日～28.8 日	6	119	14%
三	0.31 个月～0.48 个月	9.18 日～14.4 日	7	201	23%
四	0.025 个月～0.3 个月	0.75 日～9 日	19	510	58%
合计	（法定刑“刻度月”×30%＝法定刑“刻度日”）		37	878	100%

能够精确计算量刑情节理性评价的 1 个积分等于多少刑罚量，能够将 80%以上罪行的“刻度日”控制在有期徒刑 15 日以下，能够将 50%左右罪行的“刻度日”控制在有期徒刑 8 日以下，其量刑的精准性

① 参见本书附表 10. 法定刑“主刑刻度月”与“中间线刑罚量”一览表。

无与伦比，这是令其他量刑模式望尘莫及的。

（二）能使法官的“自由裁量权”得到充分保障与正确行使

“量刑精确制导论”最大的优点不是限制法官的“自由裁量权”，恰恰相反，它不仅能使法官的“自由裁量权”得到充分的发挥，而且还能使检察官和辩护律师的专业才华得到充分展现。由于量刑情节的性质、功能、数量多寡以及在案件中的具体表现是对犯罪人量刑轻重的唯一根据，因此理性评价犯罪人具有的每个量刑情节，既是对法官、检察官和辩护律师职业素养的严峻挑战，又为他们提供了一个展示个人专业才华的平台。这就是说，对犯罪人具有的每种量刑情节进行理性评价，不是由某级司法机关制定的红头文件来作出这样那样的规定，而是依法交由审理案件法官和参与审理案件的公诉人和辩护律师等，联系具体案情，应用科学的量刑情节“理性评价模型”在诉讼过程中完成。由于“量刑起点”、“量刑基准”和量刑情节“调节幅度”等规定，是“浮现于法官头脑中的”、“想象性的”、“观念性的”、“无意识的”、“习惯状态下的”和“潜意识之中若隐若现的”思想观念的产物，① 具有浓厚的唯心主义色彩；由于尚未将法定刑依法转换为刻度分明的量刑标尺，没有解决量刑情节转换为罪责程度再转换为刑罚程度的问题，加之“在制定量刑细则的过程中，法院有必要通过确定性的量化手段，将原来属于法官的一部分自由裁量权收到自己手里”，② 所以，法官的“自由裁量权”很难得到充分的保障和正确的行使。

将法定刑依法转换为刻度分明的量刑标尺，科学建立量刑情节理

① 参见苏惠渔、张国全、史建三：《量刑与电脑》，百家出版社 1989 年版，第 105 页；何鹏主编：《现代日本刑法专题研究》，吉林大学出版社 1994 年版，第 165 页；郑伟：《罪轻罪重研究》，中国政法大学出版社 1998 年版，第 49 页；周光权：《量刑基准研究》，载《中国法学》1999 年第 5 期；朱平：《量刑基准分析》，载《中国刑事法杂志》2005 年第 6 期；周长军、徐嘎：《量刑基准论》，载《中国刑事法杂志》2007 年第 2 期。

② 陈兴良教授语，转引自田野：《电脑量刑：司法实践里程碑》，载《中国计算机用户》2006 年第 45 期。

性评价模型，加上量刑程序中的法庭辩论环节，具有无比的优越性。由于控辩双方在刑事诉讼中扮演不同角色，各自对于某种事实情况是否量刑情节，有无证据来证实该量刑情节以及怎样恰如其分地评价某个量刑情节等问题，通常会产生一些分歧，这就使法庭质证和法庭辩论丰富多彩、有声有色。如果控辩双方经过不同观点的碰撞还不能就某个量刑情节的公正评价达成一致，最后则由法官作出裁决。法官应当就自己采信什么和不采信什么作出科学合理的、充分严谨的公开论证，于是量刑的透明性和充分说理性便在(而且只能在)诉讼过程中显现出来。至于控辩审三方究竟哪一方对该量刑情节的评价比较公允，旁听公民自有评说；在新闻媒体和社会舆论的监督下，任何一方谁也不敢在庄严的法庭上胡言乱语，这就使法庭成为真正讲道理的地方，从而将量刑摊在灿烂的阳光下，既能有效地防止“权”、“情”介入诉讼的暗箱操作，也能有效地纠正控辩各方的偏颇认识。如果控辩一方或者双方认为法官对量刑情节的认识和采信不当，以致影响量刑公正的话，还可以依法提出抗诉或者上诉，从程序上制约法官的“自由裁量权”。

由于“量刑精确制导论”能够适用于现行刑法规定的全部罪名、罪行与法定刑，无论将来最高立法机关对刑法进行怎样的修改，或者增加什么罪名、罪行、法定刑与量刑情节，这种量刑模式均能够毫无例外地适用；由于“量刑精确制导”能够评测各项规定的优劣得失，具有回溯性、前瞻性、广泛适用性和可持续发展性，所以它是我国量刑改革跨越式发展的不二选择。因此，您只能指出这种量刑方法有什么不对，或者提出更好的方法来加以替代；如果既讲不出对之否定的理由和根据，又提不出更为科学的量刑方法，那么您只得承认：在当今社会发展阶段和科技进步条件下，“量刑精确制导论”是符合我国国情的科学量刑方法。由于“量刑精确制导论”能够从宏观上和微观上通盘解决量刑偏差，全面回答有关量刑的各种问题，最大限度地实现量刑公正，这就节省了大量的时间、人力、财力和精力，具有不可估量的社会效益，所以它是世界上投入最低而收效甚大的量刑改革方案。

第五节　减轻处罚情节的理性评价模型与免除处罚情节的积分前提

一、减轻处罚情节的理性评价模型

在我国刑法和司法解释规定的64种多功能从宽处罚情节中，除了5种“从轻处罚或者免除处罚”情节和5种“不起诉或者免予刑事处罚”情节不包括减轻处罚功能之外，其余54种都包括减轻处罚功能。包括减轻处罚功能的这些多功能从宽处罚情节，能够应用“两个层面两个层次的五级评价模型”进行理性评价吗？回答是否定的。因为：(1)在具有减轻处罚空间的24档法定刑中(适用于690种罪行)，减轻处罚空间为36个刻度以上不满100个刻度的有12个档次(适用于313种罪行)，超过100个刻度不满200个刻度的有8个档次(适用于289种罪行)，超过200个刻度以上的有4个档次(适用于88种罪行)，由于它们的上下限参差不齐，减轻处罚空间的宽窄很不规则，加上各自的刻度刑罚量互不相等，它们不像从重从轻处罚情节那样分别为100个刻度，① 所以不能照搬从重从轻处罚情节的“理性评价模型”。(2)减轻处罚情节是在法定刑以下适用刑罚，其性质决定在量刑情节中属于“特别重要情节”，没有另行评价的余地，所以只需评价其在案件中的“具体表现”，便能达到公正量刑的目的。

那么，怎样理性评价减轻处罚情节呢？最佳的选择是：根据基本法定刑的“刻度月”(每刻度等于多少刑罚量)计算减轻处罚的空间宽度；计算公式为：减轻幅度刑罚量÷基本法定刑“刻度月”=减轻处罚空间幅度(刻度)。例如，“处3年以上10年以下有期徒刑”这档法定刑(适用于98种罪行)，其幅度刑罚量为7年即84个月，将它平均划分为200个刻度，每个刻度=0.42个月；减轻处罚幅度为“处3年以下有期徒刑、拘役或者管制”，其中3年以下有期徒刑为2.5年即30

① 参见本书附表8. 减轻处罚幅度刑罚量及其空间宽度(刻度)一览表。

个月，拘役虚拟徒刑为 1~6 个月即 5 个月，管制虚拟徒刑为 1.5~12 个月即 10.5 个月，三者的幅度刑罚量相加共 45.5 个月，除以法定刑刻度月 0.42，其减轻处罚幅度等于 108 个刻度。这就是说，在同一量刑标尺中，每刻度等于多少刑罚量应当实行统一计算标准，才能有效地保障量刑公正。鉴于不同法定刑的减轻处罚空间宽窄不同，因此减轻处罚情节的理性评价积分，应当根据该量刑情节在案件中的具体表现，用减轻其空间刻度的百分比来表达。计算公式为：减轻处罚空间刻度×减轻评价百分比+从轻处罚空间 100 个刻度＝减轻处罚情节积分。现将减轻处罚情节理性评价模型列表展示如下：

编号：__________　　**减轻处罚情节理性评价积分登记卡**

<table>
<tr><td>被告姓名</td><td></td><td>案件名称及案件编号</td><td colspan="2"></td></tr>
<tr><td>情节功能</td><td></td><td>情节名称或主要内容</td><td colspan="2"></td></tr>
<tr><td colspan="5">（本情节的来源、基本内容、适用范围、法律效力、适用说明、评价建议和注意事项等。）</td></tr>
<tr><td>五级选择评价</td><td>第一层次的五级选择评价</td><td>第二层次的五级选择评价（在所列五个百分比中选择一个适当的百分比）</td><td>确定减轻百分比</td><td>评价理由和根据</td></tr>
<tr><td>一级</td><td>表现略好的</td><td>减轻 4%、8%、12%、16%或者 20%</td><td>%</td><td rowspan="5"></td></tr>
<tr><td>二级</td><td>表现较好的</td><td>减轻 24%、28%、32%、36%或者 40%</td><td>%</td></tr>
<tr><td>三级</td><td>表现一般好的</td><td>减轻 44%、48%、52%、56%或者 60%</td><td>%</td></tr>
<tr><td>四级</td><td>表现很好的</td><td>减轻 64%、68%、72%、76%或者 80%</td><td>%</td></tr>
<tr><td>五级</td><td>表现最好的</td><td>减轻 84%、88%、92%、96%或者 100%</td><td>%</td></tr>
</table>

这里还要提出的问题是：(1)减轻处罚空间究竟能够容纳几个积满分的减轻处罚情节呢？在司法实践中，由于一个犯罪人具有两个减轻处罚情节的情况十分罕见，为了保障“表现最好”的可能在其“底线”处判处刑罚，减轻处罚空间只能容纳一个积满分的减轻处罚情节；如果减轻处罚空间能够容纳两个积满分的减轻处罚情节的话，由

于设计上的错误，具有一个减轻处罚情节的，无论该情节在案件中的具体表现被评价为多么的好，均不可能适用减轻空间 50% 以下的刑罚，这对于具有这种情节的犯罪人来说是极不公平的。(2) 由于减轻处罚是“在法定刑以下判处刑罚”，所以减轻处罚情节的理性评价积分，理所当然地包括从轻处罚空间 100 个刻度，这就是说，从轻处罚情节积分已经全部被减轻处罚吸收了，所以凡是犯罪人具有减轻处罚情节的，均不存在从轻处罚的情形。(3) 具有减轻处罚情节的案件，量刑结果不一定都是减轻处罚。如果犯罪人具有的从重处罚情节理性评价积分较高，减轻处罚情节理性评价积分较低，或者犯罪人具有多个从重处罚情节的话，经过轻重情节积分等量抵消的计算之后，最后剩下的积分未必都是减轻处罚积分，可能是从轻处罚积分，也可能是从重处罚积分。(4) 如果出现法定刑无减轻处罚空间但是犯罪人具有减轻处罚情节的情形，应当怎样处理呢？由于无减轻处罚空间的法定刑，其法定最高刑分别为处 5 年、3 年、2 年或者 1 年以下有期徒刑，或者拘役 6 个月的；其法定最低刑分别为有期徒刑 6 个月、拘役 1 个月、管制 3 个月或者单处附加刑，属于宏观上的轻罪，为了体现该减轻处罚情节对于量刑的影响，最大限度地实现量刑公正，建议免除刑罚处罚，因此该减轻处罚情节不存在理性评价积分问题；但是，如果犯罪人还具有从重处罚情节的，应当将该减轻处罚情节评价为 101 个从宽积分，用以等量抵消从重处罚情节积分。

二、免除处罚情节的积分前提

免除处罚情节只能适用于法定最高刑为 5 年“以下”有期徒刑之罪。在犯罪人没有任何从重处罚情节，或者具有从轻、减轻或者免除处罚情节的场合，适用免除处罚情节的结果，必定是对犯罪人作有罪宣告但免除其刑罚处罚，所以不存在免除处罚情节的理性评价积分问题。假若犯罪人既有从重处罚情节又有免除处罚情节的话，这就需要用免除处罚情节积分去抵消从重处罚情节积分，才能最大限度地保障量刑的公正性。那么一个免除处罚情节的积分量应当以多少为当呢？笔者以为应当以 101 个积分为妥，不存在等级评价的问题，因为在法定刑没有减轻处罚空间和犯罪人没有减轻处罚情节的场合，只有再加上 1 个空间刻度才能避免判处法定最低刑，从而达到免除处罚的目的，所以对于犯法定最高刑为 5 年“以下”有期徒刑之罪，犯罪人具有从重处罚情节是免除处罚情节“积分”的先决条件。根据现行刑法和司法解释规定，可能选择适用免除处罚的量刑情节共有 42 种，列表统计如下：

免除处罚情节一览表

<table>
<tr><td colspan="2" rowspan="2">免除处罚情节的来源及适用范围
免除处罚情节的功能选择范围</td><td colspan="3">刑法规定的免除处罚情节</td><td colspan="3">司法解释规定的免除处罚情节</td><td colspan="3">合　计</td></tr>
<tr><td>总则性</td><td>分则性</td><td>小计</td><td>总则性</td><td>分则性</td><td>小计</td><td>总则性</td><td>分则性</td><td>合计</td></tr>
<tr><td rowspan="4">包括免除处罚情节的多功能从宽情节</td><td>从轻、减轻或者免除处罚</td><td>5</td><td></td><td>5</td><td></td><td>6</td><td>6</td><td>5</td><td>6</td><td>11</td></tr>
<tr><td>减轻或者免除处罚</td><td>8</td><td>5</td><td>13</td><td></td><td>4</td><td>4</td><td>8</td><td>9</td><td>17</td></tr>
<tr><td>从轻或者免除处罚</td><td></td><td></td><td></td><td></td><td>5</td><td>5</td><td></td><td>5</td><td>5</td></tr>
<tr><td>酌情从宽处罚(含免除处罚)</td><td></td><td></td><td></td><td></td><td>5</td><td>5</td><td></td><td>5</td><td>5</td></tr>
<tr><td colspan="2">单功能免予刑事处罚</td><td>1</td><td>1</td><td>2</td><td>1</td><td>2</td><td>3</td><td>2</td><td>3</td><td>5</td></tr>
<tr><td colspan="2">小计</td><td>14</td><td>6</td><td>20</td><td>1</td><td>22</td><td>23</td><td>15</td><td>28</td><td>43</td></tr>
</table>

第六节　正确适用量刑情节的其他问题

一、一罪多个情节积分应当“整合”为一种积分

所谓一罪多情节，是指犯罪人实施一种罪行具有多个量刑情节的

情形。量刑情节按其处罚功能划分，有从重处罚情节、从轻处罚情节、减轻处罚情节和免除处罚情节四类，后三者统称为从宽处罚情节。犯罪人具有的多种量刑情节，可能是功能相同的，也可能是功能不同的，还可能既有功能相同的又有功能不同的量刑情节。实施一个罪行，具有功能相同的多个量刑情节的，称为数情节“同向竞合”；具有功能不同的多个量刑情节的，称为数情节“逆向竞合”。那么，在一罪多情节的情况下，究竟以哪种量刑情节积分为根据，确定犯罪人的罪责程度呢？科学的方法是，将各个量刑情节的理性评价积分，通过“同向相加”和“逆向相减”相结合的计算，整合为一种或轻或重的量刑情节积分，最后剩下的这种积分便是犯罪人的罪责程度。现按数情节“同向竞合”和“逆向竞合”分述如下：

(一)多情节“同向竞合”的罪责程度计算方法

犯罪人具有的多种量刑情节，如果全部都是功能相同的，应当采取“同向相加”方法，累计计算犯罪人的理性评价积分；数情节积分之和，便是犯罪人应当承担的罪责程度。其中：(1)数情节都是从重处罚情节的，应当将它们的理性评价积分相加，数个从重处罚情节积分之和，便是犯罪人的罪责程度；如果数个从重处罚情节积分之和大于100的，无论超过多少，均按限制从重原则，只能判处法定最高刑。(2)数情节都是从轻处罚情节的，应当将它们的理性评价积分相加，数个从轻处罚情节积分之和，便是犯罪人的罪责程度；如果数个从轻处罚情节积分之和大于100的，无论超过多少，均按限制从轻原则，只能判处法定最低刑。(3)数情节都是减轻处罚情节的，应当将它们的理性评价积分相加，数个减轻处罚情节积分之和，便是犯罪人的罪责程度；如果数个减轻处罚情节积分之和大于100的，无论超过多少，均按限制减轻原则，只能在减轻处罚底线处适用刑罚，但是犯罪人具有复数减轻处罚情节的，在司法实践中十分罕见。(4)数情节都是免除处罚情节的，在司法实践中更是罕见，如果出现这种情况的，免除处罚是理所当然的。

(二)多情节“逆向竞合”的罪责程度计算方法

犯罪人具有的多种量刑情节，如果既有从重处罚情节又有从宽处罚情节的，应当在先“同向相加”后“逆向相减”的基础上，求解犯罪人应当承担的罪责程度。例如，行为人参与非法拘禁他人且非暴力致人死亡，根据刑法第238条第2款之规定，法定刑为“处10年以上有期徒刑”，然而行为人既是“国家机关工作人员利用职权”犯本罪，又在“犯罪后自首并有重大立功表现”，那么前者是“法定应当”从重处罚情节，后者是“法定应当”从宽处罚情节，这就等于刑法同时向法官下达两道内容截然相反的命令，既要求对犯罪分子从重处罚，又要求从宽处罚，不执行其中哪道命令都是违法的，于是办案人员陷入了无所适从的困境。在这种情况下，究竟应当怎样计算犯罪人的罪责程度呢？除了采取“轻重情节积分等量抵消”的计算方法之外，还能找到更为科学的计算方法吗？所谓轻重情节积分“等量抵消”，并非是用一个从重处罚情节去抵消一个从宽处罚情节，因为两者的理性评价积分通常是不相等的，而是用从宽处罚情节的1个积分去抵消从重处罚情节的1个积分，经过此番运算，最后剩下的或重或轻的量刑情节积分，要么是从重处罚情节积分，要么是从轻处罚情节积分，要么是减轻处罚情节积分，要么是免除处罚，不可能数者兼而有之。所以，对于具有多种量刑情节的犯罪人来说，表达其罪责程度的量刑情节积分，必须是经过“同向相加”或“逆向相减”的运算之后，所得出的或重或轻的量刑情节积分。

然而，事情不是那么简单，这里还要提出的问题是：(1)对于法定刑无减轻处罚空间的罪行来说，① 多情节“同向相加”和“逆向相减”的最后运算结果，要么是从重处罚情节积分，要么是从轻处罚情节积分，要么是免除处罚，不可能是减轻处罚；在犯罪人具有减轻处罚情节而所犯罪行的法定刑没有减轻处罚空间的场合，只有三种选择：要么从重处罚，要么从轻处罚，要么免除处罚，在这种情况下，

① 共有13个档次，适用于188种罪行，参见本书附表5.“减轻处罚幅度立法建议一览表”。

根据国际通行的有利被告原则，建议“免除处罚”。① （2）鉴于减轻处罚是“在法定刑以下判处刑罚”，② 所以，减轻处罚空间理所当然包括从轻处罚空间100个刻度，从轻处罚空间便成为减轻处罚空间不可缺少的组成部分，这就是说，减轻处罚情节的理性评价积分必须超过100个从轻处罚积分，于是，在法定刑存在减轻处罚空间且犯罪人具有减轻处罚情节的场合，数情节经过“同向相加”和“逆向相减”的运算结果，只能是从重处罚情节积分、减轻处罚情节积分或者免除处罚情节积分，不可能还有从轻处罚情节积分；反之，只能是从重处罚情节积分、从轻处罚情节积分或者免除处罚情节积分，不可能还有减轻处罚情节积分。现将一罪多情节积分“整合”为一种积分列表展示如下：

一罪多情节积分“整合”为“一种积分”一览表

序号	犯罪人具有的多种量刑情节的名称或主要内容	量刑情节功能	重要程度积分	表现好坏积分	单个量刑情节整体积分			
					从重	从轻	减轻	免除
1								
2								
3								
4								
5								
6								
7								

① 在我国刑法中，无减轻处罚空间的法定刑共有13个档次，适用于188种罪行，其法定最高刑分别为5年、3年、2年和1年有期徒刑，其法定最低刑分别为管制或者单处附加刑，属于较轻、次轻和轻微罪行，既然被告人具有减轻处罚情节而法定刑又没有减轻处罚余地，对其免除处罚不会产生负面影响。

② 共有24个档次，适用于690种罪行，参见本书附表5.“减轻处罚幅度立法建议一览表”。

续表

<table>
<tr><td rowspan="2">序号</td><td rowspan="2" colspan="2">犯罪人具有的多种量刑情节的名称或主要内容</td><td rowspan="2">量刑情节功能</td><td rowspan="2">重要程度积分</td><td rowspan="2">表现好坏积分</td><td colspan="4">单个量刑情节整体积分</td></tr>
<tr><td>从重</td><td>从轻</td><td>减轻</td><td>免除</td></tr>
<tr><td>8</td><td colspan="2"></td><td></td><td></td><td></td><td></td><td></td><td></td><td></td></tr>
<tr><td>9</td><td colspan="2"></td><td></td><td></td><td></td><td></td><td></td><td></td><td></td></tr>
<tr><td colspan="2" rowspan="2">多情节经过“同向相加”和“逆向相减”的整合，最后剩下的或轻或重的积分：</td><td colspan="4">法定刑有减轻处罚空间的罪行：</td><td></td><td>无</td><td></td><td></td></tr>
<tr><td colspan="4">法定刑无减轻处罚空间的罪行：</td><td></td><td></td><td>无</td><td></td></tr>
</table>

二、“其他单功能从宽处罚情节”的正确适用

所谓其他单功能从宽处罚情节，是指除了从轻处罚情节以外的只具有一种具体从宽处罚功能的量刑情节。表现为如下 7 类共 22 种情形，列表统计如下：

其他单功能从宽处罚情节一览表

	刑法规定			司法解释规定			小　　计		
	总则性	分则性	小计	总则性	分则性	小计	总则性	分则性	合计
不适用死刑情节	2		2				2		2
特殊减轻情节	1		1		1	1	1	1	2
免予刑事处罚情节	1	1	2	1	2	3	2	3	5
不判处无期徒刑情节				1		1	1		1
不追究刑事责任情节		1	1		1	1		2	2
一般不判处死刑情节					3	3		3	3
不判处死刑立即执行					7	7		7	7
小　　计	4	2	6	2	14	16	6	16	22

当犯罪人具有上表所列单功能从宽处罚情节时，怎样适用这类量刑情节呢？是否还需要再通过前述“量刑情节理性评价模型”并用一定积分来表示呢？回答是否定的。对于上表所列“不判处死刑”和“不判死刑立即执行”等7类22种具体的单功能从宽处罚情节，应当放在犯罪人具有的其他量刑情节全部评价完毕之后，即经过“同向相加”和“逆向相减”的计算，最后得出的或重或轻的量刑情节积分之后，再来适用这些单功能从宽处罚情节。这就是说：(1)最后“积分”为应当判处死刑，但是犯罪人具有“不判处死刑”情节的，宣告刑应当改为无期徒刑；(2)最后“积分”为应当判处死刑立即执行，但是犯罪人具有“不判处死刑立即执行”情节的，宣告刑应当改为“死刑缓期二年执行”；(3)最后“积分”为应当判处死刑，但是犯罪人具有“一般不应当判处死刑”情节的，宣告刑应当改为无期徒刑；(4)最后“积分”为应当判处无期徒刑，但是犯罪人具有“一般不判处无期徒刑”情节的，宣告刑应当改为15年有期徒刑；(5)最后“积分”为应当追究刑事责任，但是犯罪人具有“免除刑事责任”情节的，应当宣告免除刑事责任。

三、正确对待“可以型”情节和酌定量刑情节

在刑法和司法解释规定的量刑情节中，既有命令性情节也有授权性情节。对于命令性情节必须依法适用，在理论和实践中毫无异议，但是对于“可以型”量刑情节(含酌定量刑情节)是否一定被采纳适用，还是一个未知数，因为有些法官在观念上存在两个误区：

第一个误区是，滥用斟酌权。认为既然“可以型”情节是可以适用也可以不适用，那么是否适用纯属“法官自由裁量”的权限范围，于是少数重刑主义思想严重的法官便以此为借口，拒绝适用法定的或司法解释规定的“可以”从宽处罚情节。例如，依照刑法第68条规定：“犯罪分子有揭发他人犯罪行为，查证属实的，或者提供重要线索，从而得以侦破其他案件等立功表现的，可以从轻或者减轻处罚；有重大立功表现的，可以减轻或者免除处罚。”但是，在犯罪人没有重要的从重处罚情节或者多个从重处罚情节的情况下，少数法官以

“可以”二字为由，依然对犯罪人判处法定最高刑，从而造成“立功与不立功在处罚上没有区别”的不良影响。同时，“可以”二字还可能成为司法腐败的温床。其实，刑法和司法解释关于“可以型”情节的规定，是一种导向性量刑规范，其含义是“一般应当”适用。这就是说：如果没有特别事由，应当适用该量刑情节；如果不适用该量刑情节，必须具有充分根据和理由，如果说不出充分的根据和理由，难免违法裁判之嫌。

另一个误区是，轻视酌定量刑情节。酌定量刑情节也是一类“可以型”情节。由于酌定量刑情节不是刑法和司法解释规定的，有的法官竟然持不予理睬态度。例如，某中级人民法院将一名年近九旬且体弱多病的被告人判处死刑（立即执行），辩护律师提出该罪犯年已耄耋，体弱多病，行动不便，再次犯罪的可能性极小，人身危险性不大，因而建议适用“死缓”，但是主审法官借口这是“酌定”量刑情节而不予采纳。① 笔者认为，任何量刑情节在不同的案件中都有不同的具体表现，评价量刑情节对于处罚轻重的影响力，不是以“法定”或者“酌定”为标准，而是以该情节所表明的社会危害程度和人身危险程度为根本依据，例如，走投无路的“自首”是法定量刑情节，其对从宽处罚的影响力未必都高于某些酌定从轻处罚情节。所以，轻视和拒绝适用酌定量刑情节，不仅于法无据而且于理不通，应该坚决摒弃。

---

① 引自《老年文摘》2003 年 4 月 10 日第 1 版，无署名文章《九旬老人被判处死刑》。

第四章 “积分”、“刻度”两相对应，求解量刑最佳适度

在罪责程度转换为刑罚程度的问题上，西方著名刑法学者持有不同的观点。例如，边沁功利主义法学的信奉者认为：“法典的制定者明确规定的刑罚已经为每一个人提供了‘计算方法’，每一个人都可以从法律规定的刑罚中衡量并计算出他的行为可能遇到的风险。”①至于这种计算方法是什么，命题者没有告诉我们，这简直似一道量刑“歌德巴赫猜想”！与此相反，刑事社会学派创始人之一、德国著名刑法学家李斯特则认为：“报应理论所要求的犯罪和刑罚之间的均衡，将我们的法官推到了一个完全无法解决的难题面前。”②在他看来，罪刑均衡是无法实现的，因而“估堆量刑”不可避免。

作为近代刑法学的创始人，贝卡里亚虽然首创罪行阶梯、刑罚阶梯和罪刑均衡理论，指出刑罚的双面预防目的，力主构建量刑标尺用以衡量罪责程度，呼吁刑罚和实施刑罚的方法“应当经过仔细推敲”，提出对于刑罚适用问题“应当用几何学的精确度来解释”等精辟论断，但因他未能阐明量刑情节转换为罪责程度和刑罚程度的具体方法，应当说距离量刑的精确制导只有一步之遥，然而这一步的跨越却让世界等待了250多年，可见西方刑法学者也有思想僵化的一面。德国是现代刑法学最为发达的国家之一，该国现行《刑法教科书》(总论)虽然

① 转引自[法]卡斯东·斯特法尼等著，罗结珍译：《法国刑法总论讲义》，中国政法大学出版社1998年版，第146~147页。

② 李斯特著，徐久生译：《德国刑法教科书》，法律出版社2006年版，第464页。

坚持“量刑的‘基础’是行为人的罪责”；“刑罚的度应当与罪责的度相适应”。但又坦言“将罪责程度转换为刑罚程度是最为困难的。……在德国，还没有对该问题作科学上的研究，而在国外已经具备了向纵深发展的倾向。”①

德国同行学者所说的“已经具备了向纵深发展的倾向”的国家，非我华夏莫属。因为中国是全球审理刑事案件最多的国家，由于历史悠久，文化深厚，人口众多，幅员辽阔，民族复杂，经济社会发展不平衡，犯罪现象之纷繁复杂，是世界上任何国家都难以比拟的，所以在我们这样的国度应当产生先进的量刑理论，为世界刑法学作出应有的贡献。怀着这种信念，笔者经过近 25 年“山重水复”的探索，② 终于步入“柳暗花明”的境界，找到了求解量刑最佳适度的科学方法，分述如下。

第一节 人身刑适用的最佳适度

所谓人身刑，是指限制犯罪人一定期限的人身自由、剥夺终身自由和生命生存的刑罚方法。人身刑即我国刑罚体系中的主刑。根据刑法第 33 条第 1 款的规定，主刑有管制、拘役、有期徒刑、无期徒刑和死刑五种。在法定刑“中间线”是量刑公正的生命线的思想指导下，应用“虚拟徒刑”方法依法将法定刑转换为刻度分明的“量刑标尺”，明确一个刻度等于多少不同性质的刑罚量，再通过“两个层面两个层次的五级评价模型”，将犯罪人具有的每个量刑情节转换为一定的积

① ［德］汉斯·海因里希·耶赛克、托马斯·魏根特著，徐久生译：《德国刑法教科书》（总论），中国法制出版社 2001 年版，第 1047～1048 页。

② 笔者于 1988 年初主持研究《中国刑法专家系统》（下辖辅助定罪系统和辅助量刑系统），于 1990 年 7 月报经武汉市科委批准立项（武工科［1990］231 号文件），于同年 11 月 16～17 日在武汉市科委主持下，通过以高铭暄教授为主任委员的 11 名专家委员会鉴定。参见叶三方：《中国刑法专家系统通过鉴定》，载《法学评论》1991 年第 1 期封底和赵廷光：《论中国刑法专家系统的研制》，载《武汉大学学报》1991 年第 2 期。

分，用以表达该情节所体现的罪责程度，并使“积分”与“刻度”按“1：1”两相对应，从而求解量刑最佳适度。这种量刑方法的优越性，不但在于它能科学揭示量刑情节的理性评价积分与量刑标尺空间刻度之间的内在联系，最大限度地实现量刑的公正性、操作的透明性、高度的精确性、充分的说理性以及量刑结果的可预测性和可重复验证性，而且还在于它能使量刑公正这道世界难题成为简单明了、直观生动和容易理解的问题。

就一个具体案件而言，犯罪人可能只有一个量刑情节，也可能具有多个量刑情节。犯罪人仅有的一个量刑情节，可能是从重处罚情节，也可能是从轻、减轻或者免除处罚情节。犯罪人具有的多个量刑情节，可能全是从重处罚情节，也可能全是从轻、减轻或者免除处罚情节，也可能既有从重处罚情节又有从宽处罚情节。由于一种罪行只能适用一种主刑，不可能既要从重又要从轻、既要从轻又要减轻或者既要减轻又要免除处罚，所以凡是犯罪人具有多种量刑情节的，均应通过“同向相加”和“逆向相减”相结合计算，将其具有的多个量刑情节的理性评价积分，“整合”为一种单功能的量刑情节积分，并以此为根据求解量刑公正的最佳适度。操作方法分述如下：

一、单个量刑情节积分与量刑标尺的数量关系

单个量刑情节积分与量刑空间刻度的内在联系，表现为如下四种数量关系：

1. 犯罪人只有 1 个从重处罚情节的，应当根据该情节的理性评价积分量，从法定刑“中间线”开始向上读数(正数)，读数所指的某个刑种的空间刻度，便是对犯罪人从重处罚的最佳适度。计算公式为：(法定刑中间线 100 个刻度+从重处罚情节积分量)×法定刑“刻度月”=从重处罚的最佳适度。①

2. 犯罪人只有 1 个从轻处罚情节的，应当根据该情节的理性评价积分量，从法定刑“中间线”开始向下读数(倒数)，读数所指的某

① 再加特定起刑期等于宣告刑，下同。

个刑种的空间刻度，便是对犯罪人从轻处罚的最佳适度。计算公式为：(法定刑中间线 100 刻度-从轻处罚情节积分量)×法定刑“刻度月”=从轻处罚的最佳适度。

3. 犯罪人只有 1 个减轻处罚情节的，应当根据该情节的理性评价积分量，从法定刑“中间线”开始向下读数(倒数)，读数所指的某个刑种的空间刻度，便是对犯罪人减轻处罚的最佳适度。计算公式为：(法定刑中间线 100 个刻度+从轻处罚空间 100 个刻度-减轻处罚情节积分量)×法定刑“刻度月”=减轻处罚的最佳适度。

4. 犯罪人只有 1 个免除处罚情节，免除处罚不言而喻。

二、数情节“同向竞合”积分与量刑标尺的数量关系

所谓数情节“同向竞合”，是指犯罪人具有的数个量刑情节全是从重、从轻、减轻或者免除处罚四种情节之一的情形，即数个量刑情节的处罚功能都是完全相同的。“同向竞合”的数个量刑情节积分与量刑标尺的内在联系，表现为如下四种数量关系：

1. 犯罪人具有多个从重处罚情节的，应当根据它们的理性评价积分总量，从法定刑“中间线”开始向上读数(正数)，读数所指的某个刑种的空间刻度，便是对犯罪人从重处罚的最佳适度。计算公式为：(法定刑中间线 100 个刻度+从重处罚情节积分总量)×法定刑“刻度月”=从重处罚的最佳适度；假若多个从重处罚情节积分之和大于 100，无论超过多少，都只能遵照刑法第 62 条关于限制从重的规定，对其判处法定最高刑。

2. 犯罪人具有多个从轻处罚情节的，应当根据它们的理性评价积分总量，从法定刑“中间线”开始向下读数(倒数)，读数所指的某个刑种的空间刻度，便是对犯罪人从轻处罚的最佳适度。计算公式为：(法定刑中间线 100 个刻度-从轻处罚情节积分总量)×法定刑“刻度月”=从轻处罚的最佳适度；假若多个从轻处罚情节积分之和大于 100，无论超过多少，都只能遵照刑法第 62 条关于限制从轻的规定，对其判处法定最低刑，决不可以降格为减轻处罚积分。

3. 犯罪人具有多个减轻处罚情节的，应当根据它们的理性评价

积分总量，从法定刑“中间线”开始向下读数(倒数)，读数所指的某个刑种的空间刻度，便是对犯罪人减轻处罚的最佳适度。计算公式为：(法定刑中间线100个刻度+从轻处罚空间刻度100个刻度-减轻处罚情节积分总量)×法定刑“刻度月”=减轻处罚的最佳适度；假若多个减轻处罚情节积分之和超过减轻处罚空间的底线，无论超过多少，都只能按限制减轻原则，在减轻处罚底线处对其判处刑罚。

4. 犯罪人具有多个免除处罚情节的，理所当然免除处罚。

三、数情节“逆向竞合”积分与量刑标尺的数量关系

所谓数情节“逆向竞合”，是指犯罪人具有的数个量刑情节既有从重处罚情节又有从轻、减轻或者免除处罚情节的情形。无论其复数量刑情节数量多少，均应按先“同向相加”后“逆向相减”相结合的计算方法，进行轻重情节积分“等量抵消”。这就是说，在“同向相加”的基础上再进行“逆向相减”，最后剩下的量刑情节积分只能存在一种情形：要么是从重处罚情节积分，要么是从轻处罚情节积分，要么是减轻处罚情节积分，要么是免除处罚情节积分，不可能数者兼而有之。最后剩下的或轻或重的量刑情节积分，分别按照前述两种方法求解量刑最佳适度。

四、虚拟徒刑回归原本的惩罚性质与宣告刑的确定

如前所述，“虚拟徒刑”是依法构建量刑标尺的关键所在，因此，应当根据刑罚的共同本质属性和刑法的相关规定精神，将有期徒刑作为衡量其他主刑的“一般等价物”，把管制、拘役、无期徒刑和死刑暂时“虚拟”为一定的“有期徒刑”，以便按统一的计量单位——有期徒刑的“月数”或者“日数”——来计算法定刑幅度的刑罚总量，再将法定刑平均划分为200个刻度，以明确每个刻度等于多少徒刑量，从而确定各主刑在法定刑中的空间位置和宽度，待得出量刑的最佳适度时，再还原为本来性质的刑罚惩罚。量刑的最佳适度只能是特定刑种范围内的某个刻度，它与宣告刑不是同一概念，要使它成为宣告刑还须再加上该刑种“起刑期”。那么，怎样将虚拟为徒刑的管制、拘役、

无期徒刑和死刑的还原为本来面目呢？分述如下：

1. 将被虚拟为有期徒刑月数的“管制”回归为原来的惩罚性质。量刑最佳适度的读数为管制空间某个刻度的，由于管制 2 日折抵徒刑 1 日，其幅度刑罚量被虚拟为徒刑“10.5”个月，所以，应当将管制的刑期恢复为原来的“3 个月以上 2 年以下”，再加上其起刑期 3 个月，才能成为管制宣告刑。计算公式为：量刑最佳适度的读数×法定刑“刻度月”×2+管制起刑期 3 个月=管制宣告刑。

2. 将被虚拟为有期徒刑的“拘役”回归为原来的惩罚性质。量刑最佳适度的读数为拘役空间某个刻度的，由于拘役 1 日折抵徒刑 1 日，其幅度刑罚量被虚拟为“5 个月”有期徒刑，因此应当将拘役恢复为原来的“1 个月以上 6 个月以下”，再加上其起刑期 1 个月，才能成为拘役宣告刑。计算公式为：量刑最佳适度的读数×法定刑“刻度月”+拘役起刑期 1 个月=拘役宣告刑。

3. 有期徒刑不存在惩罚性质的回归问题。量刑最佳适度的读数为有期徒刑空间某个刻度的，由于有期徒刑是其他主刑的“一般等价物”，不存在惩罚性质的变更和还原问题，其宣告刑的计算公式为：量刑最佳适度的读数×法定刑“刻度月”+有期徒刑起刑期=有期徒刑宣告刑。

4. 将被虚拟为有期徒刑的“无期徒刑”回归为原来的惩罚性质。量刑最佳适度的读数为无期徒刑空间某个刻度的，由于无期徒刑被虚拟为有期徒刑“15~26 年”，因此，凡是量刑最佳适度的读数为虚拟徒刑 15 年至 26 年的，均应判处无期徒刑。

5. 将被虚拟为有期徒刑的“死刑”回归为原来的惩罚性质。量刑最佳适度的读数为死刑空间某个刻度的，由于死刑被虚拟为有期徒刑“26~37 年”，因此，凡是量刑最佳适度的读数超过虚拟徒刑 26 年的，均应判处死刑，其中：量刑最佳适度的读数为虚拟徒刑 31.5 年（378 个月）以下的，一般适用“死刑缓期二年执行”；量刑最佳适度的读数为虚拟徒刑 31.5 年（378 个月）以上的，一般适用“死刑立即执行”。

第二节　资格刑适用的最佳适度

剥夺政治权利是一种资格刑。适用于我国公民的资格刑只有剥夺政治权利一种，表现为如下四种形式：一是“对于被判处死刑、无期徒刑的犯罪分子，应当剥夺政治权利终身”；二是法定刑为包含有期自由刑和剥夺政治权利，犯罪人具有从轻处罚情节且达到相当程度，依法应当独立适用剥夺政治权利的，亦称“单处剥夺政治权利”；三是犯罪人被判处有期自由刑，依法应当或者可以附加剥夺政治权利“1 年以上 5 年以下”，亦称“附加剥夺政治权利”；四是死刑缓期执行减为有期徒刑或者无期徒刑减为有期徒刑的，应当把附加剥夺政治权利的期限改为“3 年以上 10 年以下”，亦称特别附加剥夺政治权利。鉴于“剥夺政治权利终身”不存在刑期计算和量刑轻重问题，这里仅就后三种规定的量刑最佳适度的计算方法，阐述如下。

一、单处剥夺政治权利的计算方法

根据刑法第 55 条第 1 款关于“剥夺政治权利的期限，除本法第 57 条规定外，为 1 年以上 5 年以下”的规定以及第 56 条第 2 款关于“独立适用剥夺政治权利的，依照本法分则的规定”的规定，所谓单处附加剥夺政治权利，是指法定刑包括一定幅度的有期徒刑、拘役、管制或者剥夺政治权利；犯罪人具有从轻处罚情节，其理性评价积分的读数进入剥夺政治权利空间范围的，应当从轻单处一定期限剥夺政治权利的情形。在我国刑法中，包括有期自由刑和剥夺政治权利的法定刑，只有如下 3 个档次：(1)“处 5 年以下有期徒刑、拘役、管制或剥夺政治权利”，适用于 10 种罪行；(2)“处 3 年以下有期徒刑、拘役、管制或剥夺政治权利”，适用于 23 种罪行；(3)“处 3 年以下有期徒刑、拘役或者剥夺政治权利”，适用于 1 种罪行。前两档为四刑种法定刑，后一档是三刑种法定刑，三者相加共适用于 34 种罪行。

那么，怎样求解单处剥夺政治权利的量刑最佳适度呢？首先，计算出剥夺政治权利在法定刑中所占的空间刻度。由于先按刑种平均分配法定刑空间，再按各主刑的幅度刑罚量调整它们在主刑空间中应占的刻度，是依法构建量刑标尺的重要步骤之一，① 因此，法定刑空间200个刻度÷该法定刑刑种数=单处剥夺政治权利应占的空间刻度。鉴于前两档法定刑是四刑种法定刑，其单处剥夺政治权利的空间为50个刻度；后一档是三刑种法定刑，其单处剥夺政治权利的空间则为67个刻度。因此，从轻处罚空间100个刻度减去剥夺政治权利空间刻度所得差数，分别超过50个刻度或者33个刻度的，便是适用单处剥夺政治权利的必要条件，否则不可以适用单处剥夺政治权利。其次，计算出剥夺政治权利空间的一个刻度等于该刑种多少刑罚量。由于剥夺政治权利的期限为1年以上5年以下，其幅度刑罚量为4年即48个月，所以，48个月÷剥夺政治权利空间刻度=单处剥夺政治权利的“刻度月”。最后，根据犯罪人从轻处罚情节的积分量，从法定刑“中间线”开始向下读数，读数所指的剥夺政治权利空间刻度，便是对犯罪人从轻单处剥夺政治权利的最佳适度。计算公式分别为：(一)法定刑为四刑种的，计算公式为：(犯罪人从轻处罚情节积分量-从轻处罚空间50个刻度)×剥夺政治权利“刻度月”=单处剥夺政治权利的最佳适度；(二)法定刑为三刑种的，计算公式为：(犯罪人从轻处罚情节积分量-从轻处罚空间33个刻度)×剥夺政治权利“刻度月”=单处剥夺政治权利的最佳适度。两者分别加上剥夺政治权利“起刑期”1年，便是各自的宣告刑。

二、附加剥夺政治权利的计算方法

根据刑法第56条第1款关于“对于危害国家安全的犯罪分子应当附加剥夺政治权利；对于故意杀人、强奸、放火、爆炸、投毒、抢劫等严重破坏社会秩序的犯罪分子，可以附加剥夺政治权利”的规定以及“高法”司法解释关于“对故意伤害、盗窃等其他严重破坏社会秩序的犯罪，犯罪分子主观恶性较深、犯罪情节恶劣、罪行严重的，也可

① 参见本书第二章第三节第四项：“依法构建量刑标尺的步骤”。

以依法附加剥夺政治权利”的规定，①附加剥夺政治权利，是指对于被判处有期自由刑(含有期徒刑、拘役和管制)的犯罪分子，应当或者可以附加剥夺政治权利 1 年以上 5 年以下的情形。在这三种规定中，第一种规定即“对于危害国家安全的犯罪分子应当附加剥夺政治权利”，是命令性规定，在适用上不存在问题；但是后两种规定则是授权性规定，具有较大的模糊性和灵活性，容易发生附加剥夺政治权利被滥用的问题，因此应当根据审判解释的上述规定，将法定刑为“处 3 年以上 10 年以下有期徒刑”之罪或者重于该法定刑之罪，视为“罪行严重的”；此类罪行共有 12 个档次，适用于 339 种罪行，约占全部罪行的 39%。这就是说，除危害国家安全罪之外，凡是犯适用这 12 档法定刑之罪，被判处有期自由刑的，均可以附加剥夺政治权利，至于是否附加剥夺政治权利，应当结合具体案情和当地的经济社会发展水平和治安形势，酌情决定。

那么，怎样求解附加剥夺政治权利的最佳适度？犯罪人具有的量刑情节理性评价积分是适用附加剥夺政治权利的唯一根据。因此，首先，将剥夺政治权利的“幅度刑罚量”48 个月，除以有期自由刑空间刻度量，从而得出每个刻度等于剥夺政治权利多少个月即“刻度月”；其次，将犯罪人被判处有期自由刑的量刑情节积分，乘以剥夺政治权利“刻度月”，便是附加剥夺政治权利的“最佳适度”。操作过程如下：

1. 犯罪人的量刑情节积分为从重处罚情节积分的，应当根据该情节积分量，从法定刑“中间线”开始向上读数，读数所指的从重处罚空间刻度，便是对犯罪人从重判处附加剥夺政治权利的最佳适度。计算公式为：(法定刑中间线 100 个刻度+从重处罚情节积分量)×附加剥夺政治权利“刻度月”=从重判处附加剥夺政治权利的最佳适度。

2. 犯罪人的量刑情节积分为从轻处罚情节积分的，应当根据该情节积分量，从法定刑“中间线”开始向下读数，读数所指的从轻处罚空间刻度，便是对犯罪人从轻判处附加剥夺政治权利的最佳适度。

① 最高人民法院 1997 年 12 月 23 日《关于对故意伤害、盗窃等严重破坏社会秩序的犯罪分子能否附加剥夺政治权利问题的批复》。

计算公式为：(法定刑中间线100个刻度-从轻处罚情节积分量)×附加剥夺政治权利“刻度月”=从轻判处附加剥夺政治权利的最佳适度。

3. 犯罪人的量刑情节积分为减轻处罚情节积分的，应当根据该情节积分量，从法定刑“中间线”开始向下读数，读数所指的减轻处罚空间刻度，便是对犯罪人减轻判处附加剥夺政治权利的最佳适度。计算公式为：(从轻处罚空间100个刻度+减轻处罚空间刻度-减轻处罚情节积分量)×剥夺政治权利“刻度月”=减轻判处附加剥夺政治权利的最佳适度。① 现将可以附加剥夺政治权利的法定刑及相关参数列表展示如下：

可以附加剥夺政治权利的法定刑及相关参数一览表

可以附加剥夺政治权利的法定刑	适用罪行	法定刑刻度月	“剥政”刻度月	有期自由刑刻度量	其中减轻刻度
处无期徒刑或者死刑	7	1.32	1.06	45	45
处15年有期徒刑、无期徒刑或者死刑	1	1.32	1.06	45	45
处10年以上有期徒刑、无期徒刑或者死刑	34	1.62	0.64	74	37
处15年有期徒刑或者无期徒刑	1	0.66	0.52	91	91
处10年以上有期徒刑或者无期徒刑	57	0.96	0.38	126	63
处7年以上有期徒刑或者无期徒刑	4	1.14	0.35	137	53
处5年以上有期徒刑或者无期徒刑	2	1.26	0.32	151	55
处10年以上有期徒刑	12	0.30	0.12	400	200
处7年以上有期徒刑	16	0.48	0.15	325	125
处5年以上有期徒刑	45	0.60	0.15	316	116
处5年以上10年以下有期徒刑	62	0.30	0.11	432	232
处3年以上10年以下有期徒刑	98	0.42	0.16	308	108
合　　计	339				

① 附加剥夺政治权利的最佳适度+起刑期1年=附加剥夺政治权利的宣告刑。

三、特殊附加剥夺政治权利的计算方法

根据刑法第 57 条第 2 款的规定，所谓特殊附加剥夺政治权利，指犯罪人是死刑缓期执行减为有期徒刑或者无期徒刑减为有期徒刑的，应当把附加剥夺政治权利的期限改为"3 年以上 10 年以下"的情形。由于其适用对象和裁量幅度不同于前述一般"附加剥夺政治权利"，为了将两者区别开来，所以称为特殊附加剥夺政治权利。怎样求解这种刑罚的量刑最佳适度呢？首先，将其裁量空间设置为 100 个刻度，每个刻度对应剥夺政治权利 0. 84 个月；其次，通过"犯罪人在前判刑罚服刑期间的'具体表现'评价模型"，对其进行两个层次的五级评价，确定应当附加剥夺政治权利的百分比。计算公式为：附加剥夺政治权利"幅度刑罚量 84 个月"×应当剥夺政治权利 x% = 特殊附加剥夺政治权利的最佳适度。再加上其起刑期 3 年，便是特殊附加剥夺政治权利宣告刑。

犯罪人在前判刑罚服刑期间的"具体表现"评价模型

评价等级	具体表现五级评价	附加剥夺政治权利百分比选择范围	确定剥夺政治权利百分比	评价理由和根据
一级	表现最好的	选择 4%、8%、12%、16%或者 20%	%	
二级	表现很好的	选择 24%、28%、32%、36%或者 40%	%	
三级	表现一般的	选择 44%、48%、52%、56%或者 60%	%	
四级	表现较好的	选择 64%、68%、72%、76%或者 80%	%	
五级	表现略好的	选择 84%、88%、92%、96%或者 100%	%	

第三节　财产刑适用的最佳适度

一、财产刑的适用根据和适用范围

（一）罪责程度是适用财产刑的主要根据和前提

根据刑法第 52 条关于"判处罚金，应当根据犯罪情节决定罚金

数额”的规定，第 53 条关于“如果由于遭遇不能抗拒的灾祸缴纳确实有困难的，可以酌情减少或者免除”的规定，最高人民法院 2000 年 12 月 13 日《关于适用财产刑若干问题的规定》第 1 条关于“在对犯罪分子判处主刑的同时，必须依法判处相应的财产刑；刑法规定‘可以并处’没收财产或者罚金的犯罪……应当根据案件具体情况及犯罪分子的财产状况，决定是否适用财产刑”以及最高人民法院 2001 年 1 月 21 日《全国法院审理金融犯罪案件工作座谈会纪要》关于“罚金的数额，应当根据被告人的犯罪情节，在法律规定的数额幅度内确定。对于具有从轻、减轻或者免除处罚情节的被告人……罚金刑原则上也应当从轻、减轻或者免除”等规定，犯罪人的罪责程度，不仅是对其适用主刑而且还是对其适用附加刑(包括财产刑)的主要根据。罪责程度是通过量刑情节的理性评价积分来表达的，而量刑情节积分又与法定刑空间刻度呈“一比一”的数量转换关系，所以，罚金刑在法定刑中所占空间刻度、罚金刑的幅度刑罚量和刻度罚金量以及犯罪人的量刑情节理性评价积分，是计算罚金刑不可缺少的前提。

(二)罚金刑的宣告刑与执行刑

财产刑分为罚金和没收财产两大类。刑法第 53 条关于罚金刑因犯罪人“遭遇不能抗拒的灾祸缴纳确实有困难的”，“主要是指因遭受火灾、水灾、地震等灾祸而丧失财产；罪犯因重病、伤残等而丧失劳动能力，或者需要罪犯抚养的近亲属患有重病，需支付巨额医药费等，确实没有财产可供执行的情形”。具有“可以酌情减少或者免除”事由的，由罪犯本人、亲属或者犯罪单位向负责执行的人民法院提出书面申请，并提供相应的证明材料。人民法院审查以后，根据实际情况，裁定减少或者免除应当缴纳的罚金数额。① 由于罚金刑的适用是以犯罪人罪责程度为根据，但又受其财产状况和实际困难所影响，因而在司法实践中可以同时存在“宣告刑”和“执行刑”两种裁判。宣告刑是指人民法院根据犯罪人的罪责程度，宣告应当执行一定数额罚金

① 最高人民法院 2000 年 12 月 13 日《关于适用财产刑若干问题的规定》第 6 条。

的判决，其所体现的是罪责程度与罚金数额的均衡，以示量刑公正；执行刑是指人民法院根据刑法第 53 条关于犯罪人"由于遭遇不能抗拒的灾祸缴纳确实有困难"，因而决定从轻、减轻或者免除执行其罚金刑的裁定，所体现的是刑罚人道主义原则、刑罚个别化原则和实事求是精神。宣告刑减去裁定减少或者免除缴纳的罚金数额，便是执行刑。如果犯罪人没有减免罚金刑的特殊情况，宣告刑也就是执行刑。裁定减少或者免除应当缴纳的罚金数额，应当通过"灾祸减免罚金的两个层次理性评价模型"，在法庭辩论的基础上，客观公正地决定执行应当缴纳的罚金数额。其计算公式为：特定限额罚金刑的宣告刑-灾祸减免罚金数额 X%＝限额罚金刑的执行刑。将宣告刑与执行刑区别开来、公开说明两者差异的原因和根据，可以打消某些犯罪人及其亲友在量刑上的攀比与疑忌，有利于犯罪人认罪服判，从而化解社会矛盾，促进社会和谐。

灾祸减免罚金两个层次五级评价模型

评价等级	灾祸程度五级评价	减免罚金宣告刑的选择范围	确定减免罚金百分比	评价理由和根据
一级	灾祸最重的	减免 84%、88%、92%、96%或者 100%	%	
二级	灾祸较重的	减免 64%、68%、72%、76%或者 80%	%	
三级	灾祸一般的	减免 44%、48%、52%、56%或者 60%	%	
四级	灾祸较轻的	减免 24%、28%、32%、36%或者 40%	%	
五级	灾祸轻微的	减免 4%、8%、12%、16%或者 20%	%	

（三）财产刑的分类与分布

财产刑属于附加刑，分为罚金和没收财产两类，涉及 728 种罪行。罚金刑又分为限额罚金刑和无限额罚金刑两类，前者共涉及 155 种罪行，后者共涉及 463 种罪行（含 273 种单位犯罪），共计涉及 618 种罪行。① 没

① 参见本书附表 11. 财产刑及其适用罪行分类分布统计表。

收财产共涉及 110 种罪行。现分三类阐述如下：

1. 适用限额罚金刑的罪行共有 155 种。限额罚金刑还可分为数额罚金刑、倍数罚金刑和比例罚金刑三种，只能适用于刑法分则第三章“破坏市场经济秩序罪”中规定的罪行。在这 155 种罪行中，适用数额罚金刑的罪行有 97 种，适用倍数罚金刑的罪行有 45 种，适用比例罚金刑的罪行有 13 种；其中，“并处或者单处限额罚金刑”的罪行有 35 种，“并处限额罚金刑”的罪行有 86 种，“并处限额罚金刑(或者没收财产)”的罪行有 34 种。

2. 适用无限额罚金刑的罪行共有 463。其中，“并处或者单处无限额罚金”的罪行有 44 种，“并处无限额罚金刑”的罪行有 124 种，“并处无限额罚金刑(或者没收财产)”的罪行有 22 种，“对犯罪单位判处无限额罚金刑”的罪行有 273 种。它们分别规定于刑罚分则第二章至第八章，其中：属于第二章“危害公共安全罪”的 15 种，属于第三章“破坏社会主义市场经济秩序罪”的有 234 种，属于第四章“侵犯公民人身权利、民主权利罪”的有 11 种，属于第五章“侵犯财产罪”的有 20 种，属于第六章“妨害社会管理秩序罪”的有 169 种，属于第七章“危害国防利益罪”的有 7 种，属于第八章“贪污贿赂罪”的有 7 种。

3. 适用没收财产的罪行共有 110 种。其中，“可以并处没收财产”的罪行有 41 种，“并处没收财产”的罪行 13 种，“并处(限额罚金刑或者)没收财产”的罪行 34 种，“并处(无限额罚金刑或者)没收财产”的罪行 22 种。它们分别规定于刑罚分则第一章至第六章和第八章，其中：属于第一章“危害国家安全罪”的 34 种，属于第二章“危害公共安全罪”的 1 种，属于第三章“破坏社会主义市场经济秩序罪”的有 46 种，属于第四章“侵犯公民人身权利、民主权利罪”的有 5 种，属于第五章“侵犯财产罪”的有 6 种，属于第六章“妨害社会管理秩序罪”的有 13 种，属于第八章“贪污贿赂罪”的有 5 种。

二、限额罚金刑的量刑最佳适度

求解限额罚金刑适用的最佳适度必须具备五个条件：一是犯罪人

的罪责程度，即量刑情节理性评价积分；二是幅度罚金量，指最高罚金额与最低罚金额的上下差值；三是法定刑中具有罚金刑适用空间，指罚金刑在法定刑中所占的空间刻度；四是刻度罚金刑量，指一个刻度对应多少罚金数额。缺少其中任何一个条件，均不能求解限额罚金刑的最佳适度。

（一）数额罚金刑的计算方法

所谓数额罚金刑，指刑法规定处以一定数额幅度罚金的情形，只能适用于97种罪行。共有五种规定：一是“处1万元以上5万元以下罚金”；二是“处1万元以上10万元以下罚金”；三是“处2万元以上20万元以下罚金”；四是“处3万元以上30万元以下罚金”；五是“处5万元以上50万元以下罚金”。现按单处和并处，分述如下：

1.“单处”数额罚金刑的计算方法

所谓“单处”数额罚金刑，是指法定刑包括一定主刑和罚金刑，因犯罪人罪责相对较轻，对其从轻单处一定数额罚金的情形。根据现行刑法规定，单处一定数额罚金的，只能适用于法定刑为三刑种和四刑种（包括罚金刑）的18种罪行，其裁量空间因犯罪性质和罪行轻重的不同而有如下两种计算方法：

（1）犯法定刑为三个刑种（包括罚金刑）之罪的，从轻单处一定数额罚金的裁量空间为法定刑中间线倒数第34～100个刻度，共67个刻度；这就是说，犯罪人的从轻处罚情节积分只有超过33分的，才能单处罚金而且只能单处罚金。其刻度罚金量＝幅度罚金量（最高罚金额－最低罚金额）÷67个罚金空间刻度。计算公式为：（单处罚金空间67个刻度－从轻处罚情节积分①）×刻度罚金量＝单处数额罚金刑的最佳适度。

（2）犯法定刑为四个刑种（包括罚金刑）之罪的，其单处一定数额罚金的裁量空间为法定刑中间线倒数第51～100个刻度，共50个刻度；这就是说，犯罪人的从轻处罚情节积分只有超过50分的，才能

① 根据刑法第62条规定的限制从轻原则，从轻处罚积分超过100分的，按100分计算，下同。

单处罚金而且只能单处罚金。其刻度罚金量=(最高罚金额-最低罚金额)÷50个罚金空间刻度。计算公式为：(单处罚金空间50个刻度-从轻处罚情节积分)×刻度罚金量=单处数额罚金刑的最佳适度。

2.“并处”数额罚金的计算方法

所谓“并处”数额罚金刑，是指犯罪人在被判处主刑的前提下，依法对其并处一定数额罚金的情形，适用于97种罪行。① 因犯罪性质和罪行轻重的不同而有两种规定：一种是，法定刑无减轻处罚空间的，罚金刑的裁量空间为狭义的裁量空间即200个刻度，其刻度罚金量=(最高罚金额-最低罚金额)÷200个刻度；另一种是，法定刑具有减轻处罚空间的，罚金刑的裁量空间为广义的量刑空间，即裁量空间大于200个刻度，其刻度罚金量=(最高罚金额-最低罚金额)÷(法定刑空间200个刻度+减轻处罚空间X个刻度②)。其量刑最佳适用因犯罪人量刑情节理性评价积分不同而有三种计算方法：

(1)量刑情节积分为从重处罚积分的，计算公式为：(从重处罚空间100个刻度+从重处罚情节积分)×刻度罚金量=从重并处数额罚金刑的最佳适度。

(2)量刑情节积分为从轻处罚积分的，计算公式为：(从轻处罚空间100个刻度-从轻处罚情节积分)×刻度罚金量=从轻并处数额罚金刑的最佳适度。

(3)量刑情节积分为减轻处罚积分的，计算公式为：(从轻处罚空间100个刻度+减轻处罚空间X个刻度-减轻处罚情节积分)×刻度罚金量=减轻并处数额罚金刑的最佳适度。

(二)倍数罚金刑的计算方法

所谓倍数罚金刑，是指刑法规定处以特定犯罪数额一定倍数罚金的情形，只能适用于45种罪行。因犯罪性质和罪行轻重的不同而有两种规定：一是处以特定犯罪数额“0.5倍(即50%)~2倍以下罚

① 含“并处或者单处数额罚金刑”中的并处数额罚金。

② 减轻处罚空间的宽度，请参见本书附表8. 减轻处罚幅度刑罚量及其空间宽度(刻度)一览表。下同。

金”；二是处以特定犯罪数额“1倍~5倍以下罚金”。所谓特定犯罪数额，共有7种表现形式，即“销售金额”、“偷逃应缴税额”、“违法所得”数额、“拒缴税款”数额、“欠缴税款”数额、“骗取税款”数额和“票证价额”等，在宣告罚金刑时，应指明犯罪数额的具体表现。现按单处和并处阐述如下：

1.“单处”倍数罚金刑的计算方法

所谓“单处”倍数罚金刑，是指犯罪人罪责较轻，在法定刑包括主刑和罚金的条件下，对其从轻单处特定犯罪数额一定倍数罚金的情形。根据现行刑法规定，单处倍数罚金刑，只能适用于法定刑为三刑种和四刑种(包括罚金刑)的11种罪行，其裁量空间因犯罪性质和罪行轻重的不同而有两种计算方法：

(1)犯法定刑为三个刑种(包括罚金刑)之罪的，罚金刑空间为法定刑中间线倒数第34~100个刻度，共67个刻度；这就是说，只有从轻处罚情节积分超过33分的，才能单处罚金而且只能单处罚金。其刻度罚金量=幅度罚金量(最高罚金倍数-最低罚金倍数)÷67个刻度。计算公式为：(单处罚金空间67个刻度-从轻处罚情节积分)×刻度罚金量X倍×特定犯罪数额X万元=单处倍数罚金刑的最佳适度。

(2)犯法定刑为四个刑种(包括罚金刑)之罪的，罚金刑空间为法定刑中间线倒数第51~100个刻度，共50个刻度；这就是说，只有从轻处罚情节积分超过50分的，才能单处罚金而且只能单处罚金。其刻度罚金量=(最高罚金倍数-最低罚金倍数)÷50个刻度。计算公式为：(单处罚金空间50个刻度-从轻处罚情节积分)×刻度罚金量X倍×特定犯罪数额X万元=单处倍数罚金刑的最佳适度。

2.“并处”倍数罚金刑的计算方法

所谓“并处”倍数罚金刑，是指犯罪人被判处主刑的，依法对其“并处”特定犯罪数额一定倍数罚金的情形，适用于45种罪行。① 其裁量空间也分为两种：一种是，法定刑无减轻处罚空间的，罚金刑的裁量空间为狭义的裁量空间即200个刻度，其刻度罚金量=(最高罚

① 含“并处或者单处倍数罚金刑”中的并处倍数罚金。

金倍数-最低罚金倍数)÷200个刻度；另一种是，法定刑有减轻处罚空间的，罚金刑的裁量空间为广义的裁量空间，即裁量空间大于200个刻度，① 其刻度罚金量=(最高罚金倍数-最低罚金倍数)÷(法定刑空间200个刻度+减轻处罚空间X刻度)。因犯罪人量刑情节积分不同而有三种计算方法：

(1)量刑情节积分为从重处罚积分的，计算公式为：(法定刑中间线100个刻度+从重处罚情节积分)×刻度罚金量X倍×特定犯罪数额=从重并处倍数罚金刑的最佳适度。

(2)量刑情节积分为从轻处罚积分的，计算公式为：(法定刑中间线100个刻度-从轻处罚情节积分)×刻度罚金量X倍×特定犯罪数额X万元=从轻并处倍数罚金刑的最佳适度。

(3)量刑情节积分为减轻处罚积分的，计算公式为：(从轻处罚空间100个刻度+减轻处罚空间X个刻度-减轻处罚情节积分)×刻度罚金X倍×特定犯罪数额X万元=减轻并处倍数罚金刑的最佳适度。

(三)比例罚金刑的计算方法

所谓比例罚金刑，是指刑法规定处以犯罪人特定犯罪数额一定比例罚金的情形，只能适用于13种罪行。因犯罪性质和罪行的轻重不同，共有四种规定：一是处以特定犯罪数额“1%~5%罚金”；二是处以特定犯罪数额“2%~10%罚金”；三是处以特定犯罪数额“5%~20%罚金”；四是处以特定犯罪数额“5%~30%罚金”。所谓特定犯罪数额，共有7种表现形式，即“虚报注册资本金额、虚假出资金额或者抽逃出资金额、非法募集资金金额”、“洗钱数额”、“非法转让、倒卖土地使用权价额”、“骗购外汇数额”和“逃汇数额”。在宣告罚金刑时，应指明犯罪数额的具体表现形式。现按单处和并处罚金阐述如下：

1.“单处”比例罚金刑的计算方法

所谓“单处”比例罚金刑，是指犯罪人罪责较轻，在法定刑包括

---

① 减轻处罚空间的宽度，请参见本书附表8. 减轻处罚幅度刑罚量及其空间宽度(刻度)一览表。下同。

主刑和罚金的前提下，对其从轻单处一定比例罚金的情形。根据现行刑法规定，单处一定比例罚金的，只能适用于法定刑为三个刑种(包括罚金刑)的6种罪行。单处比例罚金刑的，其裁量空间为法定刑中间倒数第34～100个刻度，共67个刻度。这就是说，只有从轻处罚情节积分超过33分的，才能单处一定比例的罚金而且只能单处罚金。其刻度罚金量=(罚金最高百分比-罚金最低百分比)÷67个刻度。计算公式为：(单处罚金裁量空间67个刻度-从轻处罚情节积分)×刻度罚金量X%×特定犯罪数额X万元=单处比例罚金刑的最佳适度。

2.“并处”比例罚金刑的计算方法

所谓“并处”比例罚金刑，是指犯罪人在被判处主刑的前提下，依法对其并处一定比例罚金的情形，适用于13种罪行。① 其刻度罚金量的计算与前述并处倍数罚金刑相同，但因犯罪人量刑情节积分不同而有三种计算公式：

(1)量刑情节积分为从重处罚积分的，计算公式为：(法定刑中间线100刻度+从重处罚情节积分)×刻度罚金量X%×特定犯罪数额X万元=从重并处比例罚金刑的最佳适度。

(2)量刑情节积分为从轻处罚积分的，计算公式为：(法定刑中间线100刻度-从轻处罚情节积分量)×刻度罚金量X%×特定犯罪数额X万元=从轻并处比例罚金刑的最佳适度。

(3)量刑情节积分为减轻处罚积分的，计算公式为：(从轻处罚空间100个刻度+减轻处罚空间X个刻度-减轻处罚情节积分)×刻度罚金量X%×特定犯罪数额X万元=减轻并处倍数罚金刑的最佳适度。

三、没收财产刑的计算方法

根据刑法第59条第1款前段规定，没收财产刑是指对犯罪人判处主刑同时将其“个人所有财产的一部或者全部”无偿收归国有的情形。没收财产只能附加于主刑适用，不能独立适用。适用没收财产的罪行共有110种，其中，“可以并处没收财产”的罪行有41种，“并

① 含“并处或者单处比例罚金刑”中的并处比例罚金。

处没收财产”的罪行 13 种，“并处(限额罚金刑或者)没收财产”的罪行 34 种，“并处(无限额罚金刑或者)没收财产”的罪行 22 种。既然“没收财产是没收犯罪分子个人所有财产的一部或者全部”，那么这里要提出的问题是：根据什么没收犯罪人个人财产的“全部”或者“一部”？答案只有一个：犯罪人的罪责程度是适用没收财产的唯一根据。但是，根据刑法第 59 条第 1 款后段、第 2 款和第 60 条规定，“没收全部财产的，应当对犯罪分子个人及其扶养的家属保留必需的生活费用”，“在判处没收财产的时候，不得没收属于犯罪分子家属所有或者应有的财产”，“没收财产以前犯罪分子所负的正当债务，需要以没收的财产偿还的，经债权人请求，应当偿还”。因此，没收犯罪分子个人所有的“全部”，仅限于排除这三项以后所剩余的全部财产，称“可以没收的财产”。所以，应当将“可没收的财产”设定为100%，以犯罪分子具有的量刑情节积分量(罪责程度)为根据，求解没收犯罪分子个人财产的最佳适度。

根据现行刑法规定，并处没收财产的量刑空间分为两种情形：法定刑没有减轻处罚空间的，其刻度财产量 = 犯罪人个人全部财产 100%÷200 个刻度；法定刑有减轻处罚空间的，其刻度财产量 = 犯罪人个人全部财产 100%÷(法定刑空间 200 个刻度+减轻处罚空间 X 刻度)。因犯罪人量刑情节积分轻重不同而有三种计算方法：

1. 从重并处没收财产的，计算公式为：“可以没收的财产”折合人民币 X 元×(法定刑中间线 100 个刻度+从重处罚情节积分)×刻度财产量 X% = 从重并处没收犯罪人个人所有财产的 X%，折合人民币 X 元；

2. 从轻并处没收财产的，计算公式为：“可以没收的财产”折合人民币 X 元×(法定刑中间线 100 个刻度−从轻处罚情节积分)×刻度财产量 X% = 从轻并处没收犯罪人个人所有财产的 X%，折合人民币 X 元；

3. 减轻并处没收财产的，计算公式为：“可以没收的财产”折合人民币 X 元×(从轻处罚空间 100 个刻度+减轻处罚空间 X 刻度−减轻处罚情节积分)×刻度财产量 X% = 减轻并处没收犯罪人个人所有财产的 X%，折合人民币 X 元。

四、建议将“无限额罚金刑”修改为“限额罚金刑”

所谓无限额罚金刑，是指刑法仅规定处以“罚金”，尚未明确罚金限额幅度的情形。目前只有罚金下限，即最高人民法院司法解释关于“刑法没有明确规定罚金数额标准的，罚金的最低数额不能少于1000 元。对未成年人犯罪应当从轻或者减轻判处罚金，但罚金的最低数额不能少于 500 元。”由于此类罚金刑只有下限而没有上限，因而无法确定幅度罚金量和刻度罚金量。在这种情况下，无论公诉人、辩护人和法官都不能科学阐明犯罪人的罪责程度与罚金宣告刑之间的内在联系，只能凭自己的感觉和法律人的良知“估堆量刑”。如果在诉讼过程中，当事人、辩护人和诉讼代理人等提出：“请问，对本案被告人判处的罚金数额的，究竟是根据什么、采取什么方法、怎样计算出来的?”我们的公诉人和法官们将无言以对。由于无限额罚金刑与自由刑中的“不定期刑”同出一辙，适用罪行数量较多，覆盖范围很大，这就赋予了公诉人和法官极为宽泛的“量刑建议权”和“自由裁量权”，其所存在诸多弊端有目共睹，颇为社会舆论所诟病，从而影响此类罚金刑的判决公信力。因此，恳请全国人大常委会和最高人民法院、最高人民检察院将现行刑法规定的“无限额罚金刑”修改为“限额罚金刑”。目前，最佳的补救方案是由“两高”通过司法解释，联合规定无限额罚金刑的“限高幅度”，授权各省市自治区高级人民法院和人民检察院会同有关部门，根据该地区的经济社会发展情况，在“限高幅度”范围内确定执行一个符合本地区实际情况的罚金“上限数额”，在经过一定时期的司法实践后，对其中某个或者某些罪行偏高或者偏低的罚金“上限数额”进行调整。这种补救方案的可行性在于：

1. 既然刑法分则第三章(破坏社会主义市场经济秩序罪)配置给155 种罪行的罚金刑全部都是“限额罚金刑”，为什么配置给其他章节的 190 种个人犯罪和 273 种单位犯罪的罚金刑全部都是“无限额罚金刑”呢？在市场经济的条件下，需要配置罚金刑的罪行性质与罚金具有明确的“上限”并不矛盾，既然破坏社会主义市场经济秩序罪的罚金刑可以是限额罚金刑，为什么其他章节的罚金刑就不能是限额罚金刑呢？

2. 既然司法解释可以就刑法分则中的“数额较大”、“数额巨大”和“数额特别巨大”等作出具体数额规定，为什么对无限额罚金刑的上限数额就不能进行具体规定？既然最高人民法院《关于适用财产刑若干问题的规定》第 2 条可以对无限额罚金刑的下限数额进行具体规定，为什么对其上限数额就不能进行具体规定呢？

3. 为无限额罚金刑规定“限高幅度”，将其修改为“限额罚金刑”，难免出现某个或者某些罪行的罚金上限幅度偏高或者偏低，但是应当说绝大多数规定是正确的或者基本正确的，可谓“瑕不掩瑜”，司法解释具有较大的灵活性，一旦发现错误可以及时修正。由于现行刑法分则规定的无限额罚金刑涉及 190 种个人犯罪和 273 种单位犯罪，适用范围很宽，如果不及时修改为“限额罚金刑”的话，那么不得不承认这类罚金刑的判决均是“估堆量刑”。两弊相权取其轻，应用司法解释将无限额罚金刑修改为“限额罚金刑”是当前量刑改革的当务之急。

在刑法或者司法解释尚未将无限额罚金刑修改为限额罚金刑之前，笔者所能做到的是，将最高罚金额假定为 100 元，根据犯罪人量刑情节理性积分量，求解对其应当判处百分之几的罚金。为此，必须将适用于本罪行的法定刑空间刻度，设置为体现“最高罚金额”的百分之几。有两种计算方法：一是法定刑无减轻处罚空间的(狭义量刑空间)，其量刑空间均为 200 个刻度，因此，“最高罚金额”100÷200 个刻度=每刻度体现其 0.5%；二是法定刑有减轻处罚空间的(广义量刑空间)，例如，刑法第 264 条规定的“盗窃罪”(重罪)，其广义量刑空间为 308 个刻度，于是，“最高罚金额”100÷308 个刻度=每刻度体现其 0.32%。在每个刻度体现的“最高罚金额”的百分比计算出来之后，再乘以犯罪人的量刑情节理性评价积分，所得出的假想百分比便是对犯罪人判处罚金的最佳适度。“

第四节 缓刑考验期、数罪并罚执行刑期的计算方法和完善免除处罚的立法建议

一、缓刑考验期的计算方法

缓刑，是指犯罪人被判处拘役或者3年以下有期徒刑，由于罪行较轻或者罪行轻微，符合刑法规定条件，依法暂缓执行原判刑罚或者附条件地不执行原判刑罚的刑罚制度。根据刑法第72条、第73条、第74条和第76条规定，对于被判处拘役、3年以下有期徒刑的犯罪分子，同时符合下列条件的，"可以宣告缓刑"，这些条件是：1. 犯罪情节较轻；2. 有悔罪表现；3. 没有再犯罪的危险；4. 宣告缓刑对所居住社区没有重大不良影响。但是，对其中不满18周岁的人、怀孕的妇女和已满75周岁的人，"应当宣告缓刑"；对于累犯和犯罪集团的首要分子，不能适用缓刑。对宣告缓刑，可以根据犯罪情况，同时禁止犯罪分子在缓刑考验期限内从事特定活动，进入特定区域、场所，接触特定的人。被宣告缓刑的犯罪分子，如果被判处附加刑，附加刑仍须执行。对于宣告缓刑的犯罪分子，如果在缓刑考验期限内，依法实行社区矫正，如果没有刑法第77条规定的情形，缓刑考验期满，原判的刑罚就不再执行，并公开予以宣告。拘役的缓刑考验期限为原判刑期以上1年以下，但是不能少于2个月；有期徒刑的缓刑考验期限为原判刑期以上5年以下，但是不能少于1年。缓刑考验期限，从判决确定之日起计算。

这里要解决的主要问题是：根据什么怎样分别确定特定犯罪人的缓刑考验期？本书认为，在犯罪人符合上列规定可以宣告缓刑的前提下，原判刑期的轻重是确定缓刑考验期长短的唯一根据。现分两种情形阐述如下：

(一)被判处拘役的缓刑

由于适用缓刑的拘役期限为"1~6个月"，与之对应的拘役缓刑考验期为"2~12个月"，这就表明，拘役缓刑考验期是其原判刑期的

2倍。即：原判刑期为拘役1个月的，其缓刑考验期为2个月；原判刑期为拘役2个月的，其缓刑考验期为拘役4个月；原判刑期为3个月的，其缓刑考验期为拘役6个月；原判刑期为拘役4个月的，其缓刑考验期为8个月；原判刑期为拘役5个月的，其缓刑考验期为拘役10个月；原判刑期为拘役6个月的，其缓刑考验期为12个月。由此可见，拘役原判刑期的轻重与其缓刑考验期的长短具有内在的必然联系，这就是说，拘役原判刑期1个月=拘役缓刑考验期2个月，因此，拘役原判刑期X个月×2倍=拘役缓刑考验期的最佳适度。

(二)被判处有期徒刑的缓刑

由于适用缓刑的有期徒刑期限为“6～36个月”(其幅度刑罚量为30个月)，与之对应的缓刑考验期限为“12～60个月”(其幅度刑罚量为48个月)，于是，缓刑考验期48个月÷原判刑期30个月，即有期律刑原判刑期1个月为其缓刑考验期1.6倍，便是顺理成章的事情。由此可见，有期徒刑原判刑期的轻重与其缓刑考验期的长短具有内在的必然联系。因此，有期律刑原判刑期X个月×1.6倍=有期徒刑缓刑考验期的最佳适度。

总之，在以往的司法实践中，对犯罪人缓刑考验期的确定一般是基于“估堆”，否则，缓刑考验期的确定性判决，究竟是根据什么、采取什么方法、怎样计算出来的呢？对于这个问题，再也不能回避了，刑法学界的专家学者们应当给广大公民一个科学公正的回应。

二、有期自由刑数罪并罚“执行刑期”的计算方法

刑法第69条关于“判决宣告以前一人犯数罪的，除判处死刑和无期徒刑的以外，应当在总和刑期以下、数刑中最高刑期以上，酌情决定执行的刑期，但是管制最高不能超过3年，拘役最高不能超过1年，有期徒刑总和刑期不满35年的，最高不能超过20年，总和刑期在35年以上的，最高不能超过25年”的规定，和关于“数罪中有判处附加刑的，附加刑仍须执行，其中附加刑种类相同的，合并执行，种类不同的，分别执行”的规定，被刑法学界称为数罪并罚制度或者数罪并罚的一般原则。根据这一条文规定，我国数罪并罚实行以限制

加重原则为主，以吸收原则和并科原则为补充的折中主义原则。归纳起来有如下三点：(1)数罪宣告刑中有死刑或者无期徒刑的，实行吸收原则，决定执行一个最重的刑罚，低于最重刑罚的其他刑罚不再执行；(2)数罪宣告刑分别为有期徒刑、拘役或者管制的，实行限制加重原则，即在数刑最高刑期以上，数罪总和刑期以下，酌情决定执行刑期，但是拘役最高不能超过 1 年，管制最高不能超过 3 年，有期徒刑总和刑期不满 35 年的最高不能超过 20 年，总和刑期在 35 年以上的最高不能超过 25 年；(3)数罪宣告刑中有判处附加刑的，附加刑仍须执行，实行并科原则，其中附加刑种类相同的合并执行，种类不同的分别执行。

但是，该条文第 1 款对有期自由刑实行限制加重原则的规定，存在两个问题：一是数罪宣告刑分别为有期徒刑、拘役或者管制的，由于不属于同一刑种，执行的方法也不相同，怎样计算它们的总和刑期？二是在数刑最高刑期以上，数罪总和刑期以下，“酌情决定执行的刑期”，这里的“酌情”究竟是指什么？刑法在这里给我们留下了理论创新和方法创新的空间。

对于第一个问题，多数学者主张“折算说”，即按照刑法第 41 条后段和第 44 条后段之规定，将管制 2 日折算为有期徒刑 1 日，将拘役 1 日折算为有期徒刑 1 日，但因“不同有期自由刑在性质、剥夺自由的程度、执行方式和执行场所、法律后果等方面存在一定的差别，折算后有将轻刑升格为重刑之嫌”，其科学性值得怀疑。① 对于第二个问题，由于各罪具有的量刑情节分别在它们的量刑时适用过了，已经不再有可“酌”之“情”了，于是要么进行“估堆”，凭感觉决定执行刑期；要么重复使用各罪已经适用过的量刑情节，这是大陆法系多数国家刑法所禁止的。这是对有期自由刑实行数罪并罚无法回避的两个问题。因为，人们不禁要问：对犯罪人决定“执行刑期”的根据是什

① 参见最高人民法院 1981 年 7 月 27 日《关于管制犯在管制期间又犯新罪被判处拘役或者有期徒刑应如何执行的问题的批复》；高铭暄、马克昌等主编：《刑法学》，北京大学出版社、高等教育出版社 2007 年版，第 320 页。

么？究竟是采取什么方法怎样计算出来的？为什么只能是这个“执行刑期”而不能是别的“执行刑期”？这是法官难以回答的问题。如果不想陷入“估堆量刑”泥潭，也不想对同一量刑情节进行“重复评价”的话，那就另辟蹊径，探索一条有期自由刑数罪并罚酌“情”决定执行刑期的新途径。

首先，将“数刑最高刑期～数罪总和刑期”设置为决定执行刑期的“裁量幅度”。如果其中包括管制的，应将管制2日虚拟为有期徒刑1日，其幅度为1.5～12个月即10.5个月；①如果包括拘役的，应将拘役1日虚拟为有期徒刑1日；如果包括有期徒刑的，其幅度为有期徒刑6个月～数罪总和刑期。这三种有期自由刑均不包括它们的“起刑期”，将三者按轻重顺序相互链接，便是一个完整的决定执行刑期的“裁量幅度”。但是，由于数罪并罚案件的有期自由刑决定执行刑期的“裁量幅度”并未完整包括管制、拘役和有期徒刑，其数刑最高刑期(下限)和数罪总和刑期(上限)互不相同，其决定执行刑期的“裁量幅度”是千差万别，因此，只有结合实际案件才能具体确定。

其次，决定各罪宣告刑的量刑情节理性评价积分，要么是“同向竞合”，要么是“逆向竞合”，或者“同向竞合”与“逆向竞合”兼而有之，因此，应当通过“同向相加”和“逆向相减”的计算，使其形成一个“整合积分”，这个“整合积分”是有期自由刑“酌情决定执行刑期”的唯一根据。这就是说，没有特定数罪的“整合积分”就没有“决定执行刑期”的公正性。

最后，将有期自由刑决定执行刑期的“裁量幅度”平均划分为200个刻度，并计算出每个刻度等于多少徒刑量，计算公式为：数罪总和刑期-数刑最高刑期÷200个刻度=决定执行刑期的“刻度月”，它是衡量犯罪人罪责程度的一般标准。再将数罪宣告刑“整合积分”与数罪执行刑期“裁量空间”刻度按“1∶1”相对应，求解有期自由刑决定执行刑期的最佳适度：(1)如果“整合积分”为从重处罚情节积分的，

① 如果决定执行刑期为管制的，再将其虚拟徒刑1个月还原为管制2个月。

应当根据其积分量，从数刑最高刑期（裁量空间下限）开始向上读数（正数），读数剩余“裁量空间”的1/2处，便是数罪从重决定执行刑期的最佳适度；计算公式为：（有期自由刑“裁量空间”200刻度-从重处罚“整合积分”）÷2×“裁量幅度”刻度月＝从重决定执行刑期的最佳适度。（2）如果“整合积分”为从轻或者减轻处罚情节积分的，应当根据其积分量，从数罪总和刑期（裁量空间上限）开始向下读数（倒数），读数剩余的“裁量空间”1/2处，便是有期自由刑从宽决定执行刑期的最佳适度；计算公式为：（有期自由刑“裁量空间”200刻度-从宽处罚“整合积分”）÷2×“裁量幅度”刻度月＝从轻决定执行刑期的最佳适度。“反向压缩，取其中线”是对这种裁量方法的高度概括和最佳选择。现举宽严两例，图示如下：

<table>
<tr><td colspan="4">以数罪“罪责程度”为根据，决定有期自由刑“执行刑期”的计算方法</td></tr>
<tr><td colspan="4">从重决定执行刑期，以数刑最高刑期为裁量起点；从轻决定执行刑期，以数罪总合刑期为裁量起点。</td></tr>
<tr><td colspan="2" rowspan="2">例一：数罪宣告刑“整合积分”读数为80个从重处罚积分的</td><td colspan="2">读数剩余空间“中线”是从重决定执行刑期最佳适度</td></tr>
<tr><td>占60个刻度</td><td>占60个刻度</td></tr>
<tr><td colspan="4">（从重决定执行刑期的最佳适度为60个刻度）↑</td></tr>
<tr><td colspan="2">读数剩余空间“中线”是从轻决定执行刑期最佳适度</td><td colspan="2" rowspan="2">例二：数罪宣告刑“整合积分”读数为80个从轻处罚积分的</td></tr>
<tr><td>占60个刻度</td><td>占60个刻度</td></tr>
<tr><td colspan="4">↑（从轻决定执行刑期最佳适度为60个刻度）</td></tr>
</table>

总之，上述计算方法的优点在于：有期自由刑数罪并罚决定执行的刑期，不但是以犯罪人所犯各罪的罪责程度为客观依据，而且形成了公正决定有期自由刑执行刑期的“潜在标尺”，这就避免了“估堆量刑”和同一量刑情节“重复评价”的弊端，从而堵塞了“情”、“权”介入数罪并罚的后门，何乐而不为？

三、完善免除处罚的立法建议

刑法第 37 条关于“对于犯罪情节轻微不需要判处刑罚的，可以免予刑事处罚，但是可以根据案件的不同情况，予以训诫或者责令具结悔过、赔礼道歉、赔偿损失，或者由主管部门予以行政处罚或者行政处分”的规定，被刑法学界称为免除处罚原则。但是，什么是“犯罪情节轻微”？什么叫“不需要判处刑罚”呢？由于条文没有明示，这又为法官留下了极为宽泛的自由裁量空间。为了堵塞这扇可能导致轻纵罪犯和司法腐败之门，建议将“犯法定最低刑为拘役 1 个月、管制 3 个月或者单处附加刑之罪，具有 2 个以上从轻处罚情节的”，作为“可以免予刑事处罚”的适用条件，其适用对象为 377 种罪行，涉及 18 档法定刑，列举如下：

（一）法定最低刑为拘役 1 个月的，共有五档法定刑，适用于 189 种罪行，它们是：(1)处 5 年以下有期徒刑或者拘役(适用于 72 种罪行)；(2)处 3 年以下有期徒刑或者拘役(适用于 103 种罪行)；(3)处 2 年以下有期徒刑或者拘役(适用于 12 种罪行)；(4)处 1 年以下有期徒刑或者拘役(适用于 1 种罪行)；(5)处拘役(适用于 1 种罪行)。

（二）法定最低刑为管制 3 个月的，共有四档法定刑，适用于 59 种罪行，它们是：(1)处 5 年以下有期徒刑、拘役或者管制(适用于 12 种罪行)；(2)处 3 年以下有期徒刑、拘役或者管制(适用于 41 种罪行)；(3)处 2 年以下有期徒刑、拘役或者管制(适用于 5 种罪行)；(4)处 1 年以下有期徒刑、拘役或者管制(适用于 1 种罪行)。

（三）法定最低刑为单处罚金的，共有六档法定刑，适用于 95 种罪行，它们是：(1)处 5 年以下有期徒刑、拘役或者罚金(适用于 18 种罪行)；(2)处 5 年以下有期徒刑或者罚金(适用于 1 种罪行)；(3)处 3 年以下有期徒刑、拘役或者罚金(适用于 45 种罪行)；(4)处 3 年以下有期徒刑、拘役、管制或者罚金(适用于 24 种罪行)；(5)处 2 年以下有期徒刑、拘役或者罚金(适用于 4 种罪行)；(6)处 2 年以下有期徒刑、拘役、管制或者罚金(适用于 3 种罪行)。

（四）法定最低刑为单处剥夺政治权利 1 年的，共有 3 档法定刑，适用于 34 种罪行，它们是：(1)处 5 年以下有期徒刑、拘役、管制或剥夺政治权利(适用于 10 种罪行)；(2)处 3 年以下有期徒刑、拘役或者剥夺政治权利(适用于 1 种罪行)；(3)处 3 年以下有期徒刑、拘役、管制或剥夺政治权利(适用于 23 种罪行)。

第五章 《量刑专家系统》是实现量刑公正的高科技平台

第一节 人工智能软件是“量刑精确制导论”研究成果的最佳载体

一、电脑是人脑的产物

当代电子信息技术不仅是生产力，而且是第一生产力。关于应用电子计算机辅助进行量刑的问题，归根结底是量刑理论的重大突破与量刑方法的全面创新问题。在现行刑法的框架下，依法表现法定刑空间形式，科学构建“量刑标尺”，建立起一个相对完备的“量刑情节体系”，采取科学方法理性评价犯罪人具有的各种量刑情节，应用数学和人工智能技术，正确处理特定罪行的法定刑、量刑情节与宣告刑三者之间的数量关系，能够实现量刑的公正性、透明性、充分说理性、事先预测性和重复验证性，从而提高办案效率，保障办案质量。

按照笔者关于依法构建的衡量犯罪人罪责程度的“量刑标尺”、完善描述复杂案情的“量刑情节体系”、创建理性评价量刑情节的“数学模型”和求解量刑最佳适度的“逻辑流程”等量刑理论和量刑方法，在程序正义和审判公正进行的前提下，只要确定行为人所犯罪行并且找准应当适用的法定刑，只要通过“虚拟徒刑”明确法定刑空间的刑罚结构、排列位置和它们之间的数量关系，将法定刑平均划分为 200 个刻度从而形成“等间距”的从重与从轻处罚空间，计算出每个刻度所体现的不同性质的刑罚量和法定刑中间线所体现的刑罚量，只要查清行为人确有的量刑情节并且通过理性评价将它们量化为一定的积分，只要套入本书提供的求解量刑最佳适度和宣告刑的计算公式，可以肯定地说：任何具有中等文化程度的办案人员，都能够运用手工方法(笔算)将特定案件的量刑最佳适度准确无误地计算出来。然而，手工操作毕竟要花费一定的精力和时间，这是很不划算的。在当代信息技术高度发达的条件下，为了提高办案质量和效率，最大限度地节省司法资源，量刑改革应当走人机对话、人工智能和电脑快速运算道路，使办案人员把主要精力放在理性、客观、公正和精准评价犯罪人具有的量刑情节上面，因为它们是决定犯罪人罪责程度的唯一根据。

量刑是一种极其复杂的思维过程。无论是对罪名、罪行(构成类型)与法定刑的认定，还是对量刑情节的正确适用与理性评价，都要在庞大的刑法理论体系指导下进行认真思考，都要查询相关的刑事法条及司法解释等资料，因此，量刑的过程是一边查询法律文献资料一边进行理性判断的过程。公正量刑所需的这些文献资料不是任何单位或个人都能齐全掌握的；即便齐全地掌握了这些浩如烟海的文件资料，临时查找也要翻箱倒柜，浪费大量的时间和精力。无论任何个人都不可能全部记住罪名、罪行、法定刑和量刑情节及其相互之间的关系，都不可能全部记住所有“量刑标尺”的相关数据，都不可能全部记住所有量刑情节的性质、作用、种类、功能单复、是否必须适用和适用范围，都不可能全部记住每个罪行求解量刑最佳适度的各种计算公式(即使只是加减乘除)，更不可能全部记住量刑所需的刑罚理论、相关法条和司法解释等资料。人脑的这些缺陷在很大程度上影响办案质量和效率；然而人脑的这些缺陷都是可以用“电脑”来弥补的。“电脑”是人脑的产物。在信息技术高度发展的今天，人类的科学构想一般都可以借助“电脑”得以实现，所以，基于理论创新和方法创新而研制的人工智能软件——《量刑专家系统》，是量刑研究成果的最佳表达形式和运用方式。

在七十多年以前，世界上尚未出现系统科学、信息技术和人工智能，因此，近代西方刑法学新旧两派代表人物贝卡里亚和李斯特均认为，解决量刑偏差是刑法领域中的顶尖难题。但是在当今世界，人工智能技术的出现已为各条战线提供了全新的装备和“武器”，大大地拓展了人们的想象空间和认识的深度，给人类插上了理论创新和方法创新的智慧翅膀，电子计算机几乎达到无所不能的地步。在当今世界，信息、材料与能源一起构成社会发展的三大支柱，信息资源是一个国家特别重要的战略资源。谁能在开发和利用信息资源方面占据优势，谁就能在激烈的国际竞争中夺取主动权，增强自身的竞争能力，促进本国经济社会的持续发展和科学发展。信息资源的开发水平和利用程度，已经成为衡量一个国家综合实力的重要标志。电子信息技术的出现，标志着人类社会开始从工业经济时代向知识经济时代的过渡。信息技术革命将彻底改变人类社会的生产方式、生活方式、管理方式、社会结构和社会运行机制。例如，我国国防建设在信息化和数字化方面取得了举世瞩目的成就，大大加强了国家安全和经济社会的和平发展，使炎黄子孙无不为之振奋！正如中央领导同志指出：世界科学技术的新突破，很可能在系统科学与社会科学等交叉领域中形成。①

然而遗憾的是，有人一听说“电脑量刑”(此乃一般群众的说法)，他首先不去考察其赖以建立的理论基础和基本方法是否科学合理，而是本能地产生反感情绪，认为“量刑这么重大的问题，岂能交给一台电脑去进行”？有人甚至将“电脑量刑”与“电脑算命”相提并论。当然，不是任何“电脑量刑”都是科学的；是否科学？只能由支撑它的基本理论和基本方法来加以说明。未来的历史将证明，当创新性量刑理论和量刑方法一旦同人工智能技术结合起来，将会节约大量的刑事审判资源，使诉讼成本降到最低。为什么我国的各行各业都可以应用电子信息技术来提高生产力和工作效率，而刑事审判工作就与此天生无缘而游离其外呢？

二、《量刑专家系统》是当代高科技在刑事审判中的具体应用

所谓人工智能(Artificial Intelligence)，是指用人工赋予计算机或

① 胡锦涛在2004年6月2日中国科学院第十二次院士大会和中国工程院第七次院士大会上的讲话，载《光明日报》2004年6月3日。

者机器以智能，使其模仿人脑进行思维，去做原来只有人才能做的工作。机器人的发明是人工智能的伟大成就之一。专家系统(Expert System)是人工智能的另一重要分支，虽然它目前还不能模拟人类的一般思维，但是可以模拟一些专业领域的思维活动。由于它以科学的创新理论和方法为支撑，存储了领域专家的海量知识，能够模拟领域专家的思路和方法去解决专门问题，所以称为专家系统。专家系统不但能提供知识、澄清事实、自我学习、指导工作、完成特殊任务和满足特殊需要，而且还能复制生产和长期保存。由于专家系统是运用领域专家的知识体系和经验来回答和处理问题，所以，其赖以支撑的基本理论和方法是否科学，系统设计思路是否正确以及知识库存储知识在数量与质量上能否适应系统的需要，不但是专家系统成败的关键而且是最为棘手和繁琐的工作。专家系统具有三个基本特点：一是启发性，能够运用专家的知识进行识别、判断和推理，具有举一反三和触类旁通的功能；二是透明性，能说明推理的前提条件，回答推理的逻辑过程，解释结论产生的根据，易于发现和纠正错误；三是具有灵活性，能不断增长知识，更新、补充和修改原有的知识。“专家系统”的这些功能看起来很神奇，其实它们都是研制者(人类)的智慧结晶。

早在20世纪80年代初期，我国著名科学家钱学森就提出启动法制系统工程建议和在法律事务中应用人工智能和专家系统的科学构想。① 在钱教授的启迪下，笔者对量刑公正的研究，从一开始就试图应用人工智能技术来实现，经过难苦探索和多次失败，钱老的这一科学构想终于为我们这一代人实现了。《量刑专家系统》是一种人工智能软件，它由知识库和推理机制两大部分组成，界面友好，操作使用方便。通过人机对话输入的案情信息，除阐明判断和选择评价的理由和根据外，全都用点击“按钮”的方式进行，不懂电脑的人很快就能学会操作。它不仅可以适用于现行刑法规定的452个罪名和878种罪行的量刑，而且是一个动态的系统，可以根据刑事立法、司法解释和

① 钱学森：《论法治系统工程的任务与方法》，载《科技管理研究》1981年第4期。

刑法理论的发展变化，适时调整计算参数和补充修改知识库，使其长期保持科学性、新颖性和实用性。

第二节 《量刑专家系统》的基本功能和主要特点

《量刑专家系统》是《中国刑法专家系统》的两大分支之一，另一分支是《计算机辅助定罪系统》。正确定罪是适当量刑的前提。从逻辑上讲，应当先定罪后量刑。定罪必须定到罪行。但因定罪错误与量刑偏差相较，量刑是否公正比定罪是否正确显得更为突出，这是诉讼当事人和社会各界最为关心的问题，所以当务之急是解决量刑偏差问题。其实，研究《量刑专家系统》不可能完全脱离《计算机辅助定罪系统》独立进行，因此对于后者的研究基本上是与前者同步进行的。①目前笔者已经成功地解决了《计算机辅助定罪系统》赖以支撑的基本理论和基本方法问题，但因研制《计算机辅助定罪系统》必须对传统犯罪构成理论进行创新性改造，才能适应系统论、信息论和控制论的要求，这就需要有一大批志同道合的学者群体，在犯罪构成系统总体设计的框架下，逐一科学描述 452 个罪名及其下辖的 878 种罪行的独一无二且与众不同的犯罪构成，指明认定各种罪行应当区分的界限和注意的事项，以科学发展观为指导重新撰写一部较为详尽的《罪刑通论》,② 并建立起包括刑法、单行刑法、相关法律法规、司法解释和学理解释在内的海量“知识库”，《计算机辅助定罪系统》才能得以完成。这是一项庞大而复杂的系统工程，完成这项工程绝非笔者个人能力所及，因此，笔者研制的《量刑专家系统》，目前只能以定罪正确

① 参见叶三方：《中国刑法专家系统通过鉴定》，载《法学评论》1991 年第 1 期封底。

② 笔者与张正新博士合著的《论罪名罪行与法定刑》一书（法律出版社 2012 年版）和两人共同主编的即将出版的《常见罪行新论》及其系列丛书，就是为开发《计算机辅助定罪系统》所做的前期准备。

为预设前提，留待将来与《计算机辅助定罪系统》对接，以便在正确定罪的基础上实现量刑精确制导。这就是说，定罪错误必然发生量刑偏差，但是定罪正确并不等于量刑公正，许多案件出现量刑偏差却是在定罪正确的前提下发生的，因此，《量刑专家系统》具有相对的独立性。

以“法定刑中间线”为核心的“量刑精确制导论”知识体系，是《量刑专家系统》赖以支撑的理论基础和科学方法。其最大的特点是：对于量刑问题的识别、判断和推理，都是在系统后台快速运算的，操作人员只需按照系统的提示，通过人机对话输入有关案情信息(主要是犯罪人量刑情节的理性评价积分以及评价的理由和根据)，便能迅速产生量刑结论；如果量刑结论发生错误，还可以通过系统提供的“犯罪人罪责程度显示系统”查明原因，迅速得以纠正。本《量刑专家系统》由 40 多个人机对话界面、屏幕、框图和图表有机组成，鉴于本书篇幅有限，在这里不可能逐一阐述它们之间的有机联系和逻辑关系，现举 8 个主要屏面为例，用汉语简要说明其基本功能和主要特点：

一、量刑对象确认系统和量刑标尺系统

现行刑法共规定 452 个罪名，下辖 878 种罪行，具有 37 档法定刑。在 452 个罪名中，仅涵 1 种罪行的罪名有 127 个，简称为单一罪名；包涵 2~4 种罪行的罪名有 325 个，简称为集合罪名。在集合罪名中：二元结构的罪名有 233 个，约占全部罪名的 52%，表现为“基本罪+重罪”和“基本罪+轻罪”；下辖 466 种罪行，约占全部罪行的 53%。三元结构的罪名有 83 个，约占全部罪名的 18%，表现为“基本罪+重罪+更重罪”、“基本罪+重罪+轻罪”和“基本罪+轻罪+更轻罪”；下辖 249 种罪行，约占全部罪行的 28%。四元结构的罪名有 9 个，约占全部罪名的 2%，表现为“基本罪+重罪+更重罪+最重罪”、“基本罪+重罪+轻罪+更轻罪”和“基本罪+重罪+更重罪+轻罪”；下辖 36 罪行，约占全部罪行的 4%。

一种罪行配置一档法定刑是我国刑法关于个罪的立法模式。在刑

法规定的37档法定刑中，其刑种结构和轻重范围是互不相同的，从而可将全部罪行从宏观上分为极重罪行、重大罪行、严重罪行、较重罪行、较轻罪行和轻微罪行，① 但是法定刑与罪行的配置是参差不齐的，有的配置给一种或者几种罪行，有的配置给十种或者十几种罪行，有的配置给几十种甚至上百种罪行，例如，配置一种罪行的法定刑就有8个档次，配置103种和110种罪行的法定刑就有2个档次。更主要的是，法定刑是量刑标尺的原型，在其尚未依法转换为各刑种刻度分明的量刑标尺以前，还不能作为衡量罪责程度的裁量工具，要使它成为刻度分明的量刑标尺，必须根据刑罚的共同本质属性，以有期徒刑为“一般等价物”，将其他主刑虚拟为有期徒刑，待得出量刑结论后再还原为它们本来的惩罚形式。总之，上述关于罪名、罪行与法定刑相互联系、相互依存、相互制约和相互转换的关系以及通过“虚拟徒刑”将法定刑转换为刻度分明的量刑标尺的相关数据，办案人员很难记住，怎么办呢？人脑不能解决的问题电脑可以帮助解决。

量刑首先碰到的第一个问题是确认量刑的罪名。罪名的文字表述，是由刑法和司法解释明文规定的，非常规范严谨，改动一字、一个标点符号电脑都不识别，加之多数罪名文字很长，有些多达30多字，除了少数常见多发罪外，手工录入量刑罪名成功率较低，很浪费时间，况且有的办案人员不会录入汉字，于是系统提供了两种罪名检索方式：一种是按刑法分则章节目录检索罪名，另一种是按罪名主题词检索罪名。当罪名进入特定窗口并点击“确定”键，系统呈现该罪名“罪刑阶梯示意图”；当点击“量刑罪行”时，在指定窗口显示法定刑；当点击“法定刑”时，系统自动进入第二主屏幕。现以下列屏幕为例，展示罪名、罪行与法定刑三者之间不可分割的必然联系以及集合罪名的“罪刑阶梯示意图形”。界面如下：

① 参见本书附表2. 法定刑与罪行配置一览表。

第一主屏幕：检索量刑罪名、罪行与法定刑，展示本罪“罪刑阶梯示意图形”

<table>
<tr><td colspan="21">查询并确认本案拟量刑罪名、罪行及其法定刑，有下列两种方法：</td></tr>
<tr><td colspan="11">(一)按刑法分则目录检索量刑罪名</td><td colspan="10">(二)按罪名主题词检索量刑罪名</td></tr>
<tr><td>罪名</td><td colspan="18">例如，集资诈骗罪[C-x19、D-x12、E-x06、F-x02、H-x19、I-x12、J-x06]</td><td colspan="2">确定</td></tr>
<tr><td>罪行</td><td colspan="18">假定：最重罪</td><td colspan="2">确定</td></tr>
<tr><td>法定刑</td><td colspan="18">第 2 号法定刑：“处无期徒刑或者死刑”</td><td colspan="2">确定</td></tr>
<tr><td colspan="21">本罪名“罪刑阶梯”示意图</td></tr>
<tr><td rowspan="2">本罪名下辖量刑罪行</td><td>单处</td><td rowspan="2">管制</td><td rowspan="2">拘役</td><td colspan="15">有期徒刑</td><td rowspan="2">无期徒刑</td><td rowspan="2">死刑</td></tr>
<tr><td>附加刑</td><td>6个月</td><td>2年</td><td>3年</td><td>4年</td><td>5年</td><td>6年</td><td>7年</td><td>8年</td><td>9年</td><td>10年</td><td>11年</td><td>12年</td><td>13年</td><td>14年</td><td>15年</td></tr>
<tr><td>最重罪</td><td></td><td></td><td></td><td></td><td></td><td></td><td></td><td></td><td></td><td></td><td></td><td></td><td></td><td></td><td></td><td></td><td></td><td></td><td></td><td></td></tr>
<tr><td>更重罪</td><td></td><td></td><td></td><td></td><td></td><td></td><td></td><td></td><td></td><td></td><td></td><td></td><td></td><td></td><td></td><td></td><td></td><td></td><td></td><td></td></tr>
<tr><td>重　罪</td><td></td><td></td><td></td><td></td><td></td><td></td><td></td><td></td><td></td><td></td><td></td><td></td><td></td><td></td><td></td><td></td><td></td><td></td><td></td><td></td></tr>
<tr><td>基本罪</td><td></td><td></td><td></td><td></td><td></td><td></td><td></td><td></td><td></td><td></td><td></td><td></td><td></td><td></td><td></td><td></td><td></td><td></td><td></td><td></td></tr>
<tr><td>轻　罪</td><td></td><td></td><td></td><td></td><td></td><td></td><td></td><td></td><td></td><td></td><td></td><td></td><td></td><td></td><td></td><td></td><td></td><td></td><td></td><td></td></tr>
<tr><td>最轻罪</td><td></td><td></td><td></td><td></td><td></td><td></td><td></td><td></td><td></td><td></td><td></td><td></td><td></td><td></td><td></td><td></td><td></td><td></td><td></td><td></td></tr>
<tr><td colspan="21">单位犯罪，对单位判处罚金，并对其直接负责的主管人员和其他直接责任人员另外规定法定刑</td></tr>
<tr><td>更重罪</td><td></td><td></td><td></td><td></td><td></td><td></td><td></td><td></td><td></td><td></td><td></td><td></td><td></td><td></td><td></td><td></td><td></td><td></td><td></td><td></td></tr>
<tr><td>重　罪</td><td></td><td></td><td></td><td></td><td></td><td></td><td></td><td></td><td></td><td></td><td></td><td></td><td></td><td></td><td></td><td></td><td></td><td></td><td></td><td></td></tr>
<tr><td>基本罪</td><td></td><td></td><td></td><td></td><td></td><td></td><td></td><td></td><td></td><td></td><td></td><td></td><td></td><td></td><td></td><td></td><td></td><td></td><td></td><td></td></tr>
<tr><td>参考资料</td><td colspan="12">1. 查询《本量刑罪名、罪行与法定刑简释》</td><td colspan="8">2. 查询《创新性量刑理论与量刑方法》</td></tr>
</table>

再以下列屏幕为例，展示转换为量刑标尺的第 4 号法定刑：

第二主屏幕：量刑标尺的基本内容及示意图形

<table>
<tr><td colspan="2">（一）本案件量刑罪名、罪行及其法定刑</td></tr>
<tr><td>罪 名</td><td>例如，故意伤害罪［C-x28、D-x13、E-x04］</td></tr>
<tr><td>罪 行</td><td>假定：更重罪</td></tr>
<tr><td>法定刑</td><td>第 4 号法定刑：“处 10 年以上有期徒刑、无期徒刑或者死刑”</td></tr>
<tr><td colspan="2">将法定刑转换为宽窄各异、排列有序、刻度分明的量刑标尺，是实现量刑公正与精准的科学方法。</td></tr>
<tr><td colspan="2">（二）本案量刑标尺的基本内容（点击显示/点击退出）</td></tr>
<tr><td colspan="2">1. 第 4 号量刑标尺为“处 10 年以上有期徒刑、无期徒刑或者死刑”，适用于 34 种罪行。其中，处 10 年以上有期徒刑为 10～15 年＝5 年即 60 个月，无期徒刑虚拟为 15～26 年＝11 年即 132 个月，死刑虚拟为徒刑 26～37 年＝11 年即 132 个月，幅度刑罚总量共 27 年即 324 个月。先将法定刑平均划分为 200 个刻度，每刻度＝1.62，简称刻度月，是衡量犯罪人罪责程度的一般标准；再将法定刑划分为等间距的两个量刑空间，其“中间线”是从重处罚与从轻处罚的正负起点，是量刑公正的生命线。
2. 本量刑标尺有减轻处罚空间，减轻幅度为 10～5 年＝5 年即 60 个月，除以刻度月 1.62，减轻处罚空间为 37 个刻度。
3. 本量刑标尺总宽度为 237 个刻度＝法定刑空间 200 个刻度+减轻处罚空间 37 个刻度。</td></tr>
</table>

<table>
<tr><td colspan="5">（三）本案量刑标尺（第 4 号法定刑）示意图形
（主刑幅度刑罚总量 324 个月÷法定刑 200 个刻度＝刻度月 1.62）</td></tr>
<tr><td>减轻处罚空间</td><td colspan="2">从轻处罚空间</td><td colspan="2">从重处罚空间</td></tr>
<tr><td>处 10～5 年</td><td>处 10～15 年</td><td colspan="2">处无期徒刑</td><td>处死刑</td></tr>
<tr><td>60 个月</td><td>60 个月</td><td>102 个月</td><td>30 个月</td><td>132 个月</td></tr>
<tr><td>占 37 个刻度</td><td colspan="2">徒刑和虚拟徒刑 162 个月＝13.5 年</td><td colspan="2">虚拟徒刑 162 个月＝13.5 年</td></tr>
<tr><td rowspan="2">←再倒数37个刻度
＝减轻处罚底线</td><td>占 37 个刻度</td><td>占 63 个刻度</td><td>占19个刻度</td><td>占 81 个刻度</td></tr>
<tr><td colspan="2">← 倒数第 100～1 个刻度</td><td colspan="2">正数第 101～200 个刻度 →</td></tr>
<tr><td colspan="5">（法定刑中间线刑罚量为 13 年 6 个月）↑（未加起刑期 10 年）</td></tr>
</table>

本系统已经将刑法规定的37档法定刑转换为刻度分明的量刑标尺。使用这种量刑标尺，只要输入犯罪人的量刑情节理性评价积分，便能对一切主刑和单处罚金或者单处限期剥夺政治权利实现量刑精确制导。

二、量刑情节检索系统

定罪情节决定刑罚适用的轻重范围,① 量刑情节决定刑罚适用的具体程度。在正确定罪并找准法定刑的前提下，犯罪人具有的量刑情节的性质、功能、数量多寡以及对各自所体现的社会危害程度或者人身危险程度逐一进行的理性评价，既是揭示特定犯罪人罪责轻重程度的科学方法，又是对其处罚轻重的唯一根据。建立起一个分门别类、相对完备、比较规范的量刑情节体系，不遗漏犯罪人具有的量刑情节，不随意添加犯罪人没有的情节，是实现量刑公正的前提和保障。

根据现行刑法、司法解释以及刑法理论对于司法实践经验的概括，目前可供适用的量刑情节，可按其功能划分为如下五类(共480种)：(一)从重处罚情节(112种)；(二)从轻处罚情节(48种)；(三)多功能从宽处罚情节(63种)；(四)单功能从宽处罚情节(22种)；(五)转化从重处罚情节(235种)。每类量刑情节都要依次“地毯式”搜索一遍，目的是防止遗漏犯罪人具有的任何一种量刑情节。搜索发现的犯罪人具有的量刑情节，应当即时登记入“犯罪人量刑情节登记表”，待全部搜索登记完毕后，再逐一进行理性评价，并用一定“积分”来表达它们所体现的罪责程度，从而计算出各自的“整体积分”量，最后“整合”为一种或轻或重的“积分”，并按“1∶1”与量刑空间刻度相对应，最后计算出犯罪人应当判处的刑罚。因此，“量刑情节检索系统”是实现量刑公正至关重要的步骤，界面如下：

---

① 如果犯罪人具有减轻处罚情节的，应当根据《刑法》第63条第1款规定，在法定刑以下扩展刑罚的适用范围。

第三主屏幕："量刑情节检索系统"

<table>
<tr><td colspan="5">"量刑情节检索系统"下辖如下五个子系统，请逐一选择适用：</td></tr>
<tr><td>1. 从重处罚情节检索系统（共112种）</td><td>2. 从轻处罚情节检索系统（共48种）</td><td>3. 多功能从宽处罚情节检索系统（共63种）</td><td>4. 单功能从宽处罚情节检索系统（共22种）</td><td>5. 转化从重处罚情节检索系统（共235种）</td></tr>
<tr><td colspan="5">当前量刑情节检索范围是：从重处罚情节(或者从轻处罚情节等，点击切换)</td></tr>
<tr><td colspan="5">【提示】请用"地毯式"搜索方法，在本类量刑情节菜单中，搜寻犯罪人具有的量刑情节，切勿遗漏和错选。</td></tr>
<tr><td>量刑情节菜单</td><td colspan="4">(下拉式菜单)</td></tr>
<tr><td>本情节的来源和根据</td><td colspan="4"></td></tr>
<tr><td colspan="4">【提示】请将犯罪人具有的本量刑情节"名称"或"主要内容"以及"处罚功能"，逐次编号自动写入"犯罪人量刑情节登记表"的相应栏目中：</td><td>确定</td></tr>
</table>

犯罪人具有的量刑情节登记完毕后，按系统提示，显示"犯罪人量刑情节登记表"，其任务有三：一是登记犯罪人具有的全部量刑情节，核实无误后提供打印件。二是根据该打印件登记的不同量刑情节，分别应用"从重"、"从轻"或者"减轻"处罚情节理性评价模型，对犯罪人具有的这些量刑情节逐个进行理性评价，并将它们的理性评价"积分"逐项填写进相应表格之中。三是根据多个量刑情节的"整体积分"，经过"同向相加"和"逆向相减"计算，整合为一种或重或轻的积分，但是必须遵守刑法第62条和第63条关于限制从重、限制从轻和限制减轻的规定。在一罪多情节的场合，犯罪人具有的量刑情节积分，要么是从重积分，要么是从轻积分，要么是减轻积分或者免除处罚，不可能数者兼而有之，但是这里要注意两个问题：

首先，在刑法和司法解释规定的63种多功能从宽处罚量刑情节中，选择从轻功能的有41种，选择减轻功能的有53种，对于这些量刑情节的理性评价，应当分两步走，第一步是确定处罚功能，第二步才是根据选定的处罚功能，运用相应的量刑情节评价模型对其进行理性评价。其他选择性从宽处罚功能，刑法和司法解释怎么规定就怎么执行；但是选择免除处罚功能的，如果犯罪人具有从重处罚情节，可以按 101 分与之等量抵消，从而整合为或轻或重的量刑情节积分。

第四主屏幕：犯罪人量刑情节登记表

<table>
<tr><td colspan="9">犯罪人量刑情节登记表</td></tr>
<tr><td colspan="2">犯罪人姓名</td><td>所犯罪行</td><td colspan="2"></td><td colspan="2">案 号</td><td colspan="2"></td></tr>
<tr><td rowspan="2">量刑情节编号</td><td rowspan="2">犯罪人具有的量刑情节名称
或者主要内容</td><td rowspan="2">量刑情节功能</td><td rowspan="2">重要程度积分</td><td rowspan="2">表现好坏积分</td><td colspan="4">单个情节整体积分</td></tr>
<tr><td>从重积分</td><td>从轻积分</td><td>减轻积分</td><td>免除处罚</td></tr>
<tr><td>1</td><td></td><td></td><td></td><td></td><td></td><td></td><td></td><td></td></tr>
<tr><td>2</td><td></td><td></td><td></td><td></td><td></td><td></td><td></td><td></td></tr>
<tr><td>3</td><td></td><td></td><td></td><td></td><td></td><td></td><td></td><td></td></tr>
<tr><td>4</td><td></td><td></td><td></td><td></td><td></td><td></td><td></td><td></td></tr>
<tr><td>5</td><td></td><td></td><td></td><td></td><td></td><td></td><td></td><td></td></tr>
<tr><td colspan="2" rowspan="2">一案多情节经过“同向相加”和“逆向相减”的计算，所得出的或轻或重的“整合积分”：</td><td colspan="3">1. 法定刑有减轻处罚空间的：</td><td></td><td>无</td><td></td><td></td></tr>
<tr><td colspan="3">2. 法定刑无减轻处罚空间的：</td><td></td><td></td><td>无</td><td></td></tr>
</table>

其次，在刑法和司法解释规定的22种单功能从宽处罚情节中，除两个减轻处罚情节需要进行理性评价外，其余20种情节的从宽处罚功能，内容均是单一的和确定的，它们是：不追究刑事责任情节、免予刑事处罚情节、不判处死刑的情节、一般不判处死刑情节、适用死缓情节和不判处无期徒刑情节，犯罪人具有其中某种情节的，法律和司法解释怎么规定就怎么执行，不再有评价的余地。

三、量刑情节理性评价积分系统

在目前可供适用的480种量刑情节中，除347种从重处罚情节，48种从轻处罚情节（不含41种选处的从轻处罚情节）和2种减轻处罚情节（不含53种选处的减轻处罚情节）外，其余的均是不需要再作理性评价的量刑情节。因此，本“量刑专家系统”只具有“从重处罚情节理性评价模型”、“从轻处罚情节理性评价模型”和“减轻处罚情节理性评价模型”三个子系统，界面如下：

第五主屏幕：从重与从轻处罚情节理性评价积分系统

<table>
<tr><td colspan="8">从重或者从轻处罚情节理性评价模型</td></tr>
<tr><td colspan="2">情节名称或者主要内容</td><td colspan="6"></td></tr>
<tr><td colspan="2">情节功能</td><td colspan="3">从重处罚情节/从轻处罚情节（点击切换）</td><td>情节编号</td><td colspan="2"></td></tr>
<tr><td colspan="2">情节的来源和根据等</td><td colspan="6">（本情节的来源、适用范围、法律效力、适用说明、评价建议和注意事项等。）</td></tr>
<tr><td rowspan="3">第一层面评价</td><td colspan="7">请根据本量刑情节的“性质”，在下列第一层次的五级选择评价模型中确定一种“重要性程度”，再在第二层次的积分范围内选择一个适当的分值：</td></tr>
<tr><td>第一层次</td><td>特别次要情节</td><td>比较次要情节</td><td>一般重要情节</td><td>比较重要情节</td><td>特别重要情节</td><td rowspan="2">确定</td></tr>
<tr><td>第二层次</td><td>积1~5分</td><td>积6~10分</td><td>积11~15分</td><td>积16~20分</td><td>积21~25分</td></tr>
</table>

续表

<table>
<tr><td rowspan="3">第二层面评价</td><td colspan="7">请根据本情节在案件中的“表现”，在下列第一层次的五级选择评价模型中确定一种“具体表现”，再在第二层次的积分范围内选择一个适当的分值：</td></tr>
<tr><td>第一层次</td><td>表现略坏/表现略好</td><td>表现较坏/表现较好</td><td>表现一般坏/表现一般好</td><td>表现很坏/表现很好</td><td>表现最坏/表现最好</td><td>确定</td></tr>
<tr><td>第二层次</td><td>积 1~5 分</td><td>积 6~10 分</td><td>积 11~15 分</td><td>积 16~20 分</td><td>积 21~25 分</td><td></td></tr>
<tr><td colspan="6">将两个层面两个层次的五级评价所得积分相加，便是本情节理性评价的整体积分：</td><td></td><td>确定</td></tr>
<tr><td colspan="2">评价的理由和根据</td><td colspan="6"></td></tr>
<tr><td colspan="6">【提示】请将本情节的单项评价积分和整体积分输入“犯罪人量刑情节登记表”</td><td colspan="2">确　　定</td></tr>
</table>

在上述界面中，第一层面的五等五级评价是从重与从轻处罚情节共用的，凡是这两种情节都要评价其在量刑中的“重要性程度”；第二层面的五等五级评价可以切换，表现“坏”的为从重处罚情节，表现“好”的为从轻处罚情节。

减轻处罚情节能否像从重与从轻处罚情节那样，采取两个层面两个层次的五等五级评价呢？回答是否定的，因为：(1)在具有减轻处罚空间的24档法定刑中，它们的减轻空间宽窄互不相同，其理性评价积分不可适用同一标准；(2)减轻处罚情节是在法定刑以下适用刑罚，其性质决定在量刑情节中属于“特别重要情节”，没有另行评价的余地，所以只须评价其在案件中的“具体表现”，便能达到量刑公正的目的。减轻处罚情节理性评价模型界面如下：

第六主屏幕：减轻处罚情节理性评价积分系统

<table>
<tr><td colspan="4">减轻处罚情节理性评价系统</td></tr>
<tr><td>情节名称或者主要内容</td><td colspan="3"></td></tr>
<tr><td>情节功能</td><td>减轻处罚情节</td><td>情节编号</td><td></td></tr>
<tr><td>减轻处罚情节的来源和根据</td><td colspan="3">（本情节的来源、适用范围、法律效力、适用说明、评价建议和注意事项等。）</td></tr>
<tr><td>五级选择评价模型</td><td>第一层次五级评价</td><td>第二层次五级评价（请输入本罪行减轻处罚空间刻度______）</td><td>确定减轻百分比（X%）</td></tr>
<tr><td>一　级</td><td>表现略好的</td><td>减轻4%、8%、12%、16%或者20%</td><td>%</td></tr>
<tr><td>二　级</td><td>表现较好的</td><td>减轻24%、28%、32%、36%或者40%</td><td>%</td></tr>
<tr><td>三　级</td><td>表现一般好的</td><td>减轻44%、48%、52%、56%或者60%</td><td>%</td></tr>
<tr><td>四　级</td><td>表现很好的</td><td>减轻64%、68%、72%、76%或者80%</td><td>%</td></tr>
<tr><td>五　级</td><td>表现最好的</td><td>减轻84%、88%、92%、96%或者100%</td><td>%</td></tr>
<tr><td>评价的理由和根据</td><td colspan="3"></td></tr>
<tr><td colspan="2">本减轻处罚情节的整体积分=</td><td colspan="2">（减轻处罚空间刻度×减轻评价X%+从轻空间100个刻度）</td></tr>
<tr><td colspan="3">【提示】请将犯罪人减轻处罚情节的“整体积分”输入“犯罪人量刑情节登记表”：</td><td>确　定</td></tr>
</table>

四、量刑建议系统（刑罚适用的最佳适度）

量刑专家系统是一个覆盖“刑罚适用”全领域的庞大而复杂的人工智能系统，它包括如下10个量刑精确制导系统：（1）“主刑（人身刑）”精确制导系统；（2）“单处罚金”精确制导系统；（3）“单处剥夺政治权利”精确制导系统；（4）“限额罚金刑”精确制导系统；（5）“无限额罚金刑”精确制导系统；（6）“并处剥夺政治权利”精确制导系统；（7）“并处没收财产”精确制导系统；（8）“灾祸减免罚金”精确制导系统；(9)“缓刑”精确制导系统；(10)“有期自由刑数罪并罚决定执行刑期”精确制导系统。特定罪行运行这些系统得出的量刑结论，均能说明其理由和根据，提供计算的方法，从而证明量刑的最佳适度只能是这种刑罚或刑期，而不能是别的刑罚或刑期。

现举第4号和第28号量刑标尺为例，将“主刑(人身刑)”精确制导系统的人机对话界面展现如下：

第七主屏幕：“主刑(人身刑)”精确制导系统(例一)

<table>
<tr><td colspan="12">主刑(人身刑)精确制导系统</td></tr>
<tr><td colspan="12">(一)本罪行适用第4号量刑标尺
(主刑幅度刑罚总量324个月÷法定刑200个刻度=刻度刑罚量1.62个月)</td></tr>
<tr><td>37</td><td>20</td><td>20</td><td>40</td><td>60</td><td>80</td><td>100</td><td>120</td><td>140</td><td>160</td><td>180</td><td>200</td></tr>
<tr><td colspan="2">减轻处罚空间</td><td colspan="5">从轻处罚空间</td><td colspan="5">从重处罚空间</td></tr>
<tr><td colspan="2">处10~5年</td><td colspan="2">处10~15年</td><td colspan="4">处无期徒刑</td><td colspan="4">处死刑</td></tr>
<tr><td colspan="2">60个月</td><td colspan="2">60个月</td><td colspan="3">102个月</td><td>30个月</td><td colspan="4">132个月</td></tr>
<tr><td colspan="2">占37个刻度</td><td colspan="5">徒刑和虚拟徒刑162个月=13.5年</td><td colspan="5">虚拟徒刑162个月=13.5年</td></tr>
<tr><td colspan="2" rowspan="2">←再倒数37个刻度=减轻处罚底线</td><td colspan="2">占37个刻度</td><td colspan="3">占63个刻度</td><td>占19个刻度</td><td colspan="4">占81个刻度</td></tr>
<tr><td colspan="5">←倒数第100~1个刻度</td><td colspan="5">正数第101~200个刻度→</td></tr>
<tr><td colspan="12">(法定刑中间线刑罚量为13年6个月)↑(未加起刑期10年)</td></tr>
<tr><td colspan="12">(二)主刑适用的最佳适度</td></tr>
<tr><td colspan="12">将犯罪人仅有的单个量刑情节“整体积分”或者多个量刑情节“整合积分”，与量刑标尺空间刻度按“1∶1”相对应，是求解主刑适用最佳适度的科学方法。</td></tr>
<tr><td colspan="5">请输入犯罪人具有的量刑情节积分</td><td colspan="2"></td><td colspan="5">显示主刑适用的最佳适度</td></tr>
<tr><td colspan="5">1. 请输入“从重处罚情节”积分：</td><td></td><td>确 定</td><td colspan="5"></td></tr>
<tr><td colspan="5">2. 请输入“从轻处罚情节”积分：</td><td></td><td>确 定</td><td colspan="5"></td></tr>
<tr><td colspan="5">3. 请输入“减轻处罚情节”积分：</td><td></td><td>确 定</td><td colspan="5"></td></tr>
<tr><td colspan="9">【提示】请将主刑适用的最佳适度自动填写进“量刑建议”系统</td><td colspan="3">确 定</td></tr>
</table>

第八主屏幕："主刑(人身刑)"精确制导系统(例二)

<table>
<tr><td colspan="20">主刑(人身刑)精确制导系统(例二)</td></tr>
<tr><td colspan="20">本罪行适用第28号量刑标尺
(主刑幅度刑罚总量46个月÷法定刑200个刻度=刻度月0.23)</td></tr>
<tr><td>10</td><td>20</td><td>30</td><td>40</td><td>50</td><td>60</td><td>70</td><td>80</td><td>90</td><td>100</td><td>110</td><td>120</td><td>130</td><td>140</td><td>150</td><td>160</td><td>170</td><td>180</td><td>190</td><td>200</td></tr>
<tr><td colspan="10">从轻处罚空间</td><td colspan="10">从重处罚空间</td></tr>
<tr><td colspan="4">处管制</td><td colspan="3">处拘役</td><td colspan="13">处3年以下有期徒刑</td></tr>
<tr><td colspan="4">11个月</td><td colspan="3">5个月</td><td colspan="3">6~13=7个月</td><td colspan="10">13个月~3年=23个月</td></tr>
<tr><td colspan="4">占48个刻度</td><td colspan="3">占22个刻度</td><td colspan="3">占30个刻度</td><td colspan="10" rowspan="2">占100个刻度</td></tr>
<tr><td colspan="10">共占100个刻度</td></tr>
<tr><td colspan="20">(法定刑中间线刑罚量为有期徒刑1年11个月)↑(未加起刑期6个月)</td></tr>
<tr><td colspan="20">(二)主刑适用的最佳适度</td></tr>
<tr><td colspan="20">将犯罪人仅有的单个量刑情节"整体积分"或者多个量刑情节的"整合积分"，与量刑标尺空间刻度按"1∶1"相对应，是求解主刑适用最佳适度的科学方法。</td></tr>
<tr><td colspan="8">请输入犯罪人具有的量刑情节积分</td><td colspan="3"></td><td colspan="9">显示主刑适用的最佳适度</td></tr>
<tr><td colspan="8">1. 请输入"从重处罚情节"积分:</td><td colspan="2"></td><td>确 定</td><td colspan="9"></td></tr>
<tr><td colspan="8">2. 请输入"从轻处罚情节"积分:</td><td colspan="2"></td><td>确 定</td><td colspan="9"></td></tr>
<tr><td colspan="14">【提示】请将主刑适用的最佳适度自动填写进"量刑建议"系统</td><td colspan="6">确 定</td></tr>
</table>

由于篇幅有限，恕不一一列举，谨将《本罪行量刑建议系统》显示如下：

第九主屏幕：本罪行量刑建议系统

本罪行量刑建议系统(仅显示犯罪人具有的宣告刑)

罪犯姓名：________，性别：____，年龄：____，民族：____，国籍：_____
案件名称：______________________________案号：______________
构成罪行：××××××罪(基本罪、重罪、更重罪、最重罪或者轻罪、更轻罪)
法 定 刑：____

根据犯罪人所犯罪行和承担的刑事责任程度，提出量刑建议如下：

建议判处管制：______________年______个月；
建议判处拘役：______________月；缓刑______个月；
建议判处有期徒刑：____________年____个月；缓刑______年____个月；
建议在缓刑考验期限内禁止犯罪人：(从事特定活动；进入特定区域、场所等)。

建议判处：无期徒刑；
建议判处：死刑缓期二年执行；
建议判处：死刑立即执行；

建议单处限额罚金￥：______________万元；
建议并处限额罚金￥：______________万元；
建议单处无限额罚金额X%，折合￥：______________万元；
建议并处无限额罚金额X%，折合￥：______________万元；
因灾祸决定减免已判罚金的X%，折合￥：______________万元；

建议单处剥夺政治权利：______________年______个月；
建议附加剥夺政治权利：______________年______个月；

建议并处没收犯罪人个人全部财产的______%，折合￥______________元；
建议免予刑罚处罚并且予以训诫；(或者)责令具结悔过(赔礼道歉、赔偿损失)；
建议由主管部门予以行政处罚或者行政处分。

以上量刑建议，纯属学理解释，仅供办案参考，敬请批评指正。

《量刑专家系统》 年 月 日制

操作人员		职务或身份	

如果说实现量刑精确制导是一道世界难题的话，那么人文社会科学与人工智能技术的结合更是难题中的难题，因为知识工程师(计算机软件编程人员)一般不懂刑法，领域专家(刑法学者)一般也不懂计算机软件编程。那么，怎样解决这道难题呢？笔者经过20多年的艰苦探索，终于开辟出一条将量刑科学与计算机信息技术成功地结合起来的康庄大道，它就是：由领域专家根据现行刑法、相关法律法规和相关司法解释以及创新性量刑理论与量刑方法，按照系统论、信息论和控制论的要求，用现代汉语撰写一部“量刑专家系统《逻辑流程》”，阐明该系统是一个庞大而复杂的多层次系统，具有纵横交叉的复杂结构和各种不同的功能。

首先，要提供各子孙系统的横向结构和纵向层次的菜单体系和独一无二的数据编码，预留好上下左右链接的畅通“接口”以及相关文档和知识体系的链接。

其次，要提供若干人机对话框图，显示各子孙系统之间的逻辑联系、数量关系、计算公式和计算参数，提示各自适用前提和注意事项，以便信息输入与输出的后台运算，实现信息控制与信息交流，使各系统运行自如。

再次，要提供适用于全部罪行的刻度分明的“量刑标尺”和量刑情节理性评价的“数学模型”，使罪责程度与刑罚程度按“1∶1”相对应，以便科学计算量刑的最佳适度。

最后，在显示特定罪行“量刑结论”的同时，自动提供相应的文档支撑，自动记录各子孙系统的人机对话过程和量刑情节理性评价积分，阐明对犯罪人的量刑结论是根据什么量刑理论和量刑方法自动产生的。在量刑“罪行”、“量刑标尺”和量刑情节理性评价积分等完全相同的前提下，所产生的量刑结果都是同一的，从而实现量刑结果的可预测性和重复验证性。

领域专家撰写的“量刑专家系统《逻辑流程》”，知识工程师在用计算机语言编写软件模块之前，不一定理解每个模块所要达到的目的和将要实现的功能，但是只要他严格按照《逻辑流程》的要求，应用计算机程序语言编写的每个软件模块，通过局部运行并经领域专家审查确认无误，最后将全部模块进行系统综合和系统链接起来时，知识工程师才恍然大悟："啊，原来这是一个庞大而复杂的人工智能系统!"这是《逻辑流程》最基本的要求。任何人文社会科学的研究成果，要想同计算机信息技术结合起来，应用人工智能处理该学科的相关问题，必须有一部由领域专家用现代汉语撰写的该研究成果的《逻辑流程》，否则两个学科很难结合起来。

第二编

量刑标尺体系及其适用罪行

引言　量刑标尺是实现量刑公正的基本前提

我国现行刑罚共规定了37档法定刑，分别适用于878种罪行。通过“虚拟徒刑”将法定刑依法转换为刻度分明的量刑标尺，以法定刑中间线为从重与从宽处罚的正负起点，科学计算刑罚程度，求解量刑的最佳适度，是实现量刑公正的基本前提。法定刑是罪行轻重的概括表达方式。法定刑轻重评价标准为：下限相同的，以上限重者为重；上限相同的，以下限重者为重；上下限不相同的，以上限重者为重；上下限均相同的，以并处附加刑者为重；在并处的附加刑中，并处没收财产的重于并处剥夺政治权利，并处剥夺政治权利的重于并处罚金，“应当”并处附加刑的重于“可以”并处附加刑，并处多种附加刑的重于并处一种附加刑。在并处的限额罚金刑中，应以其幅度(额度、倍数或者比率)上限重者为重。根据法定刑档次的上下限度不同，可以将现行刑法规定的全部罪行从宏观上划分为两大部类和六小部类，分述如下。①

一、第一部类：宏观上的重罪

宏观上的重罪，是指法定最低刑为一定有期徒刑“以上”，最高刑为死刑、无期徒刑或者一定有期徒刑“以下”的罪行以及法定刑为“处死刑”或者“可以判处死刑”的罪行。此类法定刑共17个档次，适用于476种罪行，约占全部罪行的54%；还可以再划分为极重罪行、重大罪行和严重罪行三小部类，列举如下：

---

① 参见本书附表2：法定刑与罪行配置一览表。

（一）极重罪行

亦称罪行极重，指法定刑为“处死刑”或者“可以判处死刑”以及法定最高刑为死刑，最低刑分别为10年、15年有期徒刑或者无期徒刑的罪行。此类法定刑共有4个档次，适用于55种罪行，约占全部罪行的6%。它们是：

1.“处死刑或者可以判处死刑”，适用于13种罪行；

2.“处无期徒刑或者死刑”，适用于7种罪行；

3.“处15年有期徒刑、无期徒刑或者死刑”，适用于1种罪行；

4.“处10年以上有期徒刑、无期徒刑或者死刑”，适用于34种罪行。

（二）重大罪行

亦称罪行重大，指法定最高刑分别为无期徒刑或者15年有期徒刑，最低刑分别为15年、10年、7年或者5年有期徒刑的罪行。此类法定刑共有7个档次，适用于137种罪行，约占全部罪行的16%。它们是：

5.“处15年有期徒刑或者无期徒刑”，适用于1种罪行；

6.“处10年以上有期徒刑或者无期徒刑”，适用于57种罪行；

7.“处7年以上有期徒刑或者无期徒刑”，适用于4种罪行；

8.“处5年以上有期徒刑或者无期徒刑”，适用于2种罪行；

9.“处10年以上有期徒刑”，适用于12种罪行；

10.“处7年以上有期徒刑”，适用于16种罪行；

11.“处5年以上有期徒刑”，适用于45种罪行。

（三）严重罪行

亦称罪行严重，指法定最高刑分别为10年或者7年有期徒刑，最低刑分别为5年、3年、2年或者1年有期徒刑的罪行。此类法定刑共有6个档次，适用于284种罪行，约占全部罪行的32%。它们是：

12.“处5年以上10年以下有期徒刑”，适用于62种罪行；

13.“处3年以上10年以下有期徒刑”，适用于98种罪行；

14.“处3年以上7年以下有期徒刑”，适用于110种罪行；

15.“处 2 年以上 7 年以下有期徒刑”，适用于 11 种罪行；

16.“处 1 年以上 10 年以下有期徒刑”，适用于 2 种罪行。

17.“处 2 年以上 5 年以下有期徒刑”，适用于 1 种罪行。

二、第二部类：宏观上的轻罪

宏观上的轻罪，指法定最高刑为一定有期徒刑“以下”，最低刑为有期徒刑 6 个月“以上”或者拘役、管制、剥夺政治权利或者罚金的罪行以及法定刑为“处拘役”的罪行。此类法定刑共 20 个档次，适用于 402 种罪行，约占全部罪行的 46%。还可以再划分为较轻罪行、次轻罪行和轻微罪行三小部类，列举如下：

(一)较轻罪行

亦称罪行较轻，指法定最高刑为 5 年有期徒刑，最低刑分别为有期徒刑 2 年、6 个月、拘役、管制或者单处罚金以及单处剥夺政治权利 1 年以上 5 年以下的罪行。此类法定刑共有 6 个档次，适用于 131 种罪行，约占全部罪行的 15%。它们是：

18.“处 5 年以下有期徒刑(6 个月以上)”，适用于 18 种罪行；

19.“处 5 年以下有期徒刑或者拘役”，适用于 72 种罪行；

20.“处 5 年以下有期徒刑、拘役或者管制”，适用于 12 种罪行；

21.“处 5 年以下有期徒刑、拘役或者罚金”，适用于 18 种罪行；

22.“处 5 年以下有期徒刑、拘役、管制或剥夺政治权利”，适用于 10 种罪行；

23.“处 5 年以下有期徒刑或者罚金”，适用于 1 种罪行。

(二)次轻罪行

亦称罪行次轻，指法定最高刑为有期徒刑 3 年，最低刑分别为有期徒刑 6 个月，拘役、管制、单处罚金或者单处剥夺政治权利 1 年以上 5 年以下的罪行。此类法定刑共有 7 个档次，适用于 244 种罪行，约占全部罪行的 28%。它们是：

24.“处 3 年以下有期徒刑(6 个月以上)”，适用于 7 种罪行；

25.“处 3 年以下有期徒刑或者拘役”，适用于 103 种罪行；

26.“处 3 年以下有期徒刑、拘役或者剥夺政治权利”，适用于 1

种罪行；

27.“处3年以下有期徒刑、拘役或者罚金”，适用于45种罪行；

28.“处3年以下有期徒刑、拘役或者管制”，适用于41种罪行；

29.“处3年以下有期徒刑、拘役、管制或剥夺政治权利”，适用于23种罪行；

30.“处3年以下有期徒刑、拘役、管制或者罚金”，适用于24种罪行。

(三)轻微罪行

亦称罪行轻微，指法定最高刑分别为有期徒刑2年、1年或者拘役6个月，最低刑分别为拘役1个月或者管制3个月的罪行。此类法定刑共有7个档次，适用于27种罪行，约占全部罪行的3%。它们是：

31.“处2年以下有期徒刑或者拘役”，适用于12种罪行；

32.“处2年以下有期徒刑、拘役或者管制”，适用于5种罪行；

33.“处2年以下有期徒刑、拘役或者罚金”，适用于4种罪行；

34.“处2年以下有期徒刑、拘役、管制或者罚金”，适用于3种罪行；

35.“处1年以下有期徒刑或者拘役”，适用于1种罪行；

36.“处1年以下有期徒刑、拘役或者管制”，适用于1种罪行；

37.“处拘役”，适用于1种罪行。

迄今为止，笔者尚未看到哪位人士将现行刑法规定的法定刑及其适用罪行作过精确的统计和逐一列举，更没有看到哪位人士将现行刑法规定的37档法定刑依法转换为刻度分明的量刑标尺，因为进行这种统计和列举罪行是相当繁琐和棘手的。要将法定刑依法转换为刻度分明的量刑标尺，必须有一系列的理论创新和方法创新，其中最关键的是将法定刑中的有期徒刑以外的其他主刑虚拟为有期徒刑，根据其是否具有减轻处罚空间，首先将基本法定刑划分为200个刻度，使其从重与从轻处罚空间分别为100个刻度，每刻度体现多少个月(日)的刑罚量，然后再根据法定刑“刻度月(日)”计算出减轻处罚空间的宽度，从而使“中间线”的位置在法定刑中凸显出来，并以“中间线”

为从重与从宽处罚的正负起点，求解处罚轻重的最佳适度。由此可见，应用“虚拟徒刑”的方法将法定刑转换为刻度分明的“量刑标尺”，是实现量刑公正与精准的前提；没有量刑标尺，何以计算犯罪人的罪责程度呢？一种罪行配置一档相应的法定刑是我国刑法关于个罪的立法模式，绝大多数法定刑则可以配置给若干种罪行，至于哪档法定刑配置给哪些罪行，是否并处附加刑，并处什么附加刑，目前尚无这方面的著述。为了使实现量刑公正与精准的创新理论与创新方法覆盖刑法规定的各种罪行，本编拟分为六章37节，将各档“量刑标尺”的基本内容、示意图形、适用罪行等逐一列举，敬请读者不吝赐教。

第一章　极重罪行的量刑标尺及其适用罪行

第一节　第1号量刑标尺："处死刑或者可以判处死刑"

一、本量刑标尺基本内容

1. 第1号量刑标尺为"处死刑(含可以判处死刑)"，适用于13种罪行。先将死刑虚拟为徒刑26~37年=11年即132个月，再将法定刑平均划分为200个刻度，每刻度=0.66个月，简称刻度月，是衡量犯罪人罪责程度的一般标准；最后将法定刑划分为等间距的两个量刑空间，其"中间线"是从重处罚与从轻处罚的正负起点，是量刑公正的生命线。

2. 本量刑标尺有减轻处罚空间，其减轻幅度为无期徒刑，虚拟为15~26年=11年即132个月，除以刻度月0.66，减轻处罚空间为200个刻度。

3. 本量刑标尺总宽度为400个刻度，即法定刑空间200个刻度+减轻处罚空间200个刻度。

二、本量刑标尺示意图形

<table>
<tr><td colspan="20">(三)第1号量刑标尺示意图形(主刑刻度月=0.66)</td></tr>
<tr><td>200</td><td>180</td><td>160</td><td>140</td><td>120</td><td>100</td><td>80</td><td>60</td><td>40</td><td>20</td><td>20</td><td>40</td><td>60</td><td>80</td><td>100</td><td>120</td><td>140</td><td>160</td><td>180</td><td>200</td></tr>
<tr><td colspan="10">减轻处罚空间</td><td colspan="5">从轻处罚空间</td><td colspan="5">从重处罚空间</td></tr>
<tr><td colspan="10">无期徒刑</td><td colspan="10">死刑或者可以判处死刑</td></tr>
<tr><td colspan="10" rowspan="2">无期徒刑虚拟为15~26年
=11年=132个月</td><td colspan="5">一般适用于缓期二年执行</td><td colspan="5">一般适用于立即执行</td></tr>
<tr><td colspan="5">虚拟徒刑26~31.5年
=5.5年=66个月</td><td colspan="5">虚拟徒刑31.5~37年
=5.5年=66个月</td></tr>
<tr><td colspan="10">占200个刻度</td><td colspan="5">占100个刻度</td><td colspan="5">占100个刻度</td></tr>
<tr><td colspan="10">←再倒数200个刻度=减轻处罚底线</td><td colspan="5">←倒数第100~1个刻度</td><td colspan="5">正数第101~200个刻度→</td></tr>
<tr><td colspan="20">(法定刑中间线刑罚量为死刑虚拟徒刑5年6个月处)↑(未加起刑期26年)</td></tr>
</table>

三、本量刑标尺适用罪行及其是否并处附加刑

犯下列13种罪行的，附加剥夺政治权利终身。

(一)只附加剥夺政治权利终身的罪行有4种

★犯刑法第121条规定的"劫持航空器罪"(重罪)，附加剥夺政治权利终身。

★犯刑法第317条规定的"暴动越狱罪"(重罪)，附加剥夺政治权利终身。

★犯刑法第317条规定的"聚众持械劫狱罪"(重罪)，附加剥夺政治权利终身。

★犯刑法第433条规定的"战时造谣惑众罪"(更重罪)，附加剥夺政治权利终身。

(二)附加剥夺政治权利终身，并处没收财产的罪行有9种

★犯刑法第239条规定的"绑架罪"(重罪)，附加剥夺政治权利

终身，并处没收财产。

★犯刑法第 240 条规定的“拐卖妇女、儿童罪”（重罪），附加剥夺政治权利终身，并处没收财产。

★犯刑法第 102、113 条规定的“背叛国家罪”（基本罪），附加剥夺政治权利终身，并处没收财产。

★犯刑法第 103、113 条规定的“分裂国家罪”（重罪），附加剥夺政治权利终身，并处没收财产。

★犯刑法第 104、113 条规定的“武装叛乱、暴乱罪”（重罪），附加剥夺政治权利终身，并处没收财产。

★犯刑法第 107 条规定的“资助危害国家安全犯罪活动罪”（重罪），附加剥夺政治权利终身，并处没收财产。

★犯刑法第 108、113 条规定的“投敌叛变罪”（更重罪），附加剥夺政治权利终身，并处没收财产。

★犯刑法第 110、113 条规定的“间谍罪”（重罪），附加剥夺政治权利终身，并处没收财产。

★犯刑法第 112、113 条规定的“资敌罪”（重罪），附加剥夺政治权利终身，并处没收财产。

第二节　第 2 号量刑标尺：“处无期徒刑或者死刑”

一、本量刑标尺基本内容

1. 第 2 号量刑标尺为“处无期徒刑或者死刑”，适用于 7 种罪行。先将死刑虚拟为徒刑 26~37 年=11 年即 132 个月，无期徒刑虚拟为徒刑 15~26 年=11 年即 132 个月，两者的幅度刑罚总量为 22 年即 264 个月。再将法定刑平均划分为 200 个刻度，每刻度=1.32 个月，简称刻度月，是衡量犯罪人罪责程度的一般标准；最后将法定刑划分为等间距的两个量刑空间，其“中间线”是从重处罚与从轻处罚的正负起点，是量刑公正的生命线。

2. 本量刑标尺有减轻处罚空间，减轻幅度为有期徒刑 15～10 年=5 年即 60 个月，除以刻度月 1.32，其减轻处罚空间为 45 个刻度。

3. 本量刑标尺总宽度为 245 个刻度，即法定刑空间 200 个刻度+减轻处罚空间 45 个刻度。

二、本量刑标尺示意图形

<table>
<tr><td colspan="13">(三)第 2 号量刑标尺示意图形(主刑刻度月＝1.32)</td></tr>
<tr><td>45</td><td>40</td><td>20</td><td>20</td><td>40</td><td>60</td><td>80</td><td>100</td><td>120</td><td>140</td><td>160</td><td>180</td><td>200</td></tr>
<tr><td colspan="3">减轻处罚空间</td><td colspan="5">从轻处罚空间</td><td colspan="5">从重处罚空间</td></tr>
<tr><td colspan="3">15～10 年徒刑</td><td colspan="5">无期徒刑</td><td colspan="5">死刑</td></tr>
<tr><td colspan="3" rowspan="2">幅度刑罚量
为 60 个月</td><td colspan="5">虚拟徒刑 15～26 年＝11 年</td><td colspan="5">虚拟徒刑 26～37 年＝11 年</td></tr>
<tr><td colspan="5">幅度刑罚量＝132 个月</td><td colspan="5">幅度刑罚量＝132 个月</td></tr>
<tr><td colspan="3">占 45 个刻度</td><td colspan="5">占 100 个刻度</td><td colspan="5">占 100 个刻度</td></tr>
<tr><td colspan="3">←再倒数 45 个刻度
＝减轻处罚底线</td><td colspan="5">←倒数第 100～1 个刻度</td><td colspan="5">正数第 101～200 个刻度→</td></tr>
<tr><td colspan="13">(法定刑中间线刑罚量为无期徒刑虚拟徒刑 11 年处)↑(未加起刑期 15 年)</td></tr>
</table>

三、本量刑标尺适用罪行及其是否并处附加刑

本量刑标尺适用于下列 7 种罪行：

(一)只附加剥夺政治权利终身的罪行有 1 种

★犯刑法第 426 条规定的“阻碍执行军事职务罪”(更重罪)，附加剥夺政治权利终身。

(二)附加剥夺政治权利终身，并处没收财产的罪行有 6 种

★犯刑法第 151、157 条规定的“走私武器、弹药罪”(重罪)，附加剥夺政治权利终身，并处没收财产。

★犯刑法第151、157条规定的“走私核材料罪”(重罪)，附加剥夺政治权利终身，并处没收财产。

★犯刑法第151、157条规定的“走私假币罪”(重罪)，附加剥夺政治权利终身，并处没收财产。

★犯刑法第192、199、200条规定的“集资诈骗罪”(最重罪)，附加剥夺政治权利终身，并处没收财产。

★犯刑法第358、361条规定的“组织卖淫罪”(更重罪)，附加剥夺政治权利终身，并处没收财产。

★犯刑法第358、361条规定的“强迫卖淫罪”(更重罪)，附加剥夺政治权利终身，并处没收财产。

第三节　第3号量刑标尺：“处15年有期徒刑、无期徒刑或者死刑”

一、本量刑标尺基本内容

1. 第3号量刑标尺为“处15年有期徒刑、无期徒刑或者死刑”，适用于1种罪行。其“15年有期徒刑”是1个刑罚点，乃从轻处罚的底线，无期徒刑虚拟为徒刑15~26年=11年即132个月，死刑虚拟为徒刑26~37年=11年即132个月，幅度刑罚总量为22年即264个月。先将法定刑平均划分为200个刻度，每刻度=1.32个月，简称刻度月，是衡量犯罪人罪责程度的一般标准；再将法定刑划分为等间距的两个量刑空间，其“中间线”是从重处罚与从轻处罚的正负起点，是量刑公正的生命线。

2. 本量刑标尺有减轻处罚空间，减轻幅度为15~10年=5年即60个月，除以“刻度月”1.32个月，减轻处罚空间=45个刻度。

3. 本量刑标尺总宽度为245个刻度，即法定刑空间200个刻度+减轻处罚空间45个刻度。

二、本量刑标尺示意图形

<table>
<tr><td colspan="13">（三）第 3 号量刑标尺示意图形（主刑刻度月 = 1.32）</td></tr>
<tr><td>45</td><td>40</td><td>20</td><td>20</td><td>40</td><td>60</td><td>80</td><td>100</td><td>120</td><td>140</td><td>160</td><td>180</td><td>200</td></tr>
<tr><td colspan="3">减轻处罚空间</td><td colspan="5">从轻处罚空间</td><td colspan="5">从重处罚空间</td></tr>
<tr><td colspan="3">15～10 年徒刑</td><td colspan="5">15 年有期徒刑、无期徒刑</td><td colspan="5">死刑</td></tr>
<tr><td colspan="3" rowspan="2">幅度刑罚量
为 60 个月</td><td colspan="5">虚拟徒刑 15～26 年 = 11 年</td><td colspan="5">虚拟徒刑 26～37 年 = 11 年</td></tr>
<tr><td colspan="5">幅度刑罚量 = 132 个月</td><td colspan="5">幅度刑罚量 = 132</td></tr>
<tr><td colspan="3">占 45 个刻度</td><td colspan="5">占 100 个刻度</td><td colspan="5">占 100 个刻度</td></tr>
<tr><td colspan="3">←再倒数45个刻度
= 减轻处罚底线</td><td colspan="5">←倒数第 100～1 个刻度</td><td colspan="5">正数第 101～200 个刻度→</td></tr>
<tr><td colspan="13">（法定刑中间线刑罚量为无期徒刑虚拟徒刑 11 年处）↑（未加起刑期 15 年）</td></tr>
</table>

三、本量刑标尺适用罪行及其是否并处附加刑

本量刑标尺只适用于 1 种罪行：

★犯刑法第 347 条规定的"走私、贩卖、运输、制造毒品罪"（最重罪），被判处无期徒刑或者死刑的应当附加剥夺政治权利终身；被判处 15 有期徒刑的可以附加剥夺政治权利 1 年以上 5 年以下，并处没收财产。

第四节　第 4 号量刑标尺："处 10 年以上有期徒刑、无期徒刑或者死刑"

一、本量刑标尺基本内容

1. 第 4 号量刑标尺为"处 10 年以上有期徒刑、无期徒刑或者死刑"，适用于 34 种罪行。其中，处 10 年以上有期徒刑为 10～15 年 = 5

年即60个月，无期徒刑虚拟为15~26年=11年即132个月，死刑虚拟为徒刑26~37年=11年即132个月，幅度刑罚总量共27年即324个月。先将法定刑平均划分为200个刻度，每刻度=1.62，简称刻度月，是衡量犯罪人罪责程度的一般标准；再将法定刑划分为等间距的两个量刑空间，其“中间线”是从重处罚与从轻处罚的正负起点，是量刑公正的生命线。

2. 本量刑标尺有减轻处罚空间，减轻幅度为10~5年=5年即60个月，除以刻度月1.62，减轻处罚空间为37个刻度。

3. 本量刑标尺总宽度为237个刻度=法定刑空间200个刻度+减轻处罚空间37个刻度。

二、本量刑标尺示意图形

<table>
<tr><td colspan="12">（三）第4号量刑标尺示意图形（主刑刻度月=1.62）</td></tr>
<tr><td>37</td><td>20</td><td>20</td><td>40</td><td>60</td><td>80</td><td>100</td><td>120</td><td>140</td><td>160</td><td>180</td><td>200</td></tr>
<tr><td colspan="2">减轻处罚空间</td><td colspan="5">从轻处罚空间</td><td colspan="5">从重处罚空间</td></tr>
<tr><td colspan="2">10~5年徒刑</td><td colspan="2">10~15年徒刑</td><td colspan="4">无期徒刑</td><td colspan="4">死刑</td></tr>
<tr><td colspan="2" rowspan="2">幅度刑罚
量60个月</td><td colspan="2">5年=60个月</td><td colspan="4">虚拟15~26年=11年</td><td colspan="4">虚拟26~37年=11年</td></tr>
<tr><td colspan="2">60个月</td><td colspan="3">102个月</td><td>30个月</td><td colspan="4">132个月</td></tr>
<tr><td colspan="2">占37个刻度</td><td colspan="5">徒刑和虚拟徒刑162个月=13.5年</td><td colspan="5">虚拟徒刑162个月=13.5年</td></tr>
<tr><td colspan="2" rowspan="2">←再倒数37个刻度=减轻处罚底线</td><td colspan="2">占37个刻度</td><td colspan="3">占63个刻度</td><td>占19个刻度</td><td colspan="4">占81个刻度</td></tr>
<tr><td colspan="5">← 倒数第100~1个刻度</td><td colspan="5">正数第101~200个刻度 →</td></tr>
<tr><td colspan="12">（法定刑中间线刑罚量为有期徒刑+无期徒刑共13年6个月处）↑（未加起刑期10年）</td></tr>
</table>

三、本量刑标尺适用罪行及其是否并处附加刑

本量刑标尺适用于下列34种罪行：

(一)被判处无期徒刑或者死刑的，附加剥夺政治权利终身，被判处有期徒刑的可以附加剥夺政治权利 1 年以上 5 年以下的罪行有 30 种

★犯刑法第 114、115 条规定的"放火罪"(重罪)，被判处无期徒刑或者死刑的应当附加剥夺政治权利终身，被判处有期徒刑的可以附加剥夺政治权利 1 年以上 5 年以下。

★犯刑法第 114、115 条规定的"决水罪"(重罪)，被判处无期徒刑或者死刑的应当附加剥夺政治权利终身，被判处有期徒刑的可以附加剥夺政治权利 1 年以上 5 年以下。

★犯刑法第 114、115 条规定的"爆炸罪"(重罪)，被判处无期徒刑或者死刑的应当附加剥夺政治权利终身，被判处有期徒刑的可以附加剥夺政治权利 1 年以上 5 年以下。

★犯刑法第 114、115 条规定的"投放危险物质罪"(重罪)，被判处无期徒刑或者死刑的应当附加剥夺政治权利终身，被判处有期徒刑的可以附加剥夺政治权利 1 年以上 5 年以下。

★犯刑法第 114、115 条规定的"以危险方法危害公共安全罪"(重罪)，被判处无期徒刑或者死刑的应当附加剥夺政治权利终身，被判处有期徒刑的可以附加剥夺政治权利 1 年以上 5 年以下。

★犯刑法第 116、119 条规定的"破坏交通工具罪"(重罪)，被判处无期徒刑或者死刑的应当附加剥夺政治权利终身，被判处有期徒刑的可以附加剥夺政治权利 1 年以上 5 年以下。

★犯刑法第 117、119 条规定的"破坏交通设施罪"(重罪)，被判处无期徒刑或者死刑的应当附加剥夺政治权利终身，被判处有期徒刑的可以附加剥夺政治权利 1 年以上 5 年以下。

★犯刑法第 118、119 条规定的"破坏电力设备罪"(重罪)，被判处无期徒刑或者死刑的应当附加剥夺政治权利终身，被判处有期徒刑的可以附加剥夺政治权利 1 年以上 5 年以下。

★犯刑法第 118、119 条规定的"破坏易燃易爆设备罪"(重罪)，被判处无期徒刑或者死刑的应当附加剥夺政治权利终身，被判处有期徒刑的可以附加剥夺政治权利 1 年以上 5 年以下。

★犯刑法第125条规定的“非法制造、买卖、运输、邮寄、储存枪支、弹药、爆炸物罪”(重罪)，被判处无期徒刑或者死刑的应当附加剥夺政治权利终身，被判处有期徒刑的可以附加剥夺政治权利1年以上5年以下。

★犯刑法第125条规定的“非法制造、买卖、运输、储存危险物质罪”(重罪)，被判处无期徒刑或者死刑的应当附加剥夺政治权利终身，被判处有期徒刑的可以附加剥夺政治权利1年以上5年以下。

★犯刑法第127、438条规定的“盗窃、抢夺枪支、弹药、爆炸物、危险物质罪”(重罪)，被判处无期徒刑或者死刑的应当附加剥夺政治权利终身，被判处有期徒刑的可以附加剥夺政治权利1年以上5年以下。

★犯刑法第127规定的“抢劫枪支、弹药、爆炸物、危险物质罪”(基本罪)，被判处无期徒刑或者死刑的应当附加剥夺政治权利终身，被判处有期徒刑的可以附加剥夺政治权利1年以上5年以下。

★犯刑法第141条规定的“生产、销售假药罪”(更重罪)，被判处无期徒刑或者死刑的应当附加剥夺政治权利终身，被判处有期徒刑的可以附加剥夺政治权利1年以上5年以下。

★犯刑法第144条规定的“生产、销售有毒、有害食品罪”(更重罪)，被判处无期徒刑或者死刑的应当附加剥夺政治权利终身，被判处有期徒刑的可以附加剥夺政治权利1年以上5年以下。

★犯刑法第232、247、248、289、292条规定的“故意杀人罪”(基本罪)，被判处无期徒刑或者死刑的应当附加剥夺政治权利终身，被判处有期徒刑的可以附加剥夺政治权利1年以上5年以下。

★犯刑法第234、238、247条规定的“故意伤害罪”(更重罪)，被判处无期徒刑或者死刑的应当附加剥夺政治权利终身，被判处有期徒刑的可以附加剥夺政治权利1年以上5年以下。

★犯刑法第236、241、259、300条规定的“强奸罪”(重罪)，被判处无期徒刑或者死刑的应当附加剥夺政治权利终身，被判处有期徒刑的可以附加剥夺政治权利1年以上5年以下。

★犯刑法第369条规定的“破坏武器装备、军事设施、军事通信罪”(更重罪)，被判处无期徒刑或者死刑的应当附加剥夺政治权利终身，被判处有期徒刑的可以附加剥夺政治权利 1 年以上 5 年以下。

★犯刑法第 370 条规定的“故意提供不合格武器装备、军事设施罪”(更重罪)，被判处无期徒刑或者死刑的应当附加剥夺政治权利终身，被判处有期徒刑的可以附加剥夺政治权利 1 年以上 5 年以下。

★犯刑法第 421 条规定的“战时违抗命令罪”(重罪)，被判处无期徒刑或者死刑的应当附加剥夺政治权利终身，被判处有期徒刑的可以附加剥夺政治权利 1 年以上 5 年以下。

★犯刑法第 422 条规定的“隐瞒、谎报军情罪”(重罪)，被判处无期徒刑或者死刑的应当附加剥夺政治权利终身，被判处有期徒刑的可以附加剥夺政治权利 1 年以上 5 年以下。

★犯刑法第 422 条规定的“拒传、假传军令罪”(重罪)，被判处无期徒刑或者死刑的应当附加剥夺政治权利终身，被判处有期徒刑的可以附加剥夺政治权利 1 年以上 5 年以下。

★犯刑法第 423 条规定的“投降罪”(更重罪)，被判处无期徒刑或者死刑的应当附加剥夺政治权利终身，被判处有期徒刑的可以附加剥夺政治权利 1 年以上 5 年以下。

★犯刑法第 424 条规定的“战时临阵脱逃罪”(更重罪)，被判处无期徒刑或者死刑的应当附加剥夺政治权利终身，被判处有期徒刑的可以附加剥夺政治权利 1 年以上 5 年以下。

★犯刑法第 430 条规定的“军人叛逃罪”(更重罪)，被判处无期徒刑或者死刑的应当附加剥夺政治权利终身，被判处有期徒刑的可以附加剥夺政治权利 1 年以上 5 年以下。

★犯刑法第 431 条规定的“为境外窃取、刺探、收买、非法提供军事秘密罪”(基本罪)，被判处无期徒刑或者死刑的应当附加剥夺政治权利终身，被判处有期徒刑的可以附加剥夺政治权利 1 年以上 5 年以下。

★犯刑法第 438 条规定的“盗窃、抢夺武器装备、军用物资罪”(更重罪)，被判处无期徒刑或者死刑的应当附加剥夺政治权利终身，被判处有期徒刑的可以附加剥夺政治权利 1 年以上 5 年以下。

★犯刑法第439条规定的“非法出卖、转让军队武器装备罪”(重罪)，被判处无期徒刑或者死刑的应当附加剥夺政治权利终身，被判处有期徒刑的可以附加剥夺政治权利1年以上5年以下。

★犯刑法第446条规定的“战时残害居民、掠夺居民财物罪”(更重罪)，被判处无期徒刑或者死刑的应当附加剥夺政治权利终身，被判处有期徒刑的可以附加剥夺政治权利1年以上5年以下。

(二)还应当或者可以并处罚金，或者没收财产的罪行有4种

★犯刑法第170条规定的“伪造货币罪”(重罪)，被判处无期徒刑或者死刑的应当附加剥夺政治权利终身；被判处有期徒刑的可以附加剥夺政治权利1年以上5年以下；应当并处5万元以上50万元以下罚金或者没收财产。

★犯刑法第263、267、269、289条规定的“抢劫罪”(重罪)，被判处无期徒刑或者死刑的应当附加剥夺政治权利终身，被判处有期徒刑的可以附加剥夺政治权利1年以上5年以下；应当并处罚金或者没收财产。

★犯刑法第382、383、183、271、386、394条规定的“贪污罪”(更重罪)，被判处无期徒刑或者死刑的应当附加剥夺政治权利终身，被判处有期徒刑的可以附加剥夺政治权利1年以上5年以下；可以并处没收财产，“情节特别严重”被判处死刑的应当并处没收财产。

★犯刑法第385、386、388条规定的“受贿罪”(更重罪)，被判处无期徒刑或者死刑的应当附加剥夺政治权利终身，被判处有期徒刑的可以附加剥夺政治权利1年以上5年以下；可以并处没收财产，“情节特别严重”被判处死刑的应当并处没收财产。

第二章　重大罪行的量刑标尺及其适用罪行

第一节　第5号量刑标尺："处15年有期徒刑或者无期徒刑"

一、本量刑标尺基本内容

1. 第5号量刑标尺为"处15年有期徒刑或者无期徒刑"，适用于1种罪行。其15年是一个刑罚点，无期徒刑虚拟为15~26年=11年即132个月。先将法定刑平均划分为200个刻度，每刻度=0.66个月，简称刻度月，是衡量犯罪人罪责程度的一般标准；再将法定刑划分为等间距的两个量刑空间，其"中间线"是从重处罚与从轻处罚的正负起点，是量刑公正的生命线。

2. 本量刑标尺有减轻处罚空间，减轻幅度为有期徒刑15~10年=5年即60个月，除以刻度月0.66，减轻处罚空间=91个刻度。

3. 本量刑标尺总宽度为291个刻度，即法定刑空间200个刻度+减轻处罚空间91个刻度。

二、本量刑标尺示意图形

<table>
<tr><td colspan="15">(三)第5号量刑标尺示意图形(主刑刻度月=0.66)</td></tr>
<tr><td>91</td><td>80</td><td>60</td><td>40</td><td>20</td><td>20</td><td>40</td><td>60</td><td>80</td><td>100</td><td>120</td><td>140</td><td>160</td><td>180</td><td>200</td></tr>
<tr><td colspan="5">减轻处罚空间</td><td colspan="5">从轻处罚空间</td><td colspan="5">从重处罚空间</td></tr>
<tr><td colspan="5">10~15年徒刑</td><td colspan="10">15年有期徒刑或者无期徒刑</td></tr>
<tr><td colspan="5">5年=60个月</td><td colspan="10">虚拟徒刑15~26年=11年=132个月</td></tr>
<tr><td colspan="5">占91个刻度</td><td colspan="5" rowspan="2">虚拟15~20.5年
=5.5年即66个月</td><td colspan="5" rowspan="2">虚拟20.5~26年
=5.5年即66个月</td></tr>
<tr><td colspan="5" rowspan="2">←再倒数91个刻度
=减轻处罚底线</td></tr>
<tr><td colspan="5">←倒数第100~1个刻度</td><td colspan="5">正数第101~200个刻度→</td></tr>
<tr><td colspan="15">(法定刑中间线刑罚量为无期徒刑虚拟徒刑5年6个月处)↑(未加起刑期15年)</td></tr>
</table>

三、本量刑标尺适用罪行及其是否并处附加刑

本量刑标尺只适用于如下罪行：

★犯刑法第140条、149条和150条规定的“生产、销售伪劣产品罪”(最重罪)，被判处无期徒刑的应当附加剥夺政治权利终身，被判处有期徒刑15年的可以附加剥夺政治权利1年以上5年以下，并处销售金额50%以上2倍以下罚金或者没收财产。

第二节　第6号量刑标尺：“处10年以上有期徒刑或者无期徒刑”

一、本量刑标尺基本内容

1. 第6号量刑标尺为“处10年以上有期徒刑或者无期徒刑”，适用于57种罪行。其10年以上有期徒刑为10~15年=5年即60个月，无期徒刑虚拟为15~26年=11年即132个月，幅度刑罚量共16年即192个月。先将法定刑平均划分为200个刻度，每刻度=0.96个月，简称刻度月，是衡量犯罪人罪责程度的一般标准；再将法定刑划分为等间距的两个量刑空间，其“中间线”是从重处罚与从轻处罚的正负

起点，是量刑公正的生命线。

2. 本量刑标尺有减轻处罚空间，减轻幅度为有期徒刑 10~5 年=5 年即 60 个月，除以刻度月 0.96，减轻处罚空间为 63 个刻度。

3. 本量刑标尺总宽度为 263 个刻度，即法定刑空间 200 个刻度+减轻处罚空间 63 个刻度。

二、本量刑标尺示意图形

<table>
<tr><td colspan="13">(三)第 6 号量刑标尺示意图形(主刑刻度月=0.96)</td></tr>
<tr><td>63</td><td>40</td><td>20</td><td>20</td><td>40</td><td>60</td><td>80</td><td>100</td><td>120</td><td>140</td><td>160</td><td>180</td><td>200</td></tr>
<tr><td colspan="3">减轻处罚空间</td><td colspan="5">从轻处罚空间</td><td colspan="5">从重处罚空间</td></tr>
<tr><td colspan="3">10~5 年有期徒刑</td><td colspan="5">10 年以上有期徒刑</td><td colspan="5">无期徒刑</td></tr>
<tr><td colspan="3">10~5 年=60 个月</td><td colspan="3" rowspan="2">10~15 年
=5 年即 60 个月</td><td colspan="7">虚拟 15~26 年=11 年即 132 个月</td></tr>
<tr><td colspan="3" rowspan="2">占 63 个刻度</td><td colspan="2">15~18 年
=36 个月</td><td colspan="5">虚拟徒刑 18~26 年
=8 年即 96 个月</td></tr>
<tr><td colspan="3">占 63 个刻度</td><td colspan="2">占37个刻度</td><td colspan="5">占 100 个刻度</td></tr>
<tr><td colspan="3">←再倒数 63 个刻度
=减轻处罚底线</td><td colspan="5">←倒数第 100~1 个刻度</td><td colspan="5">正数第 101~200 个刻度→</td></tr>
<tr><td colspan="13">(法定刑中间线刑罚量为有期徒刑+无期徒刑虚拟徒刑 8 年处)↑(未加起刑期 10 年)</td></tr>
</table>

三、本量刑标尺适用罪行及其是否并处附加刑

本量刑标尺适用于下列 57 种罪行：

(一)被判处无期徒刑的应当附加剥夺政治权利终身，被判处有期徒刑的可以附加剥夺政治权利 1 年以上 5 年以下的罪行有 13 种

★犯刑法第 120 条规定的"组织、领导、参加恐怖活动组织罪"(基本罪)，被判处无期徒刑的应当附加剥夺政治权利终身，被判处有期徒刑的可以附加剥夺政治权利 1 年以上 5 年以下。

★犯刑法第 121 条规定的"劫持航空器罪"(基本罪)，被判处无

期徒刑的应当附加剥夺政治权利终身，被判处有期徒刑的可以附加剥夺政治权利 1 年以上 5 年以下。

★犯刑法第 122 条规定的“劫持船只、汽车罪”(重罪)，被判处无期徒刑的应当附加剥夺政治权利终身，被判处有期徒刑的可以附加剥夺政治权利 1 年以上 5 年以下。

★犯刑法第 126 条规定的“违规制造、销售枪支罪”(更重罪)，被判处无期徒刑的应当附加剥夺政治权利终身，被判处有期徒刑的可以附加剥夺政治权利 1 年以上 5 年以下。

★犯刑法第 295 条规定的“传授犯罪方法罪”(更重罪)，被判处无期徒刑的应当附加剥夺政治权利终身，被判处有期徒刑的可以附加剥夺政治权利 1 年以上 5 年以下。

★犯刑法第 317 条规定的“暴动越狱罪”(基本罪)，被判处无期徒刑的应当附加剥夺政治权利终身，被判处有期徒刑的可以附加剥夺政治权利 1 年以上 5 年以下。

★犯刑法第 317 条规定的“聚众持械劫狱罪”(基本罪)，被判处无期徒刑的应当附加剥夺政治权利终身，被判处有期徒刑的可以附加剥夺政治权利 1 年以上 5 年以下。

★犯刑法第 377 条规定的“战时故意提供虚假敌情罪”(重罪)，被判处无期徒刑的应当附加剥夺政治权利终身，被判处有期徒刑的可以附加剥夺政治权利 1 年以上 5 年以下。

★犯刑法第 384、185、272 条规定的“挪用公款罪”(更重罪)，被判处无期徒刑的应当附加剥夺政治权利终身，被判处有期徒刑的可以附加剥夺政治权利 1 年以上 5 年以下。

★犯刑法第 423 条规定的“投降罪”(重罪)，被判处无期徒刑的应当附加剥夺政治权利终身，被判处有期徒刑的可以附加剥夺政治权利 1 年以上 5 年以下。

★犯刑法第 432 条规定的“故意泄露军事机密罪”(更重罪)，被判处无期徒刑的应当附加剥夺政治权利终身，被判处有期徒刑的可以附加剥夺政治权利 1 年以上 5 年以下。

★犯刑法第 432 条规定的“过失泄露军事机密罪”(更重罪)，被判处无期徒刑的应当附加剥夺政治权利终身，被判处有期徒刑的可以附加剥夺政治权利 1 年以上 5 年以下。

★犯刑法第 433 条规定的"战时造谣惑众罪"(更重罪)，被判处无期徒刑的应当附加剥夺政治权利终身，被判处有期徒刑的可以附加剥夺政治权利 1 年以上 5 年以下。

(二)还应并处或者可以并处没收财产的有 12 种罪行

1. 还应当并处没收财产的罪行有 3 种

★犯刑法第 151 条规定的"走私文物罪"(重罪)，被判处无期徒刑的应当附加剥夺政治权利终身，被判处有期徒刑的可以附加剥夺政治权利 1 年以上 5 年以下；并处没收财产。

★犯刑法第 151 条规定的"走私贵重金属罪"(重罪)，被判处无期徒刑的应当附加剥夺政治权利终身，被判处有期徒刑的可以附加剥夺政治权利 1 年以上 5 年以下；并处没收财产。

★犯刑法第 151 条规定的"走私珍贵动物、珍贵动物制品罪"(重罪)，被判处无期徒刑的应当附加剥夺政治权利终身，被判处有期徒刑的可以附加剥夺政治权利 1 年以上 5 年以下；并处没收财产。

2. 还可以并处没收财产的罪行有 9 种

★犯刑法第 102、113 条规定的"背叛国家罪"(基本罪)，被判处无期徒刑的应当附加剥夺政治权利终身，被判处有期徒刑的可以附加剥夺政治权利 1 年以上 5 年以下；可以并处没收财产。

★犯刑法第 103、113 条规定的"分裂国家罪"(基本罪)，被判处无期徒刑的应当附加剥夺政治权利终身，被判处有期徒刑的可以附加剥夺政治权利 1 年以上 5 年以下；可以并处没收财产。

★犯刑法第 104、113 条规定的"武装叛乱、暴乱罪"(基本罪)，被判处无期徒刑的应当附加剥夺政治权利终身，被判处有期徒刑的可以附加剥夺政治权利 1 年以上 5 年以下；可以并处没收财产。

★犯刑法第 105 条规定的"颠覆国家政权罪"(基本罪)，被判处无期徒刑的应当附加剥夺政治权利终身，被判处有期徒刑的可以附加剥夺政治权利 1 年以上 5 年以下；可以并处没收财产。

★犯刑法第 108、113 条规定的"投敌叛变罪"(重罪)，被判处无期徒刑的应当附加剥夺政治权利终身，被判处有期徒刑的可以附加剥夺政治权利 1 年以上 5 年以下；可以并处没收财产。

★犯刑法第 110、113 条规定的“间谍罪”(基本罪)，被判处无期徒刑的应当附加剥夺政治权利终身，被判处有期徒刑的可以附加剥夺政治权利 1 年以上 5 年以下；可以并处没收财产。

★犯刑法第 111、113 条规定的“为境外窃取、刺探、收买、非法提供国家秘密、情报罪”(重罪)，被判处无期徒刑的应当附加剥夺政治权利终身，被判处有期徒刑的可以附加剥夺政治权利 1 年以上 5 年以下；可以并处没收财产。

★犯刑法第 112、113 条规定的“资敌罪”(基本罪)，被判处无期徒刑的应当附加剥夺政治权利终身，被判处有期徒刑的可以附加剥夺政治权利 1 年以上 5 年以下；可以并处没收财产。

★犯刑法第 389、390 条规定的“行贿罪”(更重罪)，被判处无期徒刑的应当附加剥夺政治权利终身，被判处有期徒刑的可以附加剥夺政治权利 1 年以上 5 年以下；可以并处没收财产。

3. 还应并处罚金或者没收财产的罪行有 13 种

★犯刑法第 152 条规定的“走私淫秽物品罪”(重罪)，被判处无期徒刑的应当附加剥夺政治权利终身，被判处有期徒刑的可以附加剥夺政治权利 1 年以上 5 年以下；并处罚金或者没收财产。

★犯刑法第 224 条规定的“合同诈骗罪”(更重罪)，被判处无期徒刑的应当附加剥夺政治权利终身，被判处有期徒刑的可以附加剥夺政治权利 1 年以上 5 年以下；并处罚金或者没收财产。

★犯刑法第 239 条规定的“绑架罪”(基本罪)，被判处无期徒刑的应当附加剥夺政治权利终身，被判处有期徒刑的可以附加剥夺政治权利 1 年以上 5 年以下；并处罚金或者没收财产。

★犯刑法第 240 条规定的“拐卖妇女、儿童罪”(重罪)，被判处无期徒刑的应当附加剥夺政治权利终身，被判处有期徒刑的可以附加剥夺政治权利 1 年以上 5 年以下；并处罚金或者没收财产。

★犯刑法第 264、253、265 条规定的“盗窃罪”(更重罪)，被判处无期徒刑的应当附加剥夺政治权利终身，被判处有期徒刑的可以附加剥夺政治权利 1 年以上 5 年以下；并处罚金或者没收财产。

★犯刑法第 266、300 条规定的"诈骗罪"(更重罪)，被判处无期徒刑的应当附加剥夺政治权利终身，被判处有期徒刑的可以附加剥夺政治权利 1 年以上 5 年以下；并处罚金或者没收财产。

★犯刑法第 267 条规定的"抢夺罪"(更重罪)，被判处无期徒刑的应当附加剥夺政治权利终身，被判处有期徒刑的可以附加剥夺政治权利 1 年以上 5 年以下；并处罚金或者没收财产。

★犯刑法第 328 条规定的"盗掘古文化遗址、古墓葬罪"(重罪)，被判处无期徒刑的应当附加剥夺政治权利终身，被判处有期徒刑的可以附加剥夺政治权利 1 年以上 5 年以下；并处罚金或者没收财产。

★犯刑法第 328 条规定的"盗掘古人类化石、古脊椎动物化石罪"(重罪)，被判处无期徒刑的应当附加剥夺政治权利终身，被判处有期徒刑的可以附加剥夺政治权利 1 年以上 5 年以下；并处罚金或者没收财产。

★犯刑法第 334 条规定的"非法采集、供应血液、制作、供应血液制品罪"(更重罪)，被判处无期徒刑的应当附加剥夺政治权利终身，被判处有期徒刑的可以附加剥夺政治权利 1 年以上 5 年以下；并处罚金或者没收财产。

★犯刑法第 358、361 条规定的"组织卖淫罪"(重罪)，被判处无期徒刑的应当附加剥夺政治权利终身，被判处有期徒刑的可以附加剥夺政治权利 1 年以上 5 年以下；并处罚金或者没收财产。

★犯刑法第 358、361 条规定的"强迫卖淫罪"(重罪)，被判处无期徒刑的应当附加剥夺政治权利终身，被判处有期徒刑的可以附加剥夺政治权利 1 年以上 5 年以下。

★犯刑法第 363、366 条规定的"制作、复制、出版、贩卖、传播淫秽物品牟利罪"(更重罪)，被判处无期徒刑的应当附加剥夺政治权利终身，被判处有期徒刑的可以附加剥夺政治权利 1 年以上 5 年以下；并处罚金或者没收财产。

(三)还应并处限额罚金刑或者没收财产的有 19 种罪行

1. 并处 2 万元以上 20 万元以下罚金或者没收财产的有 1 种罪行

★犯刑法第171条规定的“金融工作人员购买假币、以假币换取货币罪”(重罪)，被判处无期徒刑的应当附加剥夺政治权利终身，被判处有期徒刑的可以附加剥夺政治权利1年以上5年以下；并处2万元以上20万元以下罚金或者没收财产。

2. 并处5万元以上50万元以下罚金或者没收财产的有13种罪行

★犯刑法第171条规定的“出售、购买、运输假币罪”(更重罪)，被判处无期徒刑的应当附加剥夺政治权利终身，被判处有期徒刑的可以附加剥夺政治权利1年以上5年以下；并处5万元以上50万元以下罚金或者没收财产。

★犯刑法第177条规定的“伪造、变造金融票证罪”(更重罪)，被判处无期徒刑的应当附加剥夺政治权利终身，被判处有期徒刑的可以附加剥夺政治权利1年以上5年以下；并处5万元以上50万元以下罚金或者没收财产。

★犯刑法第178条规定的“伪造、变造国家有价证券罪”(更重罪)，被判处无期徒刑的应当附加剥夺政治权利终身，被判处有期徒刑的可以附加剥夺政治权利1年以上5年以下；并处5万元以上50万元以下罚金或者没收财产。

★犯刑法第192、199、200条规定的“集资诈骗罪”(更重罪)，被判处无期徒刑的应当附加剥夺政治权利终身，被判处有期徒刑的可以附加剥夺政治权利1年以上5年以下；并处5万元以上50万元以下罚金或者没收财产。

★犯刑法第193条规定的“贷款诈骗罪”(更重罪)，被判处无期徒刑的应当附加剥夺政治权利终身，被判处有期徒刑的可以附加剥夺政治权利1年以上5年以下；并处5万元以上50万元以下罚金或者没收财产。

★犯刑法第194、199、200条规定的“票据诈骗罪”(更重罪)，被判处无期徒刑的应当附加剥夺政治权利终身，被判处有期徒刑的可以附加剥夺政治权利1年以上5年以下；并处5万元以上50万元以下罚金或者没收财产。

★犯刑法第194、199、200条规定的“金融凭证诈骗罪”(更重罪)，被判处无期徒刑的应当附加剥夺政治权利终身，被判处有期徒刑的可以附加剥夺政治权利 1 年以上 5 年以下；并处 5 万元以上 50 万元以下罚金或者没收财产。

★犯刑法第 195、199、200 条规定的"信用证诈骗罪"(更重罪)，被判处无期徒刑的应当附加剥夺政治权利终身，被判处有期徒刑的可以附加剥夺政治权利 1 年以上 5 年以下；并处 5 万元以上 50 万元以下罚金或者没收财产。

★犯刑法第 196 条规定的"信用卡诈骗罪"(更重罪)，被判处无期徒刑的应当附加剥夺政治权利终身，被判处有期徒刑的可以附加剥夺政治权利 1 年以上 5 年以下；并处 5 万元以上 50 万元以下罚金或者没收财产。

★犯刑法第 197 条规定的"有价证券诈骗罪"(更重罪)，被判处无期徒刑的应当附加剥夺政治权利终身，被判处有期徒刑的可以附加剥夺政治权利 1 年以上 5 年以下；并处 5 万元以上 50 万元以下罚金或者没收财产。

★犯刑法第 205、208、212 条规定的"虚开增值税专用发票、用于骗取出口退税、抵扣税款发票罪"(更重罪)，被判处无期徒刑的应当附加剥夺政治权利终身，被判处有期徒刑的可以附加剥夺政治权利 1 年以上 5 年以下；并处 5 万元以上 50 万元以下罚金或者没收财产。

★犯刑法第 206、208 条规定的"伪造、出售伪造的增值税专用发票罪"(更重罪)，被判处无期徒刑的应当附加剥夺政治权利终身，被判处有期徒刑的可以附加剥夺政治权利 1 年以上 5 年以下；并处 5 万元以上 50 万元以下罚金或者没收财产。

★犯刑法第 207、208、211 条规定的"非法出售增值税专用发票罪"(更重罪)，被判处无期徒刑的应当附加剥夺政治权利终身，被判处有期徒刑的可以附加剥夺政治权利 1 年以上 5 年以下；并处 5 万元以上 50 万元以下罚金或者没收财产。

3. 并处销售金额 50%以上 2 倍以下罚金或者没收财产的有 2 种罪行

★犯刑法第 142 条规定的"生产、销售劣药罪"(重罪)，被判处无期徒刑的应当附加剥夺政治权利终身，被判处有期徒刑的可以附加剥夺政治权利1年以上5年以下；并处销售金额50%以上2倍以下罚金或者没收财产。

★犯刑法第145条规定的“生产、销售不符合标准的医用器材罪”(更重罪)，被判处无期徒刑的应当附加剥夺政治权利终身，被判处有期徒刑的可以附加剥夺政治权利1年以上5年以下；并处销售金额50%以上2倍以下罚金或者没收财产

4. 并处偷逃应缴税额、骗取税款1倍以上5倍以下罚金或者没收财产的有2种罪行

★犯刑法第153条规定的“走私普通货物、物品罪”(更重罪)，被判处无期徒刑的应当附加剥夺政治权利终身，被判处有期徒刑的可以附加剥夺政治权利1年以上5年以下；并处偷逃应缴税额、骗取税款1倍以上5倍以下罚金或者没收财产。

★犯刑法第204、211、212条规定的“骗取出口退税款罪”(更重罪)，被判处无期徒刑的应当附加剥夺政治权利终身，被判处有期徒刑的可以附加剥夺政治权利1年以上5年以下；并处偷逃应缴税额、骗取税款1倍以上5倍以下罚金或者没收财产。

5. 并处骗购外汇数额5%以上30%以下罚金或者没收财产的有1种罪行

★《决定》第1条规定的“骗购外汇罪”(更重罪)，被判处无期徒刑的应当附加剥夺政治权利终身，被判处有期徒刑的可以附加剥夺政治权利1年以上5年以下；并处骗购外汇数额5%以上30%以下罚金或者没收财产。

第三节 第7号量刑标尺：“处7年以上有期徒刑或者无期徒刑”

一、本量刑标尺基本内容

1. 第7号量刑标尺为“处7年以上有期徒刑或者无期徒刑”，适

用于4种罪行。其中7年以上有期徒刑为7~15年=8年即96个月，无期徒刑虚拟徒刑15~26年=11年即132个月，幅度刑罚量共19年即228个月。先将法定刑平均划分为200个刻度，每刻度=1.14个月，简称刻度月，是衡量犯罪人罪责程度的一般标准；再将法定刑划分为等间距的两个量刑空间，其"中间线"是从重处罚与从轻处罚的正负起点，是量刑公正的生命线。

2. 本量刑标尺有减轻处罚空间，减轻幅度为有期徒刑7~2年=5年即60个月，除以刻度月1.14，减轻处罚空间=53个刻度。

3. 本量刑标尺总宽度为253个刻度，即法定刑空间200个刻度+减轻处罚空间53个刻度。

二、本量刑标尺示意图形

<table>
<tr><td colspan="13">（三）第7号量刑标尺示意图形（主刑刻度月=1.14）</td></tr>
<tr><td>53</td><td>40</td><td>20</td><td>20</td><td>40</td><td>60</td><td>80</td><td>100</td><td>120</td><td>140</td><td>160</td><td>180</td><td>200</td></tr>
<tr><td colspan="3">减轻处罚空间</td><td colspan="5">从轻处罚空间</td><td colspan="5">从重处罚空间</td></tr>
<tr><td colspan="3">7~2年有期徒刑</td><td colspan="4">7年以上有期徒刑</td><td colspan="6">无期徒刑</td></tr>
<tr><td colspan="3">7~2年=60个月</td><td colspan="4" rowspan="2">7~15年=
8年=96个月</td><td colspan="6">虚拟15~26年=11年=132个月</td></tr>
<tr><td colspan="3" rowspan="2">占53个刻度</td><td>18个月</td><td colspan="5">114个月</td></tr>
<tr><td colspan="4">占84个刻度</td><td>占16个刻度</td><td colspan="5">占100个刻度</td></tr>
<tr><td colspan="3">←再倒数53个刻度
=减轻处罚底线</td><td colspan="5">←倒数第100~1个刻度</td><td colspan="5">正数第101~200刻度→</td></tr>
<tr><td colspan="13">（法定刑中间线刑罚量为有期徒刑+无期徒刑虚拟徒刑9年6个月处）↑（未加起刑期7年）</td></tr>
</table>

三、本量刑标尺适用罪行及其是否并处附加刑

本量刑标尺适用于下列4种罪行

★犯刑法第143条规定的"生产、销售不符合安全标准的食品

罪”(更重罪)，被判处无期徒刑的应当附加剥夺政治权利终身，被判处有期徒刑的应当附加剥夺政治权利1年以上5年以下，并处罚金或者没收财产。

★犯刑法第318条规定的“组织他人偷越国(边条规定的)境罪”(重罪)，被判处无期徒刑的应当附加剥夺政治权利终身，被判处有期徒刑的应当附加剥夺政治权利1年以上5年以下，并处罚金或者没收财产。

★犯刑法第147条规定的“生产、销售伪劣农药、兽药、化肥、种子罪”(更重罪)，被判处无期徒刑的应当附加剥夺政治权利终身，被判处有期徒刑的应当附加剥夺政治权利1年以上5年以下；并处销售金额50%以上2倍以下罚金或者没收财产。

★犯刑法第348条规定的“非法持有毒品罪”(更重罪)，被判处无期徒刑的应当附加剥夺政治权利终身，被判处有期徒刑的应当附加剥夺政治权利1年以上5年以下；并处罚金。

第四节　第8号量刑标尺：“处5年以上有期徒刑或者无期徒刑”

一、本量刑标尺基本内容

1. 第8号量刑标尺为“处5年以上有期徒刑或者无期徒刑”，适用于2种罪行。其处5年以上有期徒刑为5~15年=10年即120个月，无期徒刑虚拟为15~26年即11年=132个月，幅度刑罚量共21年即252个月。先将法定刑平均划分为200个刻度，每刻度=1.26个月，简称刻度月，是衡量犯罪人罪责程度的一般标准；再将法定刑划分为等间距的两个量刑空间，其“中间线”是从重处罚与从轻处罚的正负起点，是量刑公正的生命线。

2. 本量刑标尺有减轻处罚空间，减轻幅度为处5年以下有期徒刑、拘役或者管制，其中5年以下有期徒刑=4.5年即54个月，拘役虚拟徒刑1~6个月即5个月，管制虚拟徒刑1.5~12个月即10.5个月，幅度刑罚量共 69.5 个月，除以刻度月 1.26，减轻处罚空间 = 55 个刻度。

3. 本量刑标尺总宽度为 255 个刻度，即法定刑空间 200 个刻度+减轻处罚空间 55 个刻度。

二、本量刑标尺示意图形

<table>
<tr><td colspan="14">(三)第 8 号量刑标尺示意图形(主刑刻度月 = 1.26)</td></tr>
<tr><td>55</td><td>40</td><td>20</td><td>20</td><td>40</td><td>60</td><td>80</td><td colspan="2">100</td><td>120</td><td>140</td><td>160</td><td>180</td><td>200</td></tr>
<tr><td colspan="3">减轻处罚空间</td><td colspan="6">从轻处罚空间</td><td colspan="5">从重处罚空间</td></tr>
<tr><td>管制</td><td>拘役</td><td>5 年以下有期徒刑</td><td colspan="5">5 年以上有期徒刑</td><td colspan="6">无期徒刑</td></tr>
<tr><td>10.5 个月</td><td>5 个月</td><td>54 个月</td><td colspan="5" rowspan="2">5~15 年=
10 年 = 120 个月</td><td colspan="6" rowspan="2">虚拟徒刑 15~26 年
=11 年即 132 个月</td></tr>
<tr><td colspan="3">共 69.5 个月</td></tr>
<tr><td>占 9 个刻度</td><td>占 4 个刻度</td><td>占 42 个刻度</td><td colspan="5">120 个月</td><td>6 个月</td><td colspan="5">虚拟徒刑 132 个月-6 个月
= 126 个月</td></tr>
<tr><td colspan="3">占 55 个刻度</td><td colspan="5">占 95 个刻度</td><td>占 5 个刻度</td><td colspan="5">占 100 个刻度</td></tr>
<tr><td colspan="3">←再倒数 55 个刻度
=减轻处罚底线</td><td colspan="6">←倒数第 100~1 个刻度</td><td colspan="5">正数第 101~200 个刻度→</td></tr>
<tr><td colspan="14">(法定刑中间线刑罚量为有期徒刑+无期徒刑虚拟徒刑10年6个月处)↑(未加起刑期 5 年)</td></tr>
</table>

三、本量刑标尺适用罪行及其是否并处附加刑

本量刑标尺适用于 2 种罪行：

★犯刑法第 382、383、183、271、386、394 条规定的"贪污

罪”(最重罪)，被判处无期徒刑的应当附加剥夺政治权利终身，被判处有期徒刑的可以附加剥夺政治权利 1 年以上 5 年以下；可以并处没收财产，“情节特别严重的”被判处“无期徒刑”的并处没收财产。

★犯刑法第 385、386、388 条规定的“受贿罪”(最重罪)，被判处无期徒刑的应当附加剥夺政治权利终身，被判处有期徒刑的可以附加剥夺政治权利 1 年以上 5 年以下；可以并处没收财产，“情节特别严重的”被判处“无期徒刑”的并处没收财产。

第五节　第 9 号量刑标尺：“处 10 年以上有期徒刑”

一、本量刑标尺基本内容

1. 第 9 号量刑标尺为“处 10 年以上有期徒刑”，适用于 12 种罪行。幅度刑罚量为有期徒刑 10~15 年=5 年即 60 个月。先将法定刑平均划分为 200 个刻度，每刻度=0.3 个月，简称刻度月，是衡量犯罪人罪责程度的一般标准；再将法定刑划分为等间距的两个量刑空间，其“中间线”是从重处罚与从轻处罚的正负起点，是量刑公正的生命线。

2. 本量刑标尺有减轻处罚空间，减轻幅度为有期徒刑 10~5 年，幅度刑罚量为 5 年即 60 个月，除以刻度月 0.3，减轻处罚空间=200 个刻度。

3. 本量刑标尺总宽度为 400 个刻度，即法定刑空间 200 个刻度+减轻处罚空间 200 个刻度。

二、本量刑标尺示意图形

(三)第9号量刑标尺示意图形(主刑刻度月=0.3)																			
200	180	160	140	120	100	80	60	40	20	20	40	60	80	100	120	140	160	180	200
减轻处罚空间										从轻处罚空间					从重处罚空间				
10年以下5年以上有期徒刑										10年以上有期徒刑									
10~5年=5年=60个月										10~12年6个月=2.5年=30个月					12年6个月~15年=2.5年=30个月				
占200个刻度										占100个刻度					占100个刻度				
←再倒数200个刻度=减轻处罚底线										←倒数第100~1个刻度					正数第101~200个刻度→				
(法定刑中间线刑罚量为有期徒刑2年6个月处)↑(未加起刑期10年)																			

三、本量刑标尺适用罪行及其是否并处附加刑

本量刑标尺适用于下列12种罪行：

(一)可以附加剥夺政治权利1年以上5年以下的罪行有6种

★犯刑法第336条规定的"非法行医罪"(更重罪)，可以附加剥夺政治权利1年以上5年以下。

★犯刑法第336条规定的"非法进行节育手术罪"(更重罪)，可以附加剥夺政治权利1年以上5年以下。

★犯刑法第238条规定的"非法拘禁罪"(更重罪)，可以附加剥夺政治权利1年以上5年以下。

★犯刑法第399条规定的"徇私枉法罪"(更重罪)，可以附加剥夺政治权利1年以上5年以下。

★犯刑法第400条规定的"私放在押人员罪"(更重罪)，可以附加剥夺政治权利1年以上5年以下。

★犯刑法第431条规定的"非法获取军事秘密罪"(更重罪)，可以附加剥夺政治权利1年以上5年以下。

(二)还可以并处罚金的罪行有2种

★犯刑法第274条规定的"敲诈勒索罪"(更重罪)，可以附加剥

夺政治权利1年以上5年以下，并处罚金。

★犯刑法第339、346条规定的“非法处置进口的固体废物罪”(更重罪)，可以附加剥夺政治权利1年以上5年以下，并处罚金。

(三)还应当并处罚金或者没收财产的罪行有2种

★犯刑法第341条规定的“非法猎捕、杀害珍贵、濒危野生动物罪”(更重罪)，可以附加剥夺政治权利1年以上5年以下，并处罚金或者没收财产。

★犯刑法第341条规定的“非法收购、运输、出售珍贵、濒危野生动物、珍贵、濒危野生动物制品罪”(更重罪)，可以附加剥夺政治权利1年以上5年以下，并处罚金或者没收财产。

(四)还应当“并处5万元以上50万元以下罚金或者没收财产”的罪行有2种

★犯刑法第172条规定的“持有、使用假币罪”(更重罪)，可以附加剥夺政治权利1年以上5年以下，“并处5万元以上50万元以下罚金或者没收财产”。

★犯刑法第198条规定的“保险诈骗罪”(更重罪)，可以附加剥夺政治权利1年以上5年以下，“并处2万元以上20万元以下罚金或者没收财产”。

第六节 第10号量刑标尺：“处7年以上有期徒刑”

一、本量刑标尺基本内容

1. 第10号量刑标尺为“处7年以上有期徒刑”，适用于16种罪行。幅度刑罚量为有期徒刑7~15年=8年即96个月。先将法定刑平均划分为200个刻度，每刻度=0.48个月，简称刻度月，是衡量犯罪人罪责程度的一般标准；再将法定刑划分为等间距的两个量刑空间，其“中间线”是从重处罚与从轻处罚的正负起点，是量刑公正的生命线。

2. 本量刑标尺有减轻处罚空间，减轻幅度为有期徒刑 7～2 年＝5 年即 60 个月，除以刻度月 0.48，减轻处罚空间＝125 个刻度。

3. 本量刑标尺总宽度为 325 个刻度，即法定刑空间 200 个刻度＋减轻处罚空间 125 个刻度。

二、本量刑标尺示意图形

<table>
<tr><td colspan="16">（三）第 10 号量刑标尺示意图形（主刑刻度月＝0.48）</td></tr>
<tr><td>125</td><td>100</td><td>80</td><td>60</td><td>40</td><td>20</td><td>20</td><td>40</td><td>60</td><td>80</td><td>100</td><td>120</td><td>140</td><td>160</td><td>180</td><td>200</td></tr>
<tr><td colspan="6">减轻处罚空间</td><td colspan="5">从轻处罚空间</td><td colspan="5">从重处罚空间</td></tr>
<tr><td colspan="6">7 年以下 2 年以上有期徒刑</td><td colspan="10">7 年以上有期徒刑</td></tr>
<tr><td colspan="6">7～2 年＝5 年即 60 个月</td><td colspan="5">7～11 年＝4 年＝48 个月</td><td colspan="5">11～15年＝4年＝48个月</td></tr>
<tr><td colspan="6">占 125 个刻度</td><td colspan="5">占 100 个刻度</td><td colspan="5">占 100 个刻度</td></tr>
<tr><td colspan="6">←再倒数 125 个刻度
＝减轻处罚底线</td><td colspan="5">←倒数第 100～1 个刻度</td><td colspan="5">正数第 101～200 个刻度→</td></tr>
<tr><td colspan="16">（法定刑中间线为有期徒刑 4 年处）↑（未加起刑期 7 年）</td></tr>
</table>

三、本量刑标尺适用罪行及其是否并处附加刑

本量刑标尺适用于下列 16 种罪行：

（一）可以附加剥夺政治权利 1 年以上 5 年以下的罪行有 6 种

★犯刑法第 124 条规定的"破坏广播电视设施、公用电信设施罪"（重罪），可以附加剥夺政治权利 1 年以上 5 年以下。

★犯刑法第 133 条规定的"交通肇事罪"（更重罪），可以附加剥夺政治权利 1 年以上 5 年以下。

★犯刑法第 151、157 条规定的"走私核材料罪"（基本罪），可以附加剥夺政治权利 1 年以上 5 年以下。

★犯刑法第 300 条规定的"组织、利用会道门、邪教组织、利用

迷信破坏法律实施罪”(重罪)，可以附加剥夺政治权利 1 年以上 5 年以下。

★犯刑法第 300 条规定的“组织、利用会道门、邪教组织、利用迷信致人死亡罪”(重罪)，可以附加剥夺政治权利 1 年以上 5 年以下。

★犯刑法第 316 条规定的“劫夺被押解人员罪”(重罪)，可以附加剥夺政治权利 1 年以上 5 年以下。

(二)还应并处没收财产、并处罚金或者没收财产的罪行有 4 种

★犯刑法第 294 条规定的“组织、领导、参加黑社会性质组织罪”(基本罪)，可以附加剥夺政治权利 1 年以上 5 年以下，并处没收财产。

★犯刑法第 151、157 条规定的“走私武器、弹药罪”(基本罪)，可以附加剥夺政治权利 1 年以上 5 年以下，并处罚金或者没收财产。

★犯刑法第 151、157 条规定的“走私假币罪”(基本罪)，可以附加剥夺政治权利 1 年以上 5 年以下，并处罚金或者没收财产。

★犯刑法第 388 之一条规定的“利用影响力受贿罪”(更重罪)，可以附加剥夺政治权利 1 年以上 5 年以下，并处罚金或者没收财产。

(三)还应并处罚金的罪行有 3 种

★犯刑法第 321 条规定的“运送他人偷越国(边)境罪”(更重罪)，可以附加剥夺政治权利 1 年以上 5 年以下，并处罚金。

★犯刑法第 345 条规定的“盗伐林木罪”(更重罪)，可以附加剥夺政治权利 1 年以上 5 年以下，并处罚金。

★犯刑法第 347 条规定的“走私、贩卖、运输、制造毒品罪”(更重罪)，可以附加剥夺政治权利 1 年以上 5 年以下，并处罚金。

(四)还应并处限额罚金刑或者没收财产的罪行有 3 种

★犯刑法第 140、149、150 条规定的“生产、销售伪劣产品罪”(更重罪)，可以附加剥夺政治权利 1 年以上 5 年以下，“并处销售金额 50%以上 2 倍以下罚金”。

★犯刑法第209、211条规定的"非法制造、出售非法制造的用于骗取出口退税、抵扣税款发票罪"(更重罪)，可以附加剥夺政治权利1年以上5年以下，"并处5万元以上50万元以下罚金或者没收财产"。

★犯刑法第209、211条规定的"非法出售用于骗取出口退税、抵扣税款发票罪"(更重罪)，可以附加剥夺政治权利1年以上5年以下，"并处5万元以上50万元以下罚金或者没收财产"。

第七节　第11号量刑标尺："处5年以上有期徒刑"

一、本量刑标尺基本内容

1. 第11号量刑标尺为"处5年以上有期徒刑"，适用于45种罪行。幅度刑罚量为有期徒刑5~15年=10年即120个月。先将法定刑平均划分为200个刻度，每刻度=0.6个月，简称刻度月，是衡量犯罪人罪责程度的一般标准；再将法定刑划分为等间距的两个量刑空间，其"中间线"是从重处罚与从轻处罚的正负起点，是量刑公正的生命线。

2. 本量刑标尺有减轻处罚空间，减轻幅度为处5年以下有期徒刑、拘役或者管制，其中5年以下有期徒刑=4.5年即54个月，拘役虚拟徒刑1~6个月即5个月，管制虚拟徒刑1.5~12个月即10.5个月，幅度刑罚量共69.5个月，除以刻度月0.6，减轻处罚空间=116个刻度。

3. 本量刑标尺总宽度为316个刻度，即法定刑空间200个刻度+减轻处罚空间116个刻度。

二、本量刑标尺示意图形

<table>
<tr><td colspan="16">(三)第 11 号量刑标尺示意图形(主刑刻度月=0.6)</td></tr>
<tr><td>116</td><td>100</td><td>80</td><td>60</td><td>40</td><td>20</td><td>20</td><td>40</td><td>60</td><td>80</td><td>100</td><td>120</td><td>140</td><td>160</td><td>180</td><td>200</td></tr>
<tr><td colspan="6">减轻处罚空间</td><td colspan="5">从轻处罚空间</td><td colspan="5">从重处罚空间</td></tr>
<tr><td>管制</td><td>拘役</td><td colspan="4">5年以下有期徒刑</td><td colspan="10">5 年以上有期徒刑</td></tr>
<tr><td>10. 5 个月</td><td>5 个月</td><td colspan="4">4. 5 年=54 个月</td><td colspan="5">5~10年=5年即60个月</td><td colspan="5">10~15年=5年即60个月</td></tr>
<tr><td>占 18 个刻度</td><td>占 8 个刻度</td><td colspan="4">占 90 个刻度</td><td colspan="5" rowspan="2">占 100 个刻度</td><td colspan="5" rowspan="2">占 100 个刻度</td></tr>
<tr><td colspan="6">共占 116 个刻度</td></tr>
<tr><td colspan="6">←再倒数 116 个刻度
=减轻处罚底线</td><td colspan="5">←倒数第 100~1 个刻度</td><td colspan="5">正数第 101~200 个刻度→</td></tr>
<tr><td colspan="16">(法定刑中间线刑罚量为有期徒刑 5 年处)↑(未加起刑期 5 年)</td></tr>
</table>

三、本量刑标尺适用罪行及其是否并处附加刑

本量刑标尺适用于下列 45 种罪行:

(一)只可以附加剥夺政治权利 1 年以上 5 年以下的罪行有 26 种

★犯刑法第 123 条规定的“暴力危及飞行安全罪”(重罪),可以附加剥夺政治权利 1 年以上 5 年以下。

★犯刑法第 134 条规定的“强令违章冒险作业罪”(重罪),可以附加剥夺政治权利 1 年以上 5 年以下。

★犯刑法第 146 条规定的“生产、销售不符合安全标准的产品罪”(重罪),可以附加剥夺政治权利 1 年以上 5 年以下。

★犯刑法第 188 条规定的“违规出具金融票证罪”(重罪),可以附加剥夺政治权利 1 年以上 5 年以下。

★犯刑法第 189 条规定的“对违法票据承兑、付款、保证罪”(重罪),可以附加剥夺政治权利 1 年以上 5 年以下。

★犯刑法第190条、《决定》第3条规定的"逃汇罪"(重罪)，可以附加剥夺政治权利1年以上5年以下。

★犯刑法第237条规定的"强制猥亵、侮辱妇女罪"(重罪)，可以附加剥夺政治权利1年以上5年以下。

★犯刑法第237条规定的"猥亵儿童罪"(重罪)，可以附加剥夺政治权利1年以上5年以下。

★犯刑法第286条规定的"破坏计算机信息系统罪"(重罪)，可以附加剥夺政治权利1年以上5年以下。

★犯刑法第291之一条规定的"投放虚假危险物质罪"(重罪)，可以附加剥夺政治权利1年以上5年以下。

★犯刑法第291之一条规定的"编造、故意传播虚假恐怖信息罪"(重罪)，可以附加剥夺政治权利1年以上5年以下。

★犯刑法第294条规定的"包庇、纵容黑社会性质组织罪"(重罪)，可以附加剥夺政治权利1年以上5年以下。

★犯刑法第317条规定的"组织越狱罪"(轻罪)，可以附加剥夺政治权利1年以上5年以下。

★犯刑法第380条规定的"战时拒绝、故意延误军事订货罪"(重罪)，可以附加剥夺政治权利1年以上5年以下。

★犯刑法第384、185、272条规定的"挪用公款罪"(重罪)，可以附加剥夺政治权利1年以上5年以下。

★犯刑法第404条规定的"徇私舞弊不征、少征税款罪"(重罪)，可以附加剥夺政治权利1年以上5年以下。

★犯刑法第405条规定的"徇私舞弊发售发票、抵扣税款、出口退税罪"(重罪)，可以附加剥夺政治权利1年以上5年以下。

★犯刑法第405条规定的"非法提供出口退税凭证罪"(重罪)，可以附加剥夺政治权利1年以上5年以下。

★犯刑法第411条规定的"放纵走私罪"[C-x19、(重罪)，可以附加剥夺政治权利1年以上5年以下。

★犯刑法第425条规定的"擅离、玩忽军事职守罪"(更重罪)，可以附加剥夺政治权利1年以上5年以下。

★犯刑法第426条规定的“阻碍执行军事职务罪”（重罪），可以附加剥夺政治权利1年以上5年以下。

★犯刑法第428条规定的“违令作战消极罪”（重罪），可以附加剥夺政治权利1年以上5年以下。

★犯刑法第430条规定的“军人叛逃罪”（重罪），可以附加剥夺政治权利1年以上5年以下。

★犯刑法第440条规定的“遗弃武器装备罪”（重罪），可以附加剥夺政治权利1年以上5年以下。

★犯刑法第443条规定的“虐待部属罪”（重罪），可以附加剥夺政治权利1年以上5年以下。

★犯刑法第447条规定的“私放俘虏罪”（重罪），可以附加剥夺政治权利1年以上5年以下。

（二）还应并处罚金的罪行有8种

★犯刑法第151条规定的“走私国家禁止进出口的货物、物品罪”（重罪），可以附加剥夺政治权利1年以上5年以下，并处罚金。

★犯刑法第152、339条规定的“走私废物罪”（重罪），可以附加剥夺政治权利1年以上5年以下，并处罚金。

★犯刑法第224之一条规定的“组织、领导传销活动罪”（重罪），可以附加剥夺政治权利1年以上5年以下，并处罚金。

★犯刑法第320条规定的“提供伪造、变造的出入境证件罪”（重罪），可以附加剥夺政治权利1年以上5年以下，并处罚金。

★犯刑法第320条规定的“出售出入境证件罪”（重罪），可以附加剥夺政治权利1年以上5年以下，并处罚金。

★犯刑法第359、361条规定的“引诱、容留、介绍卖淫罪”（重罪），可以附加剥夺政治权利1年以上5年以下，并处罚金。

★犯刑法第359条规定的“引诱幼女卖淫罪”（基本罪），可以附加剥夺政治权利1年以上5年以下，并处罚金。

★犯刑法第360条规定的“嫖宿幼女罪”（基本罪），可以附加剥夺政治权利1年以上5年以下，并处罚金。

（三）还应并处一定限额罚金刑的罪行有 3 种

★犯刑法第 186 条规定的"违法发放贷款罪"（重罪），可以附加剥夺政治权利 1 年以上 5 年以下，"并处 2 万元以上 20 万元以下罚金"。

★犯刑法第 187 条规定的"吸收客户资金不入账罪"（重罪），可以附加剥夺政治权利 1 年以上 5 年以下，"并处 5 万元以上 50 万元以下罚金"。

★犯刑法第 225 条规定的"非法经营罪"（重罪），可以附加剥夺政治权利 1 年以上 5 年以下，"并处违法所得 1 倍以上 5 倍以下罚金或者没收财产"。

（四）还应并处罚金或者没收财产的罪行有 4 种

★犯刑法第 120 之一条规定的"资助恐怖活动罪"（重罪），可以附加剥夺政治权利 1 年以上 5 年以下，并处罚金或者没收财产。

★犯刑法第 234 之一条规定的"组织出卖人体器官罪"（重罪），可以附加剥夺政治权利 1 年以上 5 年以下，并处罚金或者没收财产。

★犯刑法第 351 条规定的"非法种植毒品原植物罪"（重罪），可以附加剥夺政治权利 1 年以上 5 年以下，并处罚金或者没收财产。

★犯刑法第 271 条规定的"职务侵占罪"（重罪），可以附加剥夺政治权利 1 年以上 5 年以下，并处罚金或者没收财产。

（五）应当附加剥夺政治权利 1 年以上 5 年以下，可以并处没收财产的罪行有 4 种

★犯刑法第 103 条规定的"煽动分裂国家罪"（轻罪），应当附加剥夺政治权利 1 年以上 5 年以下，可以并处没收财产。

★犯刑法第 105 条规定的"煽动颠覆国家政权罪"（重罪），应当附加剥夺政治权利 1 年以上 5 年以下，可以并处没收财产。

★犯刑法第 107 条规定的"资助危害国家安全犯罪活动罪"（重罪），应当附加剥夺政治权利 1 年以上 5 年以下，可以并处没收财产。

★犯刑法第 163 条规定的"非国家工作人员受贿罪"（重罪），可以附加剥夺政治权利 1 年以上 5 年以下，可以并处没收财产。

第三章　严重罪行的量刑标尺及其适用罪行

第一节　第 12 号量刑标尺："处 5 年以上 10 年以下有期徒刑"

一、本量刑标尺基本内容

1. 第 12 号量刑标尺为"处 5 年以上 10 年以下有期徒刑"，适用于 62 种罪行。幅度刑罚量为有期徒刑 5 年即 60 个月。先将法定刑平均划分为 200 个刻度，每刻度=0.3 个月，简称刻度月，是衡量犯罪人罪责程度的一般标准；再将法定刑划分为等间距的两个量刑空间，其"中间线"是从重处罚与从轻处罚的正负起点，是量刑公正的生命线。

2. 本量刑标尺有减轻处罚空间，减轻幅度为处 5 年以下有期徒刑、拘役或者管制，其中 5 年以下有期徒刑=4.5 年即 54 个月，拘役虚拟徒刑 1~6 个月即 5 个月，管制虚拟徒刑 1.5~12 个月即 10.5 个月，幅度刑罚量共 69.5 个月，除以刻度月 0.3，减轻处罚空间=232 个刻度。

3. 本量刑标尺总宽度为 432 个刻度，即法定刑空间 200 个刻度+减轻处罚空间 232 个刻度。

二、本量刑标尺示意图形

<table>
<tr><td colspan="22">(三)第12号量刑标尺示意图形(主刑刻度月=0.3)</td></tr>
<tr><td>232</td><td>220</td><td>200</td><td>180</td><td>160</td><td>140</td><td>120</td><td>100</td><td>80</td><td>60</td><td>40</td><td>20</td><td>20</td><td>40</td><td>60</td><td>80</td><td>100</td><td>120</td><td>140</td><td>160</td><td>180</td><td>200</td></tr>
<tr><td colspan="12">减轻处罚空间</td><td colspan="5">从轻处罚空间</td><td colspan="5">从重处罚空间</td></tr>
<tr><td colspan="2">管制</td><td>拘役</td><td colspan="9">5年以下有期徒刑</td><td colspan="10">5年以上10年以下有期徒刑</td></tr>
<tr><td colspan="2">10.5个月</td><td>5个月</td><td colspan="9">4年6个月=54个月</td><td colspan="5" rowspan="2">5~7.5年=2.5年即30个月</td><td colspan="5" rowspan="2">7.5~10年=2.5年即30个月</td></tr>
<tr><td colspan="2">占35个刻度</td><td>占17个刻度</td><td colspan="9">占180个刻度</td></tr>
<tr><td colspan="12">共占232个刻度</td><td colspan="5">占100个刻度</td><td colspan="5">占100个刻度</td></tr>
<tr><td colspan="12">←再倒数232个刻度=减轻处罚底线</td><td colspan="5">←倒数第100~1个刻度</td><td colspan="5">正数第101~200个刻度→</td></tr>
<tr><td colspan="22">(法定刑中间线刑罚量为有期徒刑2年6个月处)↑(未加起刑期5年)</td></tr>
</table>

三、本量刑标尺适用罪行及其是否并处附加刑

本量刑标尺适用于下列62种罪行：

(一)只可以附加剥夺政治权利1年以上5年以下的罪行有24种

★犯刑法第122条规定的“劫持船只、汽车罪”(基本罪)，可以附加剥夺政治权利1年以上5年以下。

★犯刑法第126条规定的“违规制造、销售枪支罪”(重罪)，可以附加剥夺政治权利1年以上5年以下。

★犯刑法第290条规定的“聚众冲击国家机关罪”(基本罪)，可以附加剥夺政治权利1年以上5年以下。

★犯刑法第295条规定的“传授犯罪方法罪”(重罪)，可以附加剥夺政治权利1年以上5年以下。

★犯刑法第370条规定的“故意提供不合格武器装备、军事设施

罪”(重罪)，可以附加剥夺政治权利1年以上5年以下。

★犯刑法第371条规定的“聚众冲击军事禁区罪”(基本罪)，可以附加剥夺政治权利1年以上5年以下。

★犯刑法第389、390条规定的“行贿罪”(重罪)，可以附加剥夺政治权利1年以上5年以下。

★犯刑法第395条规定的“巨额财产来源不明罪”(重罪)，可以附加剥夺政治权利1年以上5年以下。

★犯刑法第397条规定的“国家机关工作人员徇私舞弊罪”(重罪)①。

★犯刑法第399条规定的“徇私枉法罪”(重罪)，可以附加剥夺政治权利1年以上5年以下。

★犯刑法第399条规定的“民事、行政枉法裁判罪”(重罪)，可以附加剥夺政治权利1年以上5年以下。

★犯刑法第399条规定的“执行判决、裁定滥用职权罪”(重罪)，可以附加剥夺政治权利1年以上5年以下。

★犯刑法第399条规定的“执行判决、裁定失职罪”(重罪)，可以附加剥夺政治权利1年以上5年以下。

★犯刑法第400条规定的“私放在押人员罪”(重罪)，可以附加剥夺政治权利1年以上5年以下。

★犯刑法第408之一条规定的“食品监管渎职罪”(重罪)，可以附加剥夺政治权利1年以上5年以下。

★犯刑法第412条规定的“商检徇私舞弊罪”(重罪)，可以附加剥夺政治权利1年以上5年以下。

★犯刑法第413条规定的“动植物检疫徇私舞弊罪”(重罪)，可以附加剥夺政治权利1年以上5年以下。

★犯刑法第427条规定的“指使部属违反职责罪”(重罪)，可以附加剥夺政治权利1年以上5年以下。

① “两高”司法解释无此罪名，由于它的法定刑配置不同于“滥用职权罪”和“玩忽职守罪”，所以应增设本罪名。

★犯刑法第431条规定的“非法获取军事秘密罪”(重罪),可以附加剥夺政治权利1年以上5年以下。

★犯刑法第432条规定的“故意泄露军事机密罪”(重罪),可以附加剥夺政治权利1年以上5年以下。

★犯刑法第432条规定的“过失泄露军事机密罪”(重罪),可以附加剥夺政治权利1年以上5年以下。

★犯刑法第438条规定的“盗窃、抢夺武器装备、军用物资罪”(重罪),可以附加剥夺政治权利1年以上5年以下。

★犯刑法第445条规定的“战时拒不救治伤病军人罪”(重罪),可以附加剥夺政治权利1年以上5年以下。

★犯刑法第446条规定的“战时残害居民、掠夺居民财物罪”(重罪),可以附加剥夺政治权利1年以上5年以下。

(二)还应并处一定限额罚金刑的罪行有15种

1. 并处2万元以上20万元以下罚金

★犯刑法第181条规定的“诱骗投资者买卖证券、期货合约罪”(重罪),可以附加剥夺政治权利1年以上5年以下,并处2万元以上20万元以下罚金。

★犯刑法第198条规定的“保险诈骗罪”(重罪),可以附加剥夺政治权利1年以上5年以下,并处2万元以上20万元以下罚金。

2. 并处5万元以上50万元以下罚金

★犯刑法第177条规定的“伪造、变造金融票证罪”(重罪),可以附加剥夺政治权利1年以上5年以下,并处5万元以上50万元以下罚金。

★犯刑法第192、199、200条规定的“集资诈骗罪”(重罪),可以附加剥夺政治权利1年以上5年以下,并处5万元以上50万元以下罚金。

★犯刑法第193条规定的“贷款诈骗罪”(重罪),可以附加剥夺政治权利1年以上5年以下,并处5万元以上50万元以下罚金。

★犯刑法第194、199、200条规定的“票据诈骗罪”(重罪),可以附加剥夺政治权利1年以上5年以下,并处5万元以上50万元以下罚金。

★犯刑法第194、199、200条规定的"金融凭证诈骗罪"(重罪)，可以附加剥夺政治权利1年以上5年以下，并处5万元以上50万元以下罚金。

★犯刑法第195、199、200条规定的"信用证诈骗罪"(重罪)，可以附加剥夺政治权利1年以上5年以下，并处5万元以上50万元以下罚金。

★犯刑法第196条规定的"信用卡诈骗罪"(重罪)，可以附加剥夺政治权利1年以上5年以下，并处5万元以上50万元以下罚金。

★犯刑法第197条规定的"有价证券诈骗罪"(重罪)，可以附加剥夺政治权利1年以上5年以下，并处5万元以上50万元以下罚金。

3. 并处违法所得、骗取税款1倍以上5倍以下罚金

★犯刑法第180条规定的"内幕交易、泄露内幕信息罪"(重罪)，可以附加剥夺政治权利1年以上5年以下，并处违法所得、骗取税款1倍以上5倍以下罚金。

★犯刑法第180条规定的"利用未公开信息交易罪"(重罪)，可以附加剥夺政治权利1年以上5年以下，并处违法所得、骗取税款1倍以上5倍以下罚金。

★犯刑法第204、211、212条规定的"骗取出口退税款罪"(重罪)，可以附加剥夺政治权利1年以上5年以下，并处违法所得、骗取税款1倍以上5倍以下罚金。

4. 并处骗购外汇数额、洗钱数额5%以上30%以下罚金

★《决定》第1条规定的"骗购外汇罪"(重罪)，可以附加剥夺政治权利1年以上5年以下，并处骗购外汇数额5%以上30%以下罚金。

★犯刑法第191条规定的"洗钱罪"(重罪)，可以附加剥夺政治权利1年以上5年以下，并处洗钱数额5%以上30%以下罚金。

(三)还应并处罚金的罪行有20种

★犯刑法第182规定的"操纵证券、期货市场罪"(重罪)，可以附加剥夺政治权利1年以上5年以下，并处罚金。

★犯刑法第137条规定的"工程重大安全事故罪"(重罪)，可以

附加剥夺政治权利 1 年以上 5 年以下，并处罚金。

★犯刑法第 144 条规定的"生产、销售有毒、有害食品罪"(重罪)，可以附加剥夺政治权利 1 年以上 5 年以下，并处罚金。

★犯刑法第 151 条规定的"走私文物罪"(基本罪)，可以附加剥夺政治权利 1 年以上 5 年以下，并处罚金。

★犯刑法第 151 条规定的"走私贵重金属罪"(基本罪)，可以附加剥夺政治权利 1 年以上 5 年以下，并处罚金。

★犯刑法第 151 条规定的"走私珍贵动物、珍贵动物制品罪"(基本罪)，可以附加剥夺政治权利 1 年以上 5 年以下，并处罚金。

★犯刑法第 229 条规定的"提供虚假证明文件罪"(重罪)，可以附加剥夺政治权利 1 年以上 5 年以下，并处罚金。

★犯刑法第 239 条规定的"绑架罪"(轻罪)，可以附加剥夺政治权利 1 年以上 5 年以下，并处罚金。

★犯刑法第 240 条规定的"拐卖妇女、儿童罪"(基本罪)，可以附加剥夺政治权利 1 年以上 5 年以下，并处罚金。

★犯刑法第 321 条规定的"运送他人偷越国(边)境罪"(重罪)，可以附加剥夺政治权利 1 年以上 5 年以下，并处罚金。

★犯刑法第 326 条规定的"倒卖文物罪"(重罪)，可以附加剥夺政治权利 1 年以上 5 年以下，并处罚金。

★犯刑法第 333 条规定的"强迫卖血罪"(基本罪)，可以附加剥夺政治权利 1 年以上 5 年以下，并处罚金。

★犯刑法第 334 条规定的"非法采集、供应血液、制作、供应血液制品罪"(重罪)，可以附加剥夺政治权利 1 年以上 5 年以下，并处罚金。

★犯刑法第 339、346 条规定的"非法处置进口的固体废物罪"(重罪)，可以附加剥夺政治权利 1 年以上 5 年以下，并处罚金。

★犯刑法第 339 条规定的"擅自进口固体废物罪"(重罪)，可以附加剥夺政治权利 1 年以上 5 年以下，并处罚金。

★犯刑法第 341 条规定的"非法猎捕、杀害珍贵、濒危野生动物罪"(重罪)，可以附加剥夺政治权利 1 年以上 5 年以下，并处罚金。

★犯刑法第 341 条规定的“非法收购、运输、出售珍贵、濒危野生动物、珍贵、濒危野生动物制品罪”(重罪)，可以附加剥夺政治权利 1 年以上 5 年以下，并处罚金。

★犯刑法第 358、361 条规定的“组织卖淫罪”(基本罪)，可以附加剥夺政治权利 1 年以上 5 年以下，并处罚金。

★犯刑法第 358、361 条规定的“强迫卖淫罪”(基本罪)，可以附加剥夺政治权利 1 年以上 5 年以下，并处罚金。

★犯刑法第 358 条规定的“协助组织卖淫罪”(重罪)，可以附加剥夺政治权利 1 年以上 5 年以下，并处罚金。

(四)可以并处罚金的罪行有 1 种

★犯刑法第 293 条规定的“寻衅滋事罪”(重罪)，可以附加剥夺政治权利 1 年以上 5 年以下，可以并处罚金。

(五)应当附加剥夺政治权利 1 年以上 5 年以下，可以并处没收财产的罪行有 2 种

★犯刑法第 109 规定的“叛逃罪”(重罪)，应当附加剥夺政治权利 1 年以上 5 年以下，可以并处没收财产。

★犯刑法第 111、113 条规定的“为境外窃取、刺探、收买、非法提供国家秘密、情报罪”(基本罪)，应当附加剥夺政治权利 1 年以上 5 年以下，可以并处没收财产。

第二节 第 13 号量刑标尺：“处 3 年以上 10 年以下有期徒刑”

一、本量刑标尺基本内容

1. 第 13 号量刑标尺为“处 3 年以上 10 年以下有期徒刑”，适用于 98 种罪行。幅度刑罚量为有期徒刑 7 年即 84 个月。先将法定刑平均划分为 200 个刻度，每刻度=0.42 个月，简称刻度月，是衡量犯罪人罪责程度的一般标准；再将法定刑划分为等间距的两个量刑空间，其“中间线”是从重处罚与从轻处罚的正负起点，是量刑公正的生命线。

2. 本量刑标尺有减轻处罚空间，减轻幅度为处 3 年以下有期徒刑、拘役或者管制，其中 3 年以下有期徒刑为 2.5 年即 30 个月，拘役虚拟徒刑 1~6 个月即 5 个月，管制虚拟徒刑 1.5~12 个月即 10.5 个月，幅度刑罚量共 45.5 个月，除以刻度月 0.42，减轻处罚空间=108 个刻度。

3. 本量刑标尺总宽度为 308 个刻度，即法定刑空间 200 个刻度+减轻处罚空间 108 个刻度。

二、本量刑标尺示意图形

<table>
<tr><td colspan="15">(三)第 13 号量刑标尺示意图形(主刑刻度月=0.42)</td></tr>
<tr><td>108</td><td>80</td><td>60</td><td>40</td><td>20</td><td>20</td><td>40</td><td>60</td><td>80</td><td>100</td><td>120</td><td>140</td><td>160</td><td>180</td><td>200</td></tr>
<tr><td colspan="5">减轻处罚空间</td><td colspan="5">从轻处罚空间</td><td colspan="5">从重处罚空间</td></tr>
<tr><td>管制</td><td>拘役</td><td colspan="3">3 年以下
有期徒刑</td><td colspan="10">3 年以上 10 年以下有期徒刑</td></tr>
<tr><td>10.5
个月</td><td>5
个月</td><td colspan="3">6 个月~3 年
=30 个月</td><td colspan="5">3~6.5 年=3.5 年
即 42 个月</td><td colspan="5">6.5~10 年=3.5 年
即 42 个月</td></tr>
<tr><td>占 25 个
刻度</td><td>占 12 个
刻度</td><td colspan="3">占 71 个刻度</td><td colspan="5" rowspan="2">占 100 个刻度</td><td colspan="5" rowspan="2">占 100 个刻度</td></tr>
<tr><td colspan="5">共占 108 个刻度</td></tr>
<tr><td colspan="5">←倒数108个刻度=减轻处罚底线</td><td colspan="5">←倒数第 100~1 个刻度</td><td colspan="5">正数第 101~200 个刻度→</td></tr>
<tr><td colspan="15">(法定刑中间线刑罚量为有期徒刑 3 年 6 个月处)↑(未加起刑期 3 年)</td></tr>
</table>

三、本量刑标尺适用罪行及其是否并处附加刑

本量刑标尺适用于下列 98 种罪行：

(一)只可以附加剥夺政治权利 1 年以上 5 年以下的罪行有 48 种

★犯刑法第 114、115 条规定的“放火罪”(基本罪)，可以附加剥夺政治权利 1 年以上 5 年以下。

★犯刑法第114、115条规定的“决水罪”(基本罪)，可以附加剥夺政治权利1年以上5年以下。

★犯刑法第114、115条规定的“爆炸罪”(基本罪)，可以附加剥夺政治权利1年以上5年以下。

★犯刑法第114、115条规定的“投放危险物质罪”(基本罪)，可以附加剥夺政治权利1年以上5年以下。

★犯刑法第114、115条规定的“以危险方法危害公共安全罪”(基本罪)，可以附加剥夺政治权利1年以上5年以下。

★犯刑法第116、119条规定的“破坏交通工具罪”(基本罪)，可以附加剥夺政治权利1年以上5年以下。

★犯刑法第117、119条第1款规定的“破坏交通设施罪”(基本罪)，可以附加剥夺政治权利1年以上5年以下。

★犯刑法第118、119条第1款规定的“破坏电力设备罪”(基本罪)，可以附加剥夺政治权利1年以上5年以下。

★犯刑法第118、119条第1款规定的“破坏易燃易爆设备罪”(基本罪)，可以附加剥夺政治权利1年以上5年以下。

★犯刑法第120条规定的“组织、领导、参加恐怖活动组织罪”(轻罪)，可以附加剥夺政治权利1年以上5年以下。

★犯刑法第125条规定的“非法制造、买卖、运输、邮寄、储存枪支、弹药、爆炸物罪”(基本罪)，可以附加剥夺政治权利1年以上5年以下。

★犯刑法第125条规定的“非法制造、买卖、运输、储存危险物质罪”(基本罪)，可以附加剥夺政治权利1年以上5年以下。

★犯刑法第127、438条规定的“盗窃、抢夺枪支、弹药、爆炸物、危险物质罪”(基本罪)，可以附加剥夺政治权利1年以上5年以下。

★犯刑法第232、247、248、289、292条规定的“故意杀人罪”(轻罪)，可以附加剥夺政治权利1年以上5年以下。

★犯刑法第234、238、247条规定的“故意伤害罪”(重罪)，可以附加剥夺政治权利1年以上5年以下。

★犯刑法第 236、241、259、300 条规定的“强奸罪”(基本罪),可以附加剥夺政治权利 1 年以上 5 年以下。

★犯刑法第 238 条规定的“非法拘禁罪”(重罪),可以附加剥夺政治权利 1 年以上 5 年以下。

★犯刑法第 243 条规定的“诬告陷害罪”(重罪),可以附加剥夺政治权利 1 年以上 5 年以下。

★犯刑法第 248 条规定的“虐待被监管人罪”(重罪),可以附加剥夺政治权利 1 年以上 5 年以下。

★犯刑法第 249 条规定的“煽动民族仇恨、民族歧视罪”(重罪),可以附加剥夺政治权利 1 年以上 5 年以下。

★犯刑法第 272、185 条规定的“挪用资金罪”(重罪),可以附加剥夺政治权利 1 年以上 5 年以下。

★犯刑法第 279 条规定的“招摇撞骗罪”(重罪),可以附加剥夺政治权利 1 年以上 5 年以下。

★犯刑法第 280 条、《决定》第 2 条规定的“伪造、变造、买卖国家机关公文、证件、印章罪”(重罪),可以附加剥夺政治权利 1 年以上 5 年以下。

★犯刑法第 280 条、《决定》第 2 条规定的“盗窃、抢夺、毁灭国家机关公文、证件、印章罪”(重罪),可以附加剥夺政治权利 1 年以上 5 年以下。

★犯刑法第 292 条规定的“聚众斗殴罪”(重罪),可以附加剥夺政治权利 1 年以上 5 年以下。

★犯刑法第 294 条规定的“入境发展黑社会组织罪”(基本罪),可以附加剥夺政治权利 1 年以上 5 年以下。

★犯刑法第 310、362 条规定的“窝藏、包庇罪”(重罪),可以附加剥夺政治权利 1 年以上 5 年以下。

★犯刑法第 317 条规定的“暴动越狱罪”(轻罪),可以附加剥夺政治权利 1 年以上 5 年以下。

★犯刑法第 317 条规定的“聚众持械劫狱罪”(轻罪),可以附加剥夺政治权利 1 年以上 5 年以下。

★犯刑法第 349 条规定的“包庇毒品犯罪分子罪”(重罪)，可以附加剥夺政治权利 1 年以上 5 年以下。

★犯刑法第 349 条规定的“窝藏、转移、隐瞒毒品、毒赃罪”(重罪)，可以附加剥夺政治权利 1 年以上 5 年以下。

★犯刑法第 353 条规定的“强迫他人吸毒罪”(基本罪)，可以附加剥夺政治权利 1 年以上 5 年以下。

★犯刑法第 369 条规定的“破坏武器装备、军事设施、军事通信罪”(重罪)，可以附加剥夺政治权利 1 年以上 5 年以下。

★犯刑法第 372 条规定的“冒充军人招摇撞骗罪”(重罪)，可以附加剥夺政治权利 1 年以上 5 年以下。

★犯刑法第 375 条规定的“伪造、变造、买卖武装部队公文、证件、印章罪”(重罪)，可以附加剥夺政治权利 1 年以上 5 年以下。

★犯刑法第 375 条规定的“盗窃、抢夺武装部队公文、证件、印章罪”(重罪)，可以附加剥夺政治权利 1 年以上 5 年以下。

★犯刑法第 377 条规定的“战时故意提供虚假敌情罪”(基本罪)，可以附加剥夺政治权利 1 年以上 5 年以下。

★犯刑法第 378 条规定的“战时造谣扰乱军心罪”(重罪)，可以附加剥夺政治权利 1 年以上 5 年以下。

★犯刑法第 400 条规定的“失职致使在押人员脱逃罪”(重罪)，可以附加剥夺政治权利 1 年以上 5 年以下。

★犯刑法第 417 条规定的“帮助犯罪分子逃避处罚罪”(重罪)，可以附加剥夺政治权利 1 年以上 5 年以下。

★犯刑法第 421 条规定的“战时违抗命令罪”(基本罪)，可以附加剥夺政治权利 1 年以上 5 年以下。

★犯刑法第 422 条规定的“隐瞒、谎报军情罪”(基本罪)，可以附加剥夺政治权利 1 年以上 5 年以下。

★犯刑法第 422 条规定的“拒传、假传军令罪”(基本罪)，可以附加剥夺政治权利 1 年以上 5 年以下。

★犯刑法第 423 条规定的“投降罪”(基本罪)，可以附加剥夺政治权利 1 年以上 5 年以下。

★犯刑法第424条规定的"战时临阵脱逃罪"(重罪)，可以附加剥夺政治权利1年以上5年以下。

★犯刑法第433条规定的"战时造谣惑众罪"(重罪)，可以附加剥夺政治权利1年以上5年以下。

★犯刑法第439条规定的"非法出卖、转让军队武器装备罪"(基本罪)，可以附加剥夺政治权利1年以上5年以下。

★犯刑法第442条规定的"擅自出卖、转让军队房地产罪"(重罪)，可以附加剥夺政治权利1年以上5年以下。

(二)并处一定限额罚金的罪行有20种

★犯刑法第142条规定的"生产、销售劣药罪"(基本罪)，可以附加剥夺政治权利1年以上5年以下，"并处销售金额50%以上2倍以下罚金"。

★犯刑法第145条规定的"生产、销售不符合标准的医用器材罪"(重罪)，可以附加剥夺政治权利1年以上5年以下，"并处销售金额50%以上2倍以下罚金"。

★犯刑法第153条规定的"走私普通货物、物品罪"(重罪)，可以附加剥夺政治权利1年以上5年以下，"并处偷逃应缴税额1倍以上5倍以下罚金"。

★犯刑法第171条规定的"金融工作人员购买假币、以假币换取货币罪"(基本罪)，可以附加剥夺政治权利1年以上5年以下，"并处2万元以上20万元以下罚金"。

★犯刑法第172条规定的"持有、使用假币罪"(重罪)，可以附加剥夺政治权利1年以上5年以下，"并处2万元以上20万元以下罚金"。

★犯刑法第173条规定的"变造货币罪"(重罪)，可以附加剥夺政治权利1年以上5年以下，"并处2万元以上20万元以下罚金"。

★犯刑法第177条规定的"妨害信用卡管理罪"(重罪)，可以附加剥夺政治权利1年以上5年以下，"并处2万元以上20万元以下罚金"。

★犯刑法第177条规定的"窃取、收买、非法提供信用卡信息罪”(重罪)，可以附加剥夺政治权利1年以上5年以下，“并处2万元以上20万元以下罚金”。

★犯刑法第178条规定的“伪造、变造股票、公司、企业债券罪”(重罪)，可以附加剥夺政治权利1年以上5年以下，“并处2万元以上20万元以下罚金”。

★犯刑法第170条规定的“伪造货币罪”(基本罪)，可以附加剥夺政治权利1年以上5年以下，“并处5万元以上50万元以下罚金”。

★犯刑法第171条规定的“出售、购买、运输假币罪”(重罪)，可以附加剥夺政治权利1年以上5年以下，“并处5万元以上50万元以下罚金”。

★犯刑法第174条规定的“擅自设立金融机构罪”(重罪)，可以附加剥夺政治权利1年以上5年以下，“并处5万元以上50万元以下罚金”。

★犯刑法第174条规定的“伪造、变造、转让金融机构经营许可证、批准文件罪”(重罪)，可以附加剥夺政治权利1年以上5年以下，“并处5万元以上50万元以下罚金”。

★犯刑法第176条规定的“非法吸收公众存款罪”(重罪)，可以附加剥夺政治权利1年以上5年以下，“并处5万元以上50万元以下罚金”。

★犯刑法第178条规定的“伪造、变造国家有价证券罪”(重罪)，可以附加剥夺政治权利1年以上5年以下，“并处5万元以上50万元以下罚金”。

★犯刑法第185之一条规定的“背信运用受托财产罪”(重罪)，可以附加剥夺政治权利1年以上5年以下，“并处5万元以上50万元以下罚金”。

★犯刑法第185之一条规定的“违法运用资金罪(重罪)，可以附加剥夺政治权利1年以上5年以下，“并处5万元以上50万元以下罚金”。

★犯刑法第205、208、212条规定的“虚开增值税专用发票、用于骗取出口退税、抵扣税款发票罪”(重罪)，可以附加剥夺政治权利

1年以上5年以下，"并处5万元以上50万元以下罚金"。

★犯刑法第206、208条规定的"伪造、出售伪造的增值税专用发票罪"(重罪)，可以附加剥夺政治权利1年以上5年以下，"并处5万元以上50万元以下罚金"。

★犯刑法第207、208、211条规定的"非法出售增值税专用发票罪"(重罪)，可以附加剥夺政治权利1年以上5年以下，"并处5万元以上50万元以下罚金"。

(三)并处罚金的罪行有24种

★犯刑法第152条规定的"走私淫秽物品罪"(基本罪)，可以附加剥夺政治权利1年以上5年以下，并处罚金。

★犯刑法第164条规定的"对非国家工作人员行贿罪"(重罪)，可以附加剥夺政治权利1年以上5年以下，并处罚金。

★犯刑法第164条规定的"对外国公职人员、国际公共组织官员行贿罪"(重罪)，可以附加剥夺政治权利1年以上5年以下，并处罚金。

★犯刑法第141条规定的"生产、销售假药罪"(重罪)，可以附加剥夺政治权利1年以上5年以下，并处罚金。

★犯刑法第224条规定的"合同诈骗罪"(重罪)，可以附加剥夺政治权利1年以上5年以下，并处罚金。

★犯刑法第244条规定的"强迫劳动罪"(基本罪)，可以附加剥夺政治权利1年以上5年以下，并处罚金。

★犯刑法第263、267、269、289条规定的"抢劫罪"(基本罪)，可以附加剥夺政治权利1年以上5年以下，并处罚金。

★犯刑法第264、253、265条规定的"盗窃罪"(重罪)，可以附加剥夺政治权利1年以上5年以下，并处罚金。

★犯刑法第266、300条规定的"诈骗罪"(重罪)，可以附加剥夺政治权利1年以上5年以下，并处罚金。

★犯刑法第267条规定的"抢夺罪"(重罪)，可以附加剥夺政治权利1年以上5年以下，并处罚金。

★犯刑法第268条规定的"聚众哄抢罪"(重罪)，可以附加剥夺政治权利1年以上5年以下，并处罚金。

★犯刑法第274条规定的“敲诈勒索罪”（重罪），可以附加剥夺政治权利1年以上5年以下，并处罚金。

★犯刑法第303条规定的“开设赌场罪”（重罪），可以附加剥夺政治权利1年以上5年以下，并处罚金。

★犯刑法第319条规定的“骗取出境证件罪”（重罪），可以附加剥夺政治权利1年以上5年以下，并处罚金。

★犯刑法第324条规定的“故意损毁文物罪”（重罪），可以附加剥夺政治权利1年以上5年以下，并处罚金。

★犯刑法第328条规定的“盗掘古文化遗址、古墓葬罪”（基本罪），可以附加剥夺政治权利1年以上5年以下，并处罚金。

★犯刑法第328条规定的“盗掘古人类化石、古脊椎动物化石罪”（基本罪），可以附加剥夺政治权利1年以上5年以下，并处罚金。

★犯刑法第336条规定的“非法行医罪”（重罪），可以附加剥夺政治权利1年以上5年以下，并处罚金。

★犯刑法第336条规定的“非法进行节育手术罪”（重罪），可以附加剥夺政治权利1年以上5年以下，并处罚金。

★犯刑法第350条规定的“走私制毒物品罪”（重罪），可以附加剥夺政治权利1年以上5年以下，并处罚金。

★犯刑法第350条规定的“非法买卖制毒物品罪”（重罪），可以附加剥夺政治权利1年以上5年以下，并处罚金。

★犯刑法第363、366条规定的“制作、复制、出版、贩卖、传播淫秽物品牟利罪”（重罪），可以附加剥夺政治权利1年以上5年以下，并处罚金。

★犯刑法第364条规定的“组织播放淫秽音像制品罪”（重罪），可以附加剥夺政治权利1年以上5年以下，并处罚金。

★犯刑法第365条规定的“组织淫秽表演罪”（重罪），可以附加剥夺政治权利1年以上5年以下，并处罚金。

（四）可以并处没收财产的罪行有 6 种

★犯刑法第 103、113 条规定的"分裂国家罪"（轻罪），应当附加剥夺政治权利 1 年以上 5 年以下，可以并处没收财产。

★犯刑法第 104、113 条规定的"武装叛乱、暴乱罪"（轻罪），应当附加剥夺政治权利 1 年以上 5 年以下，可以并处没收财产。

★犯刑法第 105 条规定的"颠覆国家政权罪"（轻罪），应当以附加剥夺政治权利 1 年以上 5 年以下，可以并处没收财产。

★犯刑法第 108、113 条规定的"投敌叛变罪"（基本罪），应当附加剥夺政治权利 1 年以上 5 年以下，可以并处没收财产。

★犯刑法第 110、113 条规定的"间谍罪"（轻罪），应当加剥夺政治权利 1 年以上 5 年以下，可以并处没收财产。

★犯刑法第 112、113 条规定的"资敌罪"（轻罪），应当附加剥夺政治权利 1 年以上 5 年以下，可以并处没收财产。

第三节　第 14 号量刑标尺："处 3 年以上 7 年以下有期徒刑"

一、本量刑标尺基本内容

1. 第 14 号量刑标尺为"处 3 年以上 7 年以下有期徒刑"，适用于 110 种罪行。幅度刑罚量为有期徒刑 4 年即 48 个月。先将法定刑平均划分为 200 个刻度，每刻度 = 0.24 个月，简称刻度月，是衡量犯罪人罪责程度的一般标准；再将法定刑划分为等间距的两个量刑空间，其"中间线"是从重处罚与从轻处罚的正负起点，是量刑公正的生命线。

2. 本量刑标尺有减轻处罚空间，减轻幅度为处 3 年以下徒刑、拘役或者管制，其中，3 年以下有期徒刑为 6 个月～3 年 = 2.5 年即 30 个月，拘役虚拟徒刑 1～6 个月即 5 个月，管制虚拟徒刑 1.5～12 个月即 10.5 个月，幅度刑罚量共 45.5 个月，除以刻度月 0.24，减轻处罚空间 = 190 个刻度。

3. 本量刑标尺总宽度为 390 个刻度，即法定刑空间 200 个刻度+减轻处罚空间 190 个刻度。

二、本量刑标尺示意图形

<table>
<tr><td colspan="20">(三)第 14 号量刑标尺示意图形(主刑刻度月=0.24)</td></tr>
<tr><td>190</td><td>180</td><td>160</td><td>140</td><td>120</td><td>100</td><td>80</td><td>60</td><td>40</td><td>20</td><td>20</td><td>40</td><td>60</td><td>80</td><td>100</td><td>120</td><td>140</td><td>160</td><td>180</td><td>200</td></tr>
<tr><td colspan="10">减轻处罚空间</td><td colspan="5">从轻处罚空间</td><td colspan="5">从重处罚空间</td></tr>
<tr><td colspan="2">管　制</td><td>拘役</td><td colspan="7">3 年以下有期徒刑</td><td colspan="10">3 年以上 7 年以下有期徒刑</td></tr>
<tr><td colspan="2">10.5 个月</td><td>5 个月</td><td colspan="7">6 个月~3 年=30 个月</td><td colspan="5">3~5 年=24 个月</td><td colspan="5">5~7 年=24 个月</td></tr>
<tr><td colspan="2">占 44 个刻度</td><td>占21个刻度</td><td colspan="7">占 125 个刻度</td><td colspan="5" rowspan="2">占 100 个刻度</td><td colspan="5" rowspan="2">占 100 个刻度</td></tr>
<tr><td colspan="10">共占 190 个刻度</td></tr>
<tr><td colspan="10">←再倒数 190 个刻度=减轻处罚底线</td><td colspan="5">←倒数第 100~1 个刻度</td><td colspan="5">正数第101~200个刻度→</td></tr>
<tr><td colspan="20">(法定刑中间线刑罚量为有期徒刑 2 年处)↑(未加起刑期 3 年)</td></tr>
</table>

三、本量刑标尺适用罪行及其是否并处附加刑

本量刑标尺适用于下列 110 种罪行：

(一)只“可以附加剥夺政治权利 1 年以上 5 年以下的罪行有 65 种

★犯刑法第 115 条规定的“失火罪”(基本罪)，可以附加剥夺政治权利 1 年以上 5 年以下。

★犯刑法第 115 条规定的“过失决水罪”(基本罪)，可以附加剥夺政治权利 1 年以上 5 年以下。

★犯刑法第 115 条规定的“过失爆炸罪”(基本罪)，可以附加剥夺政治权利 1 年以上 5 年以下。

★犯刑法第 115 条规定的“过失投放危险物质罪”(基本罪)，可

以附加剥夺政治权利 1 年以上 5 年以下。

★犯刑法第 115 条规定的"过失以危险方法危害公共安全罪"(基本罪)，可以附加剥夺政治权利 1 年以上 5 年以下。

★犯刑法第 119 条规定的"过失损坏交通工具罪"(基本罪)，可以附加剥夺政治权利 1 年以上 5 年以下。

★犯刑法第 119 条规定的"过失损坏交通设备罪"(基本罪)，可以附加剥夺政治权利 1 年以上 5 年以下。

★犯刑法第 119 条规定的"过失损坏电力设备罪"(基本罪)，可以附加剥夺政治权利 1 年以上 5 年以下。

★犯刑法第 119 条规定的"过失损坏易燃易爆设备罪"(基本罪)，可以附加剥夺政治权利 1 年以上 5 年以下。

★犯刑法第 124 条规定的"破坏广播电视设施、公用电信设施罪"(基本罪)，可以附加剥夺政治权利 1 年以上 5 年以下。

★犯刑法第 124 条规定的"过失损坏广播电视设施、公用电信设施罪"(基本罪)，可以附加剥夺政治权利 1 年以上 5 年以下。

★犯刑法第 128 条规定的"非法持有、私藏枪支、弹药罪"(基本罪)，可以附加剥夺政治权利 1 年以上 5 年以下。

★犯刑法第 128 条规定的"非法出租、出借枪支罪"(重罪)，可以附加剥夺政治权利 1 年以上 5 年以下。

★犯刑法第 131 条规定的"重大飞行事故罪"(重罪)，可以附加剥夺政治权利 1 年以上 5 年以下。

★犯刑法第 132 条规定的"铁路运营安全事故罪"(重罪)，可以附加剥夺政治权利 1 年以上 5 年以下。

★犯刑法第 133 条规定的"交通肇事罪"(重罪)，可以附加剥夺政治权利 1 年以上 5 年以下。

★犯刑法第 134 条规定的"重大责任事故罪"(重罪)，可以附加剥夺政治权利 1 年以上 5 年以下。

★犯刑法第 135 条规定的"重大劳动安全事故罪"(重罪)，可以附加剥夺政治权利 1 年以上 5 年以下。

★犯刑法第 135 条之一规定的"大型群众性活动重大安全事故

罪”(重罪)，可以附加剥夺政治权利1年以上5年以下。

★犯刑法第136条规定的“危险物品肇事罪”(重罪)，可以附加剥夺政治权利1年以上5年以下。

★犯刑法第138条规定的“教育设施重大安全事故罪”(重罪)，可以附加剥夺政治权利1年以上5年以下。

★犯刑法第139条规定的“消防责任事故罪”(重罪)，可以附加剥夺政治权利1年以上5年以下。

★犯刑法第139条之一规定的“不报、谎报安全事故罪”(重罪)，可以附加剥夺政治权利1年以上5年以下。

★犯刑法第167条、决定7条规定的“签订、履行合同失职被骗罪”(重罪)，可以附加剥夺政治权利1年以上5年以下。

★犯刑法第168条规定的“国有公司、企业、事业单位人员失职罪”(重罪)，可以附加剥夺政治权利1年以上5年以下。

★犯刑法第168条规定的“国有公司、企业、事业单位人员滥用职权罪”(重罪)，可以附加剥夺政治权利1年以上5年以下。

★犯刑法第169条规定的“徇私舞弊低价折股、出售国有资产罪”(重罪)，可以附加剥夺政治权利1年以上5年以下。

★犯刑法第233条规定的“过失致人死亡罪”(基本罪)，可以附加剥夺政治权利1年以上5年以下。

★犯刑法第262条第2款规定的“组织未成年人进行违反治安管理活动罪”(重罪)，可以附加剥夺政治权利1年以上5年以下。

★犯刑法第273条规定的“挪用特定款物罪”(重罪)，可以附加剥夺政治权利1年以上5年以下。

★犯刑法第275条规定的“故意毁坏财物罪”(重罪)，可以附加剥夺政治权利1年以上5年以下。

★犯刑法第276条规定的“破坏生产经营罪”(重罪)，可以附加剥夺政治权利1年以上5年以下。

★犯刑法第278条规定的“煽动暴力抗拒法律实施罪”(重罪)，可以附加剥夺政治权利1年以上5年以下。

★犯刑法第282条规定的“非法获取国家秘密罪”(重罪)，可以附加剥夺政治权利 1 年以上 5 年以下。

★犯刑法第 290 条规定的"聚众扰乱社会秩序罪"(基本罪)，可以附加剥夺政治权利 1 年以上 5 年以下。

★犯刑法第 300 条规定的"组织、利用会道门、邪教组织、利用迷信破坏法律实施罪"(基本罪)，可以附加剥夺政治权利 1 年以上 5 年以下。

★犯刑法第 300 条规定的"组织、利用会道门、邪教组织、利用迷信致人死亡罪"(基本罪)，可以附加剥夺政治权利 1 年以上 5 年以下。

★犯刑法第 305 条规定的"伪证罪"(重罪)，可以附加剥夺政治权利 1 年以上 5 年以下。

★犯刑法第 306 条规定的"辩护人、诉讼代理人毁灭证据、伪造证据、妨害作证罪"(重罪)，可以附加剥夺政治权利 1 年以上 5 年以下。

★犯刑法第 307 条规定的"妨害作证罪"(重罪)，可以附加剥夺政治权利 1 年以上 5 年以下。

★犯刑法第 308 条规定的"打击报复证人罪"(重罪)，可以附加剥夺政治权利 1 年以上 5 年以下。

★犯刑法第 316 条规定的"劫夺被押解人员罪"(基本罪)，可以附加剥夺政治权利 1 年以上 5 年以下。

★犯刑法第 330 条规定的"妨害传染病防治罪"(重罪)，可以附加剥夺政治权利 1 年以上 5 年以下。

★犯刑法第 331 条规定的"传染病菌种、毒种扩散罪"(重罪)，可以附加剥夺政治权利 1 年以上 5 年以下。

★犯刑法第 369 条规定的"过失损坏武器装备、军事设施、军事通信罪"(重罪)，可以附加剥夺政治权利 1 年以上 5 年以下。

★犯刑法第 370 条规定的"过失提供不合格武器装备、军事设施罪"(重罪)，可以附加剥夺政治权利 1 年以上 5 年以下。

★犯刑法第 371 条规定的"聚众扰乱军事管理区秩序罪"(基本罪)，可以附加剥夺政治权利 1 年以上 5 年以下。

★犯刑法第 374 条规定的“接送不合格兵员罪”(重罪)，可以附加剥夺政治权利 1 年以上 5 年以下。

★犯刑法第 397 条规定的“滥用职权罪”(重罪)，可以附加剥夺政治权利 1 年以上 5 年以下。

★犯刑法第 397、决定 6 条规定的“玩忽职守罪”(重罪)，可以附加剥夺政治权利 1 年以上 5 年以下。

★犯刑法第 398 条规定的“故意泄露国家秘密罪”(重罪)，可以附加剥夺政治权利 1 年以上 5 年以下。

★犯刑法第 398 条规定的“过失泄露国家秘密罪”(重罪)，可以附加剥夺政治权利 1 年以上 5 年以下。

★犯刑法第 399 条第 1 款规定的“枉法仲裁罪”(重罪)，可以附加剥夺政治权利 1 年以上 5 年以下。

★犯刑法第 401 条规定的“徇私舞弊适用减刑、假释、暂予监外执行罪”(重罪)，可以附加剥夺政治权利 1 年以上 5 年以下。

★犯刑法第 402 条规定的“徇私舞弊不移交刑事案件罪”(重罪)，可以附加剥夺政治权利 1 年以上 5 年以下。

★犯刑法第 406 条规定的“国家机关工作人员签订、履行合同失职被骗罪”(重罪)，可以附加剥夺政治权利 1 年以上 5 年以下。

★犯刑法第 410 条规定的“非法批准征用、占用土地罪”(重罪)，可以附加剥夺政治权利 1 年以上 5 年以下。

★犯刑法第 410 条规定的“非法低价出让国有土地使用权罪”(重罪)，可以附加剥夺政治权利 1 年以上 5 年以下。

★犯刑法第 415 条规定的“办理偷越国(边条规定的)境人员出入境证件罪”(重罪)，可以附加剥夺政治权利 1 年以上 5 年以下。

★犯刑法第 415 条规定的“放行偷越国(边条规定的)境人员罪”(重罪)，可以附加剥夺政治权利 1 年以上 5 年以下。

★犯刑法第 425 条规定的“擅离、玩忽军事职守罪”(重罪)，可以附加剥夺政治权利 1 年以上 5 年以下。

★犯刑法第 434 条规定的“战时自伤罪”(重罪)，可以附加剥夺政治权利 1 年以上 5 年以下。

★犯刑法第 435 条规定的"逃离部队罪"(重罪)，可以附加剥夺政治权利 1 年以上 5 年以下。

★犯刑法第 436 条规定的"武器装备肇事罪"(重罪)，可以附加剥夺政治权利 1 年以上 5 年以下。

★犯刑法第 437 条规定的"擅自改变武器装备编配用途罪"(重罪)，可以附加剥夺政治权利 1 年以上 5 年以下。

(二)还应并处罚金的罪行有 37 种

★犯刑法第 143 条规定的"生产、销售不符合安全标准的食品罪"(重罪)，可以附加剥夺政治权利 1 年以上 5 年以下，并处罚金。

★犯刑法第 151、157 条规定的"走私武器、弹药罪"(轻罪)，可以附加剥夺政治权利 1 年以上 5 年以下，并处罚金。

★犯刑法第 151、157 条规定的"走私核材料罪"(轻罪)，可以附加剥夺政治权利 1 年以上 5 年以下，并处罚金。

★犯刑法第 151、157 条规定的"走私假币罪"(轻罪)，可以附加剥夺政治权利 1 年以上 5 年以下，并处罚金。

★犯刑法第 165 条规定的"非法经营同类营业罪"(重罪)，可以附加剥夺政治权利 1 年以上 5 年以下，并处罚金。

★犯刑法第 166 条规定的"为亲友非法牟利罪"(重罪)，可以附加剥夺政治权利 1 年以上 5 年以下，并处罚金。

★犯刑法第 169 条第 1 款规定的"背信损害上市公司利益罪"(重罪)，可以附加剥夺政治权利 1 年以上 5 年以下，并处罚金。

★犯刑法第 175 之一条规定的"骗取贷款、票据承兑、金融票证罪"(重罪)，可以附加剥夺政治权利 1 年以上 5 年以下，并处罚金。

★犯刑法第 201、204、211、212 条规定的"逃税罪"(重罪)，可以附加剥夺政治权利 1 年以上 5 年以下，并处罚金。

★犯刑法第 213、220 条规定的"假冒注册商标罪"(重罪)，可以附加剥夺政治权利 1 年以上 5 年以下，并处罚金。

★犯刑法第 214、220 条规定的"销售假冒注册商标的商品罪"(重罪)，可以附加剥夺政治权利 1 年以上 5 年以下，并处罚金。

★犯刑法第 215 条规定的"非法制造、销售非法制造的注册商标标识罪”(重罪)，可以附加剥夺政治权利1年以上5年以下，并处罚金。

★犯刑法第217条规定的“侵犯著作权罪”(重罪)，可以附加剥夺政治权利1年以上5年以下，并处罚金。

★犯刑法第219条规定的“侵犯商业秘密罪”(重罪)，可以附加剥夺政治权利1年以上5年以下，并处罚金。

★犯刑法第226条规定的“强迫交易罪”(重罪)，可以附加剥夺政治权利1年以上5年以下，并处罚金。

★犯刑法第244条第1款规定的“雇用童工从事危险劳动罪”(重罪)，可以附加剥夺政治权利1年以上5年以下，并处罚金。

★犯刑法第262条第1款规定的“组织残疾人、儿童乞讨罪”(重罪)，可以附加剥夺政治权利1年以上5年以下，并处罚金。

★犯刑法第276条第1款规定的“拒不支付劳动报酬罪”(重罪)，可以附加剥夺政治权利1年以上5年以下，并处罚金。

★犯刑法第280条规定的“伪造、变造居民身份证罪”(重罪)，可以附加剥夺政治权利1年以上5年以下，并处罚金。

★犯刑法第285条规定的“非法获取计算机信息系统数据、非法控制计算机信息系统罪”(重罪)，可以附加剥夺政治权利1年以上5年以下，并处罚金。

★犯刑法第285条规定的“提供侵入、非法控制计算机信息系统程序、工具罪”(重罪)，可以附加剥夺政治权利1年以上5年以下，并处罚金。

★犯刑法第312条规定的“掩饰、隐瞒犯罪所得、犯罪所得收益罪”(重罪)，可以附加剥夺政治权利1年以上5年以下，并处罚金。

★犯刑法第338、346条规定的“污染环境罪”(重罪)，可以附加剥夺政治权利1年以上5年以下，并处罚金。

★犯刑法第343条规定的“非法采矿罪”(重罪)，可以附加剥夺政治权利1年以上5年以下，并处罚金。

★犯刑法第344条规定的“非法采伐、毁坏珍贵树林、国家重点保护植物罪”(重罪)，可以附加剥夺政治权利1年以上5年以下，并处罚金。

★犯刑法第344条规定的"非法收购、运输、加工、出售国家重点保护植物、国家重点保护植物制品罪"（重罪），可以附加剥夺政治权利1年以上5年以下，并处罚金。

★犯刑法第345条规定的"盗伐林木罪"（重罪），可以附加剥夺政治权利1年以上5年以下，并处罚金。

★犯刑法第345条规定的"滥伐林木罪"（重罪），可以附加剥夺政治权利1年以上5年以下，并处罚金。

★犯刑法第345条规定的"非法收购、运输盗伐、滥伐的林木罪"（重罪），可以附加剥夺政治权利1年以上5年以下，并处罚金。

★犯刑法第347条规定的"走私、贩卖、运输、制造毒品罪"（重罪），可以附加剥夺政治权利1年以上5年以下，并处罚金。

★犯刑法第348条规定的"非法持有毒品罪"（重罪），可以附加剥夺政治权利1年以上5年以下，并处罚金。

★犯刑法第353条规定的"引诱、教唆、欺骗他人吸毒罪"（重罪），可以附加剥夺政治权利1年以上5年以下，并处罚金。

★犯刑法第355条规定的"非法提供麻醉药品、精神药品罪"（重罪），可以附加剥夺政治权利1年以上5年以下，并处罚金。

★犯刑法第375条规定的"伪造、盗窃、买卖、非法提供、非法使用武装部队专用标志罪"（重罪），可以附加剥夺政治权利1年以上5年以下，并处罚金。

★犯刑法第388条第1款规定的"利用影响力受贿罪"（重罪），可以附加剥夺政治权利1年以上5年以下，并处罚金。

★犯刑法第396条规定的"私分国有资产罪"（重罪），可以附加剥夺政治权利1年以上5年以下，并处罚金。

★犯刑法第396条规定的"私分罚没财物罪"（重罪），可以附加剥夺政治权利1年以上5年以下，并处罚金。

（三）还应并处一定限额罚金的罪行有7种

★犯刑法第147条规定的"生产、销售伪劣农药、兽药、化肥、种子罪"（重罪），可以附加剥夺政治权利1年以上5年以下，并处销售金额50%以上2倍以下罚金。

★犯刑法第175条规定的“高利转贷罪”(重罪)，可以附加剥夺政治权利1年以上5年以下，并处特定犯罪数额1倍以上5倍以下罚金。

★犯刑法第202、212条规定的“抗税罪”(重罪)，可以附加剥夺政治权利1年以上5年以下，并处特定犯罪数额1倍以上5倍以下罚金。

★犯刑法第203、211、212条规定的“逃避追缴欠税罪”(重罪)，可以附加剥夺政治权利1年以上5年以下，并处特定犯罪数额1倍以上5倍以下罚金。

★犯刑法第228条规定的“非法转让、倒卖土地使用权罪”(重罪)，可以附加剥夺政治权利1年以上5年以下，并处特定犯罪价额5%以上20%以下罚金。

★犯刑法第209、211条规定的“非法制造、出售非法制造的用于骗取出口退税、抵扣税款发票罪”(重罪)，可以附加剥夺政治权利1年以上5年以下，并处5万元以上50万元以下罚金。

★犯刑法第209、211条规定的“非法出售用于骗取出口退税、抵扣税款发票罪”(重罪)，可以附加剥夺政治权利1年以上5年以下，并处5万元以上50万元以下罚金。

(四)可以并处罚金或者没收财产的罪行有1种

★犯刑法第294条规定的“组织、领导、参加黑社会性质组织罪”(轻罪)，可以附加剥夺政治权利1年以上5年以下，可以并处罚金或者没收财产。

第四节　第15号量刑标尺：“处2年以上7年以下有期徒刑”

一、本量刑标尺基本内容

1. 第15号量刑标尺为“处2年以上7年以下有期徒刑”，适用于11种罪行。其幅度为有期徒刑2~7年=5年即60个月。先将法定刑平均划分为 200 个刻度，每刻度=0.3 个月，简称刻度月，是衡量犯罪人罪责程度的一般标准；再将法定刑划分为等间距的两个量刑空间，其"中间线"是从重处罚与从轻处罚的正负起点，是量刑公正的生命线。

2. 本量刑标尺有减轻处罚空间，减轻幅度为处 2 年以下有期徒刑、拘役或者管制，其中 2 年以下有期徒刑为 6 个月~2 年=1.5 年即 18 个月，拘役虚拟徒刑 1~6 个月即 5 个月，管制虚拟徒刑 1.5~12 个月即 10.5 个月，幅度刑罚量共 33.5 个月，除以刻度月 0.3，减轻处罚空间=112 个刻度。

3. 本量刑标尺总宽度为 312 个刻度，即法定刑空间 200 个刻度+减轻处罚空间 112 个刻度。

二、本量刑标尺示意图形

<table>
<tr><td colspan="16">(三)第 15 号量刑标尺示意图形(主刑刻度月=0.3)</td></tr>
<tr><td>112</td><td>100</td><td>80</td><td>60</td><td>40</td><td>20</td><td>20</td><td>40</td><td>60</td><td>80</td><td>100</td><td>120</td><td>140</td><td>160</td><td>180</td><td>200</td></tr>
<tr><td colspan="6">减轻处罚空间</td><td colspan="5">从轻处罚空间</td><td colspan="5">从重处罚空间</td></tr>
<tr><td colspan="2">管制</td><td>拘役</td><td colspan="3">2年以下有期徒刑</td><td colspan="10">2 年以上 7 年以下有期徒刑</td></tr>
<tr><td colspan="2">10.5
个月</td><td>5个月</td><td colspan="3">6 个月~2 年
=18 个月</td><td colspan="5">2 年~4.5 年=
2.5 年即 30 个月</td><td colspan="5">4.5~7 年=
2.5 年即 30 个月</td></tr>
<tr><td colspan="2">占 35 个
刻度</td><td>占17个
刻度</td><td colspan="3">占 60 个刻度</td><td colspan="5" rowspan="2">占 100 个刻度</td><td colspan="5" rowspan="2">占 100 个刻度</td></tr>
<tr><td colspan="6">共占 112 个刻度</td></tr>
<tr><td colspan="6">←再倒数112个刻度=减轻处罚底线</td><td colspan="5">倒数第 100~1 个刻度</td><td colspan="5">正数第 101~200 个刻度</td></tr>
<tr><td colspan="16">(法定刑中间线刑罚量为有期徒刑 2 年 6 个月处)↑(未加起刑期 2 年)</td></tr>
</table>

三、本量刑标尺适用罪行及其是否并处附加刑

本量刑标尺适用于下列 11 种罪行：

(一)无附加刑的罪行有4种

★犯刑法第254条规定的“报复陷害罪”(重罪),无并处附加刑。

★犯刑法第257条规定的“暴力干涉婚姻自由罪”(重罪),无并处附加刑。

★犯刑法第260条规定的“虐待罪”(重罪),无并处附加刑。

★犯刑法第416条规定的“阻碍解救被拐卖、绑架妇女、儿童罪”(基本罪),无并处附加刑。

(二)并处罚金的罪行有3种

★犯刑法第205条第1款规定的“虚开发票罪”(重罪),并处罚金。

★犯刑法第210条第1款规定的“持有伪造的发票罪”(重罪),并处罚金。

★犯刑法第318条规定的“组织他人偷越国(边)境罪”(基本罪),并处罚金。

(三)并处限额罚金刑的罪行有4种

★犯刑法第209、211条规定的“非法制造、出售非法制造的发票罪”(重罪),“并处5万元以上50万元以下罚金”。

★犯刑法第209、211条规定的“非法出售发票罪”(重罪),“并处5万元以上50万元以下罚金”。

★犯刑法第227条规定的“伪造、倒卖伪造的有价票证罪”(重罪),并处票证价额1倍以上5倍以下罚金。

★犯刑法第140、149、150条规定的“生产、销售伪劣产品罪”(重罪),并处销售金额50%以上2倍以下罚金。

第五节 第16号量刑标尺:“处1年以上10年以下有期徒刑”

一、本量刑标尺基本内容

1. 第16号量刑标尺为“1年以上10年以下有期徒刑”,适用于2

种罪行。其幅度刑罚量为有期徒刑1~10年=9年即108个月。先将法定刑平均划分为200个刻度，每刻度=0.54个月，简称刻度月，是衡量犯罪人罪责程度的一般标准；再将法定刑划分为等间距的两个量刑空间，其"中间线"是从重处罚与从轻处罚的正负起点，是量刑公正的生命线。

2. 本量刑标尺有减轻处罚空间，减轻幅度为处1年以下有期徒刑、拘役或者管制，其中1年以下有期徒刑为6个月、拘役虚拟徒刑1~6个月即5个月，管制虚拟徒刑1.5~12个月即10.5个月，幅度刑罚量共21.5个月，除以刻度月0.54，减轻处罚空间=40个刻度。

3. 本量刑标尺总宽度为240个刻度，即法定刑空间200个刻度+减轻处罚空间为40个刻度。

二、本量刑标尺示意图形

<table>
<tr><td colspan="14">(三)第16号量刑标尺示意图形(主刑刻度月=0.54)</td></tr>
<tr><td colspan="2">40</td><td colspan="2">20</td><td>20</td><td>40</td><td>60</td><td>80</td><td>100</td><td>120</td><td>140</td><td>160</td><td>180</td><td>200</td></tr>
<tr><td colspan="4">减轻处罚空间</td><td colspan="5">从轻处罚空间</td><td colspan="5">从重处罚空间</td></tr>
<tr><td>管制</td><td colspan="2">拘役</td><td>徒刑</td><td colspan="10">1年以上10年以下有期徒刑</td></tr>
<tr><td>10.5个月</td><td colspan="2">5个月</td><td>6个月</td><td colspan="5">1~5年6个月
=4.5年即54个月</td><td colspan="5">5年6个月~10年
=4.5年即54个月</td></tr>
<tr><td>占20个刻度</td><td colspan="2">占9个刻度</td><td>占11个刻度</td><td colspan="5" rowspan="2">占100个刻度</td><td colspan="5" rowspan="2">占100个刻度</td></tr>
<tr><td colspan="4">共占40个刻度</td></tr>
<tr><td colspan="4">←再倒数40个刻度
=减轻处罚底线</td><td colspan="5">←倒数第100~1个刻度</td><td colspan="5">正数第101~200个刻度→</td></tr>
<tr><td colspan="14">(法定刑中线刑罚量为有期徒刑4年6个月处)↑(未加起刑期1年)</td></tr>
</table>

三、本量刑标尺适用罪行及其是否并处附加刑

本量刑标尺适用于下列 2 种罪行:

★犯刑法第 382、383、183、271、386、394 条规定的“贪污罪”(基本罪)的，无并处附加刑。

★犯刑法第 385、386、388 条规定的“受贿罪”(基本罪)的，无并处附加刑。

第四章　较轻罪行的量刑标尺及其适用罪行

第一节　第 17 号量刑标尺：“处 2 年以上 5 年以下有期徒刑”

一、本量刑标尺基本内容

1. 第 17 号量刑标尺为“2 年以上 5 年以下有期徒刑”，适用于 1 种罪行。幅度刑罚量为有期徒刑 2~5 年=3 年即 36 个月。先将法定刑平均划分为 200 个刻度，每刻度=0.18 个月，简称刻度月，是衡量犯罪人罪责程度的一般标准；再将法定刑划分为等间距的两个量刑空间，其“中间线”是从重处罚与从轻处罚的正负起点，是量刑公正的生命线。

2. 本量刑标尺有减轻处罚空间，减轻幅度为 2 年以下有期徒刑、拘役或者管制，其中 2 年以下有期徒刑为 1.5 年即 18 个月，拘役虚拟徒刑 1~6 个月即 5 个月，管制虚拟徒刑 1.5~12 个月即 10.5 个月，幅度刑罚量共 33.5 个月，除以刻度月 0.18，减轻处罚空间=186 个刻度。

3. 本量刑标尺总宽度为 386 个刻度，即法定刑空间 200 个刻度+减轻处罚空间为 186 个刻度。

二、本量刑标尺示意图形

<table>
<tr><td colspan="19">(三)第 17 号量刑标尺示意图形(主刑刻度月=0. 18)</td></tr>
<tr><td colspan="9">减轻处罚空间</td><td colspan="5">从轻处罚空间</td><td colspan="5">从重处罚空间</td></tr>
<tr><td>186</td><td>160</td><td>140</td><td>120</td><td>100</td><td>80</td><td>60</td><td>40</td><td>20</td><td>20</td><td>40</td><td>60</td><td>80</td><td>100</td><td>120</td><td>140</td><td>160</td><td>180</td><td>200</td></tr>
<tr><td colspan="2">管　制</td><td colspan="2">拘役</td><td colspan="5">2 年以下有期徒刑</td><td colspan="10">2 年以上 5 年以下有期徒刑</td></tr>
<tr><td colspan="2">10. 5 个月</td><td colspan="2">5 个月</td><td colspan="5">6 个月 ~2 年=18 个月</td><td colspan="5">2~3. 5 年=18 个月</td><td colspan="5">3. 5~5 年=18 个月</td></tr>
<tr><td colspan="2">占 58 个刻度</td><td colspan="2">占 28 个刻度</td><td colspan="5">占 100 个刻度</td><td colspan="5" rowspan="2">占 100 个刻度</td><td colspan="5" rowspan="2">占 100 个刻度</td></tr>
<tr><td colspan="9">共占 186 个刻度</td></tr>
<tr><td colspan="9">←再倒数 186 个刻度=减轻处罚底线</td><td colspan="5">←倒数第100~1个刻度</td><td colspan="5">正数第101~200个刻度→</td></tr>
<tr><td colspan="19">(法定刑中间线刑罚量为有期徒刑 1 年 6 个月处)↑(未加起刑期 2 年)</td></tr>
</table>

三、本量刑标尺适用罪行及其是否并处附加刑

本量刑标尺只能适用于如下罪行：

★犯刑法第 270 条规定的“侵占罪”(重罪)，并处罚金。

第二节　第 18 号量刑标尺：“处 5 年以下有期徒刑”

一、本量刑标尺基本内容

1. 第 18 号量刑标尺为“5 年以下有期徒刑”，适用于 18 种罪行。其幅度刑罚量为有期徒刑 6 个月 ~5 年=4. 5 年即 54 个月。先将法定刑平均划分为 200 个刻度，每刻度=0. 27 个月，简称刻度月，是衡量犯罪人罪责程度的一般标准；再将法定刑划分为等间距的两个量刑空

间，其"中间线"是从重处罚与从轻处罚的正负起点，是量刑公正的生命线。

2. 本量刑标尺有减轻处罚空间，减轻幅度为拘役或者管制，其中拘役虚拟徒刑 1～6 个月即 5 个月，管制虚拟徒刑 1.5～12 个月即 10.5 个月，幅度刑罚量共 15.5 个月，除以刻度月 0.27，减轻处罚空间=58 个刻度。

3. 本量刑标尺总宽度为 258 个刻度，即法定刑空间 200 个刻度+减轻处罚空间为 58 个刻度。

二、本量刑标尺示意图形

<table>
<tr><td colspan="13">（三）第 18 号量刑标尺示意图形（主刑刻度月＝0.27）</td></tr>
<tr><td>58</td><td>40</td><td>20</td><td>20</td><td>40</td><td>60</td><td>80</td><td>100</td><td>120</td><td>140</td><td>160</td><td>180</td><td>200</td></tr>
<tr><td colspan="3">减轻处罚空间</td><td colspan="5">从轻处罚空间</td><td colspan="5">从重处罚空间</td></tr>
<tr><td colspan="2">管制</td><td>拘役</td><td colspan="10">5 年以下有期徒刑</td></tr>
<tr><td colspan="2" rowspan="2">10.5 个月</td><td rowspan="2">5 个月</td><td colspan="10">5 年以下有期徒刑＝4 年 6 个月即 54 个月</td></tr>
<tr><td colspan="5">6个月～2年9个月＝27个月</td><td colspan="5">2 年 9 个月～5 年＝27 个月</td></tr>
<tr><td colspan="2">占39个刻度</td><td>占19个刻度</td><td colspan="5" rowspan="2">占 100 个刻度</td><td colspan="5" rowspan="2">占 100 个刻度</td></tr>
<tr><td colspan="3">共占 58 个刻度</td></tr>
<tr><td colspan="3">←再倒数 58 个刻度
＝减轻处罚底线</td><td colspan="5">←倒数第 100～1 个刻度</td><td colspan="5">正数第 101～200 个刻度→</td></tr>
<tr><td colspan="13">（法定刑中间线刑罚量为有期徒刑 2 年 3 个月处）↑（未加起刑期 6 个月）</td></tr>
</table>

三、本量刑标尺适用罪行及其是否并处附加刑

本量刑标尺适用于下列 18 种罪行：

（一）无并处附加刑的罪行有 10 种

★犯刑法第 126 条规定的“违规制造、销售枪支罪”（基本罪），无并处附加刑。

★犯刑法第 151 条规定的“走私文物罪”（重罪），无并处附加刑。

★犯刑法第 294 条规定的“包庇、纵容黑社会性质组织罪”（基本罪），无并处附加刑。

★犯刑法第 320 条规定的“提供伪造、变造的出入境证件罪”（基本罪），无并处附加刑。

★犯刑法第 428 条规定的“违令作战消极罪”（基本罪），无并处附加刑。

★犯刑法第 429 条规定的“拒不救援友邻部队罪”（基本罪），无并处附加刑。

★犯刑法第 431 条规定的“非法获取军事秘密罪”（基本罪），无并处附加刑。

★犯刑法第 444 条规定的“遗弃伤病军人罪”（基本罪），无并处附加刑。

★犯刑法第 446 条规定的“战时残害居民、掠夺居民财物罪”（基本罪），无并处附加刑。

★犯刑法第 447 条规定的“私放俘虏罪”（基本罪），无并处附加刑。

（二）并处罚金的罪行有 7 种

★犯刑法第 144 条规定的“生产、销售有毒、有害食品罪”（基本罪），并处罚金。

★犯刑法第 151 条规定的“走私贵重金属罪”（重罪），并处罚金。

★犯刑法第 151 条规定的“走私珍贵动物、珍贵动物制品罪”（重罪），并处罚金。

★犯刑法第 234 条第 1 款规定的“组织出卖人体器官罪”（基本罪），并处罚金。

★犯刑法第320条规定的"出售出入境证件罪"（基本罪），并处罚金。

★犯刑法第333条规定的"非法组织卖血罪"（基本罪），并处罚金。

★犯刑法第358条规定的"协助组织卖淫罪"（基本罪），并处罚金。

（三）"并处销售金额50%以上2倍以下罚金"的罪行有1种

★犯刑法第146条规定的"生产、销售不符合安全标准的产品罪"（基本罪），"并处销售金额50%以上2倍以下罚金"。

第三节　第19号量刑标尺："处5年以下有期徒刑或者拘役"

一、本量刑标尺基本内容

1. 第19号量刑标尺为"5年以下有期徒刑或者拘役"，适用于72种罪行。其中，5年以下有期徒刑为6个月~5年=4.5年即54个月，拘役虚拟徒刑1~6个月即5个月，幅度刑罚量共59个月。先将法定刑平均划分为200个刻度，每刻度=0.295个月，简称刻度月，是衡量犯罪人罪责程度的一般标准；再将法定刑划分为等间距的两个量刑空间，其"中间线"是从重处罚与从轻处罚的正负起点，是量刑公正的生命线。

2. 本量刑标尺有减轻处罚空间，减轻幅度为管制，虚拟徒刑1.5~12个月即10.5个月，除以刻度月0.295，减轻处罚空间=36个刻度。

3. 本量刑标尺总宽度为236个刻度，即法定刑空间200个刻度+减轻处罚空间为36个刻度。

二、本量刑标尺示意图形

<table>
<tr><td colspan="12">(三)第 19 号量刑标尺示意图形(主刑刻度月=0.295)</td></tr>
<tr><td>36</td><td>20</td><td>20</td><td>40</td><td>60</td><td>80</td><td>100</td><td>120</td><td>140</td><td>160</td><td>180</td><td>200</td></tr>
<tr><td colspan="2">减轻处罚空间</td><td colspan="5">从轻处罚空间</td><td colspan="5">从重处罚空间</td></tr>
<tr><td colspan="2">管制</td><td>拘役</td><td colspan="9">5 年以下有期徒刑</td></tr>
<tr><td colspan="2" rowspan="2">10.5 个月</td><td rowspan="2">5 个月</td><td colspan="9">5 年以下有期徒刑=4 年 6 个月即 54 个月</td></tr>
<tr><td colspan="4">24.5 个月</td><td colspan="5">29.5 个月</td></tr>
<tr><td colspan="2" rowspan="2">占 36 个刻度</td><td>占17个刻度</td><td colspan="4">占 83 个刻度</td><td colspan="5" rowspan="2">占 100 个刻度</td></tr>
<tr><td colspan="5">共占 100 个刻度</td></tr>
<tr><td colspan="2">←再倒数36个刻度
=减轻底线</td><td colspan="5">←倒数第 100~1 个刻度</td><td colspan="5">正数第 101~200 个刻度→</td></tr>
<tr><td colspan="12">(法定刑中间线刑罚量为有期徒刑 2 年 5 个月处)↑(未加起刑期 6 个月)</td></tr>
</table>

三、本量刑标尺适用罪行及其是否并处附加刑

本量刑标尺适用于下列 72 种罪行：

(一)无并处附加刑的罪行有 52 种

★犯刑法第 123 条规定的“暴力危及飞行安全罪”(基本罪)，无并处附加刑。

★犯刑法第 134 条规定的“强令违章冒险作业罪”(基本罪)，无并处附加刑。

★犯刑法第 163 条规定的“非国家工作人员受贿罪”(基本罪)，无并处附加刑。

★犯刑法第 188 条规定的“违规出具金融票证罪”(基本罪)，无并处附加刑。

★犯刑法第 189 条规定的“对违法票据承兑、付款、保证罪”(基

本罪)，无并处附加刑。

★犯刑法第224条第1款规定的"组织、领导传销活动罪"(基本罪)，无并处附加刑。

★犯刑法第237条规定的"强制猥亵、侮辱妇女罪"(基本罪)，无并处附加刑。

★犯刑法第237条规定的"猥亵儿童罪"(基本罪)，无并处附加刑。

★犯刑法第242条规定的"聚众阻碍解救被拐卖的妇女、儿童罪"(基本罪)，无并处附加刑。

★犯刑法第262条规定的"拐骗儿童罪"(基本罪)，无并处附加刑。

★犯刑法第271条规定的"职务侵占罪"(基本罪)，无并处附加刑。

★犯刑法第286条规定的"破坏计算机信息系统罪"(基本罪)，无并处附加刑。

★犯刑法第316条规定的"脱逃罪"(基本罪)，无并处附加刑。

★犯刑法第317条规定的"组织越狱罪"(轻罪)，无并处附加刑。

★犯刑法第329条规定的"抢夺、窃取国有档案罪"(基本罪)，无并处附加刑。

★犯刑法第334条规定的"采集、供应血液、制作、供应血液制品事故罪"(基本罪)，无并处附加刑。

★犯刑法第339、346条规定的"非法处置进口的固体废物罪"(基本罪)，无并处附加刑。

★犯刑法第339条规定的"擅自进口固体废物罪"(基本罪)，无并处附加刑。

★犯刑法第341条规定的"非法猎捕、杀害珍贵、濒危野生动物罪"(基本罪)，无并处附加刑。

★犯刑法第368条规定的"阻碍军事行动罪"(基本罪)，无并处附加刑。

★犯刑法第370条规定的"故意提供不合格武器装备、军事设施罪”(基本罪)，无并处附加刑。

★犯刑法第 393 条规定的“单位行贿罪”(基本罪)，无并处附加刑。

★犯刑法第 395 条规定的“巨额财产来源不明罪”(基本罪)，无并处附加刑。

★犯刑法第 380 条规定的“战时拒绝、故意延误军事订货罪”(基本罪)，无并处附加刑。

★犯刑法第 384、185、272 条规定的“挪用公款罪”(基本罪)，无并处附加刑。

★犯刑法第 387 条规定的“单位受贿罪”(基本罪)，无并处附加刑。

★犯刑法第 389、390 条规定的“行贿罪”(基本罪)，无并处附加刑。

★犯刑法第 397 条规定的“国家机关工作人员徇私舞弊罪”(基本罪),① 无并处附加刑。

★犯刑法第 399 条规定的“徇私枉法罪”(基本罪)，无并处附加刑。

★犯刑法第 399 条规定的“民事、行政枉法裁判罪”(基本罪)，无并处附加刑。

★犯刑法第 399 条规定的“执行判决、裁定滥用职权罪”(基本罪)，无并处附加刑。

★犯刑法第 399 条规定的“执行判决、裁定失职罪”(基本罪)，无并处附加刑。

★犯刑法第 400 条规定的“私放在押人员罪”(基本罪)，无并处附加刑。

★犯刑法第 403 条规定的“滥用管理公司、证券职权罪”(基本罪)，无并处附加刑。

---

① “两高”司法解释无此罪名，由于它的法定刑配置不同于“滥用职权罪”和“玩忽职守罪”，所以应增设本罪名。

★犯刑法第404条规定的"徇私舞弊不征、少征税款罪"(基本罪)，无并处附加刑。

★犯刑法第405条规定的"徇私舞弊发售发票、抵扣税款、出口退税罪"(基本罪)，无并处附加刑。

★犯刑法第405条规定的"非法提供出口退税凭证罪"(基本罪)，无并处附加刑。

★犯刑法第408条第1款规定的"食品监管渎职罪"(基本罪)，无并处附加刑。

★犯刑法第411条规定的"放纵走私罪"(基本罪)，无并处附加刑。

★犯刑法第412条规定的"商检徇私舞弊罪"(基本罪)，无并处附加刑。

★犯刑法第413条规定的"动植物检疫徇私舞弊罪"(基本罪)，无并处附加刑。

★犯刑法第414条规定的"放纵制售伪劣商品犯罪行为罪"(基本罪)，无并处附加刑。

★犯刑法第416条规定的"不解救被拐卖、绑架妇女、儿童罪"(基本罪)，无并处附加刑。

★犯刑法第426条规定的"阻碍执行军事职务罪"(基本罪)，无并处附加刑。

★犯刑法第427条规定的"指使部属违反职责罪"(基本罪)，无并处附加刑。

★犯刑法第430条规定的"军人叛逃罪"(基本罪)，无并处附加刑。

★犯刑法第432条规定的"故意泄露军事机密罪"(基本罪)，无并处附加刑。

★犯刑法第432条规定的"过失泄露军事机密罪"(基本罪)，无并处附加刑。

★犯刑法第438条规定的"盗窃、抢夺武器装备、军用物资罪"(基本罪)，无并处附加刑。

★犯刑法第 440 条规定的“遗弃武器装备罪”(基本罪)，无并处附加刑。

★犯刑法第 443 条规定的“虐待部属罪”(基本罪)，无并处附加刑。

★犯刑法第 445 条规定的“战时拒不救治伤病军人罪”(基本罪)，无并处附加刑。

(二)并处或者可以并处无限额罚金的罪行有 7 种

1. 并处罚金的罪行有 6 种

★犯刑法第 137 条规定的“工程重大安全事故罪”(基本罪)，并处罚金。

★犯刑法第 334 条规定的“非法采集、供应血液、制作、供应血液制品罪”(基本罪)、并处罚金。

★犯刑法第 341 条规定的“非法收购、运输、出售珍贵、濒危野生动物、珍贵、濒危野生动物制品罪”(基本罪)，并处罚金。

★犯刑法第 343 条规定的“破坏性采矿罪”(基本罪)，并处罚金。

★犯刑法第 326 条规定的“倒卖文物罪”(基本罪)，并处罚金。

★犯刑法第 229 条规定的“提供虚假证明文件罪”(基本罪)，并处罚金。

2. 可以并处罚金的罪行有 1 种

★犯刑法第 325 条规定的“非法向外国人出售、赠送珍贵文物罪”(基本罪)，可以并处罚金。

(三)并处限额罚金的罪行有 13 种

1. “并处 1 万元以上 10 万元以下罚金”的罪行有 2 种

★犯刑法第 186 条规定的“违法发放贷款罪”(基本罪)，并处 1 万元以上 10 万元以下罚金。

★犯刑法第 198 条规定的“保险诈骗罪”(基本罪)，并处 1 万元以上 10 万元以下罚金。

2. “处 2 万元以上 20 万元以下罚金”的罪行有 8 种

★犯刑法第 187 条规定的“吸收客户资金不入账罪”(基本罪)，处 2 万元以上 20 万元以下罚金。

★犯刑法第192、199、200条规定的“集资诈骗罪”(基本罪),处2万元以上20万元以下罚金。

★犯刑法第193条规定的“贷款诈骗罪”(基本罪),处2万元以上20万元以下罚金。

★犯刑法第194、199、200条规定的“票据诈骗罪”(基本罪),处2万元以上20万元以下罚金。

★犯刑法第194、199、200条规定的“金融凭证诈骗罪”(基本罪),处2万元以上20万元以下罚金。

★犯刑法第195、199、200条规定的“信用证诈骗罪”(基本罪),处2万元以上20万元以下罚金。

★犯刑法第196条规定的(代码为030506)“信用卡诈骗罪”(基本罪),处2万元以上20万元以下罚金。

★犯刑法第197条规定的“有价证券诈骗罪”(基本罪),处2万元以上20万元以下罚金。

3.“并处骗购外汇数额5%以上30%以下罚金”的罪行有1种

★《决定》第1条规定的“骗购外汇罪”(基本罪),并处骗购外汇数额5%以上30%以下罚金。

4.“并处逃汇数额5%以上30%以下罚金”的罪行有1种

★犯刑法第190条、决定3条规定的“逃汇罪”(基本罪),并处逃汇数额5%以上30%以下罚金。

5.“并处骗取税款1倍以上5倍以下罚金”的罪行有1种

★犯刑法第204、211、212条规定的“骗取出口退税款罪”(基本罪),并处骗取税款1倍以上5倍以下罚金。

第四节　第20号量刑标尺:“处5年以下有期徒刑、拘役或者管制”

一、本量刑标尺基本内容

1. 第20号量刑标尺为“5年以下有期徒刑、拘役或者管制”,适用于12种罪行。其中5年以下有期徒刑为6个月~5年=4.5年即54个月，拘役虚拟徒刑1~6个月即5个月，管制虚拟徒刑1.5~12个月即10.5个月，幅度刑罚量69.5个月。先将法定刑平均划分为200个刻度，每刻度=0.35个月，简称刻度月，是衡量犯罪人罪责程度的一般标准；再将法定刑划分为等间距的两个量刑空间，其“中间线”是从重处罚与从轻处罚的正负起点，是量刑公正的生命线。

2. 本法定刑无减轻处罚空间。

二、本量刑标尺示意图形

<table>
<tr><td colspan="20">(三)第20号量刑标尺示意图形(主刑刻度月=0.35)</td></tr>
<tr><td>10</td><td>20</td><td>30</td><td>40</td><td>50</td><td>60</td><td>70</td><td>80</td><td>90</td><td>100</td><td>110</td><td>120</td><td>130</td><td>140</td><td>150</td><td>160</td><td>170</td><td>180</td><td>190</td><td>200</td></tr>
<tr><td colspan="10">从轻处罚空间</td><td colspan="10">从重处罚空间</td></tr>
<tr><td colspan="3">管制</td><td colspan="2">拘役</td><td colspan="15">5年以下有期徒刑</td></tr>
<tr><td colspan="3" rowspan="2">10.5个月</td><td colspan="2" rowspan="2">5个月</td><td colspan="15">5年以下有期徒刑=4年6个月即54个月</td></tr>
<tr><td colspan="5">6个月~2年1个月
=19个月</td><td colspan="10">2年11个月~5年=35个月</td></tr>
<tr><td colspan="3">占30个刻度</td><td colspan="2">占14个
刻度</td><td colspan="5">占56个刻度</td><td colspan="10">占100个刻度</td></tr>
<tr><td colspan="10">←倒数第100~1个刻度</td><td colspan="10">正数第101~200个刻度→</td></tr>
<tr><td colspan="20">(法定刑中间线刑罚量为有期徒刑2年11个月处)↑(未加起刑期6个月)</td></tr>
</table>

三、本量刑标尺适用罪行及其是否并处附加刑

本量刑标尺适用于下列12种罪行：

(一)无并处附加刑的罪行有8种

★犯刑法第261条规定的“遗弃罪”(基本罪)，无并处附加刑。

★犯刑法第291条规定的“聚众扰乱公共场所、交通秩序罪”(基

本罪)，无并处附加刑。

★犯刑法第291条第1款规定的"投放虚假危险物质罪"(基本罪)，无并处附加刑。

★犯刑法第291条第1款规定的"编造、故意传播虚假恐怖信息罪"(基本罪)，无并处附加刑。

★犯刑法第293条规定的"寻衅滋事罪"(基本罪)，无并处附加刑。

★犯刑法第295条规定的"传授犯罪方法罪"(基本罪)，无并处附加刑。

★犯刑法第301条规定的"聚众淫乱罪"(基本罪)，无并处附加刑。

★犯刑法第301条规定的"引诱未成年人聚众淫乱罪"(基本罪)，无并处附加刑。

(二)并处罚金的罪行有4种

★犯刑法第321条规定的"运送他人偷越国(边)境罪"(基本罪)，并处罚金。

★犯刑法第351条规定的"非法种植毒品原植物罪"(基本罪)，并处罚金。

★犯刑法第359、361条规定的"引诱、容留、介绍卖淫罪"(基本罪)，并处罚金。

★犯刑法第360条规定的"传播性病罪"(基本罪)，并处罚金。

第五节　第21号量刑标尺："处5年以下有期徒刑、拘役或者罚金"

一、本量刑标尺基本内容

1. 第21号量刑标尺为"处5年以下有期徒刑、拘役或者罚金"，适用于18种罪行。先将法定刑空间平均划分为200个刻度，再按刑种平均分配量刑空间刻度，其中，主刑共占法定刑空间的2/3即133

刻度，单处罚金刑占法定刑空间的1/3即67刻度，后者不虚拟为徒刑，单独计算其刻度罚金量。罚金刑应占的量刑空间确定后，再调整各主刑在法定刑中的空间刻度。其中：5年以下有期徒刑为6个月~5年=4.5年即54个月，拘役虚拟徒刑1~6个月即5个月，主刑幅度刑罚总量共59个月，除以所占空间133个刻度，每刻度=0.44个月，简称主刑刻度月，是衡量犯罪人罪责程度的一般标准；再将法定刑划分为等间距的两个量刑空间(包括单处罚金)，其“中间线”是从重处罚与从轻处罚的正负起点，是量刑公正的生命线。

2. 本法定刑无减轻处罚空间。

二、本量刑标尺示意图形

<table>
<tr><td colspan="20">(三)第21号量刑标尺示意图形(主刑刻度月=0.44)</td></tr>
<tr><td>10</td><td>20</td><td>30</td><td>40</td><td>50</td><td>60</td><td>70</td><td>80</td><td>90</td><td>100</td><td>110</td><td>120</td><td>130</td><td>140</td><td>150</td><td>160</td><td>170</td><td>180</td><td>190</td><td>200</td></tr>
<tr><td colspan="10">从轻处罚空间</td><td colspan="10">从重处罚空间</td></tr>
<tr><td colspan="6">罚金</td><td colspan="2">拘役</td><td colspan="12">5年以下有期徒刑</td></tr>
<tr><td colspan="6">不虚拟为徒刑</td><td colspan="14">主刑幅度刑罚量为59个月，共占133个刻度，每刻度=0.44个月</td></tr>
<tr><td colspan="6" rowspan="2">单独计算刻度罚金量</td><td colspan="2" rowspan="2">5个月</td><td colspan="12">有期徒刑6个月~5年=4年6个月=54个月</td></tr>
<tr><td colspan="2">10个月</td><td colspan="10">有期徒刑54个月-10个月=44个月</td></tr>
<tr><td colspan="6">占67个刻度</td><td colspan="2">占11个刻度</td><td colspan="2">占22个刻度</td><td colspan="10">占100个刻度</td></tr>
<tr><td colspan="10">←倒数第100~1个刻度</td><td colspan="10">正数第101~200个刻度→</td></tr>
<tr><td colspan="20">(法定刑中间线刑罚量为有期徒刑2年8个月处)↑(未加起刑期6个月)</td></tr>
</table>

三、本量刑标尺适用罪行及其是否并处附加刑

本量刑标尺适用于下列18种罪行：

(一)被判处主刑的，并处罚金的罪行有4种

★犯刑法第151条规定的“走私国家禁止进出口的货物、物品

罪”(基本罪),被判处主刑的,并处罚金。

★犯刑法第 182 规定的“操纵证券、期货市场罪”(基本罪),被判处主刑的,并处罚金。

★犯刑法第 324 条规定的“故意损毁名胜古迹罪”(基本罪),被判处主刑的,并处罚金。

★犯刑法第 342 条规定的“非法占用农用地罪”(基本罪),被判处主刑的,并处罚金。

(二)被判处主刑的,并处数额罚金刑的罪行有 8 种

★犯刑法第 181 条规定的“编造并传播证券、期货交易虚假信息罪”(基本罪),被判处主刑的,并处 1 万元以上 10 万元以下罚金。

★犯刑法第 181 条规定的“诱骗投资者买卖证券、期货合约罪”(基本罪),被判处主刑的,并处 1 万元以上 10 万元以下罚金。

★犯刑法第 162 条规定的“妨害清算罪”(基本罪),被判处主刑的,并处 2 万元以上 20 万元以下罚金。

★犯刑法第 162 条第 1 款规定的“隐匿、故意销毁财务会计凭证、会计账簿、财务会计报告罪”(基本罪),被判处主刑的,并处 2 万元以上 20 万元以下罚金。

★犯刑法第 162 条第 1 款规定的“虚假破产罪”(基本罪),被判处主刑的,并处 2 万元以上 20 万元以下罚金。

★犯刑法第 177 条规定的“伪造、变造金融票证罪”(基本罪),被判处主刑的,并处 2 万元以上 20 万元以下罚金。

★犯刑法第 208、211 条规定的“非法购买增值税专用发票、购买伪造的增值税专用发票罪”(基本罪),被判处主刑的,并处 2 万元以上 20 万元以下罚金。

(三)被判处主刑的,并处倍数罚金刑的罪行有 3 种

★犯刑法第 180 条规定的“内幕交易、泄露内幕信息罪”(基本罪),被判处主刑的,并处违法所得 1 倍以上 5 倍以下罚金。

★犯刑法第 180 条规定的“利用未公开信息交易罪”(基本罪),被判处主刑的,并处违法所得 1 倍以上 5 倍以下罚金。

★犯刑法第 225 条规定的“非法经营罪”(基本罪),被判处主刑

的，并处违法所得 1 倍以上 5 倍以下罚金。

（四）被判处主刑的，并处比率罚金刑的罪行有 4 种

★犯刑法第 159 条规定的“虚假出资、抽逃出资罪”（基本罪），被判处主刑的，并处虚假出资金额或者抽逃出资金额 2%以上 10%以下罚金。

★犯刑法第 160 条规定的“欺诈发行股票、债券罪”（基本罪），被判处主刑的，并处非法募集资金金额 1%以上 5%以下罚金。

★犯刑法第 179 条规定的“擅自发行股票、公司、企业债券罪”（基本罪），被判处主刑的，并处非法募集资金金额 1%以上 5%以下罚金。

★犯刑法第 191 条规定的“洗钱罪”（基本罪），被判处主刑的，并处洗钱数额 5%以上 20%以下罚金。

第六节　第 22 号量刑标尺：“处 5 年以下有期徒刑、拘役、管制或剥夺政治权利”

一、本量刑标尺基本内容

1. 第 22 号量刑标尺为“处 5 年以下有期徒刑、拘役、管制或者剥夺政治权利”，适用于 10 种罪行。先将法定刑空间平均划分为 200 个刻度，再按刑种平均分配量刑空间刻度：其中，主刑共占法定刑空间的 3/4 即 150 个刻度，单处剥夺政治权利占法定刑空间的 1/4 即 50 个刻度，后者不虚拟为徒刑，单独计算其刻度刑罚量。单处剥夺政治权利的量刑空间确定后，再调整各主刑在法定刑中的空间刻度，其中：5 年以下有期徒刑为 6 个月～4.5 年即 54 个月，拘役虚拟徒刑 1～6 个月即 5 个月，管制虚拟徒刑 1.5～12 个月即 10.5 个月，主刑幅度刑罚量共 69.5 个月，除以所占空间 150 个刻度，每刻度＝0.46 个月，简称主刑刻度月，是衡量犯罪人罪责程度的一般标准；单处剥夺政治权利为“1～5 年”＝4 年即 48 个月，除以所占空间 50 个刻度，每刻度＝0.96 个月；再将法定刑划分为等间距的两个量刑空间，其

"中间线"是从重处罚与从轻处罚的正负起点，是量刑公正的生命线。

2. 本法定刑无减轻处罚空间。

二、本量刑标尺示意图形

<table>
<tr><td colspan="20">(三)第22号量刑标尺示意图形(主刑刻度月=0.46)</td></tr>
<tr><td>10</td><td>20</td><td>30</td><td>40</td><td>50</td><td>60</td><td>70</td><td>80</td><td>90</td><td>100</td><td>110</td><td>120</td><td>130</td><td>140</td><td>150</td><td>160</td><td>170</td><td>180</td><td>190</td><td>200</td></tr>
<tr><td colspan="10">从轻处罚空间</td><td colspan="10">从重处罚空间</td></tr>
<tr><td colspan="5">单处剥夺政治权利</td><td colspan="2">管制</td><td colspan="2">拘役</td><td colspan="11">5年以下有期徒刑</td></tr>
<tr><td colspan="5" rowspan="2">剥夺政治权利1~5年=4年即48个月</td><td colspan="15">主刑幅度刑罚量共69.5个月，除以所占空间150个刻度，每刻度=0.46个月</td></tr>
<tr><td colspan="2">10.5个月</td><td colspan="2">5个月</td><td>8个月</td><td colspan="10" rowspan="2">主刑幅度刑罚量69.5个月-法定刑中间线23.5个月=46个月</td></tr>
<tr><td colspan="5" rowspan="2">48个月÷50个刻度
每刻度=0.96个月</td><td colspan="2">占22个刻度</td><td colspan="2">占11个刻度</td><td>占17个刻度</td></tr>
<tr><td colspan="5">共占50个刻度</td><td colspan="10">占100个刻度</td></tr>
<tr><td colspan="10">←倒数第100~1个刻度</td><td colspan="10">正数第101~200个刻度→</td></tr>
<tr><td colspan="20">(法定刑中间线刑罚量为有期徒刑3年11个月处)↑(未加起刑期6个月)</td></tr>
</table>

三、本量刑标尺适用罪行及其是否并处附加刑

本量刑标尺适用于下列10种罪行：

(一)无并处附加刑的罪行有4种

★犯刑法第290条规定的"聚众冲击国家机关罪"(轻罪)，无并处附加刑。

★犯刑法第296条规定的"非法集会、游行、示威罪"(基本罪)，无并处附加刑。

★犯刑法第298条规定的"破坏集会、游行、示威罪"(基本罪)，无并处附加刑。

★犯刑法第 371 条规定的"聚众冲击军事禁区罪"(轻罪)，无并处附加刑。

(二)并处罚金的罪行有 1 种

★犯刑法第 120 条之一规定的"资助恐怖活动罪"(基本罪)，并处罚金。

(三)被判处主刑的可以附加剥夺政治权利 1 年以上 5 年以下，可以并处没收财产的罪行有 5 种

★犯刑法第 103 条规定的"煽动分裂国家罪"(轻罪)，可以并处没收财产。

★犯刑法第 105 条规定的"煽动颠覆国家政权罪"(基本罪)，可以并处没收财产。

★犯刑法第 107 条规定的"资助危害国家安全犯罪活动罪"(基本罪)，可以并处没收财产。

★犯刑法第 109 规定的"叛逃罪"(基本罪)，可以并处没收财产。

★犯刑法第 111、113 条规定的"为境外窃取、刺探、收买、非法提供国家秘密、情报罪"(轻罪)，可以并处没收财产。

第七节　第 23 号量刑标尺："处 5 年以下有期徒刑或者罚金"

一、本量刑标尺基本内容

1. 第 23 号量刑标尺为"处 5 年以下有期徒刑或者罚金"，适用于 1 种罪行。先将法定刑空间平均划分为 200 个刻度，再按刑种平均分配量刑空间刻度，主刑与单处罚金刑分别占法定刑空间的 1/2 即 100 刻度。5 年以下有期徒刑为 6 个月～4. 5 年即 54 个月，除以所占空间 100 个刻度，每刻度＝0. 54 个月，简称主刑刻度月，是衡量犯罪人罪责程度的一般标准；单处罚金刑不虚拟为徒刑，单独计算其刻度罚金量。再将法定刑划分为等间距的两个量刑空间，其"中间线"是从重处罚与从轻处罚的正负起点，是量刑公正的生命线。

2. 本法定刑无减轻处罚空间。

二、本量刑标尺示意图形

<table>
<tr><td colspan="20">（三）第23号量刑标尺示意图形（主刑刻度月=0.54）</td></tr>
<tr><td>10</td><td>20</td><td>30</td><td>40</td><td>50</td><td>60</td><td>70</td><td>80</td><td>90</td><td>100</td><td>110</td><td>120</td><td>130</td><td>140</td><td>150</td><td>160</td><td>170</td><td>180</td><td>190</td><td>200</td></tr>
<tr><td colspan="10">从轻处罚空间</td><td colspan="10">从重处罚空间</td></tr>
<tr><td colspan="10">罚金</td><td colspan="10">5年以下有期徒刑</td></tr>
<tr><td colspan="10">不虚拟为徒刑，单独计算刻度罚金量</td><td colspan="10">有期徒刑6个月~5年=54个月</td></tr>
<tr><td colspan="10">←倒数第100~1个刻度</td><td colspan="10">正数第101~200个刻度→</td></tr>
<tr><td colspan="20">（法定刑中间线刑罚量为两刑种结合点有期徒刑1个月处）↑（未加起刑期6个月）</td></tr>
</table>

三、本量刑标尺适用罪行及其是否并处附加刑

本量刑标尺只能适用于如下罪行：

★犯刑法第152、339条规定的"走私废物罪"（基本罪），被判处主刑的，并处罚金。

第五章　次轻罪行的量刑标尺及其适用罪行

第一节　第24号量刑标尺："处3年以下有期徒刑"

一、本量刑标尺基本内容

1. 第24号量刑标尺为"处3年以下有期徒刑"，适用于7种罪行。幅度刑罚量为有期徒刑2.5年即30个月。先将法定刑平均划分为200个刻度，每刻度=0.15个月，简称刻度月，是衡量犯罪人罪责程度的一般标准；再将法定刑划分为等间距的两个量刑空间，其"中间线"是从重处罚与从轻处罚的正负起点，是量刑公正的生命线。

2. 本量刑标尺有减轻处罚空间，减轻幅度为拘役和管制，其中拘役虚拟徒刑1~6个月即5个月，管制虚拟徒刑1.5~12个月即10.5个月，幅度刑罚量共15.5个月，除以刻度月0.15，减轻处罚空间=103个刻度。

3. 本量刑标尺总宽度为303个刻度，即法定刑空间200个刻度+减轻处罚空间103个刻度。

二、本量刑标尺示意图形

<table>
<tr><td colspan="15">(三)第 24 号量刑标尺示意图形(主刑刻度月=0.15)</td></tr>
<tr><td>103</td><td>80</td><td>60</td><td>40</td><td>20</td><td>20</td><td>40</td><td>60</td><td>80</td><td>100</td><td>120</td><td>140</td><td>160</td><td>180</td><td>200</td></tr>
<tr><td colspan="5">减轻处罚空间</td><td colspan="5">从轻处罚空间</td><td colspan="5">从重处罚空间</td></tr>
<tr><td colspan="3">管制</td><td colspan="2">拘役</td><td colspan="10">3 年以下有期徒刑</td></tr>
<tr><td colspan="3">10.5 个月</td><td colspan="2">5 个月</td><td colspan="5" rowspan="2">6 个月~1 年 3 个月
=15 个月</td><td colspan="5" rowspan="2">1 年 3 个月~3 年=15 个月</td></tr>
<tr><td colspan="3">占 70 个刻度</td><td colspan="2">占33个
刻度</td></tr>
<tr><td colspan="5">共占 103 个刻度</td><td colspan="5">占 100 个刻度</td><td colspan="5">占 100 个刻度</td></tr>
<tr><td colspan="5">←再倒数 103 个刻度
=减轻处罚底线</td><td colspan="5">←倒数第 100~1 个刻度</td><td colspan="5">正数第 101~200 个刻度→</td></tr>
<tr><td colspan="15">(法定刑中间线刑罚量为有期徒刑 1 年 3 个月处)↑(未加起刑期 6 个月)</td></tr>
</table>

三、本量刑标尺适用罪行及其是否并处附加刑

本量刑标尺适用于下列 7 种罪行：

(一)无并处附加刑的罪行有 6 种

★犯刑法第 233 条规定的“过失致人死亡罪”(轻罪)，无并处附加刑。

★犯刑法第 315 条规定的“破坏监管秩序罪”(基本罪)，无并处附加刑。

★犯刑法第 424 条规定的“战时临阵脱逃罪”(基本罪)，无并处附加刑。

★犯刑法第 433 条规定的“战时造谣惑众罪”(基本罪)，无并处附加刑。

★犯刑法第 434 条规定的“战时自伤罪”(基本罪)，无并处附加刑。

★犯刑法第 448 条规定的“虐待俘虏罪”(基本罪)，无并处附加刑。

(二)并处罚金的罪行只有 1 种

★犯刑法第 319 条规定的“骗取出境证件罪”(基本罪)，并处罚金。

第二节　第25号量刑标尺：“处3年以下有期徒刑或者拘役”

一、本量刑标尺基本内容

1. 第25号量刑标尺为“处3年以下有期徒刑或者拘役”，适用于103种罪行。其中3年以下有期徒刑为6个月~3年=2.5年即30个月，拘役虚拟徒刑1~6个月即5个月，幅度刑罚量共35个月。先将法定刑平均划分为200个刻度，每刻度=0.175个月，简称刻度月，是衡量犯罪人罪责程度的一般标准；再将法定刑划分为等间距的两个量刑空间，其“中间线”是从重处罚与从轻处罚的正负起点，是量刑公正的生命线。

2. 本量刑标尺有减轻处罚空间，减轻幅度为管制，虚拟徒刑1.5~12个月即10.5个月，除以刻度月0.175，减轻处罚空间=60个刻度。

3. 本量刑标尺总宽度为260个刻度，即法定刑空间200个刻度+减轻处罚空间60个刻度。

二、本量刑标尺示意图形

<table>
<tr><td colspan="13">(三)第25号量刑标尺示意图形(主刑刻度月=0.175)</td></tr>
<tr><td>60</td><td>40</td><td>20</td><td>20</td><td>40</td><td>60</td><td>80</td><td>100</td><td>120</td><td>140</td><td>160</td><td>180</td><td>200</td></tr>
<tr><td colspan="3">减轻处罚空间</td><td colspan="5">从轻处罚空间</td><td colspan="5">从重处罚空间</td></tr>
<tr><td colspan="3">管制</td><td colspan="2">拘役</td><td colspan="8">3年以下有期徒刑</td></tr>
<tr><td colspan="3">10.5个月</td><td colspan="2">5个月</td><td colspan="3">6个月~18.5个月
=12.5个月</td><td colspan="5">18.5个月~3年=17.5个月</td></tr>
<tr><td colspan="3" rowspan="2">占60个刻度</td><td colspan="2">占29个刻度</td><td colspan="3">占71个刻度</td><td colspan="5" rowspan="2">占100个刻度</td></tr>
<tr><td colspan="5">共占100个刻度</td></tr>
<tr><td colspan="3">←再倒数第60个刻度=减轻处罚底线</td><td colspan="5">←倒数第100~1个刻度</td><td colspan="5">正数第101~200个刻度→</td></tr>
<tr><td colspan="13">(法定刑中间线刑罚量为拘役+有期徒刑1年5.5个月处)↑(未加起刑期6个月)</td></tr>
</table>

三、本量刑标尺适用罪行及其是否并处附加刑

本量刑标尺适用于103种罪行：

(一)无并处附加刑的罪行有89种

★犯刑法第115条规定的"失火罪"(轻罪)，无并处附加刑。

★犯刑法第115条规定的"过失决水罪"(轻罪)，无并处附加刑。

★犯刑法第115条规定的"过失爆炸罪"(轻罪)，无并处附加刑。

★犯刑法第115条规定的"过失投放危险物质罪"(轻罪)，无并处附加刑。

★犯刑法第115条规定的"过失以危险方法危害公共安全罪"(轻罪)，无并处附加刑。

★犯刑法第119条规定的"过失损坏交通工具罪"(轻罪)，无并处附加刑。

★犯刑法第119条规定的"过失损坏交通设备罪"(轻罪)，无并处附加刑。

★犯刑法第119条规定的"过失损坏电力设备罪"(轻罪)，无并处附加刑。

★犯刑法第119条规定的"过失损坏易燃易爆设备罪"(轻罪)，无并处附加刑。

★犯刑法第124条规定的"过失损坏广播电视设施、公用电信设施罪"(轻罪)，无并处附加刑。

★犯刑法第129条规定的"丢失枪支不报罪"(基本罪)，无并处附加刑。

★犯刑法第131条规定的"重大飞行事故罪"(基本罪)，无并处附加刑。

★犯刑法第132条规定的"铁路运营安全事故罪"(基本罪)，无并处附加刑。

★犯刑法第133条规定的"交通肇事罪"(基本罪)，无并处附加刑。

★犯刑法第134条规定的"重大责任事故罪"(基本罪)，无并处附加刑。

★犯刑法第 135 条规定的“重大劳动安全事故罪”(基本罪)，无并处附加刑。

★犯刑法第 135 条第 1 款规定的“大型群众性活动重大安全事故罪”(基本罪)，无并处附加刑。

★犯刑法第 136 条规定的“危险物品肇事罪”(基本罪)，无并处附加刑。

★犯刑法第 138 条规定的“教育设施重大安全事故罪”(基本罪)，无并处附加刑。

★犯刑法第 139 条规定的“消防责任事故罪”(基本罪)，无并处附加刑。

★犯刑法第 139 条第 1 款规定的“不报、谎报安全事故罪”(基本罪)，无并处附加刑。

★犯刑法第 164 条规定的“对非国家工作人员行贿罪”(基本罪)，无并处附加刑。

★犯刑法第 164 条规定的“对外国公职人员、国际公共组织官员行贿罪”(基本罪)，无并处附加刑。

★犯刑法第 167 条、决定 7 条规定的“签订、履行合同失职被骗罪”(基本罪)，无并处附加刑。

★犯刑法第 168 条规定的“国有公司、企业、事业单位人员失职罪”(基本罪)，无并处附加刑。

★犯刑法第 168 条规定的“国有公司、企业、事业单位人员滥用职权罪”(基本罪)，无并处附加刑。

★犯刑法第 169 条规定的“徇私舞弊低价折股、出售国有资产罪”(基本罪)，无并处附加刑。

★犯刑法第 175 条规定的“高利转贷罪”(基本罪)，无并处附加刑。

★犯刑法第 205、208、212 条规定的“虚开增值税专用发票、用于骗取出口退税、抵扣税款发票罪”(基本罪)，无并处附加刑。

★犯刑法第 245 条规定的“非法搜查罪”(基本罪)，无并处附加刑。

★犯刑法第 245 条规定的“非法侵入住宅罪”(基本罪)，无并处附加刑。

★犯刑法第235、289、292、333、235条规定的"过失致人重伤罪"(基本罪)，无并处附加刑。

★犯刑法第247条规定的"刑讯逼供罪"(基本罪)，无并处附加刑。

★犯刑法第247条规定的"暴力取证罪"(基本罪)，无并处附加刑。

★犯刑法第248条规定的"虐待被监管人罪"(基本罪)，无并处附加刑。

★犯刑法第255条规定的"打击报复会计、统计人员罪"(基本罪)，无并处附加刑。

★犯刑法第259条规定的"破坏军婚罪"(基本罪)，无并处附加刑。

★犯刑法第272、185条规定的"挪用资金罪"(基本罪)，无并处附加刑。

★犯刑法第273条规定的"挪用特定款物罪"(基本罪)，无并处附加刑。

★犯刑法第285条规定的"非法侵入计算机信息系统罪"(基本罪)，无并处附加刑。

★犯刑法第305条规定的"伪证罪"(基本罪)，无并处附加刑。

★犯刑法第306条规定的"辩护人、诉讼代理人毁灭证据、伪造证据、妨害作证罪"(基本罪)，无并处附加刑。

★犯刑法第307条规定的"妨害作证罪"(基本罪)，无并处附加刑。

★犯刑法第307条规定的"帮助毁灭、伪造证据罪"(基本罪)，无并处附加刑。

★犯刑法第308条规定的"打击报复证人罪"(基本罪)，无并处附加刑。

★犯刑法第323条规定的"破坏界碑、界桩罪"(基本罪)，无并处附加刑。

★犯刑法第323条规定的"破坏永久性测量标志罪"(基本罪)，

无并处附加刑。

★犯刑法第 324 条规定的“过失损毁文物罪”(基本罪)，无并处附加刑。

★犯刑法第 327 条规定的“非法出售、私赠文物藏品罪”(基本罪)，无并处附加刑。

★犯刑法第 329 条规定的“擅自出卖、转让国有档案罪”(基本罪)，无并处附加刑。

★犯刑法第 330 条规定的“妨害传染病防治罪”(基本罪)，无并处附加刑。

★犯刑法第 331 条规定的“传染病菌种、毒种扩散罪”(基本罪)，无并处附加刑。

★犯刑法第 335 条规定的“医疗事故罪”(基本罪)，无并处附加刑。

★犯刑法第 369 条规定的“过失损坏武器装备、军事设施、军事通信罪”(基本罪)，无并处附加刑。

★犯刑法第 370 条规定的“过失提供不合格武器装备、军事设施罪”(基本罪)，无并处附加刑。

★犯刑法第 374 条规定的“接送不合格兵员罪”(基本罪)，无并处附加刑。

★犯刑法第 376 条规定的“战时拒绝、逃避征召、军事训练罪”(基本罪)，无并处附加刑。

★犯刑法第 379 条规定的“战时窝藏逃离部队军人罪”(基本罪)，无并处附加刑。

★犯刑法第 381 条规定的“战时拒绝军事征用罪”(基本罪)，无并处附加刑。

★犯刑法第 388 条第 1 款规定的“利用影响力受贿罪”(基本罪)，无并处附加刑。

★犯刑法第 391 条规定的“对单位行贿罪”(基本罪)，无并处附加刑。

★犯刑法第 392 条规定的“介绍贿赂罪”(基本罪)，无并处附加刑。

★犯刑法第397条规定的"滥用职权罪"(基本罪)，无并处附加刑。

★犯刑法第397、决定6条规定的"玩忽职守罪"(基本罪)，无并处附加刑。

★犯刑法第398条规定的"故意泄露国家秘密罪"(基本罪)，无并处附加刑。

★犯刑法第398条规定的"过失泄露国家秘密罪"(基本罪)，无并处附加刑。

★犯刑法第399条第1款规定的"枉法仲裁罪"(基本罪)，无并处附加刑。

★犯刑法第400条规定的"失职致使在押人员脱逃罪"(基本罪)，无并处附加刑。

★犯刑法第401条规定的"徇私舞弊适用减刑、假释、暂予监外执行罪"(基本罪)，无并处附加刑。

★犯刑法第402条规定的"徇私舞弊不移交刑事案件罪"(基本罪)，无并处附加刑。

★犯刑法第406条规定的"国家机关工作人员签订、履行合同失职被骗罪"(基本罪)，无并处附加刑。

★犯刑法第407条规定的"违法发放林木采伐许可证罪"(基本罪)，无并处附加刑。

★犯刑法第408条规定的"环境监管失职罪"(基本罪)，无并处附加刑。

★犯刑法第409条规定的"传染病防治失职罪"(基本罪)，无并处附加刑。

★犯刑法第410条规定的"非法批准征用、占用土地罪"(基本罪)，无并处附加刑。

★犯刑法第410条规定的"非法低价出让国有土地使用权罪"(基本罪)，无并处附加刑。

★犯刑法第412条规定的"商检失职罪"(基本罪)，无并处附加刑。

★犯刑法第413条规定的"动植物检疫失职罪"(基本罪)，无并处附加刑。

★犯刑法第415条规定的“办理偷越国(边条规定的)境人员出入境证件罪”(基本罪)，无并处附加刑。

★犯刑法第415条规定的“放行偷越国(边条规定的)境人员罪”(基本罪)，无并处附加刑。

★犯刑法第417条规定的“帮助犯罪分子逃避处罚罪”(基本罪)，无并处附加刑。

★犯刑法第418条规定的“招收公务员、学生徇私舞弊罪”(基本罪)，无并处附加刑。

★犯刑法第419条规定的“失职造成珍贵文物损毁、流失罪”(基本罪)，无并处附加刑。

★犯刑法第425条规定的“擅离、玩忽军事职守罪”(基本罪)，无并处附加刑。

★犯刑法第435条规定的“逃离部队罪”(基本罪)，无并处附加刑。

★犯刑法第436条规定的“武器装备肇事罪”(基本罪)，无并处附加刑。

★犯刑法第437条规定的“擅自改变武器装备编配用途罪”(基本罪)，无并处附加刑。

★犯刑法第441条规定的“遗失武器装备罪”(基本罪)，无并处附加刑。

★犯刑法第442条规定的“擅自出卖、转让军队房地产罪”(基本罪)，无并处附加刑。

(二)并处无限额罚金刑的罪行有8种

★犯刑法第141条规定的“生产、销售假药罪”(基本罪)，并处罚金。

★犯刑法第143条规定的“生产、销售不符合安全标准的食品罪”(基本罪)，并处罚金。

★犯刑法第201、204、211、212条规定的“逃税罪”(基本罪)，并处罚金。

★犯刑法第244条规定的“强迫劳动罪”(基本罪)，并处罚金。

★犯刑法第244条第1款规定的"雇用童工从事危险劳动罪"(基本罪)，并处罚金。

★犯刑法第262条第1款规定的"组织残疾人、儿童乞讨罪"(基本罪)，并处罚金。

★犯刑法第262条第2款规定的"组织未成年人进行违反治安管理活动罪"(基本罪)，并处罚金。

★犯刑法第355条规定的"非法提供麻醉药品、精神药品罪"(基本罪)，并处罚金。

(三)并处限额罚金刑的罪行有6种

1. 并处数额罚金刑的罪行有3种

★犯刑法第171条规定的"出售、购买、运输假币罪"(基本罪)，"并处2万元以上20万元以下罚金"。

★犯刑法第185之一条规定的"背信运用受托财产罪"(基本罪)，"并处3万元以上30万元以下罚金"。

★犯刑法第185之一条规定的"违法运用资金罪"(基本罪)，"并处3万元以上30万元以下罚金"。

2. 并处倍数罚金刑的罪行有3种

★犯刑法第145条规定的"生产、销售不符合标准的医用器材罪"(基本罪)，"并处销售金额50%以上2倍以下罚金"。

★犯刑法第153条规定的"走私普通货物、物品罪"(基本罪)，"并处偷逃应缴税额1倍以上5倍以下罚金"。

★犯刑法第202、212条规定的"抗税罪"(基本罪)，"并处拒缴税款1倍以上5倍以下罚金"。

第三节　第26号量刑标尺："处3年以下有期徒刑、拘役或者剥夺政治权利"

一、本量刑标尺基本内容

1. 第26号量刑标尺为"处3年以下有期徒刑、拘役或者剥夺政治权利”，适用于1种罪行。先将法定刑平均划分为200个刻度，按刑种平均分配量刑空间，主刑占2/3即133刻度，每刻度=0.26个月，简称刻度月，是衡量犯罪人罪责程度的一般标准；附加刑（剥夺政治权利）占1/3即67个刻度，不虚拟为徒刑，单独计算刻度刑罚量。单处剥夺政治权利的量刑空间确定后，再调整各主刑在法定刑中的空间刻度，其中3年以下有期徒刑为2.5年即30个月，拘役虚拟徒刑1～6个月即5个月，主刑幅度刑罚量共35个月。再将法定刑划分为等间距的两个量刑空间，其“中间线”是从重处罚与从轻处罚的正负起点，是量刑公正的生命线。单处剥夺政治权利为1～5年=4年即48个月，除以所占空间67个刻度，每刻度=0.72个月。

2. 本量刑标尺没有减轻处罚空间。

二、本量刑标尺示意图形

<table>
<tr><td colspan="20">（三）第26号量刑标尺示意图形（主刑刻度月=0.26）</td></tr>
<tr><td>10</td><td>20</td><td>30</td><td>40</td><td>50</td><td>60</td><td>70</td><td>80</td><td>90</td><td>100</td><td>110</td><td>120</td><td>130</td><td>140</td><td>150</td><td>160</td><td>170</td><td>180</td><td>190</td><td>200</td></tr>
<tr><td colspan="10">从轻处罚空间</td><td colspan="10">从重处罚空间</td></tr>
<tr><td colspan="7">剥夺政治权利</td><td colspan="2">拘役</td><td colspan="11">3年以下有期徒刑</td></tr>
<tr><td colspan="7">占67个刻度</td><td colspan="13">主刑幅度刑罚量为35个月，共占133个刻度，每刻度=0.26个月</td></tr>
<tr><td colspan="7" rowspan="2">48个月</td><td colspan="2" rowspan="2">5个月</td><td colspan="11">3年以下有期徒刑=30个月</td></tr>
<tr><td>4个月</td><td colspan="10">10个月～3年=26个月</td></tr>
<tr><td colspan="7">每刻度=“剥政”0.72个月</td><td colspan="2">占18个刻度</td><td>占15个刻度</td><td colspan="10">占100个刻度</td></tr>
<tr><td colspan="10">←倒数第100～1个刻度</td><td colspan="10">正数第101～200个刻度→</td></tr>
<tr><td colspan="20">（法定刑中间线刑罚量为有期徒刑2年2个月处）↑（未加起刑期6个月）</td></tr>
</table>

三、本量刑标尺适用罪行及其是否并处附加刑

本量刑标尺只适用于如下罪行：

★犯刑法第 256 条规定的"破坏选举罪"，被判处主刑的可以附加剥夺政治权利 1 年以上 5 年。

第四节　第 27 号量刑标尺："处 3 年以下有期徒刑、拘役或者罚金"

一、本量刑标尺基本内容

1. 第 27 号量刑标尺为"处 3 年以下有期徒刑、拘役或者罚金"，适用于 45 种罪行。先将法定刑平均划分为 200 个刻度，按刑种平均分配量刑空间，主刑共占 2/3 即 133 刻度，附加刑（罚金）占 1/3 即 67 个刻度，后者不虚拟为徒刑，单独计算刻度罚金量。单处罚金的量刑空间确定后，再调整各主刑在法定刑中的空间刻度，其中 3 年以下有期徒刑为 2.5 年即 30 个月，拘役虚拟徒刑 1～6 个月即 5 个月，主刑幅度刑罚量共 35 个月，除以 133 个刻度，每刻度＝0.26 个月，简称刻度月，是衡量犯罪人罪责程度的一般标准；再将法定刑划分为等间距的两个量刑空间，其"中间线"是从重处罚与从轻处罚的正负起点，是量刑公正的生命线。

2. 本量刑标尺没有减轻处罚空间。

二、本量刑标尺示意图形

<table>
<tr><td colspan="20">(三)第27号量刑标尺示意图形(主刑刻度月=0.26)</td></tr>
<tr><td>10</td><td>20</td><td>30</td><td>40</td><td>50</td><td>60</td><td>70</td><td>80</td><td>90</td><td>100</td><td>110</td><td>120</td><td>130</td><td>140</td><td>150</td><td>160</td><td>170</td><td>180</td><td>190</td><td>200</td></tr>
<tr><td colspan="10">从轻处罚空间</td><td colspan="10">从重处罚空间</td></tr>
<tr><td colspan="7">罚金</td><td colspan="2">拘役</td><td colspan="11">3年以下有期徒刑</td></tr>
<tr><td colspan="7">单独计算刻度罚金量</td><td colspan="13">主刑幅度刑罚量为35个月，共占133个刻度，每刻度=0.26个月</td></tr>
<tr><td colspan="7" rowspan="2">占67个刻度</td><td colspan="2" rowspan="2">5个月</td><td colspan="11">3年以下有期徒刑=30个月</td></tr>
<tr><td>4个月</td><td colspan="10">10个月~3年=26个月</td></tr>
<tr><td colspan="7"></td><td colspan="2">占18个刻度</td><td>占15个刻度</td><td colspan="10">占100个刻度</td></tr>
<tr><td colspan="10">←倒数第100~1个刻度</td><td colspan="10">正数第101~200个刻度→</td></tr>
<tr><td colspan="20">(法定刑中间线刑罚量为拘役+有期徒刑共2年2个月处)↑(未加起刑期6个月)</td></tr>
</table>

三、本量刑标尺适用罪行及其是否并处附加刑

本量刑标尺适用于下列45种罪行：

(一)被判处主刑的，可以并处罚金的罪行有31种

★犯刑法第165条规定的“非法经营同类营业罪”(基本罪)，并处罚金。

★犯刑法第166条规定的“为亲友非法牟利罪”(基本罪)，并处罚金。

★犯刑法第169条第1款规定的“背信损害上市公司利益罪”(基本罪)，并处罚金。

★犯刑法第175条第1款规定的“骗取贷款、票据承兑、金融票证罪”(基本罪)，并处罚金。

★犯刑法第177条规定的“妨害信用卡管理罪”(基本罪)，并处

罚金。

★犯刑法第 178 条规定的"伪造、变造股票、公司、企业债券罪"(基本罪)，并处罚金。

★犯刑法第 213、220 条规定的"假冒注册商标罪"(基本罪)，并处罚金。

★犯刑法第 214、220 条规定的"销售假冒注册商标的商品罪"(基本罪)，并处罚金。

★犯刑法第 216 条规定的"假冒专利罪"(基本罪)，并处罚金。

★犯刑法第 217 条规定的"侵犯著作权罪"(基本罪)，并处罚金。

★犯刑法第 218 条规定的"销售侵权复制品罪"(基本罪)，并处罚金。

★犯刑法第 219 条规定的"侵犯商业秘密罪"(基本罪)，并处罚金。

★犯刑法第 223 条规定的"串通投标罪"(基本罪)，并处罚金。

★犯刑法第 224 条规定的"合同诈骗罪"(基本罪)，并处罚金。

★犯刑法第 226 条规定的"强迫交易罪"(基本罪)，并处罚金。

★犯刑法第 229 条规定的"出具证明文件重大失实罪"(基本罪)，并处罚金。

★犯刑法第 230 条规定的"逃避商检罪"(基本罪)，并处罚金。

★犯刑法第 253 条第 1 款规定的"出售、非法提供公民个人信息罪"(基本罪)，并处罚金。

★犯刑法第 253 条第 1 款规定的"非法获取公民个人信息罪"(基本罪)，并处罚金。

★犯刑法第 275 条规定的"故意毁坏财物罪"(基本罪)，并处罚金。

★犯刑法第 276 条第 1 款规定的"拒不支付劳动报酬罪"(基本罪)，并处罚金。

★犯刑法第 285 条规定的"非法获取计算机信息系统数据、非法控制计算机信息系统罪"(基本罪)，并处罚金。

★犯刑法第 285 条规定的"提供侵入、非法控制计算机信息系统程序、工具罪”(基本罪)，并处罚金。

★犯刑法第 313 条规定的“拒不执行判决、裁定罪”(基本罪)，并处罚金。

★犯刑法第 314 条规定的“非法处置查封、扣押、冻结的财产罪”(基本罪)，并处罚金。

★犯刑法第 324 条规定的“故意损毁文物罪”(基本罪)，并处罚金。

★犯刑法第 332 条规定的“妨害国境卫生检疫罪”(基本罪)，并处罚金。

★犯刑法第 337 条规定的“妨害动植物防疫、检疫罪”(基本罪)，并处罚金。

★犯刑法第 338、346 条规定的“污染环境罪”(基本罪)，并处罚金。

★犯刑法第 396 条规定的“私分国有资产罪”(基本罪)，并处罚金。

★犯刑法第 396 条规定的“私分罚没财物罪”(基本罪)，并处罚金。

(二)被判处主刑的，并处数额罚金刑的罪行有 9 种

1. 被判处主刑的，“并处 1 万元以上 10 万元以下罚金”的罪行有 4 种

★犯刑法第 171 条规定的“金融工作人员购买假币、以假币换取货币罪”(轻罪)，被判处主刑的，“并处 1 万元以上 10 万元以下罚金”。

★犯刑法第 172 条规定的“持有、使用假币罪”(基本罪)，被判处主刑的，“并处 1 万元以上 10 万元以下罚金”。

★犯刑法第 173 条规定的“变造货币罪”(基本罪)，被判处主刑的，“并处 1 万元以上 10 万元以下罚金”。

★犯刑法第 177 条规定的“窃取、收买、非法提供信用卡信息罪”(基本罪)，被判处主刑的，“并处 1 万元以上 10 万元以下罚金”。

2. 被判处主刑的，“并处 2 万元以上 20 万元以下罚金”的罪行有

5 种

★犯刑法第 161 条规定的"违规披露、不披露重要信息罪"(基本罪)，被判处主刑的，"并处 2 万元以上 20 万元以下罚金"。

★犯刑法第 174 条规定的"擅自设立金融机构罪"(基本罪)，被判处主刑的，"并处 2 万元以上 20 万元以下罚金"。

★犯刑法第 174 条规定的"伪造、变造、转让金融机构经营许可证、批准文件罪"(基本罪)，被判处主刑的，"并处 2 万元以上 20 万元以下罚金"。

★犯刑法第 176 条规定的"非法吸收公众存款罪"(基本罪)，被判处主刑的，"并处 2 万元以上 20 万元以下罚金"。

★犯刑法第 178 条规定的"伪造、变造国家有价证券罪"(基本罪)，被判处主刑的，"并处 2 万元以上 20 万元以下罚金"。

(三)被判处主刑的，并处倍数罚金刑的罪行有 3 种

★犯刑法第 147 条规定的"生产、销售伪劣农药、兽药、化肥、种子罪"(基本罪)，被判处主刑的，并处销售金额 50%以上 2 倍以下罚金。

★犯刑法第 148 条规定的"生产、销售不符合卫生标准的化妆品罪"(基本罪)，被判处主刑的，并处销售金额 50%以上 2 倍以下罚金。

★犯刑法第 203、211、212 条规定的"逃避追缴欠税罪"(基本罪)，被判处主刑的，并处欠缴税款 1 倍以上 5 倍以下罚金。

(四)被判处主刑的，并处比率罚金刑的罪行有 2 种

★犯刑法第 158 条规定的"虚报注册资本罪"(基本罪)，被判处主刑的，"并处虚报注册资本金额 1%以上 5%以下罚金"。

★犯刑法第 228 条规定的"非法转让、倒卖土地使用权罪"(基本罪)，被判处主刑的，"并处非法转让、倒卖土地使用权价额 5%以上 20%以下罚金"。

第五节　第 28 号量刑标尺：“处 3 年以下有期徒刑、拘役或者管制”

一、本量刑标尺基本内容

1. 第 28 号量刑标尺为“处 3 年以下有期徒刑、拘役或者管制”，适用于 41 种罪行。其中 3 年以下有期徒刑为 2.5 年即 30 个月，拘役虚拟徒刑 1~6 个月即 5 个月，管制虚拟徒刑 1.5~12 个月即 10.5 个月，幅度刑罚量共 46 个月。先将法定刑平均划分为 200 个刻度，每刻度=0.23 个月，简称刻度月，是衡量犯罪人罪责程度的一般标准；再将法定刑划分为等间距的两个量刑空间，其“中间线”是从重处罚与从轻处罚的正负起点，是量刑公正的生命线。

2. 本法定刑无减轻处罚空间。

二、本量刑标尺示意图形

<table>
<tr><td colspan="20">(三)第 28 号量刑标尺示意图形(主刑刻度月=0.23)</td></tr>
<tr><td>10</td><td>20</td><td>30</td><td>40</td><td>50</td><td>60</td><td>70</td><td>80</td><td>90</td><td>100</td><td>110</td><td>120</td><td>130</td><td>140</td><td>150</td><td>160</td><td>170</td><td>180</td><td>190</td><td>200</td></tr>
<tr><td colspan="10">从轻处罚空间</td><td colspan="10">从重处罚空间</td></tr>
<tr><td colspan="4">管制</td><td colspan="2">拘役</td><td colspan="14">3 年以下有期徒刑</td></tr>
<tr><td colspan="4">11 个月</td><td colspan="2">5 个月</td><td colspan="4">6~13 个月=7 个月</td><td colspan="10">13 个月~3 年=23 个月</td></tr>
<tr><td colspan="4">占 48 个刻度</td><td colspan="2">占22个刻度</td><td colspan="4">占 30 个刻度</td><td colspan="10" rowspan="2">占 100 个刻度</td></tr>
<tr><td colspan="10">共占 100 个刻度</td></tr>
<tr><td colspan="10">←倒数第 100~1 个刻度</td><td colspan="10">正数第 101~200 个刻度→</td></tr>
<tr><td colspan="20">(法定刑中间线刑罚量为有期徒刑1年11个月处)↑(未加起刑期 6 个月)</td></tr>
</table>

三、本量刑标尺适用罪行及其是否并处附加刑

本量刑标尺适用于 41 种罪行：

(一)无并处附加刑的罪行有21种

★犯刑法第128条规定的"非法持有、私藏枪支、弹药罪"(基本罪)，无并处附加刑。

★犯刑法第128条规定的"非法出租、出借枪支罪"(基本罪)，无并处附加刑。

★犯刑法第130条规定的"非法携带枪支、弹药、管制刀具、危险物品危及公共安全罪"(基本罪)，无并处附加刑。

★犯刑法第206、208条规定的"伪造、出售伪造的增值税专用发票罪"(基本罪)，无并处附加刑。

★犯刑法第234、238、247条规定的"故意伤害罪"(基本罪)，无并处附加刑。

★犯刑法第241条规定的"收买被拐卖的妇女、儿童罪"(基本罪)，无并处附加刑。

★犯刑法第243条规定的"诬告陷害罪"(基本罪)，无并处附加刑。

★犯刑法第250条规定的"出版歧视、侮辱少数民族作品罪"(基本罪)，无并处附加刑。

★犯刑法第276条规定的"破坏生产经营罪"(基本罪)，无并处附加刑。

★犯刑法第282条规定的"非法持有国家绝密、机密文件、资料、物品罪"(基本罪)，无并处附加刑。

★犯刑法第283条规定的"非法生产、销售间谍专用间谍器材罪"(基本罪)，无并处附加刑。

★犯刑法第292条规定的"聚众斗殴罪"(基本罪)，无并处附加刑。

★犯刑法第302条规定的"盗窃、侮辱尸体罪"(基本罪)，无并处附加刑。

★犯刑法第310、362条规定的"窝藏、包庇罪"(基本罪)，无并处附加刑。

★犯刑法第311条规定的"拒绝提供间谍犯罪证据罪"(基本罪)，

无并处附加刑。

★犯刑法第349条规定的“包庇毒品犯罪分子罪”(基本罪)，无并处附加刑。

★犯刑法第349条规定的“窝藏、转移、隐瞒毒品、毒赃罪”(基本罪)，无并处附加刑。

★犯刑法第369条规定的“破坏武器装备、军事设施、军事通信罪”(基本罪)，无并处附加刑。

★犯刑法第373条规定的“煽动军人逃离部队罪”(基本罪)，无并处附加刑。

★犯刑法第373条规定的“雇用逃离部队军人罪”(基本罪)，无并处附加刑。

★犯刑法第378条规定的“战时造谣扰乱军心罪”(基本罪)，无并处附加刑。

(二)并处罚金的罪行有17种

★犯刑法第152条规定的“走私淫秽物品罪”(轻罪)，并处罚金。

★犯刑法第268条规定的“聚众哄抢罪”(基本罪)，并处罚金。

★犯刑法第303条规定的“赌博罪”(基本罪)，并处罚金。

★犯刑法第303条规定的“开设赌场罪”(基本罪)，并处罚金。

★犯刑法第328条规定的“盗掘古文化遗址、古墓葬罪”(轻罪)，并处罚金。

★犯刑法第328条规定的“盗掘古人类化石、古脊椎动物化石罪”(轻罪)，并处罚金。

★犯刑法第344条规定的“非法采伐、毁坏珍贵树林、国家重点保护植物罪”(基本罪)，并处罚金。

★犯刑法第344条规定的“非法收购、运输、加工、出售国家重点保护植物、国家重点保护植物制品罪”(基本罪)，并处罚金。

★犯刑法第347条规定的“走私、贩卖、运输、制造毒品罪”(基本罪)，并处罚金。

★犯刑法第348条规定的“非法持有毒品罪”(基本罪)，并处罚金。

★犯刑法第350条规定的"走私制毒物品罪"(基本罪)，并处罚金。

★犯刑法第350条规定的"非法买卖制毒物品罪"(基本罪)，并处罚金。

★犯刑法第353条规定的"引诱、教唆、欺骗他人吸毒罪"(基本罪)，并处罚金。

★犯刑法第354条规定的"容留他人吸毒罪"(基本罪)，并处罚金。

★犯刑法第363、366条规定的"制作、复制、出版、贩卖、传播淫秽物品牟利罪"(基本罪)，并处罚金。

★犯刑法第364条规定的"组织播放淫秽音像制品罪"(基本罪)，并处罚金。

★犯刑法第365条规定的"组织淫秽表演罪"(基本罪)，并处罚金。

(三)并处2万元以上20万元以下罚金的罪行有3种

★犯刑法第207、208、211条规定的"非法出售增值税专用发票罪"(基本罪)，并处2万元以上20万元以下罚金。

★犯刑法第209、211条规定的"非法制造、出售非法制造的用于骗取出口退税、抵扣税款发票罪"(基本罪)，并处2万元以上20万元以下罚金。

★犯刑法第209、211条规定的"非法出售用于骗取出口退税、抵扣税款发票罪"(基本罪)，并处2万元以上20万元以下罚金。

第六节　第29号量刑标尺："处3年以下有期徒刑、拘役、管制或剥夺政治权利"

一、本量刑标尺基本内容

1. 第29号量刑标尺为"处3年以下有期徒刑、拘役、管制或者剥夺政治权利"，适用于23种罪行。先将法定刑空间平均划分为200

个刻度，再按刑种平均分配量刑空间刻度：其中，主刑共占法定刑空间的 3/4 即 150 个刻度，单处剥夺政治权利占法定刑空间的 1/4 即 50 个刻度，后者不虚拟为徒刑，单独计算其刻度刑罚量。单处剥夺政治权利的量刑空间确定后，再调整各主刑在法定刑中的空间刻度，其中：3 年以下有期徒刑为 2 年 6 个月即 30 个月，拘役虚拟徒刑 1~6 个月即 5 个月，管制虚拟徒刑 1.5~12 个月即 10.5 个月，主刑幅度刑罚量共 46 个月，除以所占空间 150 个刻度，每刻度 = 0.306 个月，简称主刑刻度月，是衡量犯罪人罪责程度的一般标准；单处剥夺政治权利为 1~5 年 = 4 年即 48 个月，除以所占空间 50 个刻度，每刻度 = 0.96 个月。最后再将法定刑划分为等间距的两个量刑空间，其“中间线”是从重处罚与从轻处罚的正负起点，是量刑公正的生命线。

2. 本法定刑无减轻处罚空间。

二、本量刑标尺示意图形

<table>
<tr><td colspan="20">(三)第 29 号量刑标尺示意图形(主刑刻度月 = 0.306)</td></tr>
<tr><td>10</td><td>20</td><td>30</td><td>40</td><td>50</td><td>60</td><td>70</td><td>80</td><td>90</td><td>100</td><td>110</td><td>120</td><td>130</td><td>140</td><td>150</td><td>160</td><td>170</td><td>180</td><td>190</td><td>200</td></tr>
<tr><td colspan="10">从轻处罚空间</td><td colspan="10">从重处罚空间</td></tr>
<tr><td colspan="5">剥夺政治权利</td><td colspan="4">管制</td><td colspan="1">拘役</td><td colspan="10">3 年以下有期徒刑</td></tr>
<tr><td colspan="5">不虚拟为徒刑</td><td colspan="15">主刑幅度刑罚量为 46 个月，共占 150 个刻度，每刻度 = 0.306 个月</td></tr>
<tr><td colspan="5">1年~5年=4年=48个月</td><td colspan="4">10.5 个月</td><td colspan="1">5 个月</td><td colspan="10">6 个月~3 年 = 2.5 年 = 30 个月</td></tr>
<tr><td colspan="5">占 50 个刻度</td><td colspan="4">占34个刻度</td><td colspan="1">占16个刻度</td><td colspan="10">占 100 个刻度</td></tr>
<tr><td colspan="10">←倒数第 100~1 个刻度</td><td colspan="10">正数第 101~200 个刻度→</td></tr>
<tr><td colspan="20">(法定刑中间线刑罚量为主刑徒刑2年7个月处) ↑ 中间线(未加起刑期 6 个月)</td></tr>
</table>

三、本量刑标尺适用罪行及其是否并处附加刑

本量刑标尺适用于下列 23 种罪行：

（一）被判处主刑的可以附加剥夺政治权利的罪行有20种

★犯刑法第120条规定的"组织、领导、参加恐怖活动组织罪"（更轻罪），被判处主刑的可以附加剥夺政治权利。

★犯刑法第238条规定的"非法拘禁罪"（基本罪），被判处主刑的可以附加剥夺政治权利。

★犯刑法第246条规定的"侮辱罪"（基本罪），被判处主刑的可以附加剥夺政治权利。

★犯刑法第246条规定的"诽谤罪"（基本罪），被判处主刑的可以附加剥夺政治权利。

★犯刑法第249条规定的"煽动民族仇恨、民族歧视罪"（基本罪），被判处主刑的可以附加剥夺政治权利。

★犯刑法第278条规定的"煽动暴力抗拒法律实施罪"（基本罪），被判处主刑的可以附加剥夺政治权利。

★犯刑法第279条规定的"招摇撞骗罪"（基本罪），被判处主刑的可以附加剥夺政治权利。

★犯刑法第280、决定第2条规定的"伪造、变造、买卖国家机关公文、证件、印章罪"（基本罪），被判处主刑的可以附加剥夺政治权利。

★犯刑法第280、决定2条规定的"盗窃、抢夺、毁灭国家机关公文、证件、印章罪"（基本罪），被判处主刑的可以附加剥夺政治权利。

★犯刑法第280条规定的"伪造公司、企业、事业单位、人民团体印章罪"（基本罪），被判处主刑的可以附加剥夺政治权利。

★犯刑法第280条规定的"伪造、变造居民身份证罪"（基本罪），被判处主刑的可以附加剥夺政治权利。

★犯刑法第282条规定的"非法获取国家秘密罪"（基本罪），被判处主刑的可以附加剥夺政治权利。

★犯刑法第290条规定的"聚众扰乱社会秩序罪"（轻罪），被判处主刑的可以附加剥夺政治权利。

★犯刑法第294条规定的"组织、领导、参加黑社会性质组织罪”(更轻罪)，被判处主刑的可以附加剥夺政治权利。

★犯刑法第297条规定的“非法携带武器、管制刀具、爆炸物参加集会、游行、示威罪”(基本罪)，被判处主刑的可以附加剥夺政治权利。

★犯刑法第299条规定的“侮辱国旗、国徽罪”(基本罪)，被判处主刑的可以附加剥夺政治权利。

★犯刑法第371条规定的“聚众扰乱军事管理区秩序罪”(轻罪)，被判处主刑的可以附加剥夺政治权利。

★犯刑法第372条规定的“冒充军人招摇撞骗罪”(基本罪)，被判处主刑的可以附加剥夺政治权利。

★犯刑法第375条规定的“伪造、变造、买卖武装部队公文、证件、印章罪”(基本罪)，被判处主刑的可以附加剥夺政治权利。

★犯刑法第375条规定的“盗窃、抢夺武装部队公文、证件、印章罪”(基本罪)，被判处主刑的可以附加剥夺政治权利。

(二)被判处主刑的应当附加剥夺政治权利，可以并处没收财产的罪行有3种

★犯刑法第103、113条规定的“分裂国家罪”(更轻罪)，被判处主刑的应当附加剥夺政治权利，可以并处没收财产。

★犯刑法第104、113条规定的“武装叛乱、暴乱罪”(更轻罪)，被判处主刑的应当附加剥夺政治权利，可以并处没收财产。

★犯刑法第105条规定的“颠覆国家政权罪”(更轻罪)，被判处主刑的应当附加剥夺政治权利，可以并处没收财产。

第七节　第30号量刑标尺：“处3年以下有期徒刑、拘役、管制或者罚金”

一、本量刑标尺基本内容

1. 第30号量刑标尺为“处3年以下有期徒刑、拘役、管制或者罚金”，适用于24种罪行。先将法定刑空间平均划分为200个刻度，

再按刑种平均分配量刑空间刻度：其中，主刑共占法定刑空间的 3/4 即 150 个刻度，单处罚金占法定刑空间的 1/4 即 50 个刻度，后者不虚拟为徒刑，单独计算其刻度刑罚量。单处罚金的量刑空间确定后，再调整各主刑在法定刑中的空间刻度，其中：3 年以下有期徒刑为 2 年 6 个月即 30 个月，拘役虚拟徒刑 1~6 个月即 5 个月，管制虚拟徒刑 1.5~12 个月即 10.5 个月，主刑幅度刑罚量共 46 个月，除以所占空间 150 个刻度，每刻度=0.306 个月，简称主刑刻度月，是衡量犯罪人罪责程度的一般标准；再将法定刑划分为等间距的两个量刑空间，其“中间线”是从重处罚与从轻处罚的正负起点，是量刑公正的生命线。

2. 本法定刑无减轻处罚空间。

二、本量刑标尺示意图形

<table>
<tr><td colspan="20">(三)第 30 号量刑标尺示意图形(主刑刻度月=0.306)</td></tr>
<tr><td>10</td><td>20</td><td>30</td><td>40</td><td>50</td><td>60</td><td>70</td><td>80</td><td>90</td><td>100</td><td>110</td><td>120</td><td>130</td><td>140</td><td>150</td><td>160</td><td>170</td><td>180</td><td>190</td><td>200</td></tr>
<tr><td colspan="10">从轻处罚空间</td><td colspan="10">从重处罚空间</td></tr>
<tr><td colspan="5">罚金</td><td colspan="3">管制</td><td colspan="2">拘役</td><td colspan="10">3 年以下有期徒刑</td></tr>
<tr><td colspan="5">不虚拟为徒刑</td><td colspan="15">主刑幅度刑罚量为45.5个月，共占 150 个刻度，每刻度=0.306 个月</td></tr>
<tr><td colspan="5">单独计算刻度罚金量</td><td colspan="3">10.5 个月</td><td colspan="2">5 个月</td><td colspan="10">6 个月~3 年=30 个月</td></tr>
<tr><td colspan="5">占 50 个刻度</td><td colspan="3">占34个刻度</td><td colspan="2">占16个刻度</td><td colspan="10">占 100 个刻度</td></tr>
<tr><td colspan="10">←倒数第 100~1 个刻度</td><td colspan="10">正数第 101~200 个刻度→</td></tr>
<tr><td colspan="20">(法定刑中间线刑罚量为主刑徒刑2年7个月处)↑(未加起刑期 6 个月)</td></tr>
</table>

三、本量刑标尺适用罪行及其是否并处附加刑

本量刑标尺适用于下列 24 种罪行：

(一)被判处主刑并处罚金的罪行有23种

★犯刑法第215条规定的“非法制造、销售非法制造的注册商标标识罪”(基本罪),被判处主刑的,并处罚金。

★犯刑法第264、253、265条规定的“盗窃罪”(基本罪),被判处主刑的,并处罚金。

★犯刑法第266、300条规定的“诈骗罪”(基本罪),被判处主刑的,并处罚金。

★犯刑法第267条规定的“抢夺罪”(基本罪),被判处主刑的,并处罚金。

★犯刑法第274条规定的“敲诈勒索罪”(基本罪),被判处主刑的,并处罚金。

★犯刑法第277、242、157条规定的“妨害公务罪”(基本罪),被判处主刑的,并处罚金。

★犯刑法第281条规定的“非法生产、买卖警用装备罪”(基本罪),被判处主刑的,并处罚金。

★犯刑法第288条规定的“扰乱无线电通讯管理秩序罪”(基本罪),被判处主刑的,并处罚金。

★犯刑法第309条规定的“扰乱法庭秩序罪”(基本罪),被判处主刑的,并处罚金。

★犯刑法第312条规定的“掩饰、隐瞒犯罪所得、犯罪所得收益罪”(基本罪),被判处主刑的,并处罚金。

★犯刑法第336条规定的“非法行医罪”(基本罪),被判处主刑的,并处罚金。

★犯刑法第336条规定的“非法进行节育手术罪”(基本罪),被判处主刑的,并处罚金。

★犯刑法第341条规定的“非法狩猎罪”(基本罪),被判处主刑的,并处罚金。

★犯刑法第343条规定的“非法采矿罪”(基本罪),被判处主刑的,并处罚金。

★犯刑法第345条规定的“盗伐林木罪”(基本罪),被判处主刑的，并处罚金。

★犯刑法第 345 条规定的"滥伐林木罪"(基本罪)，被判处主刑的，并处罚金。

★犯刑法第 345 条规定的"非法收购、运输盗伐、滥伐的林木罪"(基本罪)，被判处主刑的，并处罚金。

★犯刑法第 352 条规定的"非法买卖、运输、携带、持有毒品原植物种子、幼苗罪"(基本罪)，被判处主刑的，并处罚金。

★犯刑法第 363、366 条规定的"为他人提供书号出版淫秽书刊罪"(基本罪)，被判处主刑的，并处罚金。

★犯刑法第 375 条规定的"非法生产、买卖武装部队制式服装罪"(基本罪)，被判处主刑的，并处罚金。

★犯刑法第 375 条规定的"伪造、盗窃、买卖、非法提供、非法使用武装部队专用标志罪"(基本罪)，被判处主刑的，并处罚金。

★犯刑法第 340 条规定的"非法捕捞水产品罪"(基本罪)，被判处主刑的，并处罚金。

★犯刑法第 368 条规定的"阻碍军人执行职务罪"(基本罪)，被判处主刑的，并处罚金。

(二)被判处主刑并处票证价额 1 倍以上 5 倍以下罚金的罪行有 1 种

★犯刑法第 227 条规定的"倒卖车票、船票罪"(基本罪)，被判处主刑的并处"票证价额 1 倍以上 5 倍以下罚金"。

第六章　轻微罪行的量刑标尺及其适用罪行

第一节　第31号量刑标尺："处2年以下有期徒刑或者拘役"

一、本量刑标尺基本内容

1. 第31号量刑标尺为"2年以下有期徒刑或者拘役"，适用于12种罪行。其中2年以下有期徒刑为1.5年=18个月，拘役虚拟徒刑1~6个月即5个月，幅度刑罚量共23个月。先将法定刑平均划分为200个刻度，每刻度=0.115个月。简称刻度月，是衡量犯罪人罪责程度的一般标准；再将法定刑划分为等间距的两个量刑空间，其"中间线"是从重处罚与从轻处罚的正负起点，是量刑公正的生命线。

2. 本量刑标尺有减轻处罚空间，减轻幅度为管制，虚拟徒刑1.5~12个月即10.5个月，除以刻度月0.115，减轻处罚空间=91个刻度。

3. 本量刑标尺总宽度为291个刻度，即法定刑空间200个刻度+减轻处罚空间91个刻度。

二、本量刑标尺示意图形

<table>
<tr><td colspan="15">（三）第 31 号量刑标尺示意图形（主刑刻度月＝0.115）</td></tr>
<tr><td>91</td><td>80</td><td>60</td><td>40</td><td>20</td><td>20</td><td>40</td><td>60</td><td>80</td><td>100</td><td>120</td><td>140</td><td>160</td><td>180</td><td>200</td></tr>
<tr><td colspan="5">减轻处罚空间</td><td colspan="5">从轻处罚空间</td><td colspan="5">从重处罚空间</td></tr>
<tr><td colspan="5">管制</td><td colspan="3">拘役</td><td colspan="7">2 年以下有期徒刑</td></tr>
<tr><td colspan="5">10.5 个月</td><td colspan="3">5 个月</td><td colspan="2">6～12.5 个月
＝6.5 个月</td><td colspan="5">1 年 0.5 个月～2 年＝
12.5～24 个月＝11.5 个月</td></tr>
<tr><td colspan="5">占 91 个刻度</td><td colspan="3">占 43 个刻度</td><td colspan="2">占 57 个刻度</td><td colspan="5">占 100 个刻度</td></tr>
<tr><td colspan="5">←再倒数 91 个刻度
＝减轻处罚底线</td><td colspan="5">←倒数第 100～1 个刻度</td><td colspan="5">正数第 101～200 个刻度→</td></tr>
<tr><td colspan="15">（法定刑中间线刑罚量为主刑 11.5 个月处）↑（未加起刑期 6 个月）</td></tr>
</table>

三、本量刑标尺适用罪行及其是否并处附加刑

本量刑标尺适用于下列 12 种罪行，无并处附加刑：

★犯刑法第 251 条规定的“非法剥夺公民宗教信仰自由罪”（基本罪），无并处附加刑。

★犯刑法第 251 条规定的“侵犯少数民族风俗习惯罪”（基本罪），无并处附加刑。

★犯刑法第 253 条规定的“私自开拆、隐匿、毁弃邮件、电报罪”（基本罪），无并处附加刑。

★犯刑法第 254 条规定的“报复陷害罪”（基本罪），无并处附加刑。

★犯刑法第 257 条规定的“暴力干涉婚姻自由罪”（基本罪），无并处附加刑。

★犯刑法第 258 条规定的“重婚罪”（基本罪），无并处附加刑。

★犯刑法第 304 条规定的“故意延误投递邮件罪”(基本罪)，无并处附加刑。

★犯刑法第 376 条规定的“战时拒绝、逃避服役罪”(基本罪)，无并处附加刑。

★犯刑法第 382、383、183、271、386、394 条规定的“贪污罪”(轻罪)，无并处附加刑。

★犯刑法第 385、386、388 条规定的“受贿罪”(轻罪)，无并处附加刑。

★犯刑法第 395 条规定的“隐瞒境外存款罪”(基本罪)，无并处附加刑。

★犯刑法第 416 条规定的“阻碍解救被拐卖、绑架妇女、儿童罪”(基本罪)，无并处附加刑。

第二节　第 32 号量刑标尺：“处 2 年以下有期徒刑、拘役或者管制”

一、本量刑标尺基本内容

1. 第 32 号量刑标尺为“2 年以下有期徒刑、拘役或者管制”，适用于 5 种罪行。其中 2 年以下有期徒刑 = 18 个月，拘役虚拟徒刑 1 ~ 6 个月即 5 个月，管制虚拟徒刑 1. 5 ~ 12 个月即 10. 5 个月，幅度刑罚量共 34 个月。先将法定刑平均划分为 200 个刻度，每刻度 = 0. 17 个月，简称刻度月，是衡量犯罪人罪责程度的一般标准；再将法定刑划分为等间距的两个量刑空间，其“中间线”是从重处罚与从轻重处罚的正负起点，是量刑公正的生命线。

2. 本量刑标尺无减轻处罚空间。

二、本量刑标尺示意图形

<table>
<tr><td colspan="20">(三)第 32 号量刑标尺示意图形(主刑刻度月 = 0. 17)</td></tr>
<tr><td>10</td><td>20</td><td>30</td><td>40</td><td>50</td><td>60</td><td>70</td><td>80</td><td>90</td><td>100</td><td>110</td><td>120</td><td>130</td><td>140</td><td>150</td><td>160</td><td>170</td><td>180</td><td>190</td><td>200</td></tr>
<tr><td colspan="10">从轻处罚空间</td><td colspan="10">从重处罚空间</td></tr>
<tr><td colspan="6">管制</td><td colspan="3">拘役</td><td colspan="11">2 年以下有期徒刑</td></tr>
<tr><td colspan="6">10. 5 个月</td><td colspan="3">5 个月</td><td>1个月</td><td colspan="10">6 个月 ~2 年 = 1 年 6 个月 = 18 个月</td></tr>
<tr><td colspan="6">占 66 个刻度</td><td colspan="3">占 29 个刻度</td><td>占4个刻度</td><td colspan="10">占 100 个刻度</td></tr>
<tr><td colspan="10">←倒数第 100 ~ 1 个刻度</td><td colspan="10">正数第 101 ~ 200 个刻度→</td></tr>
<tr><td colspan="20">(法定刑中间线刑罚量为主刑1年5个月处)↑(未加起刑期 6 个月)</td></tr>
</table>

三、本量刑标尺适用罪行及其是否并处附加刑

本量刑标尺适用于下列 5 种罪行，其中：

(一)无并处附加刑的罪行有 3 种

★犯刑法第 260 条规定的"虐待罪"(基本罪)，无并处附加刑。

★犯刑法第 284 条规定的"非法使用窃听、窃照专用器材罪"(基本罪)，无并处附加刑。

★犯刑法第 364 条规定的"传播淫秽物品罪"(基本罪)，无并处附加刑。

(二)并处罚金的罪行有 2 种

★犯刑法第205之一条规定的"虚开发票罪"(基本罪)，并处罚金。

★犯刑法第 210 之一条规定的"持有伪造的发票罪"(基本罪)，并处罚金。

第三节　第 33 号量刑标尺："处 2 年以下有期徒刑、拘役或者罚金"

一、本量刑标尺基本内容

1. 第 33 号量刑标尺为"处 2 年以下有期徒刑、拘役或者罚金"，

适用于4种罪行。先将法定刑平均划分为200个刻度，按刑种平均分配量刑空间，主刑共占2/3即133个刻度，附加刑(罚金)占1/3即67个刻度，后者不虚拟为徒刑，单独计算刻度罚金量。单处罚金刑的量刑空间确定后，再调整各主刑在法定刑中的空间刻度，其中2年以下有期徒刑=1.5年即18个月，拘役虚拟徒刑1~6个月即5个月，主刑幅度刑罚量共23个月，除以所占空间133个刻度，每刻度=0.17个月，简称刻度月，是衡量犯罪人罪责程度的一般标准；再将法定刑划分为等间距的两个量刑空间，其“中间线”是从重处罚与从轻处罚的正负起点，是量刑公正的生命线。

2. 本量刑标尺无减轻处罚空间。

二、本量刑标尺示意图形

<table>
<tr><td colspan="20">(三)第33号量刑标尺示意图形(主刑刻度月=0.17)</td></tr>
<tr><td>10</td><td>20</td><td>30</td><td>40</td><td>50</td><td>60</td><td>70</td><td>80</td><td>90</td><td>100</td><td>110</td><td>120</td><td>130</td><td>140</td><td>150</td><td>160</td><td>170</td><td>180</td><td>190</td><td>200</td></tr>
<tr><td colspan="10">从轻处罚空间</td><td colspan="10">从重处罚空间</td></tr>
<tr><td colspan="7">罚金</td><td colspan="2">拘役</td><td colspan="11">2年以下有期徒刑</td></tr>
<tr><td colspan="7">不虚拟为徒刑</td><td colspan="13">主刑幅度刑罚量为23个月，共占133个刻度，每刻度=0.17个月</td></tr>
<tr><td colspan="7">单独计算刻度罚金量</td><td colspan="2">5个月</td><td>1个月</td><td colspan="10">6个月~2年=1.5年=18个月</td></tr>
<tr><td colspan="7">占66个刻度</td><td colspan="2">占29个刻度</td><td>占4个刻度</td><td colspan="10">占100个刻度</td></tr>
<tr><td colspan="10">←倒数第100~1个刻度</td><td colspan="10">正数第101~200个刻度→</td></tr>
<tr><td colspan="20">(法定刑中间线刑罚量为有期徒刑1年5个月处)↑(未加起刑期6个月)</td></tr>
</table>

三、本量刑标尺适用罪行及其是否并处附加刑

本量刑标尺适用于4种罪行：

(一)被判处主刑并处罚金的罪行有3种

★犯刑法第221、231条规定的"损害商业信誉、商品声誉罪"(基本罪)，判处主刑的并处罚金。

★犯刑法第222、231条规定的"虚假广告罪"(基本罪)，判处主刑的并处罚金。

★犯刑法第270条规定的"侵占罪"(基本罪)，判处主刑的并处罚金。

(二)被判处主刑并处销售金额50%以上2倍以下罚金的罪行有1种

★犯刑法第140、149、150条规定的"生产、销售伪劣产品罪"(基本罪)，被判处主刑的"并处销售金额50%以上2倍以下罚金"。

第四节　第34号量刑标尺："处2年以下有期徒刑、拘役、管制或者罚金"

一、本量刑标尺基本内容

1. 第34号量刑标尺为"处2年以下有期徒刑、拘役、管制或者罚金"，适用于3种罪行。先将法定刑空间平均划分为200个刻度，再按刑种平均分配量刑空间刻度：其中，主刑共占法定刑空间的3/4即150刻度，单处罚金占法定刑空间的1/4即50个刻度，后者不虚拟为徒刑，单独计算其刻度刑罚量。单处罚金的量刑空间确定后，再调整各主刑在法定刑中的空间刻度，其中：2年以下有期徒刑为1.5年即18个月，拘役虚拟徒刑1~6个月即5个月，管制虚拟徒刑1.5~12个月即10.5个月，主刑幅度刑罚量共34个月，除以所占空间150个刻度每刻度=0.23个月，简称刻度月，是衡量犯罪人罪责程度的一般标准；再将法定刑划分为等间距的两个量刑空间，其"中间线"是从重处罚与从轻处罚的正负起点，是量刑公正的生命线。

2. 本量刑标尺无减轻处罚空间。

二、本量刑标尺示意图形

<table>
<tr><td colspan="20">(三)第34号量刑标尺示意图形(主刑刻度月=0.23)</td></tr>
<tr><td>10</td><td>20</td><td>30</td><td>40</td><td>50</td><td>60</td><td>70</td><td>80</td><td>90</td><td>100</td><td>110</td><td>120</td><td>130</td><td>140</td><td>150</td><td>160</td><td>170</td><td>180</td><td>190</td><td>200</td></tr>
<tr><td colspan="10">从轻处罚空间</td><td colspan="10">从重处罚空间</td></tr>
<tr><td colspan="5">罚金</td><td colspan="5">管制</td><td colspan="2">拘役</td><td colspan="8">2年以下有期徒刑</td></tr>
<tr><td colspan="5">不虚拟为徒刑</td><td colspan="15">主刑幅度刑罚量为33.5个月，共占150刻度，每刻度=0.23个月</td></tr>
<tr><td colspan="5">单独计算刻度罚金量</td><td colspan="5">10.5个月</td><td colspan="2">5个月</td><td colspan="8">6个月~2年=18个月</td></tr>
<tr><td colspan="5">占50个刻度</td><td colspan="5">占50个刻度</td><td colspan="2">占22个刻度</td><td colspan="8">占78个刻度</td></tr>
<tr><td colspan="10">占100个刻度</td><td colspan="10">占100个刻度</td></tr>
<tr><td colspan="10">←倒数第100~1个刻度</td><td colspan="10">倒数第101~200个刻度→</td></tr>
<tr><td colspan="20">(法定刑中间线刑罚量为管制1个月处)↑(未加起刑期1个月)</td></tr>
</table>

三、本量刑标尺适用罪行及其是否并处附加刑

本量刑标尺适用于下列3种罪行：

(一)被判处主刑并处1万元以上5万元以下罚金的罪行有2种

★犯刑法第209、211条规定的“非法制造、出售非法制造的发票罪”(基本罪)，“并处1万元以上5万元以下罚金”。

★犯刑法第209、211条规定的“非法出售发票罪”(基本罪)，“并处1万元以上5万元以下罚金”。

(二)被判处主刑并处票证价额1倍以上5倍以下罚金的罪行有1种

★犯刑法第227条规定的“伪造、倒卖伪造的有价票证罪”(基本罪)，被判处主刑的“并处票证价额1倍以上5倍以下罚金”。

第五节　第35号量刑标尺："处1年以下有期徒刑或者拘役"

一、本量刑标尺基本内容

1. 第35号量刑标尺为"处1年以下有期徒刑或者拘役"，适用于1种罪行。其中1年以下有期徒刑为6个月，拘役虚拟徒刑1~6个月即5个月，幅度刑罚量共11个月。先将法定刑平均划分为200个刻度，每刻度=0.055个月，简称刻度月，是衡量犯罪人罪责程度的一般标准；再将法定刑划分为等间距的两个量刑空间，其"中间线"是从重处罚与从轻处罚的正负起点，是量刑公正的生命线。

2. 本量刑标尺有减轻处罚空间，减轻幅度为管制，虚拟徒刑1.5~12即10.5个月，除以刻度月0.055，减轻处罚空间=190个刻度。

3. 本量刑标尺总宽度为：法定刑空间200个刻度+减轻处罚空间190个刻度。

二、本量刑标尺示意图形

<table>
<tr><td colspan="20">(三)第35号量刑标尺示意图形(主刑刻度月=0.055)</td></tr>
<tr><td>190</td><td>180</td><td>160</td><td>140</td><td>120</td><td>100</td><td>80</td><td>60</td><td>40</td><td>20</td><td>20</td><td>40</td><td>60</td><td>80</td><td>100</td><td>120</td><td>140</td><td>160</td><td>180</td><td>200</td></tr>
<tr><td colspan="10">减轻处罚空间</td><td colspan="5">从轻处罚空间</td><td colspan="5">从重处罚空间</td></tr>
<tr><td colspan="10">管制</td><td colspan="4">拘役</td><td colspan="6">1年以下有期徒刑</td></tr>
<tr><td colspan="10">10.5个月</td><td colspan="4">5个月</td><td>1个月</td><td colspan="5">6~12个月=6个月</td></tr>
<tr><td colspan="10">占190个刻度</td><td colspan="4">占91个刻度</td><td>9个刻度</td><td colspan="5">占100个刻度</td></tr>
<tr><td colspan="10">←再倒数190个刻度=减轻处罚底线</td><td colspan="5">←倒数第100~1个刻度</td><td colspan="5">正数第101~200个刻度→</td></tr>
<tr><td colspan="20">(法定刑中间线刑罚量为拘役+有期徒刑共5.5个月处)↑(未加起刑期6个月)</td></tr>
</table>

三、本量刑标尺适用罪行及其是否并处附加刑

本量刑标尺只适用于1种罪行：

★犯刑法第252条规定的“侵犯通信自由罪”（基本罪），无并处附加刑。

第六节　第36号量刑标尺：“处1年以下有期徒刑、拘役或者管制”

一、本量刑标尺基本内容

1. 第36号量刑标尺为“处1年以下有期徒刑、拘役或者管制”，适用于1种罪行。其中1年以下有期徒刑为6个月，拘役虚拟徒刑1~6个月即5个月，管制虚拟徒刑1.5~12个月即10.5个月，法定刑幅度刑罚量共22个月。先将法定刑平均划分为200个刻度，每刻度=0.11个月，简称刻度月，是衡量犯罪人罪责程度的一般标准；再将法定刑划分为等间距的两个量刑空间，其“中间线”是从重处罚与从轻处罚的正负起点，是量刑公正的生命线。

2. 本量刑标尺无减轻处罚空间。

二、本量刑标尺示意图形

<table>
<tr><td colspan="20">（三）第36号量刑标尺示意图形（主刑刻度月=0.11）</td></tr>
<tr><td>10</td><td>20</td><td>30</td><td>40</td><td>50</td><td>60</td><td>70</td><td>80</td><td>90</td><td>100</td><td>110</td><td>120</td><td>130</td><td>140</td><td>150</td><td>160</td><td>170</td><td>180</td><td>190</td><td>200</td></tr>
<tr><td colspan="10">从轻处罚空间</td><td colspan="10">从重处罚空间</td></tr>
<tr><td colspan="10">管制</td><td colspan="5">拘役</td><td colspan="5">1年以下有期徒刑</td></tr>
<tr><td colspan="10">10.5个月</td><td colspan="5">5个月</td><td colspan="5">有期徒刑6个月</td></tr>
<tr><td colspan="10" rowspan="2">占100个刻度</td><td colspan="5">占45个刻度</td><td colspan="5">占55个刻度</td></tr>
<tr><td colspan="10">共占100个刻度</td></tr>
<tr><td colspan="10">←倒数第100~1个刻度</td><td colspan="10">正数第101~200个刻度→</td></tr>
<tr><td colspan="20">（法定刑中间线刑罚量为拘役1个月处）↑（未加起刑期1个月）</td></tr>
</table>

三、本量刑标尺适用罪行及其是否并处附加刑

本量刑标尺只适用于 1 种罪行：

★犯刑法第 322 条规定的"偷越国(边)境罪"(基本罪)，并处罚金或者没收财产。

第七节　第 37 号量刑标尺："处拘役"

一、本量刑标尺基本内容

1. 第 37 号量刑标尺为"处拘役"，适用于 1 种罪行。先将拘役虚拟为徒刑 1~6 个月，幅度刑罚量为 5 个月。再将法定刑平均划分为 200 个刻度，每刻度＝0. 025 个月，简称刻度月，是衡量犯罪人罪责程度的一般标准；再将法定刑划分为等间距的两个量刑空间，其"中间线"是从重处罚与从轻处罚的正负起点，是量刑公正的生命线。

2. 本量刑标尺有减轻处罚空间，减轻处罚为管制，虚拟徒刑 1. 5~12 个月即 10. 5 个月，除以刻度月 0. 025，减轻处罚空间＝420 个刻度。

3. 本量刑标尺总宽度为 620 个刻度，即法定刑空间 200 个刻度+减轻处罚空间 420 个刻度。

二、本量刑标尺示意图形

<table>
<tr><td colspan="24">(三)第 37 号量刑标尺示意图形(主刑刻度月＝0. 025)</td></tr>
<tr><td>420</td><td>375</td><td>350</td><td>325</td><td>300</td><td>275</td><td>250</td><td>225</td><td>200</td><td>175</td><td>150</td><td>125</td><td>100</td><td>75</td><td>50</td><td>25</td><td>25</td><td>50</td><td>75</td><td>100</td><td>125</td><td>150</td><td>175</td><td>200</td></tr>
<tr><td colspan="16">减轻处罚空间</td><td colspan="4">从轻处罚空间</td><td colspan="4">从重处罚空间</td></tr>
<tr><td colspan="16">管制</td><td colspan="8">拘役</td></tr>
<tr><td colspan="16">10. 5 个月</td><td colspan="4">1~3. 5 个月＝2. 5 个月</td><td colspan="4">3. 5~6 个月＝2. 5 个月</td></tr>
<tr><td colspan="16">占 420 个刻度</td><td colspan="4">占 100 个刻度</td><td colspan="4">占 100 个刻度</td></tr>
<tr><td colspan="16">←再倒数 420 个刻度＝减轻处罚底线</td><td colspan="4">←倒数第 100~1 个刻度</td><td colspan="4">正数 101~200 个刻度</td></tr>
<tr><td colspan="24">(法定刑中间线为拘役 2. 5 个月处)↑(未加起刑期1个月)</td></tr>
</table>

三、本量刑标尺适用罪行及其是否并处附加刑

本量刑标尺只适用于 1 种罪行:
★犯刑法第 133 条规定的“危险驾驶罪”(基本罪), 并处罚金。

第三编

一般量刑情节及其来源和根据

引言　量刑情节体系是量刑公正的重要保障

本编将根据量刑情节的处罚功能，分四章列举从重处罚情节、从轻处罚情节、多功能从宽处罚情节和单功能从宽处罚情节，试图勾勒出一个可以定性表述和定量分析的量刑情节体系，谨供同行学者和司法干警参考，以达抛砖引玉之目的。为此，在分章列举阐述各类量刑情节之前，还须说明如下三个问题：

一、建立相对完备的量刑情节体系是量刑公正的重要保障

量刑情节是对犯罪人处罚轻重的唯一根据，因此建立起一个分门别类的量刑情节体系，阐明其来源和根据并提出简要的适用建议，是实现量刑公正的重要保障。在目前可供适用的量刑情节中，除刑法关于预备犯、未遂犯和中止犯这三种犯罪未完成形态具有修正的构成要件和从宽处罚情节的“二重性”之外，凡是能够从某个侧面揭示行为社会危害性和行为人人身危险性的主客观事实情况，要么是定罪情节，要么是量刑情节，不可能两种功能兼而有之，也不可能具有第三种功能。因此，严格划分两者之间的界限，禁止对同一事实情况进行重复评价，是国际通行的原则。如果误将定罪情节当做量刑情节或者误将量刑情节作为定罪情节，或者不当遗漏犯罪人具有的量刑情节，或者不当增加犯罪人没有的量刑情节，都会造成量刑偏差；发生了这种错误，再好的量刑方法也无济于事。因此，建立起相对完备且比较规范的量刑情节体系是实现量刑公正的重要保障。但是，我国刑法学界和相关司法机关向来忽视量刑情节体系的研究，量刑情节研究包括哪些主客观事实情况，至今尚未形成体系。

二、司法解释关于从重、从轻和减轻处罚的规定是量刑情节体系的重要组成部分

司法解释究竟规定了多少种量刑情节？谁能说得清楚道得明白？甚至很少有人承认它们是量刑情节。例如，除高铭暄、马克昌和赵秉志主编的普通高校“十五”国家级规划教材《刑法学》(第二版)外，①在迄今出版的刑法著述中，就没有“司法解释规定的量刑情节”这个概念。诚然，在司法解释规定的量刑情节中，有极少数是解释某种事实情况属于犯罪未遂的，它与法定量刑情节中的未遂犯有所重合；正因特定事实情况是否属于“犯罪未遂”存在一定模糊度，才需要通过司法解释来加以明确，遇到这种情形应当按照“特别规定优于普通规定”原则，避免重复适用就是了，不可因此而否认它们是司法解释规定的量刑情节，何况司法解释规定的从重与从宽处罚情节绝大多数不是解释法定量刑情节的，因此不承认司法解释规定的量刑情节是毫无道理的。根据笔者不完全统计，司法解释规定的量刑情节不少于109种，如果丢掉了这类量刑情节，量刑公正必将遭受重创。

三、酌定量刑情节是“一般应当”适用的量刑情节

酌定量刑情节是刑法学者和司法机关在刑法基本理论指导下，总结司法实践经验而形成的可以从重或者从轻处罚的主客观事实情况。此乃我国量刑情节体系的重要组成部分，虽然已在刑法学界和司法机关达成共识，但是在司法实践中仍然争论不休。例如，某中级人民法院对一名年近九旬且体弱多病的老年犯罪人判处死刑(立即执行)，辩护律师提出该罪犯年已耄耋，体弱多病，行动不便，其再次犯罪的可能性极小，人身危险性不大，因而建议适用“死缓”，但是主审法官借口这是“酌定”量刑情节，而酌定量刑情节是“可以型”情节，因

---

① 高铭暄、马克昌、赵秉志主编：《刑法学》第十六章第三节：“量刑情节体系”(赵廷光撰稿)，北京大学出版社、高等教育出版社2007年版，第279～290页。

而“不予采纳”。① 所谓“可以”从重或者从轻处罚，属于“导向性规定”，指如果没有特殊情况“一般应当”适用，否则必须阐明不予适用的理由和根据。在我国，除了法定量刑情节、司法解释规定的量刑情节和本书第四编即将阐述的“定罪剩余的选择要件转化而来的量刑情节”外，凡是能够在一定程度上表明行为社会危害性和行为人人身危险性的主客观事实情况，都应当归结为酌定量刑情节，因而酌定量刑情节是多样的。根据笔者初步研究，可以定性表述和定量分析的酌定量刑情节不少于 67 种，其中从重处罚情节有 33 种，从轻处罚情节有 34 种；然而，除了前述《刑法学》(第二版)外，其他刑法著述所列举的酌定量刑情节一般不超出 10 种，显得十分粗陋。

四、量刑情节体系是描述具体案情的科学工具

我国现行刑法经过八次《刑法修正案》的补充修改，已经形成了一个相当严密和完备的罪名体系、罪行体系、犯罪构成体系和法定刑体系。② 但是，它们只能解决罪与非罪、此罪与彼罪、重罪与轻罪和刑罚适用范围的问题，还不能解决量刑轻重的问题。如果说犯罪构成是罪行的表达方式，法定刑是罪行轻重的法律表达方式的话，那么量刑情节体系则是描述具体案情的科学工具。要解决具体罪行的量刑轻重问题，必须建立起一个相对完备的且相当规范的量刑情节体系。可是，在以往“重定罪轻量刑”的错误倾向影响下，刑法学界和司法机关对于建立科学的量刑量刑情节体系不是那么重视，很少有人对此进行微观研究和宏观概括。难怪有学者认为：“纵令多么智慧的人也不可能将影响量刑的各种情况一一穷尽，并且给出一个对确定最终刑罚的精确的影响度。”③笔者不赞成这种观点，因为人们对量刑情节的认

① 引自《老年文摘》2003 年 4 月 10 日第 1 版，无署名文章《九旬老人被判处死刑》。

② 参见本书附表 3. 犯罪构成要件体系一览表。

③ 李昌盛：《电脑量刑的利与弊》，载《法制日报》2004 年 6 月 3 日第 11 版。

识有一个由知之不多到知之更多的发展过程。一旦建立起一个相对完善且比较规范的“量刑情节体系”，任何复杂的案情都是可以详细描述的。由于同一罪行的构成要件都是完全相同，但是构成该种罪行的具体案件，犯罪人所具有的量刑情节却是千差万别的，因而同一罪行表现为形形色色的态样。

根据刑法、司法解释、刑法基本理论和司法实践经验总结，笔者认为目前可以定性表述和定量分析的量刑情节不少于480种，可分为如下四类：(1)从法理渊源上划分，法定量刑情节共69种，司法解释规定的量刑情节共107种，定罪剩余的选择要件转化而来的从重量刑情节共235种，酌定量刑情节共67种；(2)从处罚功能上划分，从重处罚情节共有112种(不含转化从重情节)，从轻处罚情节共有48种，其他从宽处罚情节共有83种；(3)从适用范围上划分，总则性量刑情节共有95种，分则性量刑情节共有383种(含转化从重情节)。① 在这些渊源不同、功能不同、适用范围不同的量刑情节中，除了不适用死刑的、不适用“死刑立即执行”的、不判处无期徒刑的、不起诉的、免予刑事处罚的和免除刑事责任的等极少数量刑情节外，单就395种从重从轻处罚情节而言，通过“两个层面两个层次的五级评价”，便可以将其中的每个情节分解为高低限度不同的48种危害危险程度。② 在现实生活中，具有10种以上量刑情节的案件十分罕见，那么试想：无论犯罪人人身状况、心理态度、行为方式、侵害对象、危害结果和犯罪环境等情况多么纷繁复杂，难道数以万计内容不同和形式各异的危害危险情形，③ 还不能对纷繁复杂的具体案情进行

① 所谓总则性量刑情节，是指适用于各种罪行的量刑情节；所谓分则性量刑情节，是指只适用于某种、某几种和十几种罪行的量刑情节。总则性量刑情节虽然数量较少，但是适用罪行很多；分则性量刑情节虽然数量较多，但适用的罪行却很少，多数只适用于一种罪行。

② 参见本书附表12. 量刑情节理性评价积分登记表。

③ 395种从重从轻处罚情节×48种不同的危害危险程度=18960种不同情形。

详细描述吗？所谓描述具体案情，只能是通过定性表述和定量分析，从不同侧面和不同程度上揭示行为的社会危害性和行为人的人身危害性，除此之外，其他描述对于量刑来说都是毫无意义的。现将量刑情节分类如下：

量刑情节体系分类统计表

量刑情节按其来源分类 / 量刑情节按其功能与性质分类	法定量刑情节			司法解释规定的量刑情节			酌定量刑情节（总则性）	总　　计		
	总则性情节	分则性情节	小计	总则性情节	分则性情节	小计		总则性情节	分则性情节	总计
（一）从重处罚情节	2	36	38		41	41	33	35	77	112
（二）从轻处罚情节	0	0	0		14	14	34	34	14	48
（三）多功能从宽处罚情节	20	5	25		36	36		20	41	61
（四）单功能从宽处罚情节	4	2	6	2	14	16		6	16	22
合　　计	26	43	69	2	105	107	67	95	148	243

总之，建立起一个分门别类的量刑情节体系，阐明每个量刑情节的来源和根据，是一项庞大而复杂的系统工程；在这个量刑情节体系尚未建立起来之前，误将非量刑情节当成量刑情节适用，或者误将量刑情节视为非量刑情节，遗漏犯罪人具有的或随意增添犯罪人没有的量刑情节等错误都是在所难免的。这是产生量刑偏差的主要原因之一。在我国刑法学界和司法机关，迄今还没有看到哪位学者和哪位法官，对可以定性表述和定量分析的量刑情节作过全面系统统计和逐一列举，因为这是一项非常繁琐和棘手的庞大而复杂的系统工程。笔者虽然提出上列“量刑情节体系分类统计表”，由于纯属个人单枪匹马的自费研究，没有国家科研经费支撑和必要的科研团队，加之年近八旬，体力和精力基本耗尽，思维不像从前那样敏锐，很难保证穷尽了

研究对象的各个方面，即便如此，也愿意将自己不完全统计和列举奉献出来与广大读者共飨，敬请批评指正。

本编拟分为五章，将各类量刑情节的来源、根据、基本内容和简要提示等逐一列举。

第一章 从重处罚情节及其来源

所谓从重处罚情节，是指能够从一定程度上揭示行为社会危害性或者行为人人身危险性，据以在法定刑中间线以上适用刑罚的主客观事实情况。本章由法定从重处罚情节、司法解释规定的从重处罚情节和酌定从重处罚情节三个部分组成，列表统计如下：

从重处罚情节分类统计表

从重处罚情节分类	情节数量	适用范围	
		总则性情节	分则性情节
一、法定从重处罚情节	38	2	36
二、司法解释规定的从重处罚情节	41		41
三、酌定从重处罚情节	33	33	
合　　计	112	35	77

第一节 法定从重处罚情节体系

一、刑法规定的总则性“从重处罚情节”有2种

1. 教唆不满18周岁的人犯罪的

刑法第29条第1款后段规定：“教唆不满18周岁的人犯罪的，应当从重处罚。”

2. 累犯

刑法第 65 条："被判处有期徒刑以上刑罚的犯罪分子，刑罚执行完毕或者赦免以后，在 5 年以内再犯应当判处有期徒刑以上刑罚之罪的，是累犯，应当从重处罚，但是过失犯罪和不满 18 周岁的人犯罪的除外。"

二、刑法规定的分则性"从重处罚情节"有 36 种

1. 策动、胁迫、勾引、收买国家机关工作人员、武装部队人员、人民警察、民兵进行武装叛乱或者武装暴乱的

刑法第 104 条第 2 款：策动、胁迫、勾引、收买国家机关工作人员、武装部队人员、人民警察、民兵进行武装叛乱或者武装暴乱的，依照前款的规定从重处罚。本情节适用于"武装叛乱、暴乱罪"。

2. 与境外机构、组织、个人相勾结，实施如下 5 种犯罪的

刑法第 106 条：与境外机构、组织、个人相勾结，实施本章第 103 条、第 104 条、第 105 条规定之罪的，依照各该条的规定从重处罚。本情节适用于"分裂国家罪"，"煽动分裂国家罪"，"武装叛乱、暴乱罪"，"颠覆国家政权罪"和"煽动颠覆国家政权罪"5 个罪名。

3. 掌握国家秘密的国家工作人员犯本罪的

刑法第 109 条第 2 款：掌握国家秘密的国家工作人员叛逃境外或者在境外叛逃的，依照前款的规定从重处罚。本情节适用于"叛逃罪"。

4. 武装掩护走私的

《刑法修正案（八）》第 28 条：将刑法第 157 条第 1 款修改为："武装掩护走私的，依照本法第 151 条第 1 款的规定从重处罚。"本情节适用于走私罪 12 个罪名。

5. 银行或者其他金融机构的工作人员违反国家规定，向关系人发放贷款的

刑法第 186 条第 2 款：银行或者其他金融机构的工作人员违反国家规定，向关系人发放贷款的，依照前款的规定从重处罚。本情节适用于"违法发放贷款罪"。

6. 伪造货币并出售或者运输伪造的货币的

刑法第 171 条第 3 款：伪造货币并出售或者运输伪造的货币的，依照本法第 170 条的规定定罪从重处罚。本情节适用于“伪造货币罪”。

7. 伪造、变造海关签发的报关单、进口证明、外汇管理部门核准件等凭证和单据，并用于骗购外汇的

《关于惩治骗购外汇、逃汇和非法买卖外汇犯罪的有关决定》第 1 条第 2 款：伪造、变造海关签发的报关单、进口证明、外汇管理部门核准件等凭证和单据，并用于骗购外汇的，依照前款的规定从重处罚。本情节适用于“骗购外汇罪”。

8. 与骗购外汇或者逃汇的行为人通谋，为其提供购买外汇的有关凭证或者其他便利的，或者明知是伪造、变造的凭证和单据而售汇、付汇的

《于惩治骗购外汇、逃汇和非法买卖外汇犯罪的有关决定》第 5 条：海关、外汇管理部门以及金融机构、从事对外贸易经营活动的公司、企业或者其他单位的工作人员与骗购外汇或者逃汇的行为人通谋，为其提供购买外汇的有关凭证或者其他便利的，或者明知是伪造、变造的凭证和单据而售汇、付汇的，以共犯论，依照本决定从重处罚。本情节适用于“骗购外汇罪”和“逃汇罪”。

9. 奸淫不满 14 周岁的幼女的

刑法第 236 条第 2 款：奸淫不满 14 周岁的幼女的，以强奸论，从重处罚。本情节适用于“强奸罪”。

10. 猥亵儿童的

刑法第 237 条第 3 款：猥亵儿童的，依照前两款的规定从重处罚。本情节适用于“猥亵儿童罪”。

11. 犯本罪具有殴打、侮辱情节的

刑法第 238 条第 1 款：具有殴打、侮辱情节的，从重处罚。本情节适用于“非法拘禁罪”。

12. 国家机关工作人员利用职权犯本罪的

刑法第 238 条第 4 款：国家机关工作人员利用职权犯前 3 款罪的，依照前 3 款的规定从重处罚。本情节适用于“非法拘禁罪”。

13. 国家机关工作人员犯“诬告陷害罪”的

刑法第 243 条第 2 款：国家机关工作人员犯前款罪的，从重处罚。本情节适用于“诬告陷害罪”。

14. 司法工作人员滥用职权，犯“非法搜查罪”的

刑法第 245 条第 2 款：司法工作人员滥用职权，犯前款罪的，从重处罚。本情节适用于“非法搜查罪”。

15. 司法工作人员滥用职权，犯“非法侵入住宅罪”的

刑法第 245 条第 2 款：司法工作人员滥用职权，犯前款罪的，从重处罚。本情节适用于“非法侵入住宅罪”。

16. 刑讯逼供、暴力取证，致人伤残、死亡的

刑法第 247 条：司法工作人员对犯罪嫌疑人、被告人实行刑讯逼供或者使用暴力逼取证人证言的，处 3 年以下有期徒刑或者拘役。致人伤残、死亡的，依照本法第 234 条、第 232 条的规定定罪从重处罚。本情节适用于“故意杀人罪”或者“故意伤害罪”。

17. 殴打、体罚虐待被监管人，致人伤残、死亡的

刑法第 248 条第 1 款：监狱、拘留所、看守所等监管机构的监管人员对被监管人进行殴打或者体罚虐待，情节严重的，处 3 年以下有期徒刑或者拘役；情节特别严重的，处 3 年以上 10 年以下有期徒刑。致人伤残、死亡的，依照本法第 234 条、第 232 条的规定定罪从重处罚。本情节适用于“故意杀人罪”或者“故意伤害罪”。

18. 犯妨害邮电通信罪而窃取财物的

刑法第 253 条：邮政工作人员私自开拆或者隐匿、毁弃邮件、电报的，处 2 年以下有期徒刑或者拘役。

犯前款罪而窃取财物的，依照本法第 264 条的规定定罪从重处罚。本情节适用于“盗窃罪”。

19. 冒充人民警察招摇撞骗的

刑法第 279 条第 2 款：冒充人民警察招摇撞骗的，依照前款的规定从重处罚。本情节适用于“冒充国家工作人员招摇撞骗罪”。

20. 引诱未成年人参加聚众淫乱活动的

刑法第 301 条：聚众进行淫乱活动的，对首要分子或者多次参加

的，处 5 年以下有期徒刑、拘役或者管制。

引诱未成年人参加聚众淫乱活动的，依照前款的规定从重处罚。本情节适用于“聚众淫乱罪”。

21. 司法工作人员犯“妨害作证罪”和“帮助毁灭、伪造证据罪”的

刑法第 307 条第 3 款：司法工作人员犯前两款罪的，从重处罚。本情节适用于“妨害作证罪”和“帮助毁灭、伪造证据罪”两个罪名。

22. 盗伐、滥伐国家级自然保护区内的森林或者其他林木的

刑法第 345 条第 4 款：盗伐、滥伐国家级自然保护区内的森林或者其他林木的，从重处罚。本情节适用于“盗伐林木罪”和“滥伐林木罪”两个罪名。

23. 利用、教唆未成年人走私、贩卖、运输、制造毒品，或者向未成年人出售毒品的

刑法第 347 条第 6 款：利用、教唆未成年人走私、贩卖、运输、制造毒品，或者向未成年人出售毒品的，从重处罚。本情节适用于“走私、贩卖、运输、制造毒品罪”。

24. 因走私、贩卖、运输、制造、非法持有毒品罪被判过刑，又犯本节之罪的

刑法第 356 条：因走私、贩卖、运输、制造、非法持有毒品罪被判过刑，又犯本节规定之罪的，从重处罚。本情节适用于刑法分则第六章第七节规定的 12 个罪名。

25. 缉毒人员或者其他国家机关工作人员掩护、包庇走私、贩卖、运输、制造毒品的犯罪分子的

刑法第 349 条第 2 款：缉毒人员或者其他国家机关工作人员掩护、包庇走私、贩卖、运输、制造毒品的犯罪分子的，依照前款的规定从重处罚。本情节适用于“包庇毒品犯罪分子罪”和“窝藏、转移、隐瞒毒品、毒赃罪”两个罪名。

26. 旅馆业、饮食服务业、文化娱乐业、出租汽车业等单位的主要负责人，利用本单位的条件，组织、强迫、引诱、容留、介绍他人卖淫的

刑法第361条：旅馆业、饮食服务业、文化娱乐业、出租汽车业等单位的人员，利用本单位的条件，组织、强迫、引诱、容留、介绍他人卖淫的，依照本法第358条、第359条的规定定罪处罚。

前款所列单位的主要负责人，犯前款罪的，从重处罚。本情节适用于“组织卖淫罪”，“强迫卖淫罪”，“协助组织卖淫罪”，“引诱、容留、介绍卖淫罪”和“引诱幼女卖淫罪”5个罪名。

27. 制作、复制淫秽的电影、录像等音像制品组织播放的

刑法第364条第3款：制作、复制淫秽的电影、录像等音像制品组织播放的，依照第2款的规定从重处罚。本情节适用于“组织播放淫秽音像制品罪”。

28. 向不满18周岁的未成年人传播淫秽物品的

刑法第364条第4款：向不满18周岁的未成年人传播淫秽物品的，从重处罚。本情节适用于“传播淫秽物品罪”和“组织播放淫秽音像制品罪”两个罪名。

29. 战时破坏武器装备、军事设施、军事通信罪的

刑法第369条第3款：战时犯前两款罪的，从重处罚。本情节适用于“破坏武器装备、军事设施、军事通信罪”。

30. 挪用用于救灾、抢险、防汛、优抚、扶贫、移民、救济款物归个人使用的

刑法第384条第2款：挪用用于救灾、抢险、防汛、优抚、扶贫、移民、救济款物归个人使用的，从重处罚。本情节适用于“挪用公款罪”。

31. 索贿的

刑法第386条：对犯受贿罪的，根据受贿所得数额及情节，依照本法第383条的规定处罚。索贿的从重处罚。本情节适用于“受贿罪”。

32. 战时犯“阻碍执行军事职务罪”的

刑法第426条：以暴力、威胁方法，阻碍指挥人员或者值班、值勤人员执行职务的，处5年以下有期徒刑或者拘役；情节严重的，处5年以上有期徒刑；致人重伤、死亡的，或者有其他特别严重情节

的，处无期徒刑或者死刑。战时从重处罚。本情节适用于“阻碍执行军事职务罪”。

33. 银行或者其他金融机构的工作人员利用职务上的便利，窃取、收买或者非法提供他人信用卡信息资料的

刑法第177条第3款：银行或者其他金融机构的工作人员利用职务上的便利，犯第2款罪的，从重处罚。本情节适用于“窃取、收买或者非法提供他人信用卡信息资料罪”。

34. 战时犯过失损坏武器装备、军事设施、军事通信罪的

《刑法修正案(五)》第3条修改后的刑法第369条第3款：战时犯前两款罪的，从重处罚。本情节适用于“破坏武器装备、军事设施、军事通信罪”和“过失损坏武器装备、军事设施、军事通信罪”。

35. 银行或者其他金融机构的工作人员违反国家规定，向关系人发放贷款的

刑法第186条第2款：银行或者其他金融机构的工作人员违反国家规定，向关系人发放贷款的，依照前款的规定从重处罚。本情节适用于“违法发放贷款罪”。

36. 负有食品安全监督管理职责的国家机关工作人员，徇私舞弊犯“食品安全监督管理玩忽职守、滥用职权罪”的

《刑法修正案(八)》第49条：在刑法第408条后增加一条，作为第408条之一的规定：负有食品安全监督管理职责的国家机关工作人员，滥用职权或者玩忽职守，导致发生重大食品安全或造成其他严重后果的……徇私舞弊犯前款罪的，从重处罚。本情节适用于“食品安全监督管理玩忽职守、滥用职权罪”。

第二节 司法解释规定的分则性从重处罚情节体系

司法解释规定的从重处罚情节均是分则性量刑情节，共有41种，列举如下：

1. 为实施其他犯罪而偷开机动车辆当犯罪工具使用的

“高法”1998 年 3 月 17 日《关于审理盗窃案件具体应用法律若干问题的解释》第 12 条第 3 项规定：为实施其他犯罪，偷开机动车辆当犯罪工具使用后，将偷开的机动车辆送回原处或者停放到原处附近，车辆未丢失的，按照其所实施的犯罪从重处罚。本情节只能适用于偷开机动车辆当犯罪工具使用的一切关联罪。

2. 实施盗窃犯罪，造成公私财物损毁，未构成其他犯罪的

“高法”1998 年 3 月 17 日《关于审理盗窃案件具体应用法律若干问题的解释》第 12 条第 5 项规定：实施盗窃犯罪，造成公私财物损毁的，以盗窃罪从重处罚。本情节只能适用于“盗窃罪”。

3. 实施盗窃犯罪，造成公私财物损毁，又构成其他犯罪的

“高法”1998 年 3 月 17 日《关于审理盗窃案件具体应用法律若干问题的解释》第 12 条第 5 项规定：实施盗窃犯罪，造成公私财物损毁的……又构成其他犯罪的，择一重罪从重处罚。本情节只能适用于“故意毁坏财物罪”、“破坏交通工具罪、破坏交通设施罪”、“破坏电力设备罪”、“破坏易燃易爆设备罪”、“破坏广播电视设施、公用电信设施罪”、“破坏生产经营罪”和“破坏武器装备、军事设施、军事通信罪”。

4. 实施骗购外汇、非法买卖外汇行为，同时触犯二个以上罪名的

“高法”1998 年 8 月 28 日《关于审理骗购外汇、非法买卖外汇刑事案件具体应用法律若干问题的解释》第 6 条规定：实施本解释规定的行为(编者注：指骗购外汇、非法买卖外汇)，同时触犯二个以上罪名的，择一重罪从重处罚。本情节只能适用于“骗购外汇罪”和“因非法买卖外汇而构成的非法经营罪”。

5. 铁路职工倒卖车票或者与其他人员勾结倒卖车票的

“高法”1999 年 9 月 6 日《关于审理倒卖车票刑事案件有关问题的解释》第 2 条规定：对于铁路职工倒卖车票或者与其他人员勾结倒卖车票……依法从重处罚。本情节只能适用于“倒卖车票罪”。

6. 组织倒卖车票的首要分子

“高法”1999 年 9 月 6 日《关于审理倒卖车票刑事案件有关问题的

解释》第2条规定：组织倒卖车票的首要分子……依法从重处罚。本情节只能适用于“倒卖车票罪”。

7. 曾因倒卖车票受过治安处罚两次以上或者被劳动教养一次以上，2年内又倒卖车票的

“高法”1999年9月6日《关于审理倒卖车票刑事案件有关问题的解释》第2条规定：曾因倒卖车票受过治安处罚两次以上或者被劳动教养一次以上，2年内又倒卖车票，构成倒卖车票罪的，依法从重处罚。本情节只能适用于“倒卖车票罪”。

8. 既实施了强奸妇女行为又实施了奸淫幼女行为的

“高法”2000年2月16日《关于审理强奸案件有关问题的解释》规定：对于行为人既实施了强奸妇女行为又实施了奸淫幼女行为的，依照刑法第236条的规定，以强奸罪从重处罚。本情节只能适用于“强奸罪”。

9. 购买假币后使用的

“高法”2000年4月20日《关于审理伪造货币等案件具体应用法律若干问题的解释》第2条第1款规定：行为人购买假币后使用，构成犯罪的，依照刑法第171条的规定，以购买假币罪定罪，从重处罚。本情节只能适用于购买假币罪。

10. 国家机关工作人员组织、领导、参加黑社会性质组织的

“高法”2000年12月5日《关于审理黑社会性质组织犯罪的案件具体应用法律若干问题的解释》第4条规定：国家机关工作人员组织、领导、参加黑社会性质组织的，从重处罚。本情节只能适用于“组织、领导、参加黑社会性质组织罪”。

11. 对同一宗假币实施了刑法没有规定为选择性罪名的数个犯罪行为的

“高法”2001年1月21日《全国法院审理金融犯罪案件工作座谈会纪要》第二部分第2条规定：(3)对同一宗假币实施了刑法没有规定为选择性罪名的数个犯罪行为，择一重罪从重处罚。如伪造货币或者购买假币后使用的，以伪造货币罪或购买假币罪定罪，从重处罚。本情节只能适用于“伪造货币罪”、“出售、购买、运输假币罪”，“金

融工作人员购买假货、以假币换取货币罪"，"持有、使用假货罪"和"变造货币罪"。

12. 国家机关工作人员参与生产、销售伪劣商品犯罪的

"两高"2001年4月9日《关于办理生产、销售伪劣商品刑事案件具体应用法律若干问题的解释》第12条规定：国家机关工作人员参与生产、销售伪劣商品犯罪的，从重处罚。本情节适用于生产、销售伪劣商品的各种犯罪。

13. 犯抢夺罪基本罪，抢夺残疾人、老年人、不满14周岁未成年人的财物的

"高法"2002年7月15日《关于审理抢夺刑事案件具体应用法律若干问题的解释》第2条第1项规定：抢夺公私财物达到本解释第1条第(一)项规定的"数额较大"的标准，抢夺残疾人、老年人、不满14周岁未成年人的财物的"，"可以依照刑法第267条第1款的规定，从重处罚。本情节只能适用于"抢夺罪"。

14. 犯抢夺罪基本罪，抢夺救灾、抢险、防汛、优抚、扶贫、移民、救济等款物的

"高法"2002年7月15日《关于审理抢夺刑事案件具体应用法律若干问题的解释》第2条第2项规定：抢夺公私财物达到本解释第1条第(一)项规定的"数额较大"的标准，抢夺救灾、抢险、防汛、优抚、扶贫、移民、救济等款物的，可以依照刑法第267条第1款的规定，从重处罚。本情节只能适用于"抢夺罪"。

15. 犯抢夺罪基本罪，一年内抢夺三次以上的

"高法"2002年7月15日《关于审理抢夺刑事案件具体应用法律若干问题的解释》第2条第3项规定：抢夺公私财物达到本解释第1条第(一)项规定的"数额较大"的标准，一年内抢夺三次以上的，可以依照刑法第267条第1款的规定，从重处罚。本情节只能适用于"抢夺罪"。

16. 犯抢夺罪基本罪，利用行驶的机动车辆抢夺的

"高法"2002年7月15日《关于审理抢夺刑事案件具体应用法律若干问题的解释》第2条第4项规定：抢夺公私财物达到本解释第1条

条第(一)项规定的"数额较大"的标准，利用行驶的机动车辆抢夺的，可以依照刑法第 267 条第 1 款的规定，从重处罚。本情节只能适用于"抢夺罪"。

17. 国家工作人员参与实施骗取出口退税犯罪活动的

"高法"2002 年 9 月 17 日《关于审理骗取出口退税刑事案件具体应用法律若干问题的解释》第 8 条规定：国家工作人员参与实施骗取出口退税犯罪活动的，依照刑法第 204 条第 1 款的规定从重处罚。本情节只能适用于骗取出口退税款罪。

18. 在预防、控制突发传染病疫情等灾害期间犯生产、销售伪劣产品罪，生产、销售假药罪，生产、销售劣药罪的

"两高"2003 年 5 月 13 日《关于办理妨害预防、控制突发传染病疫情等灾害的刑事案件具体应用法律若干问题的解释》第 2 条规定：在预防、控制突发传染病疫情等灾害期间，生产、销售伪劣的防治、防护产品、物资，或者生产、销售用于防治传染病的假药、劣药，构成犯罪的，分别依照刑法第 140 条、第 141 条、第 142 条的规定，以生产、销售伪劣产品罪，生产、销售假药罪或者生产、销售劣药罪定罪，依法从重处罚。本情节只能适用于"生产、销售伪劣产品罪"、"生产、销售假药罪"和"生产、销售劣药罪"。

19. 在预防、控制突发传染病疫情等灾害期间犯生产不符合标准的医用器材罪的

"两高"2003 年 5 月 13 日《关于办理妨害预防、控制突发传染病疫情等灾害的刑事案件具体应用法律若干问题的解释》第 3 条第 1 款规定：在预防、控制突发传染病疫情等灾害期间，生产用于防治传染病的不符合保障人体健康的国家标准、行业标准的医疗器械、医用卫生材料，或者销售明知是用于防治传染病的不符合保障人体健康的国家标准、行业标准的医疗器械、医用卫生材料，不具有防护、救治功能，足以严重危害人体健康的，依照刑法第 145 条的规定，以生产、销售不符合标准的医用器材罪定罪，依法从重处罚。第 2 款规定：医疗机构或者个人，知道或者应当知道系前款规定的不符合保障人体健康的国家标准、行业标准的医疗器械、医用卫生材料而购买并有偿使

用的，以销售不符合标准的医用器材罪定罪，依法从重处罚。本情节只能适用于“生产、销售不符合标准的医用器材罪”。

20. 违反国家在预防、控制突发传染病疫情等灾害期间有关市场经营、价格管理等规定构成非法经营罪的

“两高”2003 年 5 月 13 日《关于办理妨害预防、控制突发传染病疫情等灾害的刑事案件具体应用法律若干问题的解释》第 6 条规定：违反国家在预防、控制突发传染病疫情等灾害期间有关市场经营、价格管理等规定，哄抬物价、牟取暴利，严重扰乱市场秩序，违法所得数额较大或者有其他严重情节的，依照刑法第 225 条第(四)项的规定，以非法经营罪定罪，依法从重处罚。本情节只能适用于“非法经营罪定罪”。

21. 在预防、控制突发传染病疫情等灾害期间，假借研制、生产或者销售用于预防、控制突发传染病疫情等灾害用品的名义，犯诈骗罪、合同诈骗罪和金融诈骗罪的

“两高”2003 年 5 月 13 日《关于办理妨害预防、控制突发传染病疫情等灾害的刑事案件具体应用法律若干问题的解释》第 7 条规定：在预防、控制突发传染病疫情等灾害期间，假借研制、生产或者销售用于预防、控制突发传染病疫情等灾害用品的名义，诈骗公私财物数额较大的，依照刑法有关诈骗罪的规定定罪，依法从重处罚。本情节只能适用于“诈骗罪”、“合同诈骗罪”、“集资诈骗罪”、“贷款诈骗罪”、“票据诈骗罪”、“金融凭证诈骗罪”、“信用证诈骗罪”、“信用卡诈骗罪”和“有价证券诈骗罪”。

22. 在预防、控制突发传染病疫情等灾害期间，聚众“打砸抢”，构成故意伤害罪、故意杀人罪和抢劫罪的

“两高”2003 年 5 月 13 日《关于办理妨害预防、控制突发传染病疫情等灾害的刑事案件具体应用法律若干问题的解释》第 9 条规定：在预防、控制突发传染病疫情等灾害期间，聚众“打砸抢”，致人伤残、死亡的，依照刑法第 289 条、第 234 条、第 232 条的规定，以故意伤害罪或者故意杀人罪定罪，依法从重处罚。对毁坏或者抢走公私财物的首要分子，依照刑法第 289 条、第 263 条的规定，以抢劫罪定

罪，依法从重处罚。本情节只能适用于“故意伤害罪”、“故意杀人罪”和“抢劫罪”。

23. 在预防、控制突发传染病疫情等灾害期间犯寻衅滋事罪的

“两高”2003 年 5 月 13 日《关于办理妨害预防、控制突发传染病疫情等灾害的刑事案件具体应用法律若干问题的解释》第 11 条规定：在预防、控制突发传染病疫情等灾害期间，强拿硬要或者任意损毁、占用公私财物情节严重，或者在公共场所起哄闹事，造成公共场所秩序严重混乱的，依照刑法第 293 条的规定，以寻衅滋事罪定罪，依法从重处罚。本情节只能适用于“寻衅滋事罪”。

24. 在预防、控制突发传染病疫情等灾害期间非法行医情节严重的

“两高”2003 年 5 月 13 日《关于办理妨害预防、控制突发传染病疫情等灾害的刑事案件具体应用法律若干问题的解释》第 12 条规定：未取得医师执业资格非法行医，具有造成突发传染病病人、病原携带者、疑似突发传染病病人贻误诊治或者造成交叉感染等严重情节的，依照刑法第 336 条第 1 款的规定，以非法行医罪定罪，依法从重处罚。本情节只能适用于“非法行医罪定罪”。

25. 犯罪对象是用于预防、控制突发传染病疫情等灾害的款物的

“两高”2003 年 5 月 13 日《关于办理妨害预防、控制突发传染病疫情等灾害的刑事案件具体应用法律若干问题的解释》第 9 条规定：贪污、侵占用于预防、控制突发传染病疫情等灾害的款物或者挪用归个人使用，构成犯罪的，分别依照刑法第 382 条、第 383 条、第 271 条、第 384 条、第 272 条的规定，以贪污罪、侵占罪、挪用公款罪、挪用资金罪定罪，依法从重处罚。本情节只能适用于“贪污罪”、“侵占罪”、“挪用公款罪”和“挪用资金罪”。

26. 盗窃牛、马、骡、拖拉机等生产经营工具或者生产资料的

“高法”1999 年 10 月 27 日《全国法院维护农村稳定刑事审判工作座谈会议纪要》第 2 部分第 2 条规定：对于盗窃牛、马、骡、拖拉机等生产经营工具或者生产资料的，应当依法从重处罚。本情节只能适用于“盗窃罪”的基本罪、重罪和更重罪。

27. 制作、复制、出版、贩卖、传播具体描绘不满 18 周岁未成年人性行为的淫秽电子信息的

“两高”2004 年 9 月 3 日《关于办理利用互联网、移动通讯终端、声讯台制作、复制、出版、贩卖、传播电子信息刑事案件具体适用法律若干问题的解释》第 6 条第 1 项规定：制作、复制、出版、贩卖、传播具体描绘不满 18 周岁未成年人性行为的淫秽电子信息的，从重处罚。本情节只能适用于“制作、复制、出版、贩卖、传播淫秽物品牟利罪”和“传播淫秽物品罪”。

28. 明知是具体描绘不满 18 周岁的未成年人性行为的淫秽电子信息而在自己所有、管理或者使用的网站或者网页上提供直接链接的

“两高”2004 年 9 月 3 日《关于办理利用互联网、移动通讯终端、声讯台制作、复制、出版、贩卖、传播电子信息刑事案件具体适用法律若干问题的解释》第 6 条第 2 项规定：明知是具体描绘不满 18 周岁的未成年人性行为的淫秽电子信息而在自己所有、管理或者使用的网站或者网页上提供直接链接的，从重处罚。本情节只能适用于“制作、复制、出版、贩卖、传播淫秽物品牟利罪”和“传播淫秽物品罪”。

29. 向不满 18 周岁的未成年人贩卖、传播淫秽电子信息和语音信息的

“两高”2004 年 9 月 3 日《关于办理利用互联网、移动通讯终端、声讯台制作、复制、出版、贩卖、传播电子信息刑事案件具体适用法律若干问题的解释》第 6 条第 3 项规定：向不满 18 周岁的未成年人贩卖、传播淫秽电子信息和语音信息的，从重处罚。本情节只能适用于“制作、复制、出版、贩卖、传播淫秽物品牟利罪”和“传播淫秽物品罪”。

30. 通过使用破坏性程序、恶意代码修改用户计算机设置等方法，强制用户访问、下载淫秽电子信息的

“两高”2004 年 9 月 3 日《关于办理利用互联网、移动通讯终端、声讯台制作、复制、出版、贩卖、传播电子信息刑事案件具体适用法律若干问题的解释》第 6 条第 4 项规定：通过使用破坏性程序、恶意

代码修改用户计算机设置等方法，强制用户访问、下载淫秽电子信息的，从重处罚。本情节只能适用于“制作、复制、出版、贩卖、传播淫秽物品牟利罪”和“传播淫秽物品罪”。

31. 实施赌博犯罪，具有相关司法解释规定情形之一的

“两高”2005 年 5 月 11 日《关于办理赌博刑事案件具体应用法律若干问题的解释》第 5 条规定，实施赌博犯罪，有下列情形之一的，依照刑法第 303 条的规定从重处罚：“(一)具有国家工作人员身份的；(二)组织国家工作人员赴境外赌博的；(三)组织未成年人参与赌博，或者开设赌场吸引未成年人参与赌博的。”本情节只能适用于“赌博罪”。

32. 国家工作人员违规投资入股矿山生产经营，构成本类犯罪的

“两高”2007 年 2 月 27 日《关于办理危害矿山生产安全刑事案件具体应用法律若干问题的解释》第 11 条规定：国家工作人员违反规定投资入股矿山生产经营，构成本解释涉及的有关犯罪的，作为从重情节依法处罚。本情节适用于因矿山生产安全事故而引发的 8 种罪行：“重大责任事故罪”、“强令违章冒险作业罪”、“重大劳动安全事故罪”、“不报谎报安全事故罪”、“非法采矿罪”、“滥用职权罪”、“玩忽职守罪”和“妨害公务罪”。

33. 在突发事件发生时期，生产、销售用于应对突发事件药品的假药、劣药的，依法从重处罚

“两高”2009 年 5 月 13 日《关于办理生产、销售假药、劣药刑事案件具体应用法律若干问题的解释》第 7 条规定：在自然灾害、事故灾难、公共卫生事件、社会安全事件等突发事件发生时期，生产、销售用于应对突发事件药品的假药、劣药的，依法从重处罚。本情节一般适用于“生产、销售假药罪”和“生产、销售劣药罪”；如果同时构成“生产、销售伪劣产品”、“侵犯知识产权罪”、“非法经营罪”、“非法行医罪”、“非法采集、供应血液、制作、供应血液制品罪”的，依照处罚较重的规定定罪处罚。

34. 生产、销售伪劣卷烟、雪茄烟等烟草专卖品，销售金额和未销售货值金额分别达到不同的法定刑幅度或者均达到同一法定刑幅

度的

“两高”2010 年 3 月 2 日《关于办理非法生产、销售烟草专卖品等刑事案件具体应用法律若干问题的解释》第 2 条第 2 款规定：销售金额和未销售货值金额分别达到不同的法定刑幅度或者均达到同一法定刑幅度的，在处罚较重的法定刑幅度内酌情从重处罚。本情节适用于“生产、销售伪劣产品罪”。

35. 假冒注册商标的商品销售金额和未销售货值金额分别达到不同的法定刑幅度或者均达到同一法定刑幅度的

“两高”、公安部 2011 年 1 月 10 日《关于办理侵犯知识产权刑事案件适用法律若干问题的意见》第 8 条规定：假冒注册商标的商品销售金额和未销售货值金额分别达到不同的法定刑幅度或者均达到同一法定刑幅度的，在处罚较重的法定刑或者同一法定刑幅度内酌情从重处罚。本情节适用于“销售假冒注册商标的商品罪”。

36. 诈骗公私财物达到相关司法解释规定数额标准，具有该解释规定 4 种情形之一的

“两高”2011 年 3 月 1 日《关于办理诈骗刑事案件具体应用法律若干问题的解释》第 2 条规定：诈骗公私财物达到本解释第 1 条规定的数额标准，具有下列情形之一的，可以依照刑法第 266 条的规定酌情从严惩处：“(一)通过发送短信、拨打电话或者利用互联网、广播电视、报刊杂志等发布虚假信息，对不特定多数人实施诈骗的；(二)诈骗救灾、抢险、防汛、优抚、扶贫、移民、救济、医疗款物的；(三)以赈灾募捐名义实施诈骗的；(四)诈骗残疾人、老年人或者丧失劳动能力人的财物的；(五)造成被害人自杀、精神失常或者其他严重后果的。”本情节适用于“诈骗罪”。

37. 盗窃行为给失主造成的损失大于盗窃数额的

“两高”2013 年 3 月 8 日《关于办理盗窃刑事案件适用法律若干问题的解释》第 4 条规定：盗窃行为给失主造成的损失大于盗窃数额的，损失数额可以作为量刑情节考虑。其言下之意是可以适当从重处罚。本情节只能适用于“盗窃罪”。

38. 为实施其他犯罪，偷开机动车作为犯罪工具使用……将车辆

送回未造成丢失的

“两高”2013 年 3 月 8 日《关于办理盗窃刑事案件适用法律若干问题的解释》第 10 条规定：为实施其他犯罪，偷开机动车作为犯罪工具使用后非法占有车辆，或者将车辆遗弃导致丢失的，以盗窃罪和其他犯罪数罪并罚；将车辆送回未造成丢失的，按照其所实施的其他犯罪从重处罚。本情节适用于以偷开机动车作为犯罪工具的相关罪行。

39. 采用破坏性手段盗窃公私财物，造成其他财物损毁的

“两高”2013 年 3 月 8 日《关于办理盗窃刑事案件适用法律若干问题的解释》第 11 条规定：采用破坏性手段盗窃公私财物，造成其他财物损毁的，以盗窃罪从重处罚；同时构成盗窃罪和其他犯罪的，择一重罪从重处罚。本情节适用于“盗窃罪”和与盗窃罪相关的罪行。

40. 实施污染环境、非法处置进口的固体废物和擅自进口固体废物犯罪行为，具有下列情形之一的

“两高”2013 年 6 月 8 日《关于办理环境污染刑事案件适用法律若干问题的解释》第 4 条规定：实施刑法第 338 条、第 339 条规定的犯罪行为，具有下列情形之一的，应当酌情从重处罚：“(一)阻挠环境监督检查或者突发环境事件调查的；(二)闲置、拆除污染防治设施或者使污染防治设施不正常运行的；(三)在医院、学校、居民区等人口集中地区及其附近，违反国家规定排放、倾倒、处置有放射性的废物、含传染病病原体的废物、有毒物质或者其他有害物质的；(四)在限期整改期间，违反国家规定排放、倾倒、处置有放射性的废物、含传染病病原体的废物、有毒物质或者其他有害物质的。”本情节只能适用于“污染环境罪”、“非法处置进口的固体废物罪”和“擅自进口固体废物罪”。

41. 实施编造、故意传播虚假恐怖信息，严重扰乱社会秩序，具有下列情形之一的

“高法”2013 年 9 月 16 日《关于审理编造、故意传播虚假恐怖信息刑事案件适用法律若干问题的解释》第 3 条规定：编造、故意传播

虚假恐怖信息，严重扰乱社会秩序，具有下列情形之一的……酌情从重处罚："(一)致使航班备降或返航；或者致使列车、船舶等大型客运交通工具中断运行的；(二)多次编造、故意传播虚假恐怖信息的；(三)造成直接经济损失20万元以上的；(四)造成乡镇、街道区域范围居民生活秩序严重混乱的；(五)具有其他酌情从重处罚情节的。"第5条规定："编造、故意传播虚假恐怖信息，严重扰乱社会秩序，同时又构成其他犯罪的，择一重罪处罚。"本情节只能适用于"编造、故意传播虚假恐怖信息罪"(基本罪)。

第三节　酌定从重处罚情节

酌定量刑情节，是指根据"宽严相济"的刑事政策，在刑法基本理论指导下总结司法实践经验而形成的可以从重或者从轻处罚的情节。从理论上讲，除了法定量刑情节、司法解释规定的量刑情节和定罪剩余的选择要件转化而来的从重处罚情节之外，凡是能够在一定程度上表明行为社会危害性和行为人人身危险性的主客观事实情况以及能够体现党和国家的刑事政策，对于不同犯罪人的刑事责任大小具有评价意义的其他主客观事实情况，都可以归结为酌定量刑情节，因此，酌定量刑情节具有丰富的内容和多种表现形式。比如，发案时地的经济发展水平、社会治安形势、社会和谐程度、人民群众对该种犯罪的心理感受以及量刑轻重可预期的社会效果等，都可以作为酌定量刑情节。酌定量刑情节是量刑情节体系的重要组成部分，是其他量刑情节的必要补充。由于酌定量刑情节适用于不确定的多数罪行及其犯罪人，所以属于总则性量刑情节。根据刑法基本理论概括和司法实践经验总结，酌定量刑情节至少有如下67种，分为酌定从重处罚情节和酌定从轻处罚情节两大类：凡是能够据以在法定刑中间线以上选用刑罚的称为从重处罚情节，反之，称为从轻处罚情节。现列表统计并对前者逐一列举如下。

酌定量刑情节统计表

按处罚轻重分类 / 按行为性质分类	酌定从轻与从重处罚情节		
	酌定从重处罚情节	酌定从轻处罚情节	合　计
一、犯罪主体方面的酌定量刑情节	5	9	14
二、犯罪心态方面的酌定量刑情节	4	5	9
三、犯罪行为方面的酌定量刑情节	12	9	21
四、犯罪客体方面的酌定量刑情节	8	5	13
五、其他方面的酌定量刑情节	4	6	10
合　　计	33	34	67

一、犯罪“主体方面”的酌定从重处罚情节有5种

1. 有犯罪前科的(再犯或者重犯)

所谓再犯，是指历史上曾经犯过罪又再次实施犯罪行为的人。再犯的概念非常宽泛，不受前罪是否被判处过刑罚、也不受被判刑期和刑种的限制，只要是过去曾经被宣告有罪的人再次犯罪都可称为再犯，但是累犯除外。所谓重犯，是再犯的一种，是指所犯后罪与所犯前罪均属同一罪名的再犯。鉴于行为人前次犯罪受到过法律的教育、谴责和制裁，本应洗心革面，痛改前非，遵纪守法，重新做人，然而他又再次实施犯罪，继续危害社会，表示其主观恶性较深且人身危险性较大，故应根据具体案情，适当从重处罚。

2. 国家工作人员实施非职务性犯罪的

国家工作人员是指国家机关中从事公务的人员。国有公司、企业、事业单位、人民团体中从事公务的人员和国家机关、国有公司、企业、事业单位委派到非国有公司、企业、事业单位、社会团体从事公务的人员以及其他依照法律从事公务的人员，以国家工作人员论。国家工作人员应当模范遵守国家法律，全心全意为人民服务，这是其特定身份所赋予的特定义务。国家工作人员实施非职务性犯罪，比普

通公民实施该种犯罪具有更大的社会危害性，因此可以酌情从重处罚。

3. 犯罪人是具有丰富犯罪经验和犯罪技能的

犯罪经验和犯罪技能，是指实施犯罪的经验、技能、手段，还包括犯罪之后毁灭罪证，逃避侦查的经验、方法。如果行为人在实施犯罪行为的过程中利用其所掌握的犯罪经验和技能，往往更能顺利完成犯罪，致使社会受到更大的现实危害，而且会加大国家发现犯罪、惩罚犯罪的难度和办案成本，因而对于具有犯罪经验和犯罪技能的人，可以适当从重处罚。

4. 犯罪人在犯罪前品行恶劣、曾经受过行政处分或者有其他劣迹的

所谓在犯罪前品行严重不端，主要指行为人在日常生活、工作中不注意约束自己的言行，经常违反道德、纪律或法律，扰乱周围社会成员正常的学习、工作、生活秩序，但又不构成犯罪的情形。由于行为人在犯罪前品行不好，表明其具有较大的人身危险性，反映了对其改造有一定难度，因此，对于过去一贯违法乱纪或者受过纪律处分、行政处罚的人，可以适当从重处罚。

5. 犯罪集团中或者共同犯罪中的首犯、主犯

犯罪集团或者普通共同犯罪中的首犯、主犯，其行为的社会危害性和人身危险性均大于共犯中的其他实行犯罪，是我国刑罚打击的重点，因此，可以酌情从重处罚。

二、犯罪"心态方面"的酌定从重处罚情节有 4 种

1. 直接故意犯罪比间接故意犯罪主观恶性更大

根据行为人对危害社会的结果的发生所持的心理态度，犯罪故意可以分为直接故意和间接故意两种。直接故意是指对危害社会的结果持追求的心理态度，而间接故意则是指对危害结果持放任的心理态度。在罪行基本相同的前提下，间接故意主观恶性比直接故意相对较小，可适当从轻处理。

2. 过于自信的过失犯罪比疏忽大意过失犯罪主观恶性更大

过于自信的过失，是指行为人预见到自己的行为可能发生危害社会的结果，但轻信能够避免，以致发生这种结果心理态度。疏忽大意的过失，是指行为人应当预见到自己的行为可能发生危害社会的结果，因为疏忽大意而没有预见，以致发生这种结果的心理态度。这两种过失的区别在于：在认识因素上，对危害结果的可能发生，前者已经有所预见，而后者根本没有预见；在意志因素上，对危害结果的可能发生，二者虽然都持排斥态度，但前者是轻信能够避免，而后者则是疏忽大意。由于过于自信的过失具有相对较重的主观恶性，因此可以酌情适当从重处罚。

3. 犯罪目的动机非常恶劣卑鄙的

犯罪动机是指刺激行为人产生犯罪目的并促使其决意实行犯罪的内心起因；犯罪目的是指行为人希望通过实施犯罪行为达到某种危害结果的一种心理企图。犯罪的目的、动机十分复杂，能在一定程度上反映行为人的主观恶性轻重和人身危险性大小，应当区别对待。如果犯罪目的、动机恶劣卑鄙的，表明行为人主观恶性较深和人身危险性较大的，可以适当从重处罚。

4. 认罪态度较差或者拒不认罪的

所谓认罪态度较差或者拒不认罪，特指被告人在行使“最后陈述的权利”时，认罪态度较差或者拒不认罪的情形。被告人的认罪态度好坏，在一定程度上反映其主观恶性和人身危险性，因此，对于在最后陈述时拒不认罪或者认罪态度较差的被告人，可以酌情适当从重处罚。

三、犯罪“行为方面”的酌定从重处罚情节有12种

1. 有能力和条件消除或者减轻危害结果而放任不管的

所谓有能力和条件消除或者减轻危害结果而放任不管的，是指在行为人实施犯罪行为过程中或犯罪行为实施终了以后，行为引起或诱发某种危害结果，行为人有能力和条件消除、减轻该危害结果，但行为人任其发生、扩大，从而导致了更严重的社会危害后果。由于行为人有能力作为而不作为，导致犯罪直接危害结果或者间接危害结果的

发生的，应酌情从重处罚。

2. 行为犯多次实施同种危害行为但定罪剩余的行为次数尚未超过从重处罚 1/2 的

所谓行为犯，是指以危害行为为犯罪构成的显著标志，法律不要求危害结果发生的情形，至于是否造成危害结果，不影响该种罪行的认定，却影响量刑的轻重。但是这里要强调的是，有些犯罪人却反复多次实施同一种危害行为，如果发生这种情况，应当拿出其中一种危害行为作为定罪情节，定罪剩余的其他行为次数理所当然地转化为量刑情节。因此，多次实施同种危害行为但定罪剩余的行为次数尚未超过从重处罚 1/2 的，其理性评价积分为 1～50 分。

3. 行为犯多次实施同种危害行为但定罪剩余的行为次数已超过从重处罚 1/2 的

所谓行为犯，是指以危害行为为犯罪构成的显著标志，法律不要求危害结果发生的情形，至于是否造成危害结果，不影响该种罪行的认定，却影响量刑的轻重。但是这里要强调的是，有些犯罪人却反复多次实施同一种危害行为，如果发生这种情况，应当拿出其中一种危害行为作为定罪情节，定罪剩余的其他行为次数理所当然地转化为量刑情节。因此，行为犯多次实施同种危害行为但定罪剩余的行为次数超过从重处罚 1/2 的，甚至接近或者达到从重处罚范围上限的，其理性评价积分为 51～100 分。

4. 危害行为持续时间相对较长表明危害程度较重的

所谓持续犯，亦称继续犯，指作用于同一对象的一个犯罪行为，从着手实行到行为实行终了，犯罪行为与不法状态在一定时间内同时处于继续状态的犯罪。例如，非法拘禁罪、窝藏罪、非法持有型犯罪、私藏枪支弹药罪、绑架罪等都是典型的持续犯。犯罪行为持续时间的长短，在一定程度上反映行为的社会危害性轻重和行为人主观恶性大小，因此，对于犯罪行为持续时间较长的，可以适当从重处罚。例如，非法拘禁他人 10 天与非法拘禁他人 1 天的行为相比，前者给被拘禁者造成的伤害显然大于后者，所以，在量刑时应当酌情从重处罚。

5. 犯罪后毁灭罪证或伪造事实掩盖罪行的

行为人在犯罪后毁灭罪证、伪造事实掩盖罪行，反映其主观恶性程度较深和人身危险性程度较大，可以酌情从重处罚。

6. 栽赃、陷害他人的

行为人栽赃陷害他人，反映其主观恶性程度较深和人身危险性程度较大，可以酌情从重处罚。

7. 以暴力或者威胁方法阻碍知情人检举揭发所犯罪行的

以暴力或者威胁方法阻碍知情人检举揭发所犯罪行的，反映其主观恶性程度较深和人身危险性程度较大，可以酌情从重处罚。

8. 犯罪时间特殊反映社会危害程度较重的

所谓犯罪时间，是指犯罪行为从着手到实行终了的时间。同一危害行为在不同的时间实施，能够在一定程度上反映行为的社会危害性大小和行为人的主观恶性轻重。如果犯罪时间特殊，确实表明行为的社会危害性程度较重的或者行为人的主观恶性程度较深的，可以适当从重处罚。

9. 犯罪地点特殊反映社会危害程度较重的

所谓“犯罪地点”，是指犯罪行为发生的地点或者犯罪结果发生的地点。同一犯罪行为在不同的时间实施，能够在一定程度上反映行为的社会危害性轻重和行为人的主观恶性大小。如果犯罪地点特殊，确实能够表明行为社会危害性较重或者行为人主观恶性较深的，可以适当从重处罚。

10. 犯罪方法、手段特殊反映社会危害程度较重的

所谓犯罪方法、手段，泛指实施危害行为所采取的方法、手段、工具、条件、关系、途径、步骤等措施。任何犯罪行为的实施都离不开方法，不是用这种方法就是用那种方法，世界上没有无方法的行为。实施犯罪的方法、手段不同，能够在一定程度上反映行为社会危害性轻重和行为人主观恶性大小。如果犯罪方法、手段确实能够表明行为社会危害性较重或者行为人主观恶性较深的，可以适当从重处罚。

11. 违反非刑法法规、规章制度情节相对较重的

行为人违反刑法以外的某种法律、法规或者规章制度有不同的具体情况，能够在一定程度上反映其行为社会危害性轻重和行为人主观恶性大小。对于违反非刑法法律、法规、规章制度情节较重的，可以适当从重处罚。

12.“挑拨防卫”实施犯罪的

所谓挑拨防卫，亦称防卫挑拨，是指行为人不是出于防卫的意图，而是出于侵害的意图，故意挑逗他人对自己进行侵害，然后以“正当防卫”为借口而对他人加以侵害的行为。由于行为人具有侵害他人的故意，并企图借正当防卫掩盖自己行为的违法性，这种犯罪手段十分狡猾，主观恶性较深，人身危险性较大，因此应当根据具体案情，适当从重处罚。

四、犯罪“客体方面”的酌定从重处罚情节有 8 种

1. 行为犯危害行为造成一定危害结果的

所谓行为犯，是指以构成要件的危害行为为标志，不要求发生其他危害结果，便可成立既遂的犯罪形态。行为犯虽然不要求以特定危害结果发生为构成要件，但是并不意味着它不会发生危害结果，是否发生危害结果以及危害结果的大小，将影响量刑的轻重。例如，刑法第 238 条第 1 款规定的非法拘禁罪的基本罪是行为犯，行为人虽然“不具有殴打、侮辱情节”，但给被害人造成其他危害结果的，比如，因被非法拘禁而耽误重要工作造成严重损失的，延误疾病治疗致使病情恶化等，应当酌情从重处罚。

2. 大肆挥霍、消耗、破坏赃款赃物，拒不交代赃款赃物下落的

这里所谓的“赃”，是指因犯罪而非法取得的财物。它必须是与该犯罪行为有直接关系的财物，也就是说，必须是犯罪行为人基于实施了某种犯罪行为而非法取得的金钱或者物品。如果是供犯罪所用的财物，如杀人凶器，则不能视为“赃”。“赃”的取得，一般是在实施犯罪行为之后，但也可能发生在犯罪行为实施之前；“赃”的来源可能是被害人的财物，也可能是另一犯罪行为人的财物；“赃”的性质可能就是本罪的被害法益，也可能不是。例如卖凶杀人中的被收买者

在收钱以后实施杀人的行为，触犯故意杀人罪，其所收受的钱即为赃款。由于赃款赃物具有非法性，它必须上缴国家或返还受害人，行为人若大肆挥霍赃款，消耗破坏赃物，拒不交代赃款赃物下落的，反映其行为社会危害性较重，人身危险性较大，主观恶性较深，可以酌情从重处罚。

3. 有能力赔偿经济损失而不积极主动赔偿的

行为人的犯罪行为造成了一定的经济损失，如果其积极主动赔偿损失，则能有效地减轻危害后果。相反，如果其有能力赔偿经济损失而不积极主动进行赔偿的，表明其悔罪态度较差，这在一定程度上反映了其主观恶性较深和人身危险性较大，因此可以酌情从重处罚。

4. 犯罪对象特殊反映社会危害程度较重的

所谓犯罪对象，是指危害行为直接作用的能够体现行为社会危害性程度或者行为人人身危险性程度的具体人或物。在我国法学界有人主张，只有体现法律所保护的合法社会关系的人或物，才是犯罪对象。我们认为这种观点是片面的。例如，根据我国刑法规定，伪劣商品、毒品、淫秽物品、计算机病毒和危险物质等，它们是某些危害行为直接作用的对象，不但对该行为构成犯罪具有重要的意义，而且对量刑的轻重也会产生一定的影响，体现的却是非法的社会关系。所以，无论体现合法的社会关系还是体现非法的社会关系的人和物，都是犯罪对象。对于犯罪对象，可按行为作用方式不同，划分为：⑴行为毁坏的对象；⑵行为攻击的对象；⑶行为获取的对象；⑷行为运用的对象；⑸行为滋生的对象，等等。其中，行为运用的对象，在某些犯罪中可以视为犯罪的手段或工具，而在另一些犯罪中则视为犯罪对象；行为滋生的对象，是指行为在作用某种事物的过程中所产生的另一事物，这种对象在刑法分则中有大量规定，例如制造毒品、制作淫秽物品等。不同的犯罪对象反映不同的社会危害程度，如果犯罪对象特殊，表明社会危害程度较重的，可以适当从重处罚。

5. 结果犯定罪剩余的危害结果较多较重但未超过从重处罚结果1/2的

结果犯的危害结果有定罪结果与量刑结果之分：所谓定罪结果，

是指刑法分则条文规定的或者依照刑法条文的规定，成立某种结果犯既遂必须具备的起码危害结果(即构成要件危害结果的最低限度)；所谓量刑结果，是指超出构成要件起码要求的，对于该种罪行的社会危害程度具有评价意义的一定数量和损害幅度的危害结果。例如，刑法第234条第2款规定的故意伤害罪(重罪)，重伤1人为定罪结果，如果重伤多人的话，应当拿出其中1人作为定罪结果，定罪剩余的其他结果理所当然地转化为从重处罚情节。因此，结果犯定罪剩余的危害结果较多较重但未超过从重处罚结果1/2的，其理性评价积分为正数101~150分。

6. 结果犯定罪剩余的危害结果较多较重且已超过从重处罚结果1/2的

结果犯的危害结果有定罪结果与量刑结果之分：所谓定罪结果，是指刑法分则条文规定的或者依照刑法条文的规定，成立某种结果犯既遂必须具备的起码危害结果(即构成要件危害结果的最低限度)；所谓量刑结果，是指超出构成要件起码要求的，对于该种罪行的社会危害程度具有评价意义的一定数量和损害幅度的危害结果。例如，刑法第234条第2款规定的故意伤害罪(重罪)，重伤1人为定罪结果，如果重伤多人的话，应当拿出被重伤的其中1人作为定罪结果，定罪剩余的其他结果较多较重的且已超过从重处罚结果1/2的，甚至接近或者达到从重处罚范围上限的，其理性评价积分为正数151~200分。

7. 数额犯定罪剩余的犯罪数额较大但未超过从重处罚数额1/2的

犯罪数额有定罪数额与量刑数额之分：所谓定罪数额，是指刑法分则条文或者司法解释规定的，成立某种数额犯既遂必须具备的起码犯罪数额(构成要件犯罪数额的最低限度)；所谓量刑数额，是指超出构成要件起码要求，对于该种罪行的社会危害程度具有评价意义的一定幅度的犯罪数额。例如，刑法第264条规定的盗窃罪(基本罪)，如果“数额较大”确定执行“1000元以上至10000元”，应当以盗窃数额1000元为定罪数额，定罪剩余的9000元理所当然地转化为量刑数额，每刻度=45元。其中：“盗窃1000元以上至4500元”为从轻处罚数额，“盗窃4500元以上至10000元”为从重处罚数额。因此，

“定罪剩余的犯罪数额较大但未超过从重处罚数额 1/2 的”，是指盗窃数额在 4500 元以上至 6750 元，属于这种情形的，其从重处罚情节理性评价积分为正数 101~150 分。

8. 数额犯定罪剩余的犯罪数额较大且已超过从重处罚数额 1/2的

犯罪数额有定罪数额与量刑数额之分：所谓定罪数额，是指刑法分则条文或者司法解释规定的，成立某种数额犯既遂必须具备的起码犯罪数额(构成要件犯罪数额的最低限度)；所谓量刑数额，是指超出构成要件起码要求，对于该种罪行的社会危害程度具有评价意义的一定幅度的犯罪数额。例如，刑法第 264 条规定的盗窃罪(基本罪)，如果“数额较大”确定执行“1000 元以上至 10000 元”，应当以盗窃数额 1000 元为定罪数额，定罪剩余的 9000 元理所当然地转化为量刑数额，每刻度=45 元。其中：“盗窃 1000 元以上至 4500 元”为从轻处罚数额，“盗窃 4500 元以上至 10000 元”为从重处罚数额。因此，“数额犯定罪剩余的犯罪数额较大且已超过从重处罚数额 1/2 的”，是指盗窃数额在 6750 元以上至 10000 元，属于这种情形的，其从重处罚情节理性评价积分为正数 151~200 分。

五、犯罪“其他方面”的酌定从重处罚情节有 4 种

1. 拒不坦白交代所犯罪行的

坦白，是指犯罪人被动归案后，如实交代自己所被指控的犯罪事实的行为，并接受国家司法机关审查和裁判的行为。犯罪人拒不坦白交代自己所犯罪行，说明其没有悔改的诚意，不仅主观恶性较深，而且人身危险性较大，因此，可以酌情适当从重处罚；但是，被告人对行为性质的辩解，不能认为是拒不坦白交代所犯罪行。

2. 犯罪人与被害人关系特殊需要从重处罚的

所谓犯罪人与被害人具有特殊关系，主要指基于血缘、亲缘、婚姻、职业及社会交往活动等形成的较为稳定的社会关系，如夫妻、父子、兄弟、师生、战友、朋友、恋爱和上下级等关系。当法律或道德基于这种特定的社会关系对行为人提出了更高的要求，而行为人实施

犯罪行为，不但违反了法律义务而且同时违反了特定的道德义务，表明其主观恶性较深或者人身危险性较大的，可以酌情从重处罚。

3. 犯罪对社会影响较坏或者民愤较大的

所谓犯罪对社会的“影响较坏”，是指犯罪行为在社会产生恶劣影响和较大的心理震动；所谓“民愤”，是指该犯罪行为在广大群众中引起的强烈愤慨。两者是相互制约和有机统一的。犯罪对社会“影响”，必须是本来的和客观的；“民愤”必须是同案件没有利害关系的普通群众的正常心理感受和正常反应。人为的炒作和片面的宣传鼓动，不能作为评价社会影响与民愤大小的依据。犯罪对社会影响较坏和民愤较大的，能从一个侧面折射出行为具有较大的社会危害性或者行为人具有较深的主观恶性，因此可以酌情从重处罚。但是，在我国刑法学界，有学者却持相反的观点，认为“民愤”不应影响量刑轻重。我们认为，量刑是否考虑“民愤”，应从有利于当地社会稳定和化解社会矛盾的需要出发，根据具体案件灵活掌握。

4. 根据犯罪时地经济社会发展水平或者治安形势，需要适当从重处罚的

所谓当地当前形势，是指当地当前社会关系和社会矛盾发展变化的严重势态。例如，领导决策失误、经济发展滞后、人民生活困难、治安状况不好、发生天灾人祸、群众情绪恐慌和社会动荡不安等严重形势。同一危害行为在不同的时间、地点和条件下实施，其所反映的社会危害性和人身危险性程度是各不相同的。如果行为人在形势严重的地区和时期实施犯罪，其社会危害性和人身危险性程度将有所提升，因此可以适当从重处罚。但是，有学者却持相反的观点，认为社会形势不应影响量刑轻重。我们认为，量刑可否考虑具体社会形势，应以“三个有利于”为判断标准，如果该种犯罪与社会稳定关系不大，量刑也可以不考虑形势；如果对某种犯罪人适当从重处罚有利于化解社会矛盾，也可以考虑具体形势。

（以上酌定从重处罚情节列举未尽）。

第二章　从轻处罚情节及其来源

所谓从轻处罚情节，是指能够在一定程度上揭示行为社会危害性或者行为人人身危险性，据以在法定刑中间线以下法定刑以内适用刑罚的主客观事实情况。现行刑法没有直接规定从轻处罚情节，现行司法解释仅规定 14 种分则性从轻处罚情节，由此可见，从轻处罚情节主要是由刑法学者在刑法基本理论指导下，通过总结司法实践经验而提出来的。但是，刑法和司法解释却在多功能从宽处罚情节中，对从轻处罚情节作了许多间接性规定，这留待本编第三章剖析。现将不包括后者的从轻处罚情节列表如下：

从轻处罚情节分类统计表

从轻处罚情节分类	情节数量	适用范围	
		总则性情节	分则性情节
一、法定从轻处罚情节	无		
二、司法解释规定的从轻处罚情节	14		14
三、酌定从轻处罚情节	34	34	
合　　计	48	34	14

现将上表统计的 48 种从轻处罚情节分为两节，列举如下。

第一节　司法解释规定的分则性“从轻处罚情节”

司法解释规定的分则性从轻处罚情节共有 14 种，列举如下：

1. 偷拿自己家的财物或者近亲属的财物构成犯罪的

“高法”1998 年 3 月 17 日《关于审理盗窃案件具体应用法律若干问题的解释》第 1 条第 4 项规定：偷拿自己家的财物或者近亲属的财物，一般可不按犯罪处理；对确有追究刑事责任必要的，处罚时也应与在社会上作案的有所区别，适当从轻处罚。本情节适用于“盗窃罪”的基本罪、重罪和更重罪。

2. 挪用公款归个人使用，数额巨大，超过 3 个月，案发前全部归还的

“高法”1998 年 5 月 9 日《关于审理挪用公款案件具体应用法律若干问题的解释》第 2 条第 1 项规定：挪用公款数额巨大，超过 3 个月，案发前全部归还的，可以酌情从轻处罚。本情节只能适用于“挪用公款罪”的更重罪。

3. 行贿人、介绍贿赂人在被追诉后如实交代行贿、介绍贿赂行为的

“两高”1999 年 3 月 4 日《关于在办理受贿犯罪大要案的同时要严肃查处严重行贿犯罪分子的通知》第 4 条规定：在查处严重行贿、介绍贿赂犯罪案件中，既要坚持从严惩处的方针，又要注意体现政策。……行贿人、介绍贿赂人在被追诉后如实交代行贿、介绍贿赂行为的，也可以酌情从轻处罚。本情节只能适用于“行贿罪”和“介绍贿赂罪”。

4. 有悔罪表现，不致再危害社会的

“两高”2001 年 6 月 4 日《关于办理组织和利用邪教组织犯罪案件具体应用法律若干问题的解释(二)》第 12 条规定：人民法院审理邪教案件，对于有悔罪表现，不致再危害社会的被告人，可以依法从轻处罚。本情节只能适用于“组织利用会道门、邪教组织、利用迷信破坏法律实施罪”。

5. 间接故意杀人的

“高法”1999 年 10 月 27 日《全国法院维护农村稳定刑事审判工作座谈会议纪要》第 2 部分第 1 条规定：在直接故意杀人与间接故意杀人案件中，犯罪人的主观恶性程度是不同的，在处刑上也应有所区

别，酌情从轻处罚。本情节只能适用于“故意杀人罪”。

6. 犯盗窃罪，行为人具有本条司法解释规定的四项情形之一的

“高法”1999 年 10 月 27 日《全国法院维护农村稳定刑事审判工作座谈会议纪要》第 2 部分第 2 条规定：对盗窃犯罪的初犯、未成年犯，或者确因生活困难而实施盗窃犯罪，或积极退赃、赔偿损失的，应当注意体现政策，酌情从轻处罚。其中，具备判处管制、单处罚金或者宣告缓刑条件的，应区分不同情况尽可能适用管制、罚金或者缓刑。本情节适用于“盗窃罪”的基本罪。

7. 挪用公款后尚未投入实际使用的

“高法”2003 年 11 月 13 日《全国法院审理经济犯罪案件工作座谈会纪要》第 4 条第 7 款规定：挪用公款后尚未投入实际使用的，只要同时具备“数额较大”和“超过 3 个月未还”的构成要件，应当认定为挪用公款罪，但可以酌情从轻处罚。本情节只能适用于“挪用公款公款罪”。

8. 毒品犯罪中以贩养吸的被告人

“高法”2000 年 4 月 4 日《全国法院审理毒品犯罪案件工作座谈会纪要》第(一)规定：对于吸毒者实施的毒品犯罪，在认定犯罪事实和确定罪名上一定要慎重。吸毒者在购买、运输、存储毒品过程中被抓获的，如没有证据证明被告人实施了其他毒品犯罪行为的，一般不应定罪处罚，但查获的毒品数量大的，应当以非法持有毒品罪定罪；毒品数量未超过刑法第 348 条规定数量最低标准的，不定罪处罚。对于以贩养吸的被告人，被查获的毒品数量应认定为其犯罪的数量，但量刑时应考虑被告人吸食毒品的情节，从轻处罚。本情节只能适用于“贩卖、运输毒品罪”和“非法持有毒品罪”。

9. 危害矿山生产安全构成犯罪的人，在矿山生产安全事故发生后，积极组织、参与事故抢救的

“两高”2007 年 2 月 27 日《关于办理危害矿山生产安全刑事案件具体应用法律若干问题的解释》第 12 条规定：危害矿山生产安全构成犯罪的人，在矿山生产安全事故发生后，积极组织、参与事故抢救的，可以酌情从轻处罚。本情节适用于“重大责任事故罪”、“强令违

章冒险作业罪”、“重大劳动安全事故罪”、“不报、谎报安全事故罪”、“非法采矿罪”、“滥用职权罪”、“玩忽职守罪”和“妨害公务罪”。

10. 职务犯罪分子依法不成立自首，但如实交代犯罪事实，有司法解释规定情形之一的，可以酌情从轻处罚

“两高”2009 年 3 月 20 日《关于办理职务犯罪案件认定自首、立功等量刑情节若干问题的意见》第 3 条第 1 款规定：犯罪分子依法不成立自首，但如实交代犯罪事实，有下列情形之一的，可以酌情从轻处罚：(1)办案机关掌握部分犯罪事实，犯罪分子交代了同种其他犯罪事实的；(2)办案机关掌握的证据不充分，犯罪分子如实交代有助于收集定案证据的。本情节只能适用于职务犯罪。

11. 职务犯罪分子如实交代犯罪事实，有下列情形之一的

“两高”2009 年 3 月 20 日《关于办理职务犯罪案件认定自首、立功等量刑情节若干问题的意见》第 3 条第 2 款规定：犯罪分子如实交代犯罪事实，有下列情形之一的，一般应当从轻处罚：(1)办案机关仅掌握小部分犯罪事实，犯罪分子交代了大部分未被掌握的同种犯罪事实的；(2)如实交代对于定案证据的收集有重要作用的。本情节只能适用于职务犯罪。

12. 渎职犯罪或者与渎职犯罪相关联的犯罪立案后，犯罪分子及其亲友自行挽回的经济损失，司法机关或者犯罪分子所在单位及其上级主管部门挽回的经济损失，或者因客观原因减少的经济损失的

“两高”2012 年 9 月 12 日《关于办理渎职刑事案件适用法律若干问题的解释(一)》第 8 条第 3 款规定：渎职犯罪或者与渎职犯罪相关联的犯罪立案后，犯罪分子及其亲友自行挽回的经济损失，司法机关或者犯罪分子所在单位及其上级主管部门挽回的经济损失，或者因客观原因减少的经济损失，不予扣减，但可以作为酌定从轻处罚的情节。本量刑情节适用于渎职犯罪或者与渎职犯罪相关联的犯罪。

13. 行贿人被追诉后如实供述自己罪行的

“两高”2012 年 5 月 14 日《关于办理行贿刑事案件具体应用法律若干问题的解释》第 8 条规定：行贿人被追诉后如实供述自己罪行

的，依照刑法第 67 条第 3 款的规定，可以从轻处罚。本情节只能适用于“行贿罪”和“单位行贿罪”。

14. 拒不支付劳动者的劳动报酬，尚未造成严重后果，在刑事立案前支付劳动者的劳动报酬，并依法承担相应赔偿责任的

“高法”2013 年 1 月 14 日《关于审理拒不支付劳动报酬刑事案件适用法律若干问题的解释》第 6 条第 1 款规定：拒不支付劳动者的劳动报酬，尚未造成严重后果，在刑事立案前支付劳动者的劳动报酬，并依法承担相应赔偿责任的，可以认定为情节显著轻微危害不大，不认为是犯罪；在提起公诉前支付劳动者的劳动报酬，并依法承担相应赔偿责任的……在一审宣判前支付劳动者的劳动报酬，并依法承担相应赔偿责任的，可以从轻处罚。本情节只能适用于“拒不支付劳动报酬罪”。

第二节　酌定从轻处罚情节

一、犯罪“主体方面”的酌定从轻处罚情节有 9 种

1. 偶犯、初犯

所谓偶犯，是指行为人平时表现一般或者较大，偶尔失足陷入犯罪，或者未形成犯罪恶习的罪犯；所谓初犯，是指第一次受有罪判决的普通初犯罪犯。偶犯、初犯的主观恶性和社会危害性都小于再犯、重犯、惯犯和累犯，因此对于共同犯罪中的偶犯和初犯，应当与罪行基本相同的其他犯罪人有所区别。

2. 年逾古稀的老年人犯罪

年逾古稀的老年犯罪人，由于年岁较大，体力和认识能力通常低于一般犯罪人，有的体弱多病，甚至生活不能自理，其人身危险性和再犯的可能性相对较小，长期羁押也会给监狱带来一定困难，基于人道主义考虑，可以从轻处罚。

3. 残疾人犯罪

一般残疾人是指刑法第 16 条第 3 款和第 19 条规定以外的，在心

理、生理以及人体组织结构和功能上具有某种缺陷，不能以正常方式进行社会生活和从事社会活动的人。这种人由于心理和生理上的一定缺陷，在接受教育和社会实践方面受到局限，其认识能力和控制自己行为的能力弱于正常人，主观恶性和人身危险性相对轻，出于人道主义考虑，可以适当从轻处罚。

4. 先天发育不良或后天疾病影响而智力低下的

先天发育不良或后天疾病影响而智力比较低下的人，其认识和控制自己行为的能力相对较弱，主观恶性和人身危险性较小，出于人道主义考虑，可以适当从轻处罚。

5. 犯罪前品行良好的

犯罪人在犯罪前一贯表现很好，反映其比较容易改造和再犯可能性较小，人身危险性不大的，可以适当从轻处罚。

6. 少数民族公民实施普通犯罪的

本情节只能适用于一般犯罪。所谓一般犯罪，是指除危害国家安全罪，故意危害公共安全的犯罪，恐怖活动犯罪，故意危害国防利益罪和故意杀人罪，故意伤害致人重伤或者死亡的犯罪，强奸、抢劫、贩卖毒品、绑架、诈骗等恶性犯罪之外的其他犯罪。根据党和国家关于对少数民族公民犯罪实行“两少一宽”的刑事政策，对实施普通犯罪的少数民族公民可以适当从轻处罚。

7. 港、澳、台公民在祖国大陆实施普通犯罪的

本情节只能适用于普通犯罪。所谓普通犯罪，是指除危害国家安全罪，故意危害公共安全罪，恐怖组织活动罪，故意危害国防利益罪和故意杀人罪、故意伤害致人重伤或者死亡罪，强奸、抢劫、贩卖毒品、绑架和诈骗等恶性犯罪之外的其他犯罪。对于港、澳、台公民在祖国大陆实施普通犯罪的，可以适当从轻处罚。

8. 短期回国华侨在祖国大陆实施普通犯罪的

所谓普通犯罪，是指除危害国家安全罪，故意危害公共安全罪，恐怖组织活动罪，故意危害国防利益罪和故意杀人罪、故意伤害致人重伤或者死亡罪，强奸、抢劫、贩卖毒品、绑架和诈骗等恶性犯罪之外的其他犯罪。短期回国华侨由于对祖国大陆刑法不甚了解，如果在

大陆访问、旅游、经商、学习或者工作等居留期间实施了普通犯罪的，可以适当从轻处罚。

9. 短期来华的外国公民在我国境领域内实施普通犯罪的

所谓普通犯罪，是指除危害国家安全罪，故意危害公共安全罪，恐怖组织活动罪，故意危害国防利益罪和故意杀人罪、故意伤害致人重伤或者强奸、抢劫、贩卖毒品、绑架和诈骗等恶性犯罪之外的其他犯罪。短期来华的外国公民由于对中国大陆刑法不甚了解，如果在我国访问、旅游、经商、学习或者工作等居留期间实施了普通犯罪的，可以适当从轻处罚。

二、犯罪“心态方面”的酌定从轻处罚情节有5种

1. 认罪态度较好的

认罪态度较好，是指犯罪人在诉讼过程中，经过司法工作人员的启发教育，恰如其分地承认犯罪事实，对其所犯罪行社会危害性有较深刻的认识，能够真诚悔悟，表示痛改前非，愿意接受司法机关依法审判和制裁的表现。但是，行为人依法行使辩护权，对司法程序和犯罪情节、量刑情节进行实事求是的有利自己的辩解，维护自己的合法权益的表现，不能认为是认罪态度不好。犯罪人认罪态度较好，反映其人身危险性较小，可以适当从轻处罚。

2. 间接故意犯本罪比直接故意犯本罪主观恶性较轻的

根据行为人对危害社会结果的发生所持的心理态度，犯罪故意可以分为直接故意和间接故意两种。直接故意是指对危害社会的结果持追求的心理态度，而间接故意则是指对危害结果持放任的心理态度。在罪行基本相同的前提下，间接故意主观恶性比直接故意相对较小，可适当从轻处理。

3. 疏忽大意过失犯本罪(比过于自信过失)主观恶性较轻的

根据行为人对危害结果发生的心理态度的不同，犯罪过失可分为疏忽大意的过失与过于自信的过失两种。疏忽大意的过失是指行为人应当预见自己的行为可能发生危害社会的结果，因为疏忽大意而没有预见，以致发生了危害结果的心理状态；过于自信的过失是指行为人

虽已预见到自己的行为可能发生危害社会的结果，但轻信可以避免，以致发生了这种结果的心理状态。在罪行的社会危害性基本相同的前提下，疏忽大意的过失是无认识的过失，主观恶性相对较轻，可以适当从轻处罚。

4. 犯罪的目的动机特殊反映主观恶性较轻的

犯罪动机是指刺激行为人产生犯罪目的并促使其决意实行犯罪的内心起因；犯罪目的是指行为人希望通过实施犯罪行为达到某种危害结果的一种心理企图。犯罪的目的、动机十分复杂，能在一定程度上反映行为人的主观恶性轻重和人身危险性大小，应当区别对待。如果犯罪目的、动机特殊，表明行为人主观恶性较轻和人身危险性较小的，可以适当从轻处罚。

5. 在法律上或事实上有认识错误的

所谓在法律上的认识错误，是指行为人对刑法如何评价自己的行为产生的错误认识；在事实上的认识错误，是指行为人对自己的行为是否构成犯罪产生不正确认识。刑法上的认识错误通常不影响行为人罪过的成立及罪过的形式，但相对于无认识错误的犯罪而言，在法律上或事实上有认识错误的行为人，其主观恶性和人身危险性相对较小，可适当从轻处罚。

三、犯罪“行为方面”的酌定从轻处罚情节有 9 种

1. 积极采取措施消除或者减轻危害结果的

所谓积极采取措施消除或者减轻危害结果，是指行为人在危害行为实施过程中或者行为实施终了后，积极采取各种方法，努力消除或者减轻危害结果，不论是否达到“消除”或者“减轻”危害结果的目的，都在一定程度上反映行为人主观恶性较轻，人身危险性较小，因此，可以适当从轻处罚。

2. 危害行为持续时间相对较短表明危害程度较轻的

所谓持续犯，亦称继续犯，指作用于同一对象的一个犯罪行为，从着手实行到行为实行终了，犯罪行为与不法状态在一定时间内同时处于继续状态的犯罪。例如，非法拘禁罪、窝藏罪、非法持有型犯

罪、私藏枪支弹药罪、绑架罪等都是典型的持续犯。犯罪行为持续时间的长短，在一定程度上反映行为的社会危害性轻重、行为人主观恶性和人身危险性大小，因此，对于犯罪行为持续时间较短的，可以适当从轻处罚。例如，非法拘禁他人 10 天与非法拘禁他人 1 天的行为相比，后者给被拘禁者造成的伤害显然小于前者，所以，在量刑时应当酌情从轻处罚。

3. 犯罪时间特殊表明社会危害程度较轻的

所谓犯罪时间，是指犯罪行为从着手到实行终了的时间。同一危害行为在不同的时间实施，能够在一定程度上反映行为的社会危害性大小和行为人的主观恶性轻重。如果犯罪时间特殊，确实表明行为社会危害性程度较轻的或者行为人的主观恶性程度较小的，可以适当从轻处罚。

4. 犯罪地点特殊表明社会危害程度较轻的

所谓“犯罪地点”，是指犯罪行为发生的地点或者犯罪结果发生的地点。同一犯罪行为在不同的地点实施，能够在一定程度上反映行为的社会危害性轻重和行为人的主观恶性大小。如果犯罪地点特殊，确实能够表明行为客观危害性较轻或者行为人主观恶性较小的，可以适当从轻处罚。

5. 犯罪方法、手段特殊反映社会危害程度较轻的

所谓犯罪方法、手段，泛指实施危害行为所采取和利用的方法、手段、工具、条件、关系、途径、步骤等措施。任何犯罪行为的实施都离不开方法，不是用这种方法就是用那种方法，世界上没有无方法的行为。实施犯罪的不同方法，能够在一定程度上反映行为社会危害性轻重和行为人主观恶性大小。如果犯罪方法、手段确实能够表明行为社会危害性较轻或者行为人主观恶性较小的，可以适当从轻处罚。

6. 违反非刑法法规、规章制度情节较轻的

行为人违反刑法以外的某种法律、法规或者规章制度有不同的具体情况，能够在一定程度上反映行为社会危害性轻重和行为人主观恶性大小。如果违反非刑法法律、法规、规章制度情节较轻的，可以适当从轻处罚。

7. 特定义务来源特殊反映社会危害程度较轻的

所谓“特定义务”，是指基于一定法律关系或法律事务而产生的应当实施某种行为或者不应当实施某种行为的法律义务。特定义务的来源主要有五种，即：有法律规定的特定义务、职业上或者业务上要求的义务、法律行为引起的义务、先行行为引起的义务和特殊社会关系而产生的义务。所谓特殊社会关系而产生的义务，是指前种特定义务以外的，基于行为人与被害人之间的某种特殊关系而产生的义不容辞的求助义务。例如，1999 年 3 月，李男与项女在某厂做工时相恋，致女方怀孕，6 月李某提出与项某分手，项某不同意，李便以种种借口躲避她。9 月 5 日项某找到李某家，两人发生争吵，项将自备敌敌畏农药在李某房中喝下，5 分钟后项某口吐唾沫，李某不但见死不救，还锁门出走，造成项某死亡。浙江省浦江县法院以故意杀人罪，从轻判处李某有期徒刑 5 年，赔偿被害人家属各种经济损失 35000 元。鉴于此类社会关系引起的义务较之前三种义务具有特殊性，其社会危害性和人身危险性相对较轻，可以适当从轻处罚。

8. 冒险行为具有一定正当性、合理性因而构成犯罪的

在现实生活中，人们为了生产、生活或科学实验的需要，出于良好动机，决意实施某种冒险行为，希望避免不良后果，实现有益于社会的目的，最终未能避免风险，以致发生相当严重的危害结果，因而构成犯罪。由于冒险行为具有一定合理性和正当的目的性，其社会危害性和人身危险性程度相对较轻，所以可以适当从轻处罚。

9. “大义灭亲”而实施犯罪的

所谓“大义灭亲”，是指行为人将违法犯罪的亲属私自杀害或伤害的行为。必须具备四个条件：首先，被害人一贯为非作歹，并屡教不改；其次，行为人与被害人之间有直系亲属关系，例如，父母子女、兄弟姐妹、夫妻等；再次，行为人杀伤被害人是出于为社会或者家庭除恶弃害的目的；最后，行为人在实施杀伤行为的时候，被害人不是正在实施不法侵害行为。以上四点中缺少任何一点都不构成本情节。

四、犯罪“客体方面”的酌定从轻处罚情节有5种

1. 积极退赃的

所谓积极退赃，是指犯罪行为人在实施犯罪行为后，出于悔罪心理，主动将犯罪所得的赃款赃物通过一定方式退还给被害人的行为。犯罪人的积极退赃行为，在一定程度上减轻了其行为的社会危害性，同时也反映行为人主观恶性较轻，因此，可以适当从轻处罚。犯罪人亲朋好友帮助其积极退赃，也应视为积极退赃。

2. 主动赔偿经济损失的

所谓主动赔偿经济损失，是指犯罪行为人因其危害行为给被害人造成了一定物质损失或者精神损害，出于悔罪心理，主动采取一定方式向被害人赔偿经济损失的行为。犯罪人主动赔偿经济损失的行为，在一定程度上减轻了其行为的社会危害性，同时也反映行为人主观恶性较轻，因此，可以适当从轻处罚。犯罪人亲朋好友主动帮助其赔偿经济损失的，也应视为赔偿经济损失。

3. 犯罪对象特殊反映社会危害程度较轻的

所谓犯罪对象，是指危害行为直接作用的且能够体现行为社会危害性程度和行为人人身危险性程度的具体人或物。在我国法学界有人主张，只有体现法律所保护的合法社会关系的人或物，才是犯罪对象。我们认为这种观点是片面的。例如，根据我国刑法规定，伪劣商品、毒品、淫秽物品、计算机病毒和危险物质等，它们是某些危害行为直接作用的对象，不但对该行为构成犯罪具有重要的意义，而且对量刑的轻重将产生一定的影响，但它们体现的却是非法的社会关系。所以，无论体现合法的社会关系还是体现非法的社会关系的人和物，都是犯罪对象。对于犯罪对象，可按行为作用方式不同，划分为：(1)行为毁坏的对象；(2)行为攻击的对象；(3)行为获取的对象；(4)行为运用的对象；(5)行为滋生的对象，等等。其中，行为运用的对象，在某些犯罪中可以视为犯罪的手段或工具，而在另一些犯罪中则视为犯罪对象；行为滋生的对象，是指行为在作用某种事物的过程中所产生的另一事物，这种对象在刑法分则中有大量规定，例如制

造毒品、制作淫秽物品等。在司法实践中，有些犯罪对象具有某种特殊性，反映行为社会危害性或者行为人人身危险性程度相对较轻的，可以适当从轻处罚。

4. 数额犯定罪剩余的犯罪数额较少但未超过从轻处罚数额1/2的

刑法上的犯罪数额，有定罪数额与量刑数额之分：所谓定罪数额，是指刑法分则条文规定的或者依照刑法条文的规定，成立某种数额犯既遂必须具备的起码犯罪数额(构成要件犯罪数额的最低限度)；所谓量刑数额，是指超出构成要件起码要求，对于该种罪行的社会危害程度具有评价意义的一定幅度的犯罪数额。例如，刑法第264条规定的盗窃罪(基本罪)，如果数额较大确定执行“1000元以上至10000元”，那么盗窃数额1000元为定罪数额，定罪剩余的9000元为量刑数额。其中：“盗窃1000元以上至4500元”为从轻处罚数额，“盗窃4500元以上至10000元”为从重处罚数额。因此，“定罪剩余的犯罪数额较少尚未超过从轻处罚数额1/2的”是指2250元以上至4500元，属于这种情形的，其从轻处罚积分为倒数100~50分。

5. 数额犯定罪剩余的犯罪数额较少且已超过从轻处罚数额1/2的

刑法上的犯罪数额，有定罪数额与量刑数额之分：所谓定罪数额，是指刑法分则条文规定的或者依照刑法条文的规定，成立某种数额犯既遂必须具备的起码犯罪数额(构成要件犯罪数额的最低限度)；所谓量刑数额，是指超出构成要件起码要求，对于该种罪行的社会危害程度具有评价意义的一定幅度的犯罪数额。例如，刑法第264条规定的盗窃罪(基本罪)，如果数额较大确定执行“1000元以上至10000元”，那么盗窃数额1000元为定罪数额，定罪剩余的9000元为量刑数额。其中：“盗窃1000元以上至4500元”为从轻处罚数额，“盗窃4500元以上至10000元”为从重处罚数额。因此，“定罪剩余的犯罪数额较少低于从轻处罚数额1/2的”是指“1000元以上至2250元，属于这种情形的，其从轻处罚积分为倒数49~1分。

五、犯罪“其他方面”的酌定从轻处罚情节有6种

1. 激于义愤犯本罪主观恶性较轻的

所谓激于义愤的犯罪，可分为激情犯罪和义愤犯罪两种：前者是指行为人难以忍受他人欺压、迫害、凌辱等不公正的待遇，在强烈的心理刺激下而实施的犯罪；后者是行为人在某种不合理的或不道德的现象强烈刺激下，出于正义感而实施的犯罪。由于这两种犯罪人的主观恶性较小，人身危险性不大，可适当从轻处罚。

2. 坦白交代所犯罪行的(非自首犯)

所谓坦白，是指犯罪嫌疑人和被告人在其犯罪行为被司法机关或有关组织发觉后，在被传唤、询问时，或在被采取强制措施后，或在法庭审理中，如实交代其所犯罪行的行为。坦白交代所犯罪行，就其主观而言，具有真诚悔罪，接受国家审判之意，其人身危险性相对较轻，可以适当从轻处罚。

3. 犯罪人与被害人有特殊关系需要适当从轻处罚的

所谓犯罪人与被害人具有特殊关系，一般是指犯罪人与被害人具有亲属关系，但也不排除犯罪人与其他公民、单位之间的具有某种特殊利害关系。罪犯与被害人之间是否具有可以适当减轻刑事责任的特殊关系，应从伦理学和社会风俗上进行考察。如果双方存在能够反映犯罪人的人身危险性较轻的特殊关系，可以适当从轻处罚。

4. 被害人对犯罪的发生有一定过错的

所谓被害人对犯罪的发生有一定过错，是指被害人的作为或者不作为对犯罪行为的发生负有一定责任，并且被害人具有一定的主观过错(故意或过失)。由于被害人对引起犯罪负有一定责任，因此应当适当减轻犯罪人的刑事责任，可以适当从轻处罚。

5. 犯罪行为对社会影响较小的，民愤不大的

所谓犯罪对社会的“影响”，是指该犯罪行为在社会成员中产生恶劣影响和心理震动的程度；所谓“民愤”，是指该犯罪行为在广大群众中引起愤慨的程度。两者是相互制约和有机统一的。所谓犯罪对社会“影响”大小，必须是本来的和客观的；所谓“民愤”大小，必须

是同案件没有利害关系的普通群众的正常心理反应。人为的炒作和片面的宣传鼓动，不能作为评价社会影响与民愤大小的依据。犯罪对社会的影响较小和“民愤”不大，能从一个侧面折射出行为的社会危害性较轻或者行为人的主观恶性不深，可以适当从轻处罚。但是，在我国刑法学界，有学者却持相反的观点，认为“民愤”不应影响量刑轻重。我们认为，量刑是否考虑“民愤”，应从有利于当地社会稳定和化解社会矛盾的需要出发，根据具体案件灵活掌握。

6. 根据犯罪时地经济社会发展水平或者治安形势，需要适当从轻处罚的

同一危害行为在不同时间、地区的经济社会发展条件或者在社会治安形势下，其所反映的社会危害性和人身危险性程度是各不相同的。如果行为人在形势大好的地区和时期实施犯罪，其社会危害性和人身危险性程度将有所下降，故应适当从轻处罚。但是，在我国刑法学界，有学者却持相反的观点，认为社会形势不应影响量刑轻重。我们认为，量刑可否考虑具体社会形势，应以“三个有利于”为判断标准，如果对某种犯罪人适当从轻处罚有利于化解社会矛盾，也可以适当从轻处罚。

（以上酌定从轻处罚情节列举未尽）。

第三章　多功能从宽处罚情节及其来源

所谓多功能从宽处罚情节，是指对于某些能够在一定程度上揭示行为社会危害性或者行为人人身危险性的主客观事实情况，刑法和司法解释为其规定两三种从宽处罚功能，授权办案人员根据犯罪人所犯罪行轻重大小和在案件中的具体表现，选择适用其中一种适当的处罚功能的情形。现列表如下：

多功能从宽处罚情节分类统计表

多功能从宽处罚情节的来源及其适用范围 / 多功能从宽处罚情节的分类	(一)法定量刑情节			(二)司法解释规定的量刑情节			合计		
	总则性情节	分则性情节	小计	总则性情节	分则性情节	小计	总则性情节	分则性情节	小计
(一)从轻、减轻或者免除处罚情节	5		5		6	6	5	6	11
(二)从轻或者减轻处罚情节	7		7		11	11	7	11	18
(三)减轻或者免除处罚情节	8	5	13		4	4	8	9	17
(四)酌情从宽处罚情节					5	5		5	5
(五)从轻或者免除处罚情节					5	5		5	5
(六)不起诉或免予刑事处罚情节					5	5		5	5
合　　计	20	5	25		36	36	20	41	61

对于上表所列六类多功能从宽处罚情节的适用，应当分为两步进行：首先，根据犯罪分子所犯罪行轻重和具体表现，选择其中一种适当的处罚功能；其次，适用相应的量刑情节理性评价模型，确定该情节的理性评价积分并据以求解量刑的最佳适度。怎样选择适当的从宽处罚功能呢？本书的建议是：(1)具有“从轻、减轻或者免除处罚”情节，犯极重罪行或者重大罪行的，建议从轻处罚；犯严重罪行或者较重罪行的，建议减轻处罚；犯较轻罪行或者轻微罪行的，建议免除处罚。(2)具有“从轻或者减轻处罚”情节，犯极重罪行、重大罪行或者严重罪行的，建议从轻处罚；犯较重罪行、较轻罪行或者轻微罪行的，建议减轻处罚；犯较重、较轻或轻微罪行，法定刑无减轻处罚空间的，建议从轻处罚。(3)具有“减轻或者免除处罚”情节，犯极重罪行、重大罪行或者严重罪行的，建议减轻处罚；犯较重罪行、较轻罪行或者轻微罪行的，建议免除处罚；犯较重、较轻或者轻微罪行，法定刑无减轻处罚空间的，建议免除处罚。(4)具有“从轻或者免除处罚”情节，犯极重罪行、重大罪行或者严重罪行的，建议从轻处罚；犯较重罪行、较轻罪行或者轻微罪行的，建议免除处罚；犯较重、较轻或轻微罪行，法定刑无减轻处罚空间的，建议免除处罚。(5)具有“不起诉或者免予刑事处罚”情节，犯轻微罪行的，建议不起诉；犯较轻罪行的，建议免除刑罚处罚。

这里要特别注意的是，从表面上看，现行刑法似乎没有直接规定从轻处罚情节，只是在司法解释中规定 14 种从轻处罚情节；现行刑法只是规定减轻处罚原则，只有司法解释直接规定一种减轻处罚情节。其实这是现象，在刑法和司法解释规定的六类 61 种多功能从宽处罚情节中，从轻与减轻处罚情节体系，是通过多功能从宽处罚情节采取选处的方式形成的。由此可见，仅就刑法和司法解释规定的从轻、减轻和免除处罚而言，已经形成了比较完备的量刑情节体系。

现将刑法和司法解释规定的多功能从宽处罚情节，分为六节列举如下。

第一节 从轻、减轻或者免除处罚情节

一、刑法规定的总则性“从轻、减轻或者免除处罚情节”有5种

1. 预备犯

刑法第22条规定：为了犯罪，准备工具、制造条件的，是犯罪预备。对于预备犯，可以比照既遂犯从轻、减轻处罚或者免除处罚。可根据犯罪人所犯罪行轻重及其在案件中的具体表现，在“从轻、减轻或者免除”处罚三种功能中，选择适用一种适当的处罚功能。

2. 自首

刑法第67条第1款规定：犯罪以后自动投案，如实供述自己的罪行的，是自首。对于自首的犯罪分子，可以从轻或者减轻处罚。其中，犯罪较轻的，可以免除处罚。

刑法第67条第2款规定：被采取强制措施的犯罪嫌疑人、被告人和正在服刑的罪犯，如实供述司法机关还未掌握的本人其他罪行的，以自首论。可根据犯罪人所犯罪行轻重及其在案件中的具体表现，在“从轻、减轻或者免除”处罚三种功能中，选择适用一种适当的处罚功能。

3. 立功

刑法第68条规定：犯罪分子有揭发他人犯罪行为，查证属实的，或者提供重要线索，从而得以侦破其他案件等立功表现的，可以从轻或者减轻处罚；有重大立功表现的，可以减轻或者免除处罚。可根据犯罪人所犯罪行轻重及其在案件中的具体表现，在“从轻、减轻或者免除”处罚三种功能中，选择适用一种适当的处罚功能。

4. 从犯

刑法第27条规定：在共同犯罪中起次要或者辅助作用的，是从犯。对于从犯，应当从轻、减轻处罚或者免除处罚。可根据犯罪人所犯罪行轻重及其在案件中的具体表现，在“从轻、减轻或者免除”处罚三种功能中，选择适用一种适当的处罚功能。

5. 被告人是又聋又哑的人或者盲人

刑法第 19 条规定：又聋又哑的人或者盲人犯罪，可以从轻、减轻或者免除处罚。可根据犯罪人所犯罪行轻重及其在案件中的具体表现，在“从轻、减轻或者免除”处罚三种功能中，选择适用一种适当的处罚功能。

二、司法解释规定的分则性“从轻、减轻或者免除处罚情节”有 6 种

1. 当场查获的邪教宣传品不是行为人制作，而是准备传播的

“两高”2002 年 5 月 20 日《关于办理组织和利用邪教组织犯罪案件具体应用法律若干问题的解答》第 6 条规定：对于在传播邪教宣传品之前或者传播过程中被当场抓获的，应当根据不同情况，分别作出处理：查获的邪教宣传品是行为人制作，且已达到《解释二》第 1 条第 1 款第(一)项规定的数量标准的，依照刑法第 300 条第 1 款的规定定罪处罚；查获的邪教宣传品不是其制作，而是准备传播，且数量已达到《解释二》第 1 条第 1 款第(一)项规定标准的，属于刑法第 300 条第 1 款组织、利用邪教组织破坏法律实施罪的犯罪预备；查获的邪教宣传品不是其制作，而是准备传播且已传播出去一部分，即被抓获的，尚未传播出去的数量或者已经传播出去与尚未传播出去的数量累计达到《解释二》第 1 条第 1 款第(一)项规定的数量标准的，按照犯罪既遂处理，对没有传播的部分，可以酌定从轻处罚。本情节是可以从轻、减轻或者免除处罚情节，只能适用于“组织利用会道门、邪教组织、利用迷信破坏法律实施罪”。可根据犯罪人所犯罪行轻重及其在案件中的具体表现，在“从轻、减轻或者免除”处罚三种功能中，选择适用一种适当的处罚功能。

2. 共同贪污犯罪中的从犯

“高法”2003 年 11 月 13 日《全国法院审理经济犯罪案件工作座谈会纪要》第 2 条第 4 款规定：对共同贪污犯罪中的从犯，应当按照其所参与的共同贪污的数额确定量刑幅度，并依照刑法第 27 条第 2 款的规定，从轻、减轻处罚或者免除处罚。本情节只能适用于“贪污

罪”。可根据犯罪人所犯罪行轻重及其在案件中的具体表现，在“从轻、减轻或者免除”处罚三种功能中，选择适用一种适当的处罚功能。

3. 对于毒品犯罪的从犯，无论主犯是否到案，均应当从轻、减轻或者免除处罚

“高法”2000 年 4 月 4 日《全国法院审理毒品犯罪案件工作座谈会纪要》第(二)规定：要正确区分主犯和从犯。在共同犯罪中起意贩毒、为主出资、毒品所有者以及其他起主要作用的是主犯；在共同犯罪中起次要或者辅助作用的是从犯。对于确有证据证明在共同犯罪中起次要或者辅助作用的，不能因为其他共同犯罪人未归案而不认定为从犯，甚至将其认定为主犯或按主犯处罚。只要认定了从犯，无论主犯是否到案，均应依照并援引刑法关于从犯的规定从轻、减轻或者免除处罚。本情节适用于全部毒品犯罪的从犯。可根据犯罪人所犯罪行轻重及其在案件中的具体表现，在“从轻、减轻或者免除”处罚三种功能中，选择适用一种适当的处罚功能。

4. 受雇或者受他人指使实施毒品犯罪并在犯罪中起次要作用的

“高法”2000 年 4 月 4 日《全国法院审理毒品犯罪案件工作座谈会纪要》第(二)规定：受雇于他人实施毒品犯罪的，应根据其在犯罪中的作用具体认定为主犯或从犯。受他人指使实施毒品犯罪并在犯罪中起次要作用的，一般应认定为从犯。依照并援引刑法关于从犯的规定从轻、减轻或者免除处罚。”凡是不能认定为主犯的，均应依照并援引刑法关于从犯的规定，从轻、减轻或者免除处罚。本情节适用于全部毒品犯罪的从犯。可根据犯罪人所犯罪行轻重及其在案件中的具体表现，在“从轻、减轻或者免除”处罚三种功能中，选择适用一种适当的处罚功能。

5. 毒品犯罪被告人确实协助司法机关抓获同案犯的，应认定为立功

“高法”2000 年 4 月 4 日《全国法院审理毒品犯罪案件工作座谈会纪要》第(四)规定：如经被告人当场指认、辨认抓获了同案犯；带领公安人员抓获了同案犯；被告人提供了不为有关机关掌握或者有关机

关按照正常工作程序无法掌握的同案犯藏匿的线索，抓获了同案犯等情况，均属于协助司法机关抓获同案犯，应认定为立功，依法从轻、减轻或者免除处罚。本情节适用于全部毒品犯罪。可根据犯罪人所犯罪行轻重及其在案件中的具体表现，在“从轻、减轻或者免除”处罚三种功能中，选择适用一种适当的处罚功能。

6. 行贿人揭发受贿人与其行贿无关的其他犯罪行为，查证属实的

“两高”2012年5月14日《关于办理行贿刑事案件具体应用法律若干问题的解释》第9条规定：行贿人揭发受贿人与其行贿无关的其他犯罪行为，查证属实的，依照刑法第68条关于立功的规定，可以从轻、减轻或者免除处罚。本情节只能适用于“行贿罪”和“单位行贿罪”。可根据犯罪人所犯罪行轻重及其在案件中的具体表现，在“从轻、减轻或者免除”处罚三种功能中，选择适用一种适当的处罚功能。

第二节　从轻或者减轻处罚情节

一、刑法规定的总则性“从轻或者减轻处罚情节”有7种

1. 未遂犯

刑法第23条规定：已经着手实行犯罪，由于犯罪分子意志以外的原因而未得逞的，是犯罪未遂。对于未遂犯，可以比照既遂犯从轻或者减轻处罚。可根据犯罪人所犯罪行轻重及其在案件中的具体表现，在“从轻或者减轻”处罚二种功能中，选择适用一种适当的处罚功能。

2. 被教唆的人没有犯被教唆的罪的

刑法第29条第2款规定：如果被教唆的人没有犯被教唆的罪，对于教唆犯，可以从轻或者减轻处罚。可根据犯罪人所犯罪行轻重及其在案件中的具体表现，在“从轻或者减轻”处罚二种功能中，选择适用一种适当的处罚功能。

3. 已满 14 周岁不满 18 周岁的人犯罪

刑法第 17 条第 3 款规定：已满 14 周岁不满 18 周岁的人犯罪，应当从轻或者减轻处罚。可根据犯罪人所犯罪行轻重及其在案件中的具体表现，在“从轻或者减轻”处罚二种功能中，选择适用一种适当的处罚功能。

4. 尚未完全丧失辨认或者控制自己行为能力的精神病人

刑法第 18 条第 3 款规定：尚未完全丧失辨认或者控制自己行为能力的精神病人犯罪的，可以从轻或者减轻处罚。可根据犯罪人所犯罪行轻重及其在案件中的具体表现，在“从轻或者减轻”处罚二种功能中，选择适用一种适当的处罚功能。

5. 已满 75 周岁的人故意犯罪的

根据《刑法修正案(八)》第 1 条前段关于“在刑法第 17 条后增加一条，作为第 17 条之一”的规定：已满 75 周岁的人故意犯罪的，可以从轻或者减轻处罚。可根据犯罪人所犯罪行轻重及其在案件中的具体表现，在“从轻或者减轻”处罚二种功能中，选择适用一种适当的处罚功能。

6. 已满 75 周岁的人过失犯罪的

根据《刑法修正案(八)》第 1 条后段关于“在刑法第 17 条后增加一条，作为第 17 条之一”的规定：已满 75 周岁的人“过失犯罪的，应当从轻或者减轻处罚。可根据犯罪人所犯罪行轻重及其在案件中的具体表现，在“从轻或者减轻”处罚二种功能中，选择适用一种适当的处罚功能。

7. 犯罪嫌疑人虽不具有刑法规定的自首情节，但是如实供述自己罪行的

《刑法修正案(八)》第 8 条关于“在刑法第 67 条中增加一款作为第 3 款”的规定：犯罪嫌疑人虽不具有前两款规定的自首情节，但是如实供述自己罪行的，可以从轻处罚；因其如实供述自己罪行，避免特别严重后果发生的，可以减轻处罚。可根据犯罪人所犯罪行轻重及其在案件中的具体表现，在“从轻或者减轻”处罚二种功能中，选择适用一种适当的处罚功能。

二、司法解释规定的分则性"从轻处罚或者减轻处罚情节"有11种

1. 伪劣产品尚未销售，货值金额达法定销售金额3倍以上的

"两高"2001年4月9日《关于办理生产、销售伪劣商品刑事案件具体应用法律若干问题的解释》第2条第2项规定：伪劣产品尚未销售，货值金额达到刑法第140条规定的销售金额3倍以上的，以生产、销售伪劣产品罪(未遂)定罪处罚。根据《刑法》第23条规定第2款规定：对于未遂犯，可以比照既遂犯从轻或者减轻处罚。本情节适用于"生产、销售伪劣产品罪"的各构成类型的犯罪。可根据犯罪人所犯罪行轻重及其在案件中的具体表现，在"从轻或者减轻"处罚二种功能中，选择适用一种适当的处罚功能。

2. 实施骗取国家出口退税行为，没有实际取得出口退税款的

"高法"2002年9月17日《关于审理骗取出口退税刑事案件具体应用法律若干问题的解释》第7条规定：实施骗取国家出口退税行为，没有实际取得出口退税款的，可以比照既遂犯从轻或者减轻处罚。本情节只能适用于"骗取出口退税款罪"基本罪、重罪和更重罪。可根据犯罪人所犯罪行轻重及其在案件中的具体表现，在"从轻或者减轻"处罚二种功能中，选择适用一种适当的处罚功能。

3. 实施虚假平账等贪污行为，但公共财物尚未实际转移，或者尚未被行为人控制就被查获的

"高法"2003年11月13日《全国法院审理经济犯罪案件工作座谈会纪要》第2条第1款规定：对于行为人利用职务上的便利，实施了虚假平账等贪污行为，但公共财物尚未实际转移，或者尚未被行为人控制就被查获的，应当认定为贪污未遂，从轻或者减轻处罚。"本情节只能适用于"贪污罪"。可根据犯罪人所犯罪行轻重及其在案件中的具体表现，在"从轻或者减轻"处罚二种功能中，选择适用一种适当的处罚功能。

4. 非法生产、销售烟草专卖品，伪劣卷烟、雪茄烟等尚未销售，货值金额达到法定定罪起点数额标准的3倍以上的，或者销售金额未

达到5万元，但与未销售货值金额合计达到15万元以上的。

“两高”2010年3月2日《关于办理非法生产、销售烟草专卖品等刑事案件具体应用法律若干问题的解释》第2条第1款关于：伪劣卷烟、雪茄烟等烟草专卖品尚未销售，货值金额达到刑法第140条规定的销售金额定罪起点数额标准的3倍以上的，或者销售金额未达到5万元，但与未销售货值金额合计达到15万元以上的，以生产、销售伪劣产品罪(未遂)定罪处罚的规定，可以比照既遂犯从轻或者减轻处罚。本情节适用于“生产、销售伪劣产品罪”、“假冒注册商标罪”、“非法制造、销售非法制造的注册商标标识罪”和“非法经营罪”。可根据犯罪人所犯罪行轻重及其在案件中的具体表现，在“从轻或者减轻”处罚二种功能中，选择适用一种适当的处罚功能。

5. 持卡人恶意透支，但在公安机关立案后人民法院判决宣告前已偿还全部透支款息的

“两高”2009年12月3日《关于办理妨害信用卡管理刑事案件具体应用法律若干问题的解释》第6条第5款规定：恶意透支应当追究刑事责任，但在公安机关立案后人民法院判决宣告前已偿还全部透支款息的，可以从轻处罚，情节轻微的，可以免除处罚。本情节适用于“信用卡诈骗罪”。可根据犯罪人所犯罪行轻重及其在案件中的具体表现，在“从轻或者减轻”处罚二种功能中，选择适用一种适当的处罚功能。

6. 生产、销售伪劣卷烟、雪茄烟等烟草专卖品尚未销售的

“两高”2010年3月2日《关于办理非法生产、销售烟草专卖品等刑事案件具体应用法律若干问题的解释》第2条第1款规定：伪劣卷烟、雪茄烟等烟草专卖品尚未销售，货值金额达到刑法第140条规定的销售金额定罪起点数额标准的3倍以上的，或者销售金额未达到5万元，但与未销售货值金额合计达到15万元以上的，以生产、销售伪劣产品罪(未遂)定罪处罚。本情节适用于“生产、销售伪劣产品罪”。可根据犯罪人所犯罪行轻重及其在案件中的具体表现，在“从轻或者减轻”处罚二种功能中，选择适用一种适当的处罚功能。

7. 销售明知是假冒注册商标的商品，具有司法解释规定的两种

情形之一的

"两高"、公安部2011年1月10日《关于办理侵犯知识产权刑事案件适用法律若干问题的意见》第8条规定：销售明知是假冒注册商标的商品，具有下列情形之一的，依照刑法第214条的规定，以销售假冒注册商标的商品罪(未遂)定罪处罚："(一)假冒注册商标的商品尚未销售，货值金额在15万元以上的；(二)假冒注册商标的商品部分销售，已销售金额不满5万元，但与尚未销售的假冒注册商标的商品的货值金额合计在15万元以上的。"本情节适用于"销售假冒注册商标的商品罪"。可根据犯罪人所犯罪行轻重及其在案件中的具体表现，在"从轻或者减轻"处罚二种功能中，选择适用一种适当的处罚功能。

8. 销售他人伪造、擅自制造的注册商标标识，具有司法解释规定的下列4种情形之一的

"两高"、公安部2011年1月10日《关于办理侵犯知识产权刑事案件适用法律若干问题的意见》第9条规定：销售他人伪造、擅自制造的注册商标标识，具有下列情形之一的，依照刑法第215条的规定，以销售非法制造的注册商标标识罪(未遂)定罪处罚："(一)尚未销售他人伪造、擅自制造的注册商标标识数量在6万件以上的；(二)尚未销售他人伪造、擅自制造的两种以上注册商标标识数量在3万件以上的；(三)部分销售他人伪造、擅自制造的注册商标标识，已销售标识数量不满2万件，但与尚未销售标识数量合计在6万件以上的；(四)部分销售他人伪造、擅自制造的两种以上注册商标标识，已销售标识数量不满1万件，但与尚未销售标识数量合计在3万件以上的。"本情节适用于"非法制造、销售非法制造的注册商标标识罪"。可根据犯罪人所犯罪行轻重及其在案件中的具体表现，在"从轻或者减轻"处罚二种功能中，选择适用一种适当的处罚功能。

9. 利用发送短信、拨打电话、互联网等电信技术手段对不特定多数人实施诈骗，诈骗数额难以查证，但具有下列情形之一的

"两高"2011年3月1日《关于办理诈骗刑事案件具体应用法律若干问题的解释》第5条第2款规定：利用发送短信、拨打电话、互联

网等电信技术手段对不特定多数人实施诈骗，诈骗数额难以查证，但具有下列情形之一的，应当认定为刑法第 266 条规定的“其他严重情节”，以诈骗罪(未遂)定罪处罚：(1)发送诈骗信息 5000 条以上的；(2)拨打诈骗电话 500 人次以上的；(3)诈骗手段恶劣、危害严重的”，本情节适用于“诈骗罪”的重罪。第 3 款：实施前款规定行为，数量达到前款第(1)、(2)项规定标准 10 倍以上的，或者诈骗手段特别恶劣、危害特别严重的，应当认定为刑法第 266 条规定的“其他特别严重情节”，以诈骗罪(未遂)定罪处罚。本情节适用于“诈骗罪”的更重罪。可根据犯罪人所犯罪行轻重及其在案件中的具体表现，在“从轻或者减轻”处罚二种功能中，选择适用一种适当的处罚功能。

10. 生产、销售伪劣卷烟、雪茄烟等烟草专卖品尚未销售的

“两高”2010 年 3 月 2 日《关于办理非法生产、销售烟草专卖品等刑事案件具体应用法律若干问题的解释》第 2 条第 1 款规定：伪劣卷烟、雪茄烟等烟草专卖品尚未销售，货值金额达到刑法第 140 条规定的销售金额定罪起点数额标准的 3 倍以上的，或者销售金额未达到 5 万元，但与未销售货值金额合计达到 15 万元以上的，以生产、销售伪劣产品罪(未遂)定罪处罚。本情节适用于“生产、销售伪劣产品罪”。可根据犯罪人所犯罪行轻重及其在案件中的具体表现，在“从轻或者减轻”处罚二种功能中，选择适用一种适当的处罚功能。

11. 销售明知是假冒注册商标的商品，具有司法解释规定的两种情形之一的

“两高”、公安部 2011 年 1 月 10 日《关于办理侵犯知识产权刑事案件适用法律若干问题的意见》第 8 条规定：销售明知是假冒注册商标的商品，具有下列情形之一的，依照刑法第 214 条的规定，以销售假冒注册商标的商品罪(未遂)定罪处罚：“(一)假冒注册商标的商品尚未销售，货值金额在 15 万元以上的；(二)假冒注册商标的商品部分销售，已销售金额不满 5 万元，但与尚未销售的假冒注册商标的商品的货值金额合计在 15 万元以上的。”本情节适用于“销售假冒注册商标的商品罪”。可根据犯罪人所犯罪行轻重及其在案件中的具体表现，在“从轻或者减轻”处罚二种功能中，选择适用一种适当的处罚

功能。

第三节　减轻或者免除处罚情节

一、刑法规定的总则性"减轻或者免除处罚情节"有8种

1. 中止犯

刑法第24条前段规定：在犯罪过程中，自动放弃犯罪或者自动有效地防止犯罪结果发生的，是犯罪中止。对于中止犯，没有造成损害的，应当免除处罚；造成损害的，应当减轻处罚。可根据犯罪人所犯罪行轻重及其在案件中的具体表现，在"减轻或者免除"处罚二种功能中，选择适用一种适当的处罚功能。

2. 犯罪后自首又有重大立功表现的

刑法第68条第2款规定：犯罪后自首又有重大立功表现的，应当减轻或者免除处罚。可根据犯罪人所犯罪行轻重及其在案件中的具体表现，在"减轻或者免除"处罚二种功能中，选择适用一种适当的处罚功能。

3. 防卫过当

刑法第20条规定：为了使国家、公共利益、本人或者他人的人身、财产和其他权利免受正在进行的不法侵害，而采取的制止不法侵害的行为，对不法侵害人造成损害的，属于正当防卫，不负刑事责任。正当防卫明显超过必要限度造成重大损害的，应当负刑事责任，但是应当减轻或者免除处罚。可根据犯罪人所犯罪行轻重及其在案件中的具体表现，在"减轻或者免除"处罚二种功能中，选择适用一种适当的处罚功能。

4. 避险过当

刑法第21条规定：为了使国家、公共利益、本人或者他人的人身、财产和其他权利免受正在发生的危险，不得已采取的紧急避险行为，造成损害的，不负刑事责任。紧急避险超过必要限度造成不应有的损害的，应当负刑事责任，但是应当减轻或者免除处罚。第1款中

关于避免本人危险的规定，不适用于职务上、业务上负有特定责任的人。可根据犯罪人所犯罪行轻重及其在案件中的具体表现，在“减轻或者免除”处罚二种功能中，选择适用一种适当的处罚功能。

5. 胁从犯

刑法第28条规定：对于被胁迫参加犯罪的，应当按照他的犯罪情节减轻处罚或者免除处罚。可根据犯罪人所犯罪行轻重及其在案件中的具体表现，在“减轻或者免除”处罚二种功能中，选择适用一种适当的处罚功能。

6. 我国普通公民在我国领域外犯罪

刑法第7条第1款规定：中华人民共和国公民在中华人民共和国领域外犯本法规定之罪的，适用本法，但是按本法规定的最高刑为3年以下有期徒刑的，可以不予追究。刑法第10条规定：凡在中华人民共和国领域外犯罪，依照本法应当负刑事责任的，虽然经过外国审判，仍然可以依照本法追究，但是在外国已经受过刑罚处罚的，可以免除或者减轻处罚。可根据犯罪人所犯罪行轻重及其在案件中的具体表现，在“减轻或者免除”处罚二种功能中，选择适用一种适当的处罚功能。

7. 我国国家工作人员和军人在我国领域外犯罪

刑法第7条第2款规定：中华人民共和国国家工作人员和军人在中华人民共和国领域外犯本法规定之罪的，适用本法。刑法第10条规定：凡在中华人民共和国领域外犯罪，依照本法应当负刑事责任的，虽然经过外国审判，仍然可以依照本法追究，但是在外国已经受过刑罚处罚的，可以免除或者减轻处罚。可根据犯罪人所犯罪行轻重及其在案件中的具体表现，在“减轻或者免除”处罚二种功能中，选择适用一种适当的处罚功能。

8. 外国人在我国领域外对我国国家和公民犯罪，在外国已经受过刑罚处罚的

刑法第8条规定：外国人在中华人民共和国领域外对中华人民共和国国家或者公民犯罪，而按本法规定的最低刑为3年以上有期徒刑的，可以适用本法，但是按照犯罪地的法律不受处罚的除外。刑法第

10 条规定：凡在中华人民共和国领域外犯罪，依照本法应当负刑事责任的，虽然经过外国审判，仍然可以依照本法追究，但是在外国已经受过刑罚处罚的，可以免除或者减轻处罚。可根据犯罪人所犯罪行轻重及其在案件中的具体表现，在“减轻或者免除”处罚二种功能中，选择适用一种适当的处罚功能。

二、刑法规定的分则性“减轻或者免除处罚情节”有 5 种

1. 行贿人在被追诉前主动交代行贿行为的

根据《刑法修正案(八)》第 29 条修改后的刑法第 164 条第 4 款规定：行贿人在被追诉前主动交代行贿行为的，可以减轻处罚或者免除处罚。刑法第 390 条第 2 款规定：行贿人在被追诉前主动交代行贿行为的，可以减轻处罚或者免除处罚。本情节适用于“非国家工作人员行贿罪”和“行贿罪”。可根据犯罪人所犯罪行轻重及其在案件中的具体表现，在“减轻或者免除”处罚二种功能中，选择适用一种适当的处罚功能。

2. 个人贪污数额在 5000 元以上不满 1 万元，犯罪后有悔改表现、积极退赃的

刑法第 383 条第 1 款第 3 项规定：个人贪污额在 5000 元以上不满 1 万元，犯罪后有悔改表现、积极退赃的，可以减轻处罚或者免予刑事处罚，由其所在单位或者上级主管机关给予行政处分。”本情节适用于“贪污罪”的基本罪。可根据犯罪人所犯罪行轻重及其在案件中的具体表现，在“减轻或者免除”处罚二种功能中，选择适用一种适当的处罚功能。

3. 个人受贿数额在 5000 元以上不满 1 万元，犯罪后有悔改表现、积极退赃的

刑法第 383 条第 1 款第 3 项规定：个人受贿数额在 5000 元以上不满 1 万元，犯罪后有悔改表现、积极退赃的可以减轻处罚或者免予刑事处罚，由其所在单位或者上级主管机关给予行政处分。本情节适用于“受贿罪”的基本罪。可根据犯罪人所犯罪行轻重及其在案件中的具体表现，在“减轻或者免除”处罚二种功能中，选择适用一种适

当的处罚功能。

4. 介绍贿赂人在被追诉前主动交代介绍贿赂行为的

刑法第 392 条第 2 款规定：介绍贿赂人在被追诉前主动交代介绍贿赂行为的，可以减轻处罚或者免除处罚。本情节适用于“介绍贿赂罪”。可根据犯罪人所犯罪行轻重及其在案件中的具体表现，在“减轻或者免除”处罚二种功能中，选择适用一种适当的处罚功能。

5. 逃避支付劳动报酬罪，尚未造成严重后果，在提起公诉前支付劳动者的劳动报酬的

根据《刑法修正案(八)》第 41 条关于“在刑法第 276 条后增加一条，作为第 276 条之一”的规定，以转移财产、逃匿等方法逃避支付劳动者的劳动报酬或者有能力支付而不支付劳动者的劳动报酬，数额较大，经政府有关部门责令支付仍不支付，“尚未造成严重后果，在提起公诉前支付劳动者的劳动报酬，并依法承担相应赔偿责任的，可以减轻或者免除处罚”。本情节适用于“逃避支付劳动报酬罪”的基本罪。可根据犯罪人所犯罪行轻重及其在案件中的具体表现，在“减轻或者免除”处罚二种功能中，选择适用一种适当的处罚功能。

三、司法解释规定的分则性“减轻处罚或者免除处罚情节”有 4 种

1. 实施行贿犯罪，具有下列情形之一的

“两高”2012 年 5 月 14 日《关于办理行贿刑事案件具体应用法律若干问题的解释》第 10 条规定：实施行贿犯罪，具有下列情形之一的，一般不适用缓刑和免予刑事处罚：(1)向 3 人以上行贿的；(2)因行贿受过行政处罚或者刑事处罚的；(3)为实施违法犯罪活动而行贿的；(4)造成严重危害后果的；(5)其他不适用缓刑和免予刑事处罚的情形。具有刑法第 390 条第 2 款规定的情形的，不受前款规定的限制，可以减轻处罚或者免除处罚。本情节只能适用于“行贿罪”和“单位行贿罪”。可根据犯罪人所犯罪行轻重及其在案件中的具体表现，在“减轻或者免除”处罚二种功能中，选择适用一种适当的处罚功能。

2. 拒不支付劳动者的劳动报酬，尚未造成严重后果，在刑事立案前支付劳动者的劳动报酬，并依法承担相应赔偿责任的

“高法”2013 年 1 月 14 日《关于审理拒不支付劳动报酬刑事案件适用法律若干问题的解释》第 6 条规定：拒不支付劳动者的劳动报酬，尚未造成严重后果，在刑事立案前支付劳动者的劳动报酬，并依法承担相应赔偿责任的，可以认定为情节显著轻微危害不大，不认为是犯罪；在提起公诉前支付劳动者的劳动报酬，并依法承担相应赔偿责任的，可以减轻或者免除刑事处罚。本情节只能适用于“拒不支付劳动报酬罪”。可根据犯罪人所犯罪行轻重及其在案件中的具体表现，在“减轻或者免除”处罚二种功能中，选择适用一种适当的处罚功能。

3. 因行贿人在被追诉前主动交代行贿行为而破获相关受贿案件的

“两高”2012 年 5 月 14 日《关于办理行贿刑事案件具体应用法律若干问题的解释》第 7 条第 1 款规定：因行贿人在被追诉前主动交代行贿行为而破获相关受贿案件的，对行贿人不适用刑法第 68 条关于立功的规定，依照刑法第 390 条第 2 款的规定，可以减轻或者免除处罚。本情节只能适用于“行贿罪”。可根据犯罪人所犯罪行轻重及其在案件中的具体表现，在“减轻或者免除”处罚二种功能中，选择适用一种适当的处罚功能。

4. 单位行贿的，在被追诉前，单位集体决定或者单位负责人决定主动交代单位行贿行为的

“两高”2012 年 5 月 14 日《关于办理行贿刑事案件具体应用法律若干问题的解释》第 7 条第 1 款规定：单位行贿的，在被追诉前，单位集体决定或者单位负责人决定主动交代单位行贿行为的，依照刑法第 390 条第 2 款的规定，对单位及相关责任人员可以减轻处罚或者免除处罚；受委托直接办理单位行贿事项的直接责任人员在被追诉前主动交代自己知道的单位行贿行为的，对该直接责任人员可以依照刑法第 390 条第 2 款的规定减轻处罚或者免除处罚。本情节只能适用于“单位行贿罪”。可根据犯罪人所犯罪行轻重及其在案件中的具体表

现，在“减轻或者免除”处罚二种功能中，选择适用一种适当的处罚功能。

第四节　司法解释规定的分则性酌情从宽处罚情节

1. 诈骗近亲属的财物，确有追究刑事责任必要的

“两高”2011 年 3 月 1 日《关于办理诈骗刑事案件具体应用法律若干问题的解释》第 4 条第 2 款规定：诈骗近亲属的财物，确有追究刑事责任必要的，具体处理也应酌情从宽。本情节适用于“诈骗罪”。

2. 过失损坏广播电视设施构成犯罪，但能主动向有关部门报告，积极赔偿损失或者修复被损坏设施的

“高法”2011 年 5 月 23 日《关于审理破坏广播电视设施等刑事案件具体应用法律若干问题的解释》第 3 条第 2 款规定：过失损坏广播电视设施构成犯罪，但能主动向有关部门报告，积极赔偿损失或者修复被损坏设施的，可以酌情从宽处罚。本情节适用于“破坏广播电视设施、公用电信设施罪”。

3. 偷拿家庭成员或者近亲属的财物，获得谅解的

“两高”2013 年 3 月 8 日《关于办理盗窃刑事案件适用法律若干问题的解释》第 8 条规定：偷拿家庭成员或者近亲属的财物，获得谅解的，一般可以不认为是犯罪；追究刑事责任的，应当酌情从宽。本情节只能适用于“盗窃罪”。

4. 敲诈勒索近亲属的财物，获得谅解的

“两高”2013 年 4 月 15 日《关于办理敲诈勒索刑事案件适用法律若干问题的解释》第 6 条规定：敲诈勒索近亲属的财物，获得谅解的，一般不认为是犯罪；认定为犯罪的，应当酌情从宽处理。本情节只能适用于“敲诈勒索”。

5. 实施污染环境、非法处置进口的固体废物和擅自进口固体废物犯罪行为，但及时采取措施，防止损失扩大、消除污染，积极赔偿损失的

“两高”2013 年 6 月 8 日《关于办理环境污染刑事案件适用法律若干问题的解释》第 5 条规定：实施刑法第 338 条、第 339 条规定的犯罪行为，但及时采取措施，防止损失扩大、消除污染，积极赔偿损失的，可以酌情从宽处罚。本情节只能适用于“污染环境罪”、“非法处置进口的固体废物罪”和“擅自进口固体废物罪”。

第五节 司法解释规定的分则性“从轻处罚或者免除处罚情节”

1. 挪用公款数额较大，归个人进行营利活动的，在案发前部分或者全部归还本息的

“高法”1998 年 5 月 9 日《关于审理挪用公款案件具体应用法律若干问题的解释》第 2 条第 2 项规定：挪用公款数额较大，归个人进行营利活动的，构成挪用公款罪，不受挪用时间和是否归还的限制。在案发前部分或者全部归还本息的，可以从轻处罚；情节轻微的，可以免除处罚。本情节适用于“挪用公款罪”的基本罪。可根据犯罪人所犯罪行轻重及其在案件中的具体表现，在“从轻或者免除”处罚二种功能中，选择适用一种适当的处罚功能。

2. 挪用正在生息或者需要支付利息的公款归个人使用，超过 3 个月但在案发前全部归还本金的

“高法”1998 年 5 月 9 日《关于审理挪用公款案件具体应用法律若干问题的解释》第 2 条第 1 项规定：挪用正在生息或者需要支付利息的公款归个人使用，数额较大，超过 3 个月但在案发前全部归还本金的，可以从轻处罚或者免除处罚。本情节只能适用于“挪用公款罪”。可根据犯罪人所犯罪行轻重及其在案件中的具体表现，在“从轻或者免除”处罚二种功能中，选择适用一种适当的处罚功能。

3. 确因正常生产、生活需要和从事合法生产经营活动而非法制造、买卖、运输、邮寄、储存爆炸物，没有造成严重社会危害，有悔改表现的

“高法”2009 年 11 月 9 日《关于修改〈最高人民法院关于审理非法

制造、买卖、运输枪支、弹药、爆炸物等刑事案件具体应用法律若干问题的解释〉的决定》第9条规定：因筑路、建房、打井、整修宅基地和土地等正常生产、生活需要，以及因从事合法的生产经营活动而非法制造、买卖、运输、邮寄、储存爆炸物，数量达到本解释第1条规定标准，没有造成严重社会危害，并确有悔改表现的，可依法从轻处罚；情节轻微的，可以免除处罚。本情节只能适用于“非法制造、买卖、运输、邮寄、储存枪支弹药、爆炸物”的基本罪。可根据犯罪人所犯罪行轻重及其在案件中的具体表现，在“从轻或者免除”处罚二种功能中，选择适用一种适当的处罚功能。

4. 组织和利用邪教组织犯罪，犯罪情节轻微的

“两高”2001年6月4日《关于办理组织和利用邪教组织犯罪案件具体应用法律若干问题的解释(二)》第12条规定：对于有悔罪表现，不致再危害社会的被告人，可以依法从轻处罚；依法可以判处管制、拘役或者符合适用缓刑条件的，可以判处管制、拘役或者适用缓刑；对于犯罪情节轻微不需要判处刑罚的，可以免予刑事处罚。本情节只能适用于“组织、利用会道门、邪教组织、利用迷信破坏法律实施罪”的基本罪。可根据犯罪人所犯罪行轻重及其在案件中的具体表现，在“从轻或者免除”处罚二种功能中，选择适用一种适当的处罚功能。

5. 持卡人恶意透支，但在公安机关立案后人民法院判决宣告前已偿还全部透支款息的

“两高”2009年12月3日《关于办理妨害信用卡管理刑事案件具体应用法律若干问题的解释》第6条第5款规定：恶意透支应当追究刑事责任，但在公安机关立案后人民法院判决宣告前已偿还全部透支款息的，可以从轻处罚，情节轻微的，可以免除处罚。本情节适用于“信用卡诈骗罪”。可根据犯罪人所犯罪行轻重及其在案件中的具体表现，在“从轻或者免除”处罚二种功能中，选择适用一种适当的处罚功能。

第六节　司法解释规定的不起诉或免予刑事处罚情节

1. 诈骗公私财物虽已达到相关司法解释第一条规定的“数额较大”的标准，但具有该解释下列情形之一的

“两高”2011 年 3 月 1 日《关于办理诈骗刑事案件具体应用法律若干问题的解释》第 3 条：诈骗公私财物虽已达到本解释第 1 条规定的“数额较大”的标准，但具有下列情形之一，且行为人认罪、悔罪的，可以根据刑法第 37 条、刑事诉讼法第 142 条的规定不起诉或者免予刑事处罚：(1)具有法定从宽处罚情节的；(2)一审宣判前全部退赃、退赔的；(3)没有参与分赃或者获赃较少且不是主犯的；(4)被害人谅解的；(5)其他情节轻微、危害不大的。

2. 盗窃公私财物数额较大，行为人认罪、悔罪，退赃、退赔，且具有下列情形之一，情节轻微的

“两高”2013 年 3 月 8 日《关于办理盗窃刑事案件适用法律若干问题的解释》第 7 条规定：盗窃公私财物数额较大，行为人认罪、悔罪，退赃、退赔，且具有下列情形之一，情节轻微的，可以不起诉或者免予刑事处罚；必要时，由有关部门予以行政处罚：(1)具有法定从宽处罚情节的；(2)没有参与分赃或者获赃较少且不是主犯的；(3)被害人谅解的；(4)其他情节轻微、危害不大的。本情节只能适用于“盗窃罪”。

3. 犯寻衅滋事罪行为人认罪、悔罪，积极赔偿被害人损失或者取得被害人谅解的

“两高”2013 年 5 月 27 日《关于办理寻衅滋事刑事案件适用法律若干问题的解释》第 8 条规定：行为人认罪、悔罪，积极赔偿被害人损失或者取得被害人谅解的，可以从轻处罚……可以不起诉或者免予刑事处罚。本情节只能适用于“寻衅滋事罪”。

4. 敲诈勒索数额较大，行为人认罪、悔罪，退赃、退赔，并具有下列情形之一的

“两高”2013年4月15日《关于办理敲诈勒索刑事案件适用法律若干问题的解释》第5条规定：敲诈勒索数额较大，行为人认罪、悔罪，退赃、退赔，并具有下列情形之一的，可以认定为犯罪情节轻微，不起诉或者免予刑事处罚，由有关部门依法予以行政处罚：(1)具有法定从宽处罚情节的；(2)没有参与分赃或者获赃较少且不是主犯的；(3)被害人谅解的；(4)其他情节轻微、危害不大的。本情节只能适用于“敲诈勒索罪”。

5. 犯寻衅滋事罪行为人认罪、悔罪，积极赔偿被害人损失或者取得被害人谅解的

“两高”2013年5月27日《关于办理寻衅滋事刑事案件适用法律若干问题的解释》第8条规定：行为人认罪、悔罪，积极赔偿被害人损失或者取得被害人谅解……犯罪情节轻微的，可以不起诉或者免予刑事处罚。本情节只能适用于“寻衅滋事罪”。

第四章　单功能从宽处罚情节及其来源

所谓单功能从宽处罚情节，是指对于某些能够在一定程度上揭示行为社会危害性或者行为人人身危险性的主客观事实情况，刑法和司法解释为其规定一种从宽处罚功能，授权办案人员根据其所犯罪行轻重大小和在案件中的具体表现，选择适用其处罚功能的情形。在刑法和司法解释规定的七类 22 种单功能从宽处罚情节中，除一种法定总则性减轻处罚情节和一种司法解释规定的分则性减轻处罚情节需要经过理性评价积分确定量刑最佳适度之外，其余六类 20 种单功能从宽处罚情节的内容都是确定性的，这就是说刑法或者司法解释怎样规定就怎么执行，没有再行评价的余地。现列表如下：

单功能从宽处罚情节分类统计表

单功能从宽处罚情节的来源及其适用范围 / 多功能从宽处罚情节的分类		(一)法定量刑情节			(二)司法解释规定的量刑情节			合　计		
		总则性情节	分则性情节	小计	总则性情节	分则性情节	小计	总则性情节	分则性情节	小计
有关适用死刑、死缓和无期徒刑的情节	(一)不判处死刑情节	2		2				2		2
	(二)一般不判处死刑情节					3	3		3	3
	(三)适用死缓情节①					7	7		7	7
	(四)不判处无期徒刑情节				1		1	1		1
	小　计	2		2	1	10	11	3	10	13

① 所谓“适用死缓情节”即“一般不应判处死刑立即执行”的简称。

续表

单功能从宽处罚情节的来源及其适用范围 / 多功能从宽处罚情节的分类		(一)法定量刑情节			(二)司法解释规定的量刑情节			合　计		
		总则性情节	分则性情节	小计	总则性情节	分则性情节	小计	总则性情节	分则性情节	小计
有关免责、免刑和减轻处罚的情节	(一)不追究刑事责任		1	1		1	1		2	2
	(二)免予刑事处罚情节	1	1	2	1	2	3	2	3	5
	(三)减轻处罚情节	1		1		1	1	1	1	2
	小　计	2	2	4	1	4	5	3	6	9
合　计		4	2	6	2	14	16	6	16	22

对于上表所列七类单功能从宽处罚情节，现分为两节列举如下。

第一节　有关适用死刑、“死缓”和无期徒刑的单功能从宽处罚情节

一、“不判处死刑”的情节有2种

1. 犯罪的时候不满18周岁的人或者审判的时候怀孕的妇女

刑法第49条规定：犯罪的时候不满18周岁的人和审判的时候怀孕的妇女，不适用死刑。

2. 审判的时候已满75周岁的人

根据《刑法修正案(八)》第3条关于“在刑法第49条中增加一款作为第2款”的规定：审判的时候已满75周岁的人，不适用死刑，但以特别残忍手段致人死亡的除外。

二、“一般不应当判处死刑”的情节有3种

1. 犯金融诈骗罪具有法定从轻、减轻处罚情节的

“高法”2001 年 1 月 21 日《全国法院审理金融犯罪案件工作座谈会纪要》第二部分第 4 条规定：金融诈骗犯罪的数额特别巨大不是判处死刑的唯一标准，只有诈骗“数额特别巨大并且给国家和人民利益造成特别重大损失”的犯罪分子，才能依法选择适用死刑。对具有法定从轻、减轻处罚情节的，一般不应当判处死刑。本情节适用于“集资诈骗罪”、“票据诈骗罪”、“金融凭证诈骗罪”和“信用证诈骗罪”的最重罪。

2. 因婚姻家庭、邻里纠纷等民间矛盾激化引起的故意杀人罪

“高法”1999 年 10 月 27 日《全国法院维护农村稳定刑事审判工作座谈会纪要》第二部分第 1 条规定，对于因婚姻家庭、邻里纠纷等民间矛盾激化引发的故意杀人犯罪，适用死刑一定要十分慎重，应当与发生在社会上的严重危害社会治安的其他故意杀人犯罪案件有所区别，一般不应当判处死刑。本情节适用于“故意杀人罪”的基本罪和轻罪。

3. 毒品共同犯罪中凡能分清主从犯的，不能因为涉案的毒品数量特别巨大，就一律将被告人认定为主犯并判处重刑甚至死刑

“高法”2000 年 4 月 4 日《全国法院审理毒品犯罪案件工作座谈会纪要》第(二)规定：要根据行为人在共同犯罪中作用和罪责的大小确定刑罚。不同案件不能简单地类比，这一案件的从犯参与毒品犯罪的数量可能比另一案件的主犯参与毒品犯罪的数量大，但对这一案件从犯的处罚不是必然重于另一案件的主犯。共同犯罪中能分清主从犯的，不能因为涉案的毒品数量特别巨大，就一律将被告人认定为主犯并判处重刑甚至死刑。本情节适用于全部毒品犯罪。

三、“一般不应判处死刑立即执行”的情节有 7 种

1. 犯故意杀人罪，被害人一方有明显过错或对矛盾激化负有直接责任的

“高法”1999 年 10 月 27 日《全国法院维护农村稳定刑事审判工作座谈会纪要》第二部分第 1 条规定，对于因婚姻家庭、邻里纠纷等民间矛盾激化引发的故意杀人犯罪，适用死刑一定要十分慎重……对于

被害人一方有明显过错或对矛盾激化负有直接责任……的，一般不应判处死刑立即执行。本情节适用于“故意杀人罪”的基本罪。

2. 因婚姻家庭、邻里纠纷等民间矛盾激化引发的故意杀人，被告人有法定从轻处罚情节的

“高法”1999 年 10 月 27 日《全国法院维护农村稳定刑事审判工作座谈会纪要》第二部分第 1 条规定，对于因婚姻家庭、邻里纠纷等民间矛盾激化引发的故意杀人犯罪，适用死刑一定要十分慎重，对于……被告人有法定从轻处罚情节的，一般不应判处死刑立即执行。本情节适用于“故意杀人罪”的基本罪。

3. 犯金融诈骗罪犯罪数额特别巨大，但追缴退赔后，挽回了损失或者损失不大的

“高法”2001 年 1 月 21 日《全国法院审理金融犯罪案件工作座谈会纪要》第二部分第 4 条规定：金融诈骗犯罪的数额特别巨大不是判处死刑的唯一标准，只有诈骗‘数额特别巨大并且给国家和人民利益造成特别重大损失’的犯罪分子，才能依法选择适用死刑。……对于犯罪数额特别巨大，但追缴、退赔后，挽回了损失或者损失不大的，一般不应当判处死刑立即执行。本情节适用于“集资诈骗罪”、“票据诈骗罪”、“金融凭证诈骗罪”和“信用证诈骗罪”的最重罪。

4. 受“特情”犯意引诱或者数量引诱而实施毒品犯罪的

“高法”2000 年 4 月 4 日《全国法院审理毒品犯罪案件工作座谈会纪要》第(三)规定：对于因特情“犯意引诱”和“数量引诱”的“被告人，应当从轻处罚，即使超过判处死刑的毒品数量标准，一般也不应判处死刑立即执行”。本情节只能适用于“毒品犯罪”。

5. 毒品数量刚刚达到实际掌握判处死刑的标准的

“高法”2000 年 4 月 4 日《全国法院审理毒品犯罪案件工作座谈会纪要》第(四)规定：对于毒品数量刚刚达到实际掌握判处死刑的标准，但纵观全案，危害后果不是特别严重，或者被告人的主观恶性不是特别大，或者具有可酌情从轻处罚等情节的，可不判处死刑立即执行。本情节只能适用于“走私、贩卖、运输、制造毒品罪”的最重罪。

6. 查获的毒品数量不够判处死刑的标准，但加上坦白交代的毒

品数量，超过了判处死刑的数量标准的

"高法"2000 年 4 月 4 日《全国法院审理毒品犯罪案件工作座谈会纪要》第(四)规定：对于被告人被公安机关查获的毒品数量不够判处死刑的标准，但加上坦白交代的毒品数量，超过了判处死刑的数量标准的，一般应予从轻处罚，可不判处死刑立即执行。本情节只能适用于"走私、贩卖、运输、制造毒品罪"的最重罪。

7. 毒品经鉴定查明含量极少，确有大量掺假成分的，或者掺假之后的数量才达到判处死刑的标准的

"高法"2000 年 4 月 4 日《全国法院审理毒品犯罪案件工作座谈会纪要》第(四)规定："根据刑法的规定，对于毒品的数量不以纯度折算。但对于查获的毒品有证据证明大量掺假，经鉴定查明毒品含量极少，确有大量掺假成分的，在处刑时应酌情考虑。特别是掺假之后毒品的数量才达到判处死刑的标准的，对被告人可不判处死刑立即执行。为掩护运输而将毒品融入其他物品中，不应将其它物品计入毒品的数量。本情节只能适用于"走私、贩卖、运输、制造毒品罪"的最重罪。

四、"一般不判处无期徒刑"的情节有 1 种

已满 14 周岁不满 16 周岁的未成年犯罪人

"高法"2010 年 2 月 8 日《关于贯彻宽严相济刑事政策的若干意见》第 20 条规定：对于已满 14 周岁不满 16 周岁的未成年犯罪人，一般不判处无期徒刑。

第二节　有关免责、免刑和减轻处罚的单功能从宽处罚情节

一、"不追究刑事责任"的情节有 2 种

1. 善待被收买的妇女、儿童的

刑法第 241 条第 6 款规定：收买被拐卖的妇女、儿童，按照被买

妇女的意愿，不阻碍其返回原居住地的，对被买儿童没有虐待行为，不阻碍对其进行解救的，可以不追究刑事责任。本情节适用于“收买被拐卖的妇女、儿童罪”。

2. 持卡人恶意透支数额较大，在公安机关立案前已偿还全部透支款息的

“两高”2009年12月3日《关于办理妨害信用卡管理刑事案件具体应用法律若干问题的解释》第6条第5款后段规定：恶意透支数额较大，在公安机关立案前已偿还全部透支款息，情节显著轻微的，可以依法不追究刑事责任。本情节适用于“信用卡诈骗罪”的基本罪。

二、“可以免予刑事处罚”的情节有5种

1. 犯罪情节轻微不需要判处刑罚的

刑法第37条规定：对于犯罪情节轻微不需要判处刑罚的，可以免予刑事处罚，但是可以根据案件的不同情况，予以训诫或者责令具结悔过、赔礼道歉、赔偿损失，或者由主管部门予以行政处罚或者行政处分。

2. 非法种植罂粟或者其他毒品原植物，在收获前自动铲除的

刑法第351条第3款规定：非法种植罂粟或者其他毒品原植物，在收获前自动铲除的，可以免除处罚。本情节适用于“非法种植毒品原植物罪”。

3. 未成年犯罪人人身危险性程度较轻的

“高法”《关于审理未成年人刑事案件具体应用法律若干问题的解释》（2006年1月11日）第11条第1款规定：对未成年罪犯适用刑罚，应当充分考虑是否有利于未成年罪犯的教育和矫正。第2款规定：对未成年罪犯量刑应当依照刑法第61条的规定，并充分考虑未成年人实施犯罪行为的动机和目的、犯罪时的年龄、是否初次犯罪、犯罪后的悔罪表现、个人成长经历和一贯表现等因素。对符合……免予刑事处罚适用条件的未成年罪犯，应当依法适用……免予刑事处罚。

4. 犯抢夺罪（基本罪）的未成年人，具有本条司法解释规定的四

项情形之一的

“高法”2002年7月15日《关于审理抢夺刑事案件具体应用法律若干问题的解释》第3条规定：抢夺公私财物虽然达到本解释第1条第(一)项规定的“数额较大”的标准，但具有下列情形之一的，可以视为刑法第37条规定的“犯罪情节轻微不需要判处刑罚，免予刑事处罚：(1)已满16周岁不满18周岁的未成年人作案，属于初犯或者被教唆犯罪的；(2)主动投案、全部退赃或者退赔的；(3)被胁迫参加抢夺，没有分赃或者获赃较少的；(4)其他情节轻微，危害不大的。本情节只能适用于“抢夺罪”的基本罪。

5. 偷税数额在5万元以下，行为人在公安机关立案侦查以前已经足额补缴应纳税款和滞纳金

“高法”2002年11月4日《关于审理偷税抗税刑事案件具体应用法律若干问题的解释》第1条第3款规定：偷税数额在5万元以下，纳税人或者扣缴义务人在公安机关立案侦查以前已经足额补缴应纳税款和滞纳金，犯罪情节轻微，不需要判处刑罚的，可以免予刑事处罚。本情节只能适用于“偷税罪”的基本罪。

三、“可以减轻处罚”的情节有2种

1. 特殊减轻

刑法第63条第2款规定：犯罪分子虽然不具有本法规定的减轻处罚情节，但是根据案件的特殊情况，经最高人民法院核准，也可以在法定刑以下判处刑罚。

2. 行贿人被追诉后如实供述自己罪行的

“两高”2012年5月14日《关于办理行贿刑事案件具体应用法律若干问题的解释》第8条规定：行贿人被追诉后如实供述自己罪行的……因其如实供述自己罪行，避免特别严重后果发生的，可以减轻处罚。本情节只能适用于“行贿罪”和“单位行贿罪”。

第四编

定罪剩余的选择要件转化而来的从重处罚情节

引言 定罪剩余的选择要件理所当然转化为从重处罚情节

我国刑法中的犯罪构成有两种结构形式，一种是仅含必备要件的犯罪构成，另一种是兼含选择要件的犯罪构成。前者只有少部分罪行可能存在定罪剩余的犯罪构成事实，后者全部都有可能存在定罪剩余的犯罪构成事实。定罪剩余的选择要件转化而来的从重处罚情节是量刑情节体系的重要组成部分，缺少了这类“转化的量刑情节”，量刑公正无从谈起。

一、仅含必备要件的某些犯罪构成可能存在定罪剩余的“犯罪构成事实”

所谓仅含必备要件的犯罪构成，是指成立该种罪行的构成要件，全部都是“必备要件”，缺少其中任何一个要件，该种罪行便不能成立的情形。此类犯罪构成由于刑法没有规定选择要件，一般不会发生定罪剩余的选择要件转化为量刑情节的问题，但是也不可一概而论，比如，“非选择要件”的行为犯、结果犯和数额犯等，行为人只要以一次危害行为实施犯罪，或者造成一种危害结果，或者犯罪数额达到规定底线的便可成立该种罪行；如果行为人多次实施同种危害行为、造成多个同种危害结果或者犯罪数额超过规定底线的，就会发生定罪剩余的犯罪构成事实转化为从重处罚情节的问题。如果出现这种情形，应当拿出其中一次行为、一个结果或者犯罪数额底线作为定罪情节，定罪剩余的其他同种危害行为、同种危害结果和犯罪数额，理所当然地转化为量刑情节。但因刑法没有用“择一适用”的方式规定此类情节，也没有明确的危害行为和危害结果的选择范围，所以本书将此类情形放在酌定量刑情节中去解决。例如，(1)行为犯多次实施同种危害行为，但定罪剩余的行为次数尚未超过从重处罚空间 1/2 的，应在从重处罚空间 1/2 以下处罚；但是，行为人多次实施同种危害行为，定罪剩余的行为次数且已超过从重处罚空间 1/2 的，应当在从重处罚空间 1/2 以上处罚。(2)结果犯定罪剩余的危害结果较多较重，但未超过从重处罚结果 1/2 的，应在从重处罚空间 1/2 以下处罚；如果危害结果较多较重且已超过从重处罚结果 1/2 的，应当在从重处罚空间 1/2 以上处罚。(3)数额犯定罪剩余的犯罪数额较大，但未超过从重处罚数额 1/2 的，应在从重处罚空间 1/2 以下处罚；如果定罪剩余的犯罪数额较大，且已超过从重处罚数额 1/2 的，应在从重处罚空间 1/2 以上处罚。

二、兼含选择要件的犯罪构成均可能存在定罪剩余的"犯罪构成事实"

兼含选择要件的犯罪构成，是指成立该种罪行的构成要件既有必备要件又有选择要件，行为在符合必备要件的基础上，同时具有选择要件所列选项之一的情形。其选择要件的内容、形式和范围，是由刑法分则条款用"或者"和"有下列情形之一"等词语明文规定的。这就是说，只要具备其中任何一个选项，便达到该种犯罪构成的起码要求；如果犯罪人具有多个选择要件，应当拿出其中一个选项作为定罪情节，用以充足犯罪构成的起码要求，定罪剩余的其他选项(包括一项和多项)理所当然地转化为从重处罚的量刑情节。试想，如果它们不转化为量刑情节的话，难道属于定罪情节吗？既然犯罪构成是依照我国刑法规定，决定某一行为的社会危害范围而为该行为构成犯罪"所必需的一切主观和客观要件的有机整体"，那么只要回答"定罪剩余的选择要件"是否成立该种罪行"所必需的"，相关问题也就迎刃而解了！其实，"问题"的本身也就是答案本身。如果"定罪剩余"的选择要件不转化为从重处罚情节的话，那么，以多种行为方式实施犯罪与以一种行为方式实施犯罪、侵害多种犯罪对象与侵害一种犯罪对象、造成多种危害结果与造成一种危害结果等，在量刑上也就没有什么区别了，这能谈得上量刑公正吗？可是在迄今出版的刑法著述中，除了前述《刑法学》教材外，① 其他刑法著述均无"定罪剩

① 高铭暄、马克昌、赵秉志主编：《刑法学》第十六章第三节："量刑情节体系"(赵廷光撰稿)，北京大学出版社、高等教育出版社 2007 年版，第 279~290 页。

余的选择要件转化为从重处罚情节”这个概念。这类量刑情节约占全部量刑情节的1/3，竟然被刑法理论给遗忘了！

在现行刑法规定的878种罪行中，具有选择要件的罪行共有235种，其中有157种是同属性选择要件，有78种是异属性选择要件。所谓同属性选择要件，亦称同种类选择要件或者同质选择要件，指刑法对于某些犯罪构成除了规定若干必备要件之外，还对行为方式、犯罪对象和危害结果等构成要件分别规定内容和形式不同的若干选项，只要具有其中任何一个选项，该种罪行便能成立的情形；所谓异属性选择要件，亦称异种类选择要件或者异质选择要件，指刑法对于某些犯罪构成除了规定若干必备要件之外，还规定性质不同的若干选项，只要具有其中任何一个选项，该种罪行便能成立的情形。如果犯罪人具有两种或者两种以上选择要件的，应当拿出其中一种作为定罪情节，用以充足该种构成要件的起码要求；定罪剩余的其他选择要件，理所当然地转化为从重处罚的量刑情节。现将选择要件的分类、分布和选择范围列表统计如下，并按统计数据分为四章列举各种选择要件的刑法来源和根据。

定罪剩余的选择要件转化而来的从重处罚情节统计表

选择要件分类	定罪剩余的选择要件分类	转化情节数量	其中，择一选择范围						
			二择一的	三择一的	四择一的	五择一的	六择一的	七择一的	八择一的
(一)同属性选择要件	定罪剩余行为方式转化为从重处罚情节	73	26	23	12	11	1	0	0
	定罪剩余犯罪对象转化为从重处罚情节	57	34	19	0	1	0	2	1
	定罪剩余危害结果转化为从重处罚情节	27	17	10	0	0	0	0	0
	合　　计	157	77	52	12	12	1	2	1
(二)异属性选择要件		78	49	17	6	3	0	1	2
总　　计		235	126	69	18	15	1	3	3

第一章　定罪剩余的行为方式转化而来的从重处罚情节

第一节　“二同择一”的定罪剩余行为方式转化而来的从重处罚情节

1. “间谍罪”(基本罪、重罪)，是二择一定罪剩余行为方式转化而来的从重处罚情节。

刑法第110条前段规定的“间谍罪”(基本罪、重罪)，涵盖“参加间谍组织或者接受间谍组织及其代理人的任务的”和“为敌人指示轰击目标的”两种选择性行为方式，犯罪人只要以其中一种行为方式实施，便可构成本罪行。如果采取两种行为方式实施本罪的，应当拿出其中一种作为定罪情节，用以充足犯罪构成要件的起码要求；定罪剩余的其他行为方式，理所当然地转化为从重处罚情节。建议在从重处罚空间1/2以下适用刑罚。可结合具体案情，根据定罪剩余行为方式的社会危害性大小，理性评价其所体现的罪责程度，从而使本案犯罪人所受刑罚不同程度地重于只以一种行为方式实施本罪行的其他犯罪人。

2. “盗窃、抢夺枪支、弹药、爆炸物、危险物质罪”(基本罪、重罪)，是二择一定罪剩余行为方式转化而来的从重处罚情节。

刑法第127条规定的“盗窃、抢夺枪支、弹药、爆炸物、危险物质罪”(基本罪、重罪)，涵盖“盗窃、抢夺”两种选择性行为方式，犯罪人只要采取其中一种行为方式实施，便可构成本罪行。如果采取两种行为方式实施本罪的，应当拿出其中一种作为定罪情节，用以充足犯罪构成要件的起码要求；定罪剩余的其他行为方式，理所当然地转化为从重处罚情节。建议在从重处罚空间1/2以下适用刑罚。可结合具体案情，根据定罪剩余行为方式的社会危害性大小，理性评价其所体现的罪责程度，从而使本案犯罪人所受刑罚不同程度地重于只以一种行为方式实施本罪行的其他犯罪人。

3.“非法持有、私藏枪支、弹药罪”(基本罪、重罪)，是二择一定罪剩余行为方式转化而来的从重处罚情节。

刑法第128条第1款规定的“非法持有、私藏枪支、弹药罪”(基本罪、重罪)，涵盖“非法持有、私藏”两种选择性行为方式，犯罪人只要采取其中一种行为方式实施，便可构成本罪行。如果采取两种行为方式实施本罪的，应当拿出其中一种作为定罪情节，用以充足犯罪构成要件的起码要求；定罪剩余的其他行为方式，理所当然地转化为从重处罚情节。建议在从重处罚空间1/2以下适用刑罚。可结合具体案情，根据定罪剩余行为方式的社会危害性大小，理性评价其所体现的罪责程度，从而使本案犯罪人所受刑罚不同程度地重于只以一种行为方式实施本罪行的其他犯罪人。

4.“非法出租、出借枪支罪”(基本罪、重罪)，是二择一定罪剩余行为方式转化而来的从重处罚情节。

刑法第128条第2、3款规定的“非法出租、出借枪支罪”(基本罪、重罪)，涵盖“非法出租、出借枪支”两种选择性行为方式，犯罪人只要采取其中一种行为方式实施，便可构成本罪行。以两种行为方式实施的，定罪剩余的行为方式理所当然地转化而来的从重处罚情节。如果采取两种行为方式实施本罪的，应当拿出其中一种作为定罪情节，用以充足犯罪构成要件的起码要求；定罪剩余的其他行为方式，理所当然地转化为从重处罚情节。建议在从重处罚空间1/2以下适用刑罚。可结合具体案情，根据定罪剩余行为方式的社会危害性大小，理性评价其所体现的罪责程度，从而使本案犯罪人所受刑罚不同程度地重于只以一种行为方式实施本罪行的其他犯罪人。

5.“隐匿、故意销毁财务会计凭证、会计账簿、财务会计报告罪”(基本罪)，是二择一定罪剩余行为方式转化而来的从重处罚情节。

刑法第 162 条第 1 款规定的“隐匿、故意销毁财务会计凭证、会计账簿、财务会计报告罪”(基本罪)，涵盖“隐匿或者故意销毁依法应当保存的会计凭证、会计账簿、财务会计报告”两种选择性行为方式，犯罪人只要采取其中一种行为方式实施，便可构成本罪行。如果采取两种行为方式实施本罪的，应当拿出其中一种作为定罪情节，用以充足犯罪构成要件的起码要求；定罪剩余的其他行为方式，理所当然地转化为从重处罚情节。建议在从重处罚空间 1/2 以下适用刑罚。可结合具体案情，根据定罪剩余行为方式的社会危害性大小，理性评价其所体现的罪责程度，从而使本案犯罪人所受刑罚不同程度地重于只以一种行为方式实施本罪行的其他犯罪人。

6.“伪造、出售伪造的增值税专用发票罪”(基本罪、重罪、更重罪)，是二择一定罪剩余行为方式转化而来的从重处罚情节。

刑法第 206 条规定的“伪造、出售伪造的增值税专用发票罪”(基本罪、重罪、更重罪)，涵盖“伪造增值税专用发票、出售伪造的增值税专用发票”两种选择性行为方式，犯罪人只要以其中一种行为方式实施，便可构成本罪行。如果采取两种行为方式实施本罪的，应当拿出其中一种作为定罪情节，用以充足犯罪构成要件的起码要求；定罪剩余的其他行为方式，理所当然地转化为从重处罚情节。建议在从重处罚空间 1/2 以下适用刑罚。可结合具体案情，根据定罪剩余行为方式的社会危害性大小，理性评价其所体现的罪责程度，从而使本案犯罪人所受刑罚不同程度地重于只以一种行为方式实施本罪行的其他犯罪人。

7.“非法制造、出售非法制造的用于骗取出口退税、抵扣税款发票罪”(基本罪、重罪、更重罪)，是二择一定罪剩余行为方式转化而来的从重处罚情节。

刑法第 209 条规定的“非法制造、出售非法制造的用于骗取出口退税、抵扣税款发票罪”(基本罪、重罪、更重罪)，涵盖“伪造增值税专用发票、出售伪造的增值税专用发票”两种选择性行为方式，犯罪人只要以其中一种行为方式实施，便可构成本罪行。如果采取两种行为方式实施本罪的，应当拿出其中一种作为定罪情节，用以充足犯罪构成要件的起码要求；定罪剩余的其他行为方式，理所当然地转化为从重处罚情节。建议在从重处罚空间 1/2 以下适用刑罚。可结合具体案情，根据定罪剩余行为方式的社会危害性大小，理性评价其所体现的罪责程度，从而使本案犯罪人所受刑罚不同程度地重于只以一种行为方式实施本罪行的其他犯罪人。

8.“强制猥亵、侮辱妇女罪”(重罪)，是二择一定罪剩余行为方式转化而来的从重处罚情节。

刑法第 237 条规定的“强制猥亵、侮辱妇女罪”(重罪)，涵盖“聚众或者在公共场所当众强制猥亵、侮辱妇女”两种选择性行为方式，犯罪人只要采取其中一种行为方式实施，便可构成本罪行。如果采取两种行为方式实施本罪的，应当拿出其中一种作为定罪情节，用以充足犯罪构成要件的起码要求；定罪剩余的其他行为方式，理所当然地转化为从重处罚情节。建议在从重处罚空间 1/2 以下适用刑罚。可结合具体案情，根据定罪剩余行为方式的社会危害性大小，理性评价其所体现的罪责程度，从而使本案犯罪人所受刑罚不同程度地重于只以一种行为方式实施本罪行的其他犯罪人。

9.“猥亵儿童罪”(重罪)，是二择一定罪剩余行为方式转化而来的从重处罚情节。

刑法第 237 条规定的“猥亵儿童罪”(重罪)，涵盖“聚众或者在公共场所当众猥亵儿童”两种选择性行为方式，犯罪人只要采取其中一种行为方式实施，便可构成本罪行。如果采取两种行为方式实施本罪的，应当拿出其中一种作为定罪情节，用以充足犯罪构成要件的起码要求；定罪剩余的其他行为方式，理所当然地转化为从重处罚情节。建议在从重处罚空间 1/2 以下适用刑罚。可结合具体案情，根据定罪剩余行为方式的社会危害性大小，理性评价其所体现的罪责程度，从而使本案犯罪人所受刑罚不同程度地重于只以一种行为方式实施本罪行的其他犯罪人。

10.“伪造、变造居民身份证罪”(基本罪、重罪)，是二择一定罪剩余行为方式转化而来的从重处罚情节。

刑法第 280 条第 3 款规定“伪造、变造居民身份证罪”(基本罪、重罪)，涵盖“伪造、变造居民身份证”两种选择性行为方式，犯罪人只要以其中一种行为方式实施，便可构成本罪行。如果采取两种行为方式实施本罪的，应当拿出其中一种作为定罪情节，用以充足犯罪构成要件的起码要求；定罪剩余的其他行为方式，理所当然地转化为从重处罚情节。建议在从重处罚空间 1/2 以下适用刑罚。可结合具体案情，根据定罪剩余行为方式的社会危害性大小，理性评价其所体现的罪责程度，从而使本案犯罪人所受刑罚不同程度地重于只以一种行为方式实施本罪行的其他犯罪人。

11.“包庇、纵容黑社会性质组织罪”(基本罪、重罪)，是二择一定罪剩余行为方式转化而来的从重处罚情节。

刑法第 294 条第 3 款规定“包庇、纵容黑社会性质组织罪”(基本罪、重罪)，涵盖“包庇黑社会性质的组织和纵容黑社会性质的组织进行违法犯罪活动”两种选择性行为方式，犯罪人只要采取其中一种行为方式实施，便可构成本罪行。如果采取两种行为方式实施本罪的，应当拿出其中一种作为定罪情节，用以充足犯罪构成要件的起码要求；定罪剩余的其他行为方式，理所当然地转化为从重处罚情节。建议在从重处罚空间 1/2 以下适用刑罚。可结合具体案情，根据定罪剩余行为方式的社会危害性大小，理性评价其所体现的罪责程度，从而使本案犯罪人所受刑罚不同程度地重于只以一种行为方式实施本罪行的其他犯罪人。

12.“组织、利用会道门、邪教组织、利用迷信破坏法律实施罪”，是二择一定罪剩余行为方式转化而来的从重处罚情节。

刑法第 300 条第 1 款规定的“组织、利用会道门、邪教组织、利用迷信破坏法律实施罪”(基本罪、重罪)，涵盖“组织、利用”两种选择性行为方式，犯罪人只要采取其中一种行为方式实施，便可构成本罪行。如果采取两种行为方式实施本罪的，应当拿出其中一种作为定罪情节，用以充足犯罪构成要件的起码要求；定罪剩余的其他行为方式，理所当然地转化为从重处罚情节。建议在从重处罚空间 1/2 以下适用刑罚。可结合具体案情，根据定罪剩余行为方式的社会危害性大小，理性评价其所体现的罪责程度，从而使本案犯罪人所受刑罚不同程度地重于只以一种行为方式实施本罪行的其他犯罪人。

13.“组织、利用会道门、邪教组织、利用迷信致人死亡罪”（基本罪、重罪），是二择一定罪剩余行为方式转化而来的从重处罚情节。

刑法第300条第2款规定的“组织、利用会道门、邪教组织、利用迷信致人死亡罪”（基本罪、重罪），涵盖“组织、利用”两种选择性行为方式，犯罪人只要采取其中一种行为方式实施，便可构成本罪行。如果采取两种行为方式实施本罪的，应当拿出其中一种作为定罪情节，用以充足犯罪构成要件的起码要求；定罪剩余的其他行为方式，理所当然地转化为从重处罚情节。建议在从重处罚空间1/2以下适用刑罚。可结合具体案情，根据定罪剩余行为方式的社会危害性大小，理性评价其所体现的罪责程度，从而使本案犯罪人所受刑罚不同程度地重于只以一种行为方式实施本罪行的其他犯罪人。

14.“盗窃、侮辱尸体罪”（基本罪），是二择一定罪剩余行为方式转化而来的从重处罚情节。

刑法第302条规定的“盗窃、侮辱尸体罪”（基本罪），涵盖“盗窃和侮辱尸体”两种选择性行为方式，犯罪人只要采取其中一种行为方式实施，便可构成本罪行。如果采取两种行为方式实施本罪的，应当拿出其中一种作为定罪情节，用以充足犯罪构成要件的起码要求；定罪剩余的其他行为方式，理所当然地转化为从重处罚情节。建议在从重处罚空间1/2以下适用刑罚。可结合具体案情，根据定罪剩余行为方式的社会危害性大小，理性评价其所体现的罪责程度，从而使本案犯罪人所受刑罚不同程度地重于只以一种行为方式实施本罪行的其他犯罪人。

15.“窝藏、包庇罪”（基本罪、重罪），是二择一定罪剩余行为方式转化而来的从重处罚情节。

刑法第310条规定的“窝藏、包庇罪（基本罪、重罪），是涵盖“提供隐藏处所、财物，帮助犯罪人逃匿和作假证明包庇犯罪人”两种选择性行为方式，犯罪人只要采取其中一种行为方式实施，便可构成本罪行。如果采取两种行为方式实施本罪的，应当拿出其中一种作为定罪情节，用以充足犯罪构成要件的起码要求；定罪剩余的其他行为方式，理所当然地转化为从重处罚情节。建议在从重处罚空间1/2以下适用刑罚。可结合具体案情，根据定罪剩余行为方式的社会危害性大小，理性评价其所体现的罪责程度，从而使本案犯罪人所受刑罚不同程度地重于只以一种行为方式实施本罪行的其他犯罪人。

16.“非法向外国人出售、赠送珍贵文物罪”(基本罪)，是二择一定罪剩余行为方式转化而来的从重处罚情节。

刑法第325条规定的“非法向外国人出售、赠送珍贵文物罪”(基本罪)，涵盖“将收藏的国家禁止出口的珍贵文物私自出售或者私自赠送给外国人”两种选择性行为方式，犯罪人只要采取其中一种行为方式实施，便可构成本罪行。如果采取两种行为方式实施本罪的，应当拿出其中一种作为定罪情节，用以充足犯罪构成要件的起码要求；定罪剩余的其他行为方式，理所当然地转化为从重处罚情节。建议在从重处罚空间1/2以下适用刑罚。请结合具体案情，根据定罪剩余行为方式的社会危害性大小，理性评价其所体现的罪责程度，从而使本案犯罪人所受刑罚不同程度地重于只以一种行为方式实施本罪行的其他犯罪人。

17.“非法出售、私赠文物藏品罪”(基本罪)，是二择一定罪剩余行为方式转化而来的从重处罚情节。

刑法第327条规定的“非法出售、私赠文物藏品罪”(基本罪)，涵盖“非法出售和私赠国家文物藏品”两种选择性行为方式，犯罪人只要采取其中一种行为方式实施，便可构成本罪行。如果采取两种行为方式实施本罪的，应当拿出其中一种作为定罪情节，用以充足犯罪构成要件的起码要求；定罪剩余的其他行为方式，理所当然地转化为从重处罚情节。建议在从重处罚空间1/2以下适用刑罚。可结合具体案情，根据定罪剩余行为方式的社会危害性大小，理性评价其所体现的罪责程度，从而使本案犯罪人所受刑罚不同程度地重于只以一种行为方式实施本罪行的其他犯罪人。

18.“抢夺、窃取国有档案罪”(基本罪)，是二择一定罪剩余行为方式转化而来的从重处罚情节。

刑法第329条第1款规定的“抢夺、窃取国有档案罪”（基本罪），涵盖“抢夺、窃取国有档案”两种选择性行为方式，犯罪人只要采取其中一种行为方式实施，便可构成本罪行。如果采取两种行为方式实施本罪的，应当拿出其中一种作为定罪情节，用以充足犯罪构成要件的起码要求；定罪剩余的其他行为方式，理所当然地转化为从重处罚情节。建议在从重处罚空间1/2以下适用刑罚。可结合具体案情，根据定罪剩余行为方式的社会危害性大小，理性评价其所体现的罪责程度，从而使本案犯罪人所受刑罚不同程度地重于只以一种行为方式实施本罪行的其他犯罪人。

19.“非法猎捕、杀害珍贵、濒危野生动物罪”（基本罪、重罪），是二择一定罪剩余行为方式转化而来的从重处罚情节。

刑法第341条第1款前段规定的“非法猎捕、杀害珍贵、濒危野生动物罪”（基本罪、重罪），涵盖“非法猎捕、杀害”两种选择性行为方式，犯罪人只要采取其中一种行为方式实施，便可构成本罪行。如果采取两种行为方式实施本罪的，应当拿出其中一种作为定罪情节，用以充足犯罪构成要件的起码要求；定罪剩余的其他行为方式，理所当然地转化为从重处罚情节。建议在从重处罚空间1/2以下适用刑罚。可结合具体案情，根据定罪剩余行为方式的社会危害性大小，理性评价其所体现的罪责程度，从而使本案犯罪人所受刑罚不同程度地重于只以一种行为方式实施本罪行的其他犯罪人。

20.“非法采伐、毁坏国家重点保护植物罪”（基本罪、重罪），是二择一定罪剩余行为方式转化而来的从重处罚情节。

刑法第344条规定的“非法采伐、毁坏国家重点保护植物罪”（基本罪、重罪），涵盖“非法采伐、毁坏”两种选择性行为方式，犯罪人只要采取其中一种行为方式实施，便可构成本罪行。如果采取两种行为方式实施本罪的，应当拿出其中一种作为定罪情节，用以充足犯罪构成要件的起码要求；定罪剩余的其他行为方式，理所当然地转化为从重处罚情节。建议在从重处罚空间1/2以下适用刑罚。可结合具体案情，根据定罪剩余行为方式的社会危害性大小，理性评价其所体现的罪责程度，从而使本案犯罪人所受刑罚不同程度地重于只以一种行为方式实施本罪行的其他犯罪人。

21.“走私制毒物品罪”(基本罪、重罪)，是二择一定罪剩余行为方式转化而来的从重处罚情节。

刑法第 350 条第 1 款规定的“走私制毒物品罪”(基本罪、重罪)，涵盖“非法运输、携带醋酸酐、乙醚、三氯甲烷或者其他用于制造毒品的原料或者配剂进出境”两种选择性行为方式，犯罪人只要采取其中一种行为方式实施，便可构成本罪行。如果采取两种行为方式实施本罪的，应当拿出其中一种作为定罪情节，用以充足犯罪构成要件的起码要求；定罪剩余的其他行为方式，理所当然地转化为从重处罚情节。建议在从重处罚空间 1/2 以下适用刑罚。可结合具体案情，根据定罪剩余行为方式的社会危害性大小，理性评价其所体现的罪责程度，从而使本案犯罪人所受刑罚不同程度地重于只以一种行为方式实施本罪行的其他犯罪人。

22.“盗窃、抢夺武装部队公文、证件、印章罪”(基本罪、重罪)，是二择一定罪剩余行为方式转化而来的从重处罚情节。

刑法第 375 条第 1 款规定的“盗窃、抢夺武装部队公文、证件、印章罪”(基本罪、重罪)，涵盖“盗窃、抢夺”两种选择性行为方式，犯罪人只要采取其中一种行为方式实施，便可构成本罪行。如果采取两种行为方式实施本罪的，应当拿出其中一种作为定罪情节，用以充足犯罪构成要件的起码要求；定罪剩余的其他行为方式，理所当然地转化为从重处罚情节。建议在从重处罚空间 1/2 以下适用刑罚。可结合具体案情，根据定罪剩余行为方式的社会危害性大小，理性评价其所体现的罪责程度，从而使本案犯罪人所受刑罚不同程度地重于只以一种行为方式实施本罪行的其他犯罪人。

23.“隐瞒、谎报军情罪”(基本罪、重罪)，是二择一定罪剩余行为方式转化而来的从重处罚情节。

刑法第 422 条规定的“隐瞒、谎报军情罪”(基本罪、重罪)，涵盖“隐瞒、谎报军情”两种选择性行为方式，犯罪人只要采取其中一种行为方式实施，便可构成本罪行。如果采取两种行为方式实施本罪的，应当拿出其中一种作为定罪情节，用以充足犯罪构成要件的起码要求；定罪剩余的其他行为方式，理所当然地转化为从重处罚情节。建议在从重处罚空间 1/2 以下适用刑罚。可结合具体案情，根据定罪剩余行为方式的社会危害性大小，理性评价其所体现的罪责程度，从而使本案犯罪人所受刑罚不同程度地重于只以一种行为方式实施本罪行的其他犯罪人。

24.“盗窃、抢夺武器装备、军用物资罪”（基本罪、重罪），是二择一定罪剩余行为方式转化而来的从重处罚情节。

刑法第 438 条第 1 款规定的“盗窃、抢夺武器装备、军用物资罪”（基本罪、重罪、更重罪），涵盖“盗窃、抢夺”两种选择性行为方式，犯罪人只要采取其中一种行为方式实施，便可构成本罪行。如果采取两种行为方式实施本罪的，应当拿出其中一种作为定罪情节，用以充足犯罪构成要件的起码要求；定罪剩余的其他行为方式，理所当然地转化为从重处罚情节。建议在从重处罚空间 1/2 以下适用刑罚。可结合具体案情，根据定罪剩余行为方式的社会危害性大小，理性评价其所体现的罪责程度，从而使本案犯罪人所受刑罚不同程度地重于只以一种行为方式实施本罪行的其他犯罪人。

25.“非法出卖、转让军队武器装备罪”（基本罪、重罪），是二择一定罪剩余行为方式转化而来的从重处罚情节。

刑法第 439 条规定的“非法出卖、转让军队武器装备罪”（基本罪、重罪），涵盖“非法出卖、转让军队武器装备”两种选择性行为方式，犯罪人只要采取其中一种行为方式实施，便可构成本罪行。如果采取两种行为方式实施本罪的，应当拿出其中一种作为定罪情节，用以充足犯罪构成要件的起码要求；定罪剩余的其他行为方式，理所当然地转化为从重处罚情节。建议在从重处罚空间 1/2 以下适用刑罚。可结合具体案情，根据定罪剩余行为方式的社会危害性大小，理性评价其所体现的罪责程度，从而使本案犯罪人所受刑罚不同程度地重于只以一种行为方式实施本罪行的其他犯罪人。

26.“战时残害居民、掠夺居民财物罪”（基本罪、重罪、更重罪），是二择一定罪剩余行为方式转化而来的从重处罚情节。

刑法第446条规定的“战时残害居民、掠夺居民财物罪”(基本罪、重罪、更重罪)，涵盖“残害居民、掠夺居民财物罪”两种选择性行为方式，犯罪人只要采取其中一种行为方式实施，便可构成本罪行。如果采取两种行为方式实施本罪的，应当拿出其中一种作为定罪情节，用以充足犯罪构成要件的起码要求；定罪剩余的其他行为方式，理所当然地转化为从重处罚情节。建议在从重处罚空间1/2以下适用刑罚。可结合具体案情，根据定罪剩余行为方式的社会危害性大小，理性评价其所体现的罪责程度，从而使本案犯罪人所受刑罚不同程度地重于只以一种行为方式实施本罪行的其他犯罪人。

第二节　“三同择一”的定罪剩余行为方式转化而来的从重处罚情节

1.“劫持船只、汽车罪”(重罪)，是三择一定罪剩余行为方式转化而来的从重处罚情节。

刑法第122条规定的“劫持船只、汽车罪”(重罪)，涵盖“以暴力、胁迫或者其他方法”三种选择性行为方式，犯罪人只要以其中一种行为方式实施，便可构成本罪行。如果采取两种以上行为方式实施的，应当拿出其中一种作为定罪情节，用以充足犯罪构成要件的起码要求；定罪剩余的其他行为方式，理所当然地转化为从重处罚情节。其中：定罪剩余行为方式为一种的，建议在从重处罚空间1/2以下适用刑罚；定罪剩余行为方式为二种的，建议在从重处罚空间1/2以上适用刑罚。可结合具体案情，根据定罪剩余行为方式的社会危害性大小，理性评价其所体现的罪责程度，从而使本案犯罪人所受刑罚不同程度地重于只以一种行为方式实施本罪行的其他犯罪人。

2.“违规制造、销售枪支罪”(基本罪、重罪)，是三择一定罪剩余行为方式转化而来的从重处罚情节。

刑法第126条前段规定的“违规制造、销售枪支罪”(基本罪、重罪)，涵盖“(1)以非法销售为目的，超过限额或者不按照规定的品种制造、配售枪支的；(2)以非法销售为目的，制造无号、重号、假号的枪支的；(3)非法销售枪支或者在境内销售为出口制造的枪支的”三种选择性行为方式，犯罪人只要以其中一种行为方式实施，便可构成本罪行。如果采取两种以上行为方式实施的，应当拿出其中一种作为定罪情节，用以充足犯罪构成要件的起码要求；定罪剩余的其他行为方式，理所当然地转化为从重处罚情节。其中：定罪剩余行为方式为一种的，建议在从重处罚空间 1/2 以下适用刑罚；定罪剩余行为方式为二种的，建议在从重处罚空间 1/2 以上适用刑罚。可结合具体案情，根据定罪剩余行为方式的社会危害性大小，理性评价其所体现的罪责程度，从而使本案犯罪人所受刑罚不同程度地重于只以一种行为方式实施本罪行的其他犯罪人。

3.“妨害清算罪”(基本罪)，是三择一定罪剩余行为方式转化而来的从重处罚情节。

刑法第 162 条第 1 款规定的“妨害清算罪”(基本罪)，涵盖“隐匿财产，对资产负债表或者财产清单做虚伪记载、在未清偿债务前分配公司、企业财产”三种选择性行为方式，犯罪人只要采取其中一种行为方式实施，便可构成本罪行。如果采取两种以上行为方式实施的，应当拿出其中一种作为定罪情节，用以充足犯罪构成要件的起码要求；定罪剩余的其他行为方式，理所当然地转化为从重处罚情节。其中：定罪剩余行为方式为一种的，建议在从重处罚空间 1/2 以下适用刑罚；定罪剩余行为方式为二种的，建议在从重处罚空间 1/2 以上适用刑罚。可结合具体案情，根据定罪剩余行为方式的社会危害性大小，理性评价其所体现的罪责程度，从而使本案犯罪人所受刑罚不同程度地重于只以一种行为方式实施本罪行的其他犯罪人。

4.“虚假破产罪”(基本罪)，是三择一定罪剩余行为方式转化而来的从重处罚情节。

刑法第 162 条第 2 款规定的“虚假破产罪”(基本罪)，涵盖“隐匿财产，承担虚构的债务，以其他方法转移、处分财产”三种选择性行为方式，犯罪人只要采取其中一种行为方式实施，便可构成本罪行。如果采取两种以上行为方式实施的，应当拿出其中一种作为定罪情节，用以充足犯罪构成要件的起码要求；定罪剩余的其他行为方式，理所当然地转化为从重处罚情节。其中：定罪剩余行为方式为一种的，建议在从重处罚空间 1/2 以下适用刑罚；定罪剩余行为方式为二种的，建议在从重处罚空间 1/2 以上适用刑罚。可结合具体案情，根据定罪剩余行为方式的社会危害性大小，理性评价其所体现的罪责程度，从而使本案犯罪人所受刑罚不同程度地重于只以一种行为方式实施本罪行的其他犯罪人。

5. “伪造、变造、转让金融机构经营许可证、批准文件罪”（基本罪、重罪），是三择一定罪剩余行为方式转化而来的从重处罚情节。

刑法第 174 条第 2 款规定的“伪造、变造、转让金融机构经营许可证、批准文件罪”（基本罪、重罪），涵盖“伪造、变造、转让”三种选择性行为方式，犯罪人只要采取其中一种行为方式实施，便可构成本罪行。如果采取两种以上行为方式实施的，应当拿出其中一种作为定罪情节，用以充足犯罪构成要件的起码要求；定罪剩余的其他行为方式，理所当然地转化为从重处罚情节。其中：定罪剩余行为方式为一种的，建议在从重处罚空间 1/2 以下适用刑罚；定罪剩余行为方式为二种的，建议在从重处罚空间 1/2 以上适用刑罚。可结合具体案情，根据定罪剩余行为方式的社会危害性大小，理性评价其所体现的罪责程度，从而使本案犯罪人所受刑罚不同程度地重于只以一种行为方式实施本罪行的其他犯罪人。

6. “私自开拆、隐匿、毁弃邮件、电报罪”（基本罪），是三择一定罪剩余行为方式转化而来的从重处罚情节。

刑法第 253 条规定的“私自开拆、隐匿、毁弃邮件、电报罪”（基本罪），涵盖“私自开拆、隐匿、毁弃”三种选择性行为方式，犯罪人只要采取其中一种行为方式实施，便可构成本罪行。如果采取两种以上行为方式实施的，应当拿出其中一种作为定罪情节，用以充足犯罪构成要件的起码要求；定罪剩余的其他行为方式，理所当然地转化为从重处罚情节。其中：定罪剩余行为方式为一种的，建议在从重处罚空间 1/2 以下适用刑罚；定罪剩余行为方式为二种的，建议在从重处罚空间 1/2 以上适用刑罚。可结合具体案情，根据定罪剩余行为方式的社会危害性大小，理性评价其所体现的罪责程度，从而使本案犯罪人所受刑罚不同程度地重于只以一种行为方式实施本罪行的其他犯罪人。

7.“伪造、变造、买卖国家机关公文、证件、印章罪”(基本罪、重罪),是三择一定罪剩余行为方式转化而来的从重处罚情节。

刑法第280条第1款规定的“伪造、变造、买卖国家机关公文、证件、印章罪”(基本罪、重罪),涵盖“伪造、变造、买卖”三种选择性行为方式,犯罪人只要采取其中一种行为方式实施,便可构成本罪行。如果采取两种以上行为方式实施的,应当拿出其中一种作为定罪情节,用以充足犯罪构成要件的起码要求;定罪剩余的其他行为方式,理所当然地转化为从重处罚情节。其中:定罪剩余行为方式为一种的,建议在从重处罚空间1/2以下适用刑罚;定罪剩余行为方式为二种的,建议在从重处罚空间1/2以上适用刑罚。可结合具体案情,根据定罪剩余行为方式的社会危害性大小,理性评价其所体现的罪责程度,从而使本案犯罪人所受刑罚不同程度地重于只以一种行为方式实施本罪行的其他犯罪人。

8.“盗窃、抢夺、毁灭国家机关公文、证件、印章罪”(基本罪、重罪),是三择一定罪剩余行为方式转化而来的从重处罚情节。

刑法第280条第1款规定的“盗窃、抢夺、毁灭国家机关公文、证件、印章罪”(基本罪、重罪),涵盖“盗窃、抢夺、毁灭”三种选择性行为方式,犯罪人只要采取其中一种行为方式实施,便可构成本罪行。如果采取两种以上行为方式实施的,应当拿出其中一种作为定罪情节,用以充足犯罪构成要件的起码要求;定罪剩余的其他行为方式,理所当然地转化为从重处罚情节。其中:定罪剩余行为方式为一种的,建议在从重处罚空间1/2以下适用刑罚;定罪剩余行为方式为二种的,建议在从重处罚空间1/2以上适用刑罚。可结合具体案情,根据定罪剩余行为方式的社会危害性大小,理性评价其所体现的罪责程度,从而使本案犯罪人所受刑罚不同程度地重于只以一种行为方式实施本罪行的其他犯罪人。

9.“非法获取国家秘密罪”(基本罪、重罪),是三择一定罪剩余行为方式转化而来的从重处罚情节。

刑法第 282 条第 1 款规定的“非法获取国家秘密罪”(基本罪、重罪)，涵盖“窃取、刺探、收买国家秘密”三种选择性行为方式，犯罪人只要以其中一种行为方式实施，便可构成本罪行。如果采取两种以上行为方式实施的，应当拿出其中一种作为定罪情节，用以充足犯罪构成要件的起码要求；定罪剩余的其他行为方式，理所当然地转化为从重处罚情节。其中：定罪剩余行为方式为一种的，建议在从重处罚空间 1/2 以下适用刑罚；定罪剩余行为方式为二种的，建议在从重处罚空间 1/2 以上适用刑罚。可结合具体案情，根据定罪剩余行为方式的社会危害性大小，理性评价其所体现的罪责程度，从而使本案犯罪人所受刑罚不同程度地重于只以一种行为方式实施本罪行的其他犯罪人。

10.“非法集会、游行、示威罪”(基本罪)，是三择一定罪剩余行为方式转化而来的从重处罚情节。

刑法第 296 条规定的“非法集会、游行、示威罪”(基本罪)，涵盖“非法集会、游行、示威”三种选择性行为方式，犯罪人只要采取其中一种行为方式实施，便可构成本罪行。如果采取两种以上行为方式实施的，应当拿出其中一种作为定罪情节，用以充足犯罪构成要件的起码要求；定罪剩余的其他行为方式，理所当然地转化为从重处罚情节。其中：定罪剩余行为方式为一种的，建议在从重处罚空间 1/2 以下适用刑罚；定罪剩余行为方式为二种的，建议在从重处罚空间 1/2 以上适用刑罚。可结合具体案情，根据定罪剩余行为方式的社会危害性大小，理性评价其所体现的罪责程度，从而使本案犯罪人所受刑罚不同程度地重于只以一种行为方式实施本罪行的其他犯罪人。

11.“非法携带武器、管制刀具、爆炸物参加集会、游行、示威罪”(基本罪)，是三择一定罪剩余行为方式转化而来的从重处罚情节。

刑法第 297 条规定的“非法携带武器、管制刀具、爆炸物参加集会、游行、示威罪”(基本罪)，涵盖“参加集会、游行、示威”三种选择性行为方式，犯罪人只要采取其中一种行为方式实施，便可构成本罪行。如果采取两种以上行为方式实施的，应当拿出其中一种作为定罪情节，用以充足犯罪构成要件的起码要求；定罪剩余的其他行为方式，理所当然地转化为从重处罚情节。其中：定罪剩余行为方式为一种的，建议在从重处罚空间 1/2 以下适用刑罚；定罪剩余行为方式为二种的，建议在从重处罚空间 1/2 以上适用刑罚。可结合具体案情，根据定罪剩余行为方式的社会危害性大小，理性评价其所体现的罪责程度，从而使本案犯罪人所受刑罚不同程度地重于只以一种行为方式实施本罪行的其他犯罪人。

12.“破坏集会、游行、示威罪”(基本罪)，是三择一定罪剩余行为方式转化而来的从重处罚情节。

刑法第 298 条规定的“破坏集会、游行、示威罪”(基本罪)，涵盖“破坏集会、游行、示威”三种选择性行为方式，犯罪人只要采取其中一种行为方式(方法)实施，便可构成本罪行。如果采取两种以上行为方式实施的，应当拿出其中一种作为定罪情节，用以充足犯罪构成要件的起码要求；定罪剩余的其他行为方式，理所当然地转化为从重处罚情节。其中：定罪剩余行为方式为一种的，建议在从重处罚空间 1/2 以下适用刑罚；定罪剩余行为方式为二种的，建议在从重处罚空间 1/2 以上适用刑罚。可结合具体案情，根据定罪剩余行为方式的社会危害性大小，理性评价其所体现的罪责程度，从而使本案犯罪人所受刑罚不同程度地重于只以一种行为方式实施本罪行的其他犯罪人。

13.“辩护人、诉讼代理人毁灭证据、伪造证据、妨害作证罪”(基本罪、重罪)，是三择一定罪剩余行为方式转化而来的从重处罚情节。

刑法第 306 条规定的“辩护人、诉讼代理人毁灭证据、伪造证据、妨害作证罪”(基本罪、重罪)，涵盖“毁灭证据、伪造证据和妨害作证”三种选择性行为方式，犯罪人只要采取其中一种行为方式实施，便可构成本罪行。如果采取两种以上行为方式实施的，应当拿出其中一种作为定罪情节，用以充足犯罪构成要件的起码要求；定罪剩余的其他行为方式，理所当然地转化为从重处罚情节。其中：定罪剩余行为方式为一种的，建议在从重处罚空间 1/2 以下适用刑罚；定罪剩余行为方式为二种的，建议在从重处罚空间 1/2 以上适用刑罚。可结合具体案情，根据定罪剩余行为方式的社会危害性大小，理性评价其所体现的罪责程度，从而使本案犯罪人所受刑罚不同程度地重于只以一种行为方式实施本罪行的其他犯罪人。

14.“妨害作证罪”(基本罪、重罪)，是三择一定罪剩余行为方式转化而来的从重处罚情节。

刑法第 307 条第 1 款规定的“妨害作证罪”(基本罪、重罪)，涵盖“以暴力、威胁、贿买等方法阻止证人作证或者指使他人作伪证”三种选择性行为方式，犯罪人只要采取一种行为方式实施，便可构成本罪行。如果采取两种以上行为方式实施的，应当拿出其中一种作为定罪情节，用以充足犯罪构成要件的起码要求；定罪剩余的其他行为方式，理所当然地转化为从重处罚情节。其中：定罪剩余行为方式为一种的，建议在从重处罚空间 1/2 以下适用刑罚；定罪剩余行为方式为二种的，建议在从重处罚空间 1/2 以上适用刑罚。可结合具体案情，根据定罪剩余行为方式的社会危害性大小，理性评价其所体现的罪责程度，从而使本案犯罪人所受刑罚不同程度地重于只以一种行为方式实施本罪行的其他犯罪人。

15.“非法收购、运输、出售珍贵、濒危野生动物、珍贵、濒危野生动物制品罪”(基本罪、重罪)，是三择一定罪剩余行为方式转化而来的从重处罚情节。

刑法第 341 条第 1 款后段规定的“非法收购、运输、出售珍贵、濒危野生动物、珍贵、濒危野生动物制品罪”(基本罪、重罪)，涵盖“非法收购、运输、出售”三种选择性行为方式，犯罪人只要采取其中一种行为方式实施，便可构成本罪行。如果采取两种以上行为方式实施的，应当拿出其中一种作为定罪情节，用以充足犯罪构成要件的起码要求；定罪剩余的其他行为方式，理所当然地转化为从重处罚情节。其中：定罪剩余行为方式为一种的，建议在从重处罚空间 1/2 以下适用刑罚；定罪剩余行为方式为二种的，建议在从重处罚空间 1/2 以上适用刑罚。可结合具体案情，根据定罪剩余行为方式的社会危害性大小，理性评价其所体现的罪责程度，从而使本案犯罪人所受刑罚不同程度地重于只以一种行为方式实施本罪行的其他犯罪人。

16.“窝藏、转移、隐瞒毒品、毒赃罪”(基本罪、重罪)，是三择一定罪剩余行为方式转化而来的从重处罚情节。

刑法第349条规定的“窝藏、转移、隐瞒毒品、毒赃罪”(基本罪、重罪)，涵盖“窝藏、转移、隐瞒”三种选择性行为方式，犯罪人只要采取其中一种行为方式实施，便可构成本罪行。如果采取两种以上行为方式实施的，应当拿出其中一种作为定罪情节，用以充足犯罪构成要件的起码要求；定罪剩余的其他行为方式，理所当然地转化为从重处罚情节。其中：定罪剩余行为方式为一种的，建议在从重处罚空间1/2以下适用刑罚；定罪剩余行为方式为二种的，建议在从重处罚空间1/2以上适用刑罚。可结合具体案情，根据定罪剩余行为方式的社会危害性大小，理性评价其所体现的罪责程度，从而使本案犯罪人所受刑罚不同程度地重于只以一种行为方式实施本罪行的其他犯罪人。

17.“引诱、教唆、欺骗他人吸毒罪”(基本罪、重罪)，是三择一定罪剩余行为方式转化而来的从重处罚情节。

刑法第353条第1款规定的“引诱、教唆、欺骗他人吸毒罪”(基本罪、重罪)，涵盖“引诱、教唆、欺骗他人吸食、注射毒品”三种选择性行为方式，犯罪人只要采取其中一种行为方式实施，便可构成本罪行。如果采取两种以上行为方式实施的，应当拿出其中一种作为定罪情节，用以充足犯罪构成要件的起码要求；定罪剩余的其他行为方式，理所当然地转化为从重处罚情节。其中：定罪剩余行为方式为一种的，建议在从重处罚空间1/2以下适用刑罚；定罪剩余行为方式为二种的，建议在从重处罚空间1/2以上适用刑罚。可结合具体案情，根据定罪剩余行为方式的社会危害性大小，理性评价其所体现的罪责程度，从而使本案犯罪人所受刑罚不同程度地重于只以一种行为方式实施本罪行的其他犯罪人。

18.“引诱、容留、介绍卖淫罪”(基本罪、重罪)，是三择一定罪剩余行为方式转化而来的从重处罚情节。

刑法第359条第1款规定的“引诱、容留、介绍卖淫罪”(基本罪、重罪)，涵盖“引诱、容留、介绍卖淫”三种选择性行为方式，犯罪人只要采取其中一种行为方式实施，便可构成本罪行。如果采取两种以上行为方式实施的，应当拿出其中一种作为定罪情节，用以充足犯罪构成要件的起码要求；定罪剩余的其他行为方式，理所当然地转化为从重处罚情节。其中：定罪剩余行为方式为一种的，建议在从重处罚空间 1/2 以下适用刑罚；定罪剩余行为方式为二种的，建议在从重处罚空间 1/2 以上适用刑罚。可结合具体案情，根据定罪剩余行为方式的社会危害性大小，理性评价其所体现的罪责程度，从而使本案犯罪人所受刑罚不同程度地重于只以一种行为方式实施本罪行的其他犯罪人。

19. “伪造、变造、买卖武装部队公文、证件、印章罪”(基本罪、重罪)，是三择一定罪剩余行为方式转化而来的从重处罚情节。

据刑法第 375 条第 1 款规定的“伪造、变造、买卖武装部队公文、证件、印章罪”(基本罪、重罪)，涵盖“伪造、变造、买卖”三种选择性行为方式，犯罪人只要采取其中一种行为方式实施，便可构成本罪行。如果采取两种以上行为方式实施的，应当拿出其中一种作为定罪情节，用以充足犯罪构成要件的起码要求；定罪剩余的其他行为方式，理所当然地转化为从重处罚情节。其中：定罪剩余行为方式为一种的，建议在从重处罚空间 1/2 以下适用刑罚；定罪剩余行为方式为二种的，建议在从重处罚空间 1/2 以上适用刑罚。可结合具体案情，根据定罪剩余行为方式的社会危害性大小，理性评价其所体现的罪责程度，从而使本案犯罪人所受刑罚不同程度地重于只以一种行为方式实施本罪行的其他犯罪人。

20. “徇私枉法罪”(基本罪、重罪、更重罪)，是三择一定罪剩余行为方式转化而来的从重处罚情节。

刑法第 399 条第 1 款规定的“徇私枉法罪”(基本罪、重罪、更重罪)，涵盖“对明知是无罪的人而使他受追诉、对明知是有罪的人而故意包庇不使他受追诉，或者在刑事审判活动中故意违背事实和法律作枉法裁判”三种选择性行为方式，犯罪人只要采取其中一种行为方式实施，便可构成本罪行。如果采取两种以上行为方式实施的，应当拿出其中一种作为定罪情节，用以充足犯罪构成要件的起码要求；定罪剩余的其他行为方式，理所当然地转化为从重处罚情节。其中：定罪剩余行为方式为一种的，建议在从重处罚空间 1/2 以下适用刑罚；定罪剩余行为方式为二种的，建议在从重处罚空间 1/2 以上适用刑罚。可结合具体案情，根据定罪剩余行为方式的社会危害性大小，理性评价其所体现的罪责程度，从而使本案犯罪人所受刑罚不同程度地重于只以一种行为方式实施本罪行的其他犯罪人。

21.“徇私舞弊适用减刑、假释或暂予监外执行罪”(基本罪、重罪)，是三择一定罪剩余行为方式转化而来的从重处罚情节。

刑法第 401 条规定的“徇私舞弊适用减刑、假释或暂予监外执行罪”(基本罪、重罪)，涵盖“徇私舞弊适用减刑、假释、暂予监外执行”三种选择性行为方式，犯罪人只要采取其中一种行为方式实施，便可构成本罪行。如果采取两种以上行为方式实施的，应当拿出其中一种作为定罪情节，用以充足犯罪构成要件的起码要求；定罪剩余的其他行为方式，理所当然地转化为从重处罚情节。其中：定罪剩余行为方式为一种的，建议在从重处罚空间 1/2 以下适用刑罚；定罪剩余行为方式为二种的，建议在从重处罚空间 1/2 以上适用刑罚。可结合具体案情，根据定罪剩余行为方式的社会危害性大小，理性评价其所体现的罪责程度，从而使本案犯罪人所受刑罚不同程度地重于只以一种行为方式实施本罪行的其他犯罪人。

22.“非法获取军事秘密罪”(基本罪、重罪、更重罪)，是三择一定罪剩余行为方式转化而来的从重处罚情节。

刑法第 431 条第 1 款规定的“非法获取军事秘密罪”(基本罪、重罪、更重罪)，涵盖“窃取、刺探、收买军事秘密”三种选择性行为方式，犯罪人只要采取其中一种行为方式实施，便可构成本罪行。如果采取两种以上行为方式实施的，应当拿出其中一种作为定罪情节，用以充足犯罪构成要件的起码要求；定罪剩余的其他行为方式，理所当然地转化为从重处罚情节。其中：定罪剩余行为方式为一种的，建议在从重处罚空间 1/2 以下适用刑罚；定罪剩余行为方式为二种的，建议在从重处罚空间 1/2 以上适用刑罚。可结合具体案情，根据定罪剩余行为方式的社会危害性大小，理性评价其所体现的罪责程度，从而使本案犯罪人所受刑罚不同程度地重于只以一种行为方式实施本罪行的其他犯罪人。

23. “为境外窃取、刺探、收买、非法提供军事秘密罪”(基本罪)，是三择一定罪剩余行为方式转化而来的从重处罚情节。

刑法第431条第2款规定的“为境外窃取、刺探、收买，非法提供军事秘密罪”(基本罪)，涵盖“为境外的机构、组织或者人员窃取、刺探、收买军事秘密”三种选择性行为方式，犯罪人只要采取其中一种行为方式实施，便可构成本罪行。如果采取两种以上行为方式实施的，应当拿出其中一种作为定罪情节，用以充足犯罪构成要件的起码要求；定罪剩余的其他行为方式，理所当然地转化为从重处罚情节。其中：定罪剩余行为方式为一种的，建议在从重处罚空间1/2以下适用刑罚；定罪剩余行为方式为二种的，建议在从重处罚空间1/2以上适用刑罚。可结合具体案情，根据定罪剩余行为方式的社会危害性大小，理性评价其所体现的罪责程度，从而使本案犯罪人所受刑罚不同程度地重于只以一种行为方式实施本罪行的其他犯罪人。

第三节　“四同择一”的定罪剩余行为方式转化而来的从重处罚情节

1. “为境外窃取、刺探、收买、非法提供国家秘密、情报罪”(基本罪、重罪)，是四择一定罪剩余行为方式转化而来的从重处罚情节。

刑法第111条规定的“为境外窃取、刺探、收买非法提供国家秘密、情报罪”(基本罪、重罪)，涵盖“窃取、刺探、收买、非法提供”四种选择性行为方式，犯罪人只要采取其中一种行为方式实施，便可构成本罪行。如果犯罪人以多种行为方式实施的，应当拿出其中一种作为定罪情节，用以充足犯罪构成要件的起码要求；定罪剩余的其他行为方式，理所当然地转化为从重处罚情节。其中：定罪剩余行为方式为一种的，建议在从重处罚空间1/2以下适用刑罚；定罪剩余行为方式为二种的，建议在从重处罚空间 1/2 处适用刑罚；定罪剩余行为方式为三种的，建议在从重处罚空间 1/2 以上适用刑罚。可结合具体案情，根据定罪剩余行为方式的社会危害性大小，理性评价其所体现的罪责程度，从而使本案犯罪人所受刑罚不同程度地重于只以一种行为方式实施本罪行的其他犯罪人。

2.“伪造、变造金融票证罪”(基本罪、重罪、更重罪)，是四择一定罪剩余行为方式转化而来的从重处罚情节。

刑法第 177 条第 1 款规定的“伪造、变造金融票证罪”(基本罪、重罪、更重罪)，涵盖四种选择性行为方式：(1)伪造、变造汇票、本票、支票的；(2)伪造、变造委托收款凭证、汇款凭证、银行存单等其他银行结算凭证的；(3)伪造、变造信用证或者附随的单据、文件的；(4)伪造信用卡的。犯罪人只要采取其中一种行为方式实施，便可构成本罪行。如果犯罪人以多种行为方式实施的，应当拿出其中一种作为定罪情节，用以充足犯罪构成要件的起码要求；定罪剩余的其他行为方式，理所当然地转化为从重处罚情节。其中：定罪剩余行为方式为一种的，建议在从重处罚空间 1/2 以下适用刑罚；定罪剩余行为方式为二种的，建议在从重处罚空间 1/2 处适用刑罚；定罪剩余行为方式为三种的，建议在从重处罚空间 1/2 以上适用刑罚。可结合具体案情，根据定罪剩余行为方式的社会危害性大小，理性评价其所体现的罪责程度，从而使本案犯罪人所受刑罚不同程度地重于只以一种行为方式实施本罪行的其他犯罪人。

3.“操纵证券、期货市场罪”(基本罪、重罪)，是四择一定罪剩余行为方式转化而来的从重处罚情节。

刑法第 182 条第 1 款规定的“操纵证券、期货市场罪”(基本罪、重罪)，涵盖四种选择性行为方式：(1)单独或者合谋，集中资金优势、持股或者持仓优势或者利用信息优势联合或者连续买卖，操纵证券、期货交易价格或者证券、期货交易量的；(2)与他人串通，以事先约定的时间、价格和方式相互进行证券、期货交易，影响证券、期货交易价格或者证券、期货交易量的；(3)在自己实际控制的账户之间进行证券交易，或者以自己为交易对象，自买自卖期货合约，影响证券、期货交易价格或者证券、期货交易量的；(4)以其他方法操纵证券、期货市场的。犯罪人只要采取其中一种行为方式实施，便可构成本罪行。如果犯罪人以多种行为方式实施的，应当拿出其中一种作为定罪情节，用以充足犯罪构成要件的起码要求；定罪剩余的其他行为方式，理所当然地转化为从重处罚情节。其中：定罪剩余行为方式为一种的，建议在从重处罚空间 1/2 以下适用刑罚；定罪剩余行为方式为二种的，建议在从重处罚空间 1/2 处适用刑罚；定罪剩余行为方式为三种的，建议在从重处罚空间 1/2 以上适用刑罚。可结合具体案情，根据定罪剩余行为方式的社会危害性大小，理性评价其所体现的罪责程度，从而使本案犯罪人所受刑罚不同程度地重于只以一种行为方式实施本罪行的其他犯罪人。

4.“信用证诈骗罪”(基本罪、重罪、更重罪)，是四择一定罪剩余行为方式转化而来的从重处罚情节。

刑法第 195 条规定的“信用证诈骗罪”(基本罪、重罪、更重罪)，涵盖四种选择性行为方式：(1)使用伪造、变造的信用证或者附随的单据、文件的；(2)使用作废的信用证的；(3)骗取信用证的；(4)以其他方法进行信用证诈骗活动的。犯罪人只要采取其中一种行为方式实施，便可构成本罪行。如果犯罪人以多种行为方式实施的，应当拿出其中一种作为定罪情节，用以充足犯罪构成要件的起码要求；定罪剩余的其他行为方式，理所当然地转化为从重处罚情节。其中：定罪剩余行为方式为一种的，建议在从重处罚空间 1/2 以下适用刑罚；定罪剩余行为方式为二种的，建议在从重处罚空间 1/2 处适用刑罚；定罪剩余行为方式为三种的，建议在从重处罚空间 1/2 以上适用刑罚。可结合具体案情，根据定罪剩余行为方式的社会危害性大小，理性评价其所体现的罪责程度，从而使本案犯罪人所受刑罚不同程度地重于只以一种行为方式实施本罪行的其他犯罪人。

5.“信用卡诈骗罪”(基本罪、重罪、更重罪)，是四择一定罪剩余行为方式转化而来的从重处罚情节。

刑法第 196 条第 1 款规定的“信用卡诈骗罪”(基本罪、重罪、更重罪)，涵盖四种选择性行为方式：(1)使用伪造的信用卡，或者使用以虚假的身份证明骗领的信用卡的；(2)使用作废的信用卡的；(3)冒用他人信用卡的；(4)恶意透支的。犯罪人只要采取其中一种行为方式实施，便可构成本罪行。如果犯罪人以多种行为方式实施的，应当拿出其中一种作为定罪情节，用以充足犯罪构成要件的起码要求；定罪剩余的其他行为方式，理所当然地转化为从重处罚情节。其中：定罪剩余行为方式为一种的，建议在从重处罚空间 1/2 以下适用刑罚；定罪剩余行为方式为二种的，建议在从重处罚空间 1/2 处适用刑罚；定罪剩余行为方式为三种的，建议在从重处罚空间 1/2 以上适用刑罚。可结合具体案情，根据定罪剩余行为方式的社会危害性大小，理性评价其所体现的罪责程度，从而使本案犯罪人所受刑罚不同程度地重于只以一种行为方式实施本罪行的其他犯罪人。

6.“虚开增值税专用发票、用于骗取出口退税、抵扣税款发票罪”(基本罪、重罪、更重罪)，是四择一定罪剩余行为方式转化而来的从重处罚情节。

刑法第 205 条第 1、3 款规定的“虚开增值税专用发票、用于骗取出口退税、抵扣税款发票罪”(基本罪、重罪、更重罪)，涵盖“为他人虚开、为自己虚开、让他人为自己虚开、介绍他人虚开”四种选择性行为方式，犯罪人只要以其中一种行为方式实施，便可构成本罪行。如果犯罪人以多种行为方式实施的，应当拿出其中一种作为定罪情节，用以充足犯罪构成要件的起码要求；定罪剩余的其他行为方式，理所当然地转化为从重处罚情节。其中：定罪剩余行为方式为一种的，建议在从重处罚空间 1/2 以下适用刑罚；定罪剩余行为方式为二种的，建议在从重处罚空间 1/2 处适用刑罚；定罪剩余行为方式为三种的，建议在从重处罚空间 1/2 以上适用刑罚。可结合具体案情，根据定罪剩余行为方式的社会危害性大小，理性评价其所体现的罪责程度，从而使本案犯罪人所受刑罚不同程度地重于只以一种行为方式实施本罪行的其他犯罪人。

7.“虚开发票罪”(基本罪、重罪)，是四择一定罪剩余行为方式转化而来的从重处罚情节。

刑法第 205 条第 1 款规定的“虚开发票罪”(基本罪、重罪)，涵盖“为他人虚开、为自己虚开、让他人为自己虚开、介绍他人虚开”四种选择性行为方式，犯罪人只要以其中一种行为方式实施，便可构成本罪行。如果犯罪人以多种行为方式实施的，应当拿出其中一种作为定罪情节，用以充足犯罪构成要件的起码要求；定罪剩余的其他行为方式，理所当然地转化为从重处罚情节。其中：定罪剩余行为方式为一种的，建议在从重处罚空间 1/2 以下适用刑罚；定罪剩余行为方式为二种的，建议在从重处罚空间 1/2 处适用刑罚；定罪剩余行为方式为三种的，建议在从重处罚空间 1/2 以上适用刑罚。可结合具体案情，根据定罪剩余行为方式的社会危害性大小，理性评价其所体现的罪责程度，从而使本案犯罪人所受刑罚不同程度地重于只以一种行为方式实施本罪行的其他犯罪人。

8. “侵犯著作权罪”(基本罪、重罪)，是四择一定罪剩余行为方式转化而来的从重处罚情节。

刑法第 217 条规定的“侵犯著作权罪”(基本罪、重罪)，涵盖四种选择性行为方式：(1)未经著作权人许可，复制发行其文字作品、音乐、电影、电视、录像作品、计算机软件及其他作品的；(2)出版他人享有专有出版权的图书的；(3)未经录音录像制作者许可，复制发行其制作的录音录像的；(4)制作、出售假冒他人署名的美术作品的。犯罪人只要采取其中一种行为方式实施，便可构成本罪行。如果犯罪人以多种行为方式实施的，应当拿出其中一种作为定罪情节，用以充足犯罪构成要件的起码要求；定罪剩余的其他行为方式，理所当然地转化为从重处罚情节。其中：定罪剩余行为方式为一种的，建议在从重处罚空间 1/2 以下适用刑罚；定罪剩余行为方式为二种的，建议在从重处罚空间 1/2 处适用刑罚；定罪剩余行为方式为三种的，建议在从重处罚空间 1/2 以上适用刑罚。可结合具体案情，根据定罪剩余行为方式的社会危害性大小，理性评价其所体现的罪责程度，从而使本案犯罪人所受刑罚不同程度地重于只以一种行为方式实施本罪行的其他犯罪人。

9. “非法经营罪”(基本罪、重罪)，是四择一定罪剩余行为方式转化而来的从重处罚情节。

刑法第225条规定的“非法经营罪”(基本罪、重罪)，涵盖四种选择性行为方式：(1)未经许可经营法律、行政法规规定的专营、专卖物品或者其他限制买卖的物品的；(2)买卖进出口许可证、进出口原产地证明以及其他法律、行政法规规定的经营许可证或者批准文件的；(3)未经国家有关主管部门批准非法经营证券、期货、保险业务的，或者非法从事资金支付结算业务的；(4)其他严重扰乱市场秩序的非法经营行为。犯罪人只要采取其中一种行为方式实施，便可构成本罪行。如果犯罪人以多种行为方式实施的，应当拿出其中一种作为定罪情节，用以充足犯罪构成要件的起码要求；定罪剩余的其他行为方式，理所当然地转化为从重处罚情节。其中：定罪剩余行为方式为一种的，建议在从重处罚空间1/2以下适用刑罚；定罪剩余行为方式为二种的，建议在从重处罚空间1/2处适用刑罚；定罪剩余行为方式为三种的，建议在从重处罚空间1/2以上适用刑罚。可结合具体案情，根据定罪剩余行为方式的社会危害性大小，理性评价其所体现的罪责程度，从而使本案犯罪人所受刑罚不同程度地重于只以一种行为方式实施本罪行的其他犯罪人。

10.“妨害传染病防治罪”(基本罪、重罪)，是四择一定罪剩余行为方式转化而来的从重处罚情节。

刑法第330条第1款规定的“妨害传染病防治罪”(基本罪、重罪)，涵盖四种选择性行为方式：(1)供水单位供应的饮用水不符合国家规定的卫生标准的；(2)拒绝按照卫生防疫机构提出的卫生要求，对传染病病原体污染的污水、污物、粪便进行消毒处理的；(3)准许或者纵容传染病病人、病原携带者和疑似传染病病人从事国务院卫生行政部门规定禁止从事的易使该传染病扩散的工作的；(4)拒绝执行卫生防疫机构依照传染病防治法提出的预防、控制措施的。犯罪人只要采取其中一种行为方式实施，便可构成本罪行。如果犯罪人以多种行为方式实施的，应当拿出其中一种作为定罪情节，用以充足犯罪构成要件的起码要求；定罪剩余的其他行为方式，理所当然地转化为从重处罚情节。其中：定罪剩余行为方式为一种的，建议在从重处罚空间1/2以下适用刑罚；定罪剩余行为方式为二种的，建议在从重处罚空间 1/2 处适用刑罚；定罪剩余行为方式为三种的，建议在从重处罚空间 1/2 以上适用刑罚。可结合具体案情，根据定罪剩余行为方式的社会危害性大小，理性评价其所体现的罪责程度，从而使本案犯罪人所受刑罚不同程度地重于只以一种行为方式实施本罪行的其他犯罪人。

11.“非法收购、运输、加工、出售国家重点保护植物、国家重点保护植物制品罪”(基本罪、重罪)，是四择一定罪剩余行为方式转化而来的从重处罚情节。

刑法第 344 条规定的“非法收购、运输、加工、出售国家重点保护植物、国家重点保护植物制品罪”(基本罪、重罪)，涵盖“非法收购、运输、加工、出售”四种选择性行为方式，犯罪人只要采取其中一种行为方式实施，便可构成本罪行。如果犯罪人以多种行为方式实施的，应当拿出其中一种作为定罪情节，用以充足犯罪构成要件的起码要求；定罪剩余的其他行为方式，理所当然地转化为从重处罚情节。其中：定罪剩余行为方式为一种的，建议在从重处罚空间 1/2 以下适用刑罚；定罪剩余行为方式为二种的，建议在从重处罚空间 1/2 处适用刑罚；定罪剩余行为方式为三种的，建议在从重处罚空间 1/2 以上适用刑罚。可结合具体案情，根据定罪剩余行为方式的社会危害性大小，理性评价其所体现的罪责程度，从而使本案犯罪人所受刑罚不同程度地重于只以一种行为方式实施本罪行的其他犯罪人。

12.“走私、贩卖、运输、制造毒品罪”(基本罪、重罪、更重罪)，是四择一定罪剩余行为方式转化而来的从重处罚情节。

刑法第 347 条第 3、4 款规定的“走私、贩卖、运输、制造毒品罪”(基本罪、重罪、更重罪)，涵盖“走私、贩卖、运输、制造毒品”四种选择性行为方式，犯罪人只要采取其中一种行为方式实施，便可构成本罪行。如果犯罪人以多种行为方式实施的，应当拿出其中一种作为定罪情节，用以充足犯罪构成要件的起码要求；定罪剩余的其他行为方式，理所当然地转化为从重处罚情节。其中：定罪剩余行为方式为一种的，建议在从重处罚空间 1/2 以下适用刑罚；定罪剩余行为方式为二种的，建议在从重处罚空间 1/2 处适用刑罚；定罪剩余行为方式为三种的，建议在从重处罚空间 1/2 以上适用刑罚。可结合具体案情，根据定罪剩余行为方式的社会危害性大小，理性评价其所体现的罪责程度，从而使本案犯罪人所受刑罚不同程度地重于只以一种行为方式实施本罪行的其他犯罪人。

第四节 “五同择一”的定罪剩余行为方式转化而来的从重处罚情节

1.“非法制造、买卖、运输、邮寄、储存枪支、弹药、爆炸物罪”(基本罪、重罪)，是五择一定罪剩余行为方式转化而来的从重处罚情节。

刑法第 125 条第 1 款规定的“非法制造、买卖、运输、邮寄、储存枪支、弹药、爆炸物罪”(基本罪、重罪)，涵盖“非法制造、买卖、运输、邮寄、储存”五种选择性行为方式，犯罪人只要采取其中一种行为方式实施，便可构成本罪行。如果犯罪人采取两种以上行为方式实施的，应当拿出其中一种作为定罪情节，用以充足犯罪构成要件的起码要求；定罪剩余的其他行为方式，理所当然地转化为从重处罚情节。其中：定罪剩余行为方式为 1~2 种的，在从重处罚空间 1/2 以下适用刑罚；定罪剩余行为方式为 3~4 种的，在从重处罚空间 1/2 以上适用刑罚。可结合具体案情，根据定罪剩余行为方式的社会危害性大小，理性评价其所体现的罪责程度，从而使本案犯罪人所受刑罚不同程度地重于只以一种行为方式实施本罪行的其他犯罪人。

2.“洗钱罪”(基本罪、重罪)，是五择一定罪剩余行为方式转化而来的从重处罚情节。

刑法第 191 条规定的“洗钱罪”(基本罪、重罪)，涵盖“(1)提供资金账户；(2)协助将财产转换为现金、金融票据、有价证券；(3)通过转账或者其他结算方式协助资金转移；(4)协助将资金汇往境外和(5)以其他方法掩饰、隐瞒犯罪所得及其收益的来源和性质的”五种选择性行为方式，犯罪人只要采取其中一种行为方式为其中一种行为对象洗钱，便可构成本罪行。如果犯罪人采取两种以上行为方式实施的，应当拿出其中一种作为定罪情节，用以充足犯罪构成要件的起码要求；定罪剩余的其他行为方式，理所当然地转化为从重处罚情节。其中：定罪剩余行为方式为1~2种的，在从重处罚空间1/2以下适用刑罚；定罪剩余行为方式为3~4种的，在从重处罚空间1/2以上适用刑罚。可结合具体案情，根据定罪剩余行为方式的社会危害性大小，理性评价其所体现的罪责程度，从而使本案犯罪人所受刑罚不同程度地重于只以一种行为方式实施本罪行的其他犯罪人。

3.“贷款诈骗罪”(基本罪、重罪、更重罪)，是五择一定罪剩余行为方式转化而来的从重处罚情节。

刑法第193条规定的“贷款诈骗罪”(基本罪、重罪、更重罪)，涵盖五种选择性行为方式：(1)编造引进资金、项目等虚假理由的；(2)使用虚假的经济合同的；(3)使用虚假的证明文件的；(4)使用虚假的产权证明作担保或者超出抵押物价值重复担保的；(5)以其他方法诈骗贷款的。犯罪人只要采取其中一种行为方式实施，便可构成本罪行。如果犯罪人采取两种以上行为方式实施的，应当拿出其中一种作为定罪情节，用以充足犯罪构成要件的起码要求；定罪剩余的其他行为方式，理所当然地转化为从重处罚情节。其中：定罪剩余行为方式为1~2种的，在从重处罚空间1/2以下适用刑罚；定罪剩余行为方式为3~4种的，在从重处罚空间1/2以上适用刑罚。可结合具体案情，根据定罪剩余行为方式的社会危害性大小，理性评价其所体现的罪责程度，从而使本案犯罪人所受刑罚不同程度地重于只以一种行为方式实施本罪行的其他犯罪人。

4.“票据诈骗罪”(基本罪、重罪、更重罪)，是五择一定罪剩余行为方式转化而来的从重处罚情节。

刑法第194条第1款规定的“票据诈骗罪”(基本罪、重罪、更重罪)，涵盖五种选择性行为方式：(1)明知是伪造、变造的汇票、本票、支票而使用的；(2)明知是作废的汇票、本票、支票而使用的；(3)冒用他人的汇票、本票、支票的；(4)签发空头支票或者与其预留印鉴不符的支票，骗取财物的；(5)汇票、本票的出票人签发无资金保证的汇票、本票或者在出票时作虚假记载，骗取财物的。犯罪人只要采取其中一种行为方式实施，便可构成本罪行。如果犯罪人采取两种以上行为方式实施的，应当拿出其中一种作为定罪情节，用以充足犯罪构成要件的起码要求；定罪剩余的其他行为方式，理所当然地转化为从重处罚情节。其中：定罪剩余行为方式为1~2种的，在从重处罚空间1/2以下适用刑罚；定罪剩余行为方式为3~4种的，在从重处罚空间1/2以上适用刑罚。可结合具体案情，根据定罪剩余行为方式的社会危害性大小，理性评价其所体现的罪责程度，从而使本案犯罪人所受刑罚不同程度地重于只以一种行为方式实施本罪行的其他犯罪人。

5.“金融凭证诈骗罪”(基本罪、重罪、更重罪)，是五择一定罪剩余行为方式转化而来的从重处罚情节。

刑法第194条第2款规定的“金融凭证诈骗罪”(基本罪、重罪、更重罪)，涵盖五种选择性行为方式：(1)明知是伪造、变造的委托收款凭证、汇款凭证、银行存单等其他银行结算凭证而使用的；(2)明知是作废的委托收款凭证、汇款凭证、银行存单等其他银行结算凭证而使用的；(3)冒用他人的委托收款凭证、汇款凭证、银行存单等其他银行结算凭证的；(4)签发空头金融凭证或者与其预留印鉴不符的金融凭证，骗取财物的；(5)金融凭证的出证人签发无资金保证的金融凭证或者在出证时作虚假记载，骗取财物的。犯罪人只要具有其中一种情形，便可构成本罪。如果犯罪人采取两种以上行为方式实施的，应当拿出其中一种作为定罪情节，用以充足犯罪构成要件的起码要求；定罪剩余的其他行为方式，理所当然地转化为从重处罚情节。其中：定罪剩余行为方式为1~2种的，在从重处罚空间1/2以下适用刑罚；定罪剩余行为方式为3~4种的，在从重处罚空间1/2以上适用刑罚。可结合具体案情，根据定罪剩余行为方式的社会危害性大小，理性评价其所体现的罪责程度，从而使本案犯罪人所受刑罚不同程度地重于只以一种行为方式实施本罪行的其他犯罪人。

6.“保险诈骗罪”(基本罪、重罪、更重罪)，是五择一定罪剩余行为方式转化而来的从重处罚情节。

刑法第198条规定的“保险诈骗罪”(基本罪、重罪、更重罪)，涵盖五种选择性行为方式：(1)投保人故意虚构保险标的，骗取保险金的；(2)投保人、被保险人或者受益人对发生的保险事故编造虚假的原因或者夸大损失的程度，骗取保险金的；(3)投保人、被保险人或者受益人编造未曾发生的保险事故，骗取保险金的；(4)投保人、被保险人故意造成财产损失的保险事故，骗取保险金的；(5)投保人、受益人故意造成被保险人死亡、伤残或者疾病，骗取保险金的。犯罪人只要具有其中一种情形，便可构成本罪。如果犯罪人采取两种以上行为方式实施的，应当拿出其中一种作为定罪情节，用以充足犯罪构成要件的起码要求；定罪剩余的其他行为方式，理所当然地转化为从重处罚情节。其中：定罪剩余行为方式为1~2种的，在从重处罚空间1/2以下适用刑罚；定罪剩余行为方式为3~4种的，在从重处罚空间1/2以上适用刑罚。可结合具体案情，根据定罪剩余行为方式的社会危害性大小，理性评价其所体现的罪责程度，从而使本案犯罪人所受刑罚不同程度地重于只以一种行为方式实施本罪行的其他犯罪人。

7."合同诈骗罪"(基本罪、重罪、更重罪)，是五择一定罪剩余行为方式转化而来的从重处罚情节。

刑法第224条第1款规定的"合同诈骗罪"(基本罪、重罪、更重罪)，涵盖五种选择性行为方式：(1)以虚构的单位或者冒用他人名义签订合同的；(2)以伪造、变造、作废的票据或者其他虚假的产权证明作担保的；(3)没有实际履行能力，以先履行小额合同或者部分履行合同的方法，诱骗对方当事人继续签订和履行合同的；(4)收受对方当事人给付的货物、货款、预付款或者担保财产后逃匿的；(5)以其他方法骗取对方当事人财物的。犯罪人只要具有其中一种情形，便可构成本罪。如果犯罪人采取两种以上行为方式实施的，应当拿出其中一种作为定罪情节，用以充足犯罪构成要件的起码要求；定罪剩余的其他行为方式，理所当然地转化为从重处罚情节。其中：定罪剩余行为方式为1~2种的，在从重处罚空间1/2以下适用刑罚；定罪剩余行为方式为3~4种的，在从重处罚空间1/2以上适用刑罚。可结合具体案情，根据定罪剩余行为方式的社会危害性大小，理性评价其所体现的罪责程度，从而使本案犯罪人所受刑罚不同程度地重于只以一种行为方式实施本罪行的其他犯罪人。

8. “强迫交易罪”(基本罪、重罪)，是五择一定罪剩余行为方式转化而来的从重处罚情节。

刑法第226条规定的“强迫交易罪”(基本罪、重罪)，涵盖五种选择性行为方式：(1)强买强卖商品的；(2)强迫他人提供或者接受服务的；(3)强迫他人参与或者退出投标、拍卖的；(4)强迫他人转让或者收购公司、企业的股份、债券或者其他资产的；(5)强迫他人参与或者退出特定的经营活动的。犯罪人只要采取其中一种行为方式实施，便可构成本罪行。如果犯罪人采取两种以上行为方式实施的，应当拿出其中一种作为定罪情节，用以充足犯罪构成要件的起码要求；定罪剩余的其他行为方式，理所当然地转化为从重处罚情节。其中：定罪剩余行为方式为1~2种的，在从重处罚空间1/2以下适用刑罚；定罪剩余行为方式为3~4种的，在从重处罚空间1/2以上适用刑罚。可结合具体案情，根据定罪剩余行为方式的社会危害性大小，理性评价其所体现的罪责程度，从而使本案犯罪人所受刑罚不同程度地重于只以一种行为方式实施本罪行的其他犯罪人。

9. “侮辱国旗、国徽罪”(基本罪)，是五择一定罪剩余行为方式转化而来的从重处罚情节。

刑法第299条规定的“侮辱国旗、国徽罪”(基本罪)，涵盖“焚烧、毁损、涂划、玷污和践踏”五种选择性行为方式，犯罪人只要采取其中一种行为方式实施，便可构成本罪行。如果犯罪人采取两种以上行为方式实施的，应当拿出其中一种作为定罪情节，用以充足犯罪构成要件的起码要求；定罪剩余的其他行为方式，理所当然地转化为从重处罚情节。其中：定罪剩余行为方式为1~2种的，在从重处罚空间1/2以下适用刑罚；定罪剩余行为方式为3~4种的，在从重处罚空间1/2以上适用刑罚。可结合具体案情，根据定罪剩余行为方式的社会危害性大小，理性评价其所体现的罪责程度，从而使本案犯罪人所受刑罚不同程度地重于只以一种行为方式实施本罪行的其他犯罪人。

10. “掩饰、隐瞒犯罪所得、犯罪所得收益罪”(基本罪、重罪)，是五择一定罪剩余行为方式转化而来的从重处罚情节。

刑法第 312 条规定的“掩饰、隐瞒犯罪所得、犯罪所得收益罪”(基本罪、重罪)，涵盖“窝藏、转移、收购和代为销售赃物或者以其他方法掩饰、隐瞒”五种选择性行为方式，犯罪人只要采取其中一种行为方式实施，便可构成本罪行。如果犯罪人采取两种以上行为方式实施的，应当拿出其中一种作为定罪情节，用以充足犯罪构成要件的起码要求；定罪剩余的其他行为方式，理所当然地转化为从重处罚情节。其中：定罪剩余行为方式为 1~2 种的，在从重处罚空间 1/2 以下适用刑罚；定罪剩余行为方式为 3~4 种的，在从重处罚空间 1/2 以上适用刑罚。可结合具体案情，根据定罪剩余行为方式的社会危害性大小，理性评价其所体现的罪责程度，从而使本案犯罪人所受刑罚不同程度地重于只以一种行为方式实施本罪行的其他犯罪人。

11.“制作、复制、出版、贩卖、传播淫秽物品牟利罪”(基本罪、重罪、更重罪)，是五择一定罪剩余行为方式转化而来的从重处罚情节。

刑法第 363 条第 1 款规定的“制作、复制、出版、贩卖、传播淫秽物品牟利罪”(基本罪、重罪、更重罪)，涵盖“制作、复制、出版、贩卖、传播淫秽物品牟利”五种选择性行为方式，犯罪人只要采取其中一种行为方式实施，便可构成本罪行。如果犯罪人采取两种以上行为方式实施的，应当拿出其中一种作为定罪情节，用以充足犯罪构成要件的起码要求；定罪剩余的其他行为方式，理所当然地转化为从重处罚情节。其中：定罪剩余行为方式为 1~2 种的，在从重处罚空间 1/2 以下适用刑罚；定罪剩余行为方式为 3~4 种的，在从重处罚空间 1/2 以上适用刑罚。可结合具体案情，根据定罪剩余行为方式的社会危害性大小，理性评价其所体现的罪责程度，从而使本案犯罪人所受刑罚不同程度地重于只以一种行为方式实施本罪行的其他犯罪人。

第五节　“六同择一”的定罪剩余行为方式转化而来的从重处罚情节

“背信损害上市公司利益罪”(基本罪、重罪)，是六择一定罪剩余行为方式转化而来的从重处罚情节。

刑法第169条第1款规定的“背信损害上市公司利益罪”(基本罪、重罪)，涵盖“(1)无偿向其他单位或者个人提供资金、商品、服务或者其他资产的；(2)以明显不公平的条件，提供或者接受资金、商品、服务或者其他资产的；(3)向明显不具有清偿能力的单位或者个人提供资金、商品、服务或者其他资产的；(4)为明显不具有清偿能力的单位或者个人提供担保，或者无正当理由为其他单位人提供担保的；(5)无正当理由放弃债权、承担债务的；(6)采用其他方式损害上市公司利益的”六种选择性行为方式，犯罪人只要以其中一种行为方式实施，便可构成本罪行。如果犯罪人采取两种以上行为方式实施，应当拿出其中一种作为定罪情节，用以充足犯罪构成要件的起码要求；定罪剩余的其他行为方式，理所当然地转化为从重处罚情节。其中：定罪剩余行为方式为1~2种的，建议在从重处罚空间1/2以下适用刑罚；定罪剩余行为方式为3种的，建议在从重处罚空间1/2处适用刑罚；定罪剩余行为方式为4~5种的，建议在从重处罚空间1/2以上适用刑罚。可结合具体案情，根据定罪剩余行为方式的社会危害大小，理性评价其所体现的罪责程度，从而使本案犯罪人所受刑罚不同程度地重于只以一种行为方式实施本罪行的其他犯罪人。

第二章　定罪剩余的犯罪对象转化而来的从重处罚情节

第一节　“二同择一”的定罪剩余犯罪对象转化而来的从重处罚情节

1.“为境外窃取、刺探、收买、非法提供国家秘密、情报罪”（基本罪、重罪），是二择一定罪剩余犯罪对象转化而来的从重处罚情节。

刑法第111条规定的“为境外窃取、刺探、收买、非法提供国家秘密、情报罪”（基本罪、重罪），涵盖“国家秘密、情报”两种选择性犯罪对象，犯罪人只要以一种行为方式直接作用于一种对象的，便可构成本罪行。如果行为直接作用于多种犯罪对象的，应当拿出其中一种作为定罪情节，用以充足犯罪构成要件的起码要求；定罪剩余的其他犯罪对象，理所当然地转化为从重处罚情节。建议在从重处罚空间1/2以下适当从重处罚。可结合具体案情，根据定罪剩余犯罪对象的社会危害性大小，理性评价该量刑情节所体现的罪责程度，从而使本案犯罪人所受刑罚处罚不同程度地重于只作用于一种犯罪对象的其他犯罪人。

2.“劫持船只、汽车罪”（重罪），是二择一定罪剩余犯罪对象转化而来的从重处罚情节。

刑法第122条规定的“劫持船只、汽车罪”（重罪），涵盖“船只、汽车”两种选择性劫持的对象，犯罪人只要劫持其中一种，便可构成本罪行。如果行为直接作用于多种犯罪对象的，应当拿出其中一种作为定罪情节，用以充足犯罪构成要件的起码要求；定罪剩余的其他犯罪对象，理所当然地转化为从重处罚情节。建议在从重处罚空间 1/2 以下适当从重处罚。可结合具体案情，根据定罪剩余犯罪对象的社会危害性大小，理性评价该量刑情节所体现的罪责程度，从而使本案犯罪人所受刑罚处罚不同程度地重于只作用于一种犯罪对象的其他犯罪人。

3.“破坏广播电视设施、公用电信设施罪”(基本罪、重罪)，是二择一定罪剩余犯罪对象转化而来的从重处罚情节。

刑法第 124 条第 1 款规定的“破坏广播电视设施、公用电信设施罪”(基本罪、重罪)，涵盖“广播电视设施和公用电信设施”两种选择性破坏对象，犯罪人只要破坏其中一种，便可构成本罪行。如果行为直接作用于多种犯罪对象的，应当拿出其中一种作为定罪情节，用以充足犯罪构成要件的起码要求；定罪剩余的其他犯罪对象，理所当然地转化为从重处罚情节。建议在从重处罚空间 1/2 以下适当从重处罚。可结合具体案情，根据定罪剩余犯罪对象的社会危害性大小，理性评价该量刑情节所体现的罪责程度，从而使本案犯罪人所受刑罚处罚不同程度地重于只作用于一种犯罪对象的其他犯罪人。

4.“非法持有、私藏枪支、弹药罪”(基本罪)，是二择一定罪剩余犯罪对象转化而来的从重处罚情节。

根据刑法第 128 条规定的“非法持有、私藏枪支、弹药罪”(基本罪)：涵盖“枪支、弹药”两种选择性犯罪对象，只要行为直接作用于一种犯罪对象，便可构成本罪行。如果行为直接作用于多种犯罪对象的，应当拿出其中一种作为定罪情节，用以充足犯罪构成要件的起码要求；定罪剩余的其他犯罪对象，理所当然地转化为从重处罚情节。建议在从重处罚空间 1/2 以下适当从重处罚。可结合具体案情，根据定罪剩余犯罪对象的社会危害性大小，理性评价该量刑情节所体现的罪责程度，从而使本案犯罪人所受刑罚处罚不同程度地重于只作用于一种犯罪对象的其他犯罪人。

5.“走私武器、弹药罪”(基本罪)，是二择一定罪剩余犯罪对象转化而来的从重处罚情节。

刑法第151条第1款规定的“走私武器、弹药罪”(基本罪)，涵盖“武器、弹药”两种选择性走私对象，犯罪人只要走私其中一种，便可构成本罪行。如果行为直接作用于多种犯罪对象的，应当拿出其中一种作为定罪情节，用以充足犯罪构成要件的起码要求；定罪剩余的其他犯罪对象，理所当然地转化为从重处罚情节。建议在从重处罚空间1/2以下适当从重处罚。可结合具体案情，根据定罪剩余犯罪对象的社会危害性大小，理性评价该量刑情节所体现的罪责程度，从而使本案犯罪人所受刑罚处罚不同程度地重于只作用于一种犯罪对象的其他犯罪人。

6.“走私珍贵动物、珍贵动物制品罪”(基本罪)，是二择一定罪剩余犯罪对象转化而来的从重处罚情节。

刑法第151条第2款规定的“走私珍贵动物、珍贵动物制品罪”(基本罪)，涵盖“珍贵动物、珍贵动物制品”两种选择性走私对象，犯罪人只要走私其中一种，便可构成本罪行。如果行为直接作用于多种犯罪对象的，应当拿出其中一种作为定罪情节，用以充足犯罪构成要件的起码要求；定罪剩余的其他犯罪对象，理所当然地转化为从重处罚情节。建议在从重处罚空间1/2以下适当从重处罚。可结合具体案情，根据定罪剩余犯罪对象的社会危害性大小，理性评价该量刑情节所体现的罪责程度，从而使本案犯罪人所受刑罚处罚不同程度地重于只作用于一种犯罪对象的其他犯罪人。

7.“伪造、变造、转让金融机构经营许可证、批准文件罪”(基本罪)，是二择一定罪剩余犯罪对象转化而来的从重处罚情节。

刑法第174条第2款规定的“伪造、变造、转让金融机构经营许可证、批准文件罪”(基本罪)，涵盖“金融机构经营许可证、批准文件”两种选择性犯罪对象，只要行为直接作用于一种犯罪对象，便可构成本罪行。如果行为直接作用于多种犯罪对象的，应当拿出其中一种作为定罪情节。用以充足犯罪构成要件的起码要求；定罪剩余的其他犯罪对象，理所当然地转化为从重处罚情节。建议在从重处罚空间1/2以下适当从重处罚。可结合具体案情，根据定罪剩余犯罪对象的社会危害性大小，理性评价该量刑情节所体现的罪责程度，从而使本案犯罪人所受刑罚处罚不同程度地重于只作用于一种犯罪对象的其他犯罪人。

8.“虚开增值税专用发票、用于骗取出口退税、抵扣税款的发票罪”(基本罪)，是二择一定罪剩余犯罪对象转化而来的从重处罚情节。

刑法第205条规定的“虚开增值税专用发票、用于骗取出口退税、抵扣税款的发票罪”(基本罪)，涵盖“增值税专用发票和用于骗取出口退税、抵扣税款的其他发票”两种选择性虚开对象，犯罪人只要虚开其中一种，便可构成本罪行。如果行为直接作用于多种犯罪对象的，应当拿出其中一种作为定罪情节，用以充足犯罪构成要件的起码要求；定罪剩余的其他犯罪对象，理所当然地转化为从重处罚情节。建议在从重处罚空间1/2以下适当从重处罚。可结合具体案情，根据定罪剩余犯罪对象的社会危害性大小，理性评价该量刑情节所体现的罪责程度，从而使本案犯罪人所受刑罚处罚不同程度地重于只作用于一种犯罪对象的其他犯罪人。

9.“非法购买增值税专用发票、购买伪造的增值税专用发票罪”(基本罪)，是二择一定罪剩余犯罪对象转化而来的从重处罚情节。

刑法第208条规定的“非法购买增值税专用发票、购买伪造的增值税专用发票罪”(基本罪)，涵盖“增值税专用发票和伪造的增值税专用发票”两种选择性非法购买对象，犯罪人只要非法购买其中一种，便可构成本罪行。如果行为直接作用于多种犯罪对象的，应当拿出其中一种作为定罪情节，用以充足犯罪构成要件的起码要求；定罪剩余的其他犯罪对象，理所当然地转化为从重处罚情节。建议在从重处罚空间1/2以下适当从重处罚。可结合具体案情，根据定罪剩余犯罪对象的社会危害性大小，理性评价该量刑情节所体现的罪责程度，从而使本案犯罪人所受刑罚处罚不同程度地重于只作用于一种犯罪对象的其他犯罪人。

10.“非法制造、出售非法制造的用于骗取出口退税、抵扣税款发票罪”(基本罪、重罪、更重罪)，是二择一定罪剩余犯罪对象转化而来的从重处罚情节。

刑法第 209 条第 1 款规定的“非法制造、出售非法制造的用于骗取出口退税、抵扣税款发票罪”(基本罪、重罪、更重罪)，涵盖“用于骗取出口退税、抵扣税款的发票和非法制造的用于骗取出口退税、抵扣税款的发票”两种选择性犯罪对象，只要行为直接作用于一种犯罪对象，便可构成本罪行。如果行为直接作用于多种犯罪对象的，应当拿出其中一种作为定罪情节，用以充足犯罪构成要件的起码要求；定罪剩余的其他犯罪对象，理所当然地转化为从重处罚情节。建议在从重处罚空间 1/2 以下适当从重处罚。可结合具体案情，根据定罪剩余犯罪对象的社会危害性大小，理性评价该量刑情节所体现的罪责程度，从而使本案犯罪人所受刑罚处罚不同程度地重于只作用于一种犯罪对象的其他犯罪人。

11. “非法出售用于骗取出口退税、抵扣税款发票罪”(基本罪、重罪、更重罪)，是二择一定罪剩余犯罪对象转化而来的从重处罚情节。

刑法第 209 条第 3 款规定的“非法出售用于骗取出口退税、抵扣税款发票罪”(基本罪、重罪、更重罪)，涵盖“用于骗取出口退税和抵扣税款的其他发票”两种选择性非法出售对象，犯罪人只要非法出售其中一种，便可构成本罪行。如果行为直接作用于多种犯罪对象的，应当拿出其中一种作为定罪情节，用以充足犯罪构成要件的起码要求；定罪剩余的其他犯罪对象，理所当然地转化为从重处罚情节。建议在从重处罚空间 1/2 以下适当从重处罚。可结合具体案情，根据定罪剩余犯罪对象的社会危害性大小，理性评价该量刑情节所体现的罪责程度，从而使本案犯罪人所受刑罚处罚不同程度地重于只作用于一种犯罪对象的其他犯罪人。

12. “拐卖妇女、儿童罪”(基本罪、重罪、更重罪)，是二择一定罪剩余犯罪对象转化而来的从重处罚情节。

刑法第 240 条规定的“拐卖妇女、儿童罪”(基本罪、重罪、更重罪)，涵盖“妇女和儿童”两种选择性拐卖对象，犯罪人只要拐卖其中一种，便可构成本罪行。如果行为直接作用于多种犯罪对象的，应当拿出其中一种作为定罪情节，用以充足犯罪构成要件的起码要求；定罪剩余的其他犯罪对象，理所当然地转化为从重处罚情节。建议在从重处罚空间 1/2 以下适当从重处罚。可结合具体案情，根据定罪剩余犯罪对象的社会危害性大小，理性评价该量刑情节所体现的罪责程度，从而使本案犯罪人所受刑罚处罚不同程度地重于只作用于一种犯罪对象的其他犯罪人。

13.“收买被拐卖的妇女、儿童罪”(基本罪)，是二择一定罪剩余犯罪对象转化而来的从重处罚情节。

刑法第 241 条规定的“收买被拐卖的妇女、儿童罪”(基本罪)，涵盖“妇女和儿童”两种选择性被拐卖对象，犯罪人只要收买其中一种，便可构成本罪行。如果行为直接作用于多种犯罪对象的，应当拿出其中一种作为定罪情节，用以充足犯罪构成要件的起码要求；定罪剩余的其他犯罪对象，理所当然地转化为从重处罚情节。建议在从重处罚空间 1/2 以下适当从重处罚。可结合具体案情，根据定罪剩余犯罪对象的社会危害性大小，理性评价该量刑情节所体现的罪责程度，从而使本案犯罪人所受刑罚处罚不同程度地重于只作用于一种犯罪对象的其他犯罪人。

14.“聚众阻碍解救被拐卖的妇女、儿童罪”(基本罪)，是二择一定罪剩余犯罪对象转化而来的从重处罚情节。

刑法第 242 条规定的“聚众阻碍解救被拐卖的妇女、儿童罪”(基本罪)，涵盖“被拐卖的妇女和儿童”两种选择性解救对象，犯罪人只要聚众阻碍解救其中一种，便可构成本罪行。如果行为直接作用于多种犯罪对象的，应当拿出其中一种作为定罪情节，用以充足犯罪构成要件的起码要求；定罪剩余的其他犯罪对象，理所当然地转化为从重处罚情节。建议在从重处罚空间 1/2 以下适当从重处罚。可结合具体案情，根据定罪剩余犯罪对象的社会危害性大小，理性评价该量刑情节所体现的罪责程度，从而使本案犯罪人所受刑罚处罚不同程度地重于只作用于一种犯罪对象的其他犯罪人。

15.“私自开拆、隐匿、毁弃邮件、电报罪”(基本罪)，是二择一定罪剩余犯罪对象转化而来的从重处罚情节。

刑法 253 条规定的“私自开拆、隐匿、毁弃邮件、电报罪”(基本罪)，涵盖“邮件、电报”两种选择性犯罪对象，只要行为直接作用于一种对象，便可构成本罪行。如果行为直接作用于多种犯罪对象的，应当拿出其中一种作为定罪情节，用以充足犯罪构成要件的起码要求；定罪剩余的其他犯罪对象，理所当然地转化为从重处罚情节。建议在从重处罚空间1/2以下适当从重处罚。可结合具体案情，根据定罪剩余犯罪对象的社会危害性大小，理性评价该量刑情节所体现的罪责程度，从而使本案犯罪人所受刑罚处罚不同程度地重于只作用于一种犯罪对象的其他犯罪人。

16.“打击报复会计、统计人员罪”(基本罪)，是二择一定罪剩余犯罪对象转化而来的从重处罚情节。

刑法第255条规定的“打击报复会计、统计人员罪”(基本罪)，涵盖“会计、统计人员”两种选择性打击报复的对象，犯罪人只要打击报复其中一种，便可构成本罪行。如果行为直接作用于多种犯罪对象的，应当拿出其中一种作为定罪情节，用以充足犯罪构成要件的起码要求；定罪剩余的其他犯罪对象，理所当然地转化为从重处罚情节。建议在从重处罚空间1/2以下适当从重处罚。可结合具体案情，根据定罪剩余犯罪对象的社会危害性大小，理性评价该量刑情节所体现的罪责程度，从而使本案犯罪人所受刑罚处罚不同程度地重于只作用于一种犯罪对象的其他犯罪人。

17.“组织残疾人、儿童乞讨罪”(基本罪)，是二择一定罪剩余犯罪对象转化而来的从重处罚情节。

刑法第262条之一条规定的“组织残疾人、儿童乞讨罪”(基本罪)，涵盖“残疾人和不满14周岁的未成年人”等两种选择性组织乞讨对象，犯罪人只要以暴力、胁迫手段组织其中一种乞讨的，便可构成本罪行。如果行为直接作用于多种犯罪对象的，应当拿出其中一种作为定罪情节，用以充足犯罪构成要件的起码要求；定罪剩余的其他犯罪对象，理所当然地转化为从重处罚情节。建议在从重处罚空间1/2以下适当从重处罚。可结合具体案情，根据定罪剩余犯罪对象的社会危害性大小，理性评价该量刑情节所体现的罪责程度，从而使本案犯罪人所受刑罚处罚不同程度地重于只作用于一种犯罪对象的其他犯罪人。

18.“非法生产、销售间谍专用间谍器材罪”(基本罪)，是二择一定罪剩余犯罪对象转化而来的从重处罚情节。

刑法第283条规定的“非法生产、销售间谍专用间谍器材罪”(基本罪)，涵盖“窃听、窃照等”两种选择性专用间谍器材，犯罪人只要非法生产销售其中一种，便可构成本罪行。如果行为直接作用于多种犯罪对象的，应当拿出其中一种作为定罪情节，用以充足犯罪构成要件的起码要求；定罪剩余的其他犯罪对象，理所当然地转化为从重处罚情节。建议在从重处罚空间1/2以下适当从重处罚。可结合具体案情，根据定罪剩余犯罪对象的社会危害性大小，理性评价该量刑情节所体现的罪责程度，从而使本案犯罪人所受刑罚处罚不同程度地重于只作用于一种犯罪对象的其他犯罪人。

19.“侮辱国旗、国徽罪”(基本罪)，是二择一定罪剩余犯罪对象转化而来的从重处罚情节。

刑法第299条规定的“侮辱国旗、国徽罪”(基本罪)，涵盖“国旗、国徽”两种选择性犯罪对象，只要行为直接作用于一种犯罪对象，便可构成本罪行。如果行为直接作用于多种犯罪对象的，应当拿出其中一种作为定罪情节，用以充足犯罪构成要件的起码要求；定罪剩余的其他犯罪对象，理所当然地转化为从重处罚情节。建议在从重处罚空间1/2以下适当从重处罚。可结合具体案情，根据定罪剩余犯罪对象的社会危害性大小，理性评价该量刑情节所体现的罪责程度，从而使本案犯罪人所受刑罚处罚不同程度地重于只作用于一种犯罪对象的其他犯罪人。

20.“组织、利用会道门、邪教组织、利用迷信破坏法律实施罪”(基本罪)，是二择一定罪剩余犯罪对象转化而来的从重处罚情节。

刑法第300条第1款规定的“组织、利用会道门、邪教组织、利用迷信破坏法律实施罪”(基本罪)，涵盖“会道门、邪教团体”两种选择性犯罪对象，只要行为直接作用于一种犯罪对象，便可构成本罪行。如果行为直接作用于多种犯罪对象的，应当拿出其中一种作为定罪情节，用以充足犯罪构成要件的起码要求；定罪剩余的其他犯罪对象，理所当然地转化为从重处罚情节。建议在从重处罚空间 1/2 以下适当从重处罚。可结合具体案情，根据定罪剩余犯罪对象的社会危害性大小，理性评价该量刑情节所体现的罪责程度，从而使本案犯罪人所受刑罚处罚不同程度地重于只作用于一种犯罪对象的其他犯罪人。

21.“组织、利用会道门、邪教组织、利用迷信致人死亡罪”（基本罪），是二择一定罪剩余犯罪对象转化而来的从重处罚情节。

刑法第 300 条第 2 款规定的“组织、利用会道门、邪教组织、利用迷信致人死亡罪”（基本罪），涵盖“会道门、邪教团体”两种选择性犯罪对象，只要行为直接作用于一种犯罪对象，便可构成本罪行。如果行为直接作用于多种犯罪对象的，应当拿出其中一种作为定罪情节，用以充足犯罪构成要件的起码要求；定罪剩余的其他犯罪对象，理所当然地转化为从重处罚情节。建议在从重处罚空间 1/2 以下适当从重处罚。可结合具体案情，根据定罪剩余犯罪对象的社会危害性大小，理性评价该量刑情节所体现的罪责程度，从而使本案犯罪人所受刑罚处罚不同程度地重于只作用于一种犯罪对象的其他犯罪人。

22.“提供伪造、变造的出入境证件罪”（基本罪），是二择一定罪剩余犯罪对象转化而来的从重处罚情节。

刑法第 320 条前段规定的“提供伪造、变造的出入境证件罪”（基本罪），涵盖“伪造、变造的护照、签证”两种选择性出入境证件，犯罪人只要为他人提供其中一种，便可构成本罪行。如果行为直接作用于多种犯罪对象的，应当拿出其中一种作为定罪情节，用以充足犯罪构成要件的起码要求；定罪剩余的其他犯罪对象，理所当然地转化为从重处罚情节。建议在从重处罚空间 1/2 以下适当从重处罚。可结合具体案情，根据定罪剩余犯罪对象的社会危害性大小，理性评价该量刑情节所体现的罪责程度，从而使本案犯罪人所受刑罚处罚不同程度地重于只作用于一种犯罪对象的其他犯罪人。

23.“出售出入境证件罪”（基本罪），是二择一定罪剩余犯罪对象转化而来的从重处罚情节。

刑法第 320 条后段规定的“出售出入境证件罪”（基本罪），涵盖“护照、签证”两种选择性出售对象，犯罪人只要出售其中一种，便可构成本罪行。如果行为直接作用于多种犯罪对象的，应当拿出其中一种作为定罪情节，用以充足犯罪构成要件的起码要求；定罪剩余的其他犯罪对象，理所当然地转化为从重处罚情节。建议在从重处罚空间1/2以下适当从重处罚。可结合具体案情，根据定罪剩余犯罪对象的社会危害性大小，理性评价该量刑情节所体现的罪责程度，从而使本案犯罪人所受刑罚处罚不同程度地重于只作用于一种犯罪对象的其他犯罪人。

24.“破坏界碑、界桩罪”(基本罪)，是二择一定罪剩余犯罪对象转化而来的从重处罚情节。

刑法第323条规定的“破坏界碑、界桩罪”(基本罪)，涵盖“界碑和界桩”两种选择性破坏对象，犯罪人只要破坏其中一种，便可构成本罪行。如果行为直接作用于多种犯罪对象的，应当拿出其中一种作为定罪情节，用以充足犯罪构成要件的起码要求；定罪剩余的其他犯罪对象，理所当然地转化为从重处罚情节。建议在从重处罚空间1/2以下适当从重处罚。可结合具体案情，根据定罪剩余犯罪对象的社会危害性大小，理性评价该量刑情节所体现的罪责程度，从而使本案犯罪人所受刑罚处罚不同程度地重于只作用于一种犯罪对象的其他犯罪人。

25.“盗掘古文化遗址、古墓葬罪”(基本罪)，是二择一定罪剩余犯罪对象转化而来的从重处罚情节。

刑法第328条规定的“盗掘古文化遗址、古墓葬罪”(基本罪)，涵盖“古文化遗址、古墓葬”两种选择性盗掘的对象，犯罪人只要盗掘其中一种，便可构成本罪行。如果行为直接作用于多种犯罪对象的，应当拿出其中一种作为定罪情节，用以充足犯罪构成要件的起码要求；定罪剩余的其他犯罪对象，理所当然地转化为从重处罚情节。建议在从重处罚空间1/2以下适当从重处罚。可结合具体案情，根据定罪剩余犯罪对象的社会危害性大小，理性评价该量刑情节所体现的罪责程度，从而使本案犯罪人所受刑罚处罚不同程度地重于只作用于一种犯罪对象的其他犯罪人。

26.“盗掘古人类化石、古脊椎动物化石罪”(基本罪)，是二择一定罪剩余犯罪对象转化而来的从重处罚情节。

刑法第 328 条规定的“盗掘古人类化石、古脊椎动物化石罪”(基本罪)，涵盖“古人类化石、古脊椎动物化石”两种选择性盗掘对象，犯罪人只要盗掘其中一种，便可构成本罪行。如果行为直接作用于多种犯罪对象的，应当拿出其中一种作为定罪情节，用以充足犯罪构成要件的起码要求；定罪剩余的其他犯罪对象，理所当然地转化为从重处罚情节。建议在从重处罚空间 1/2 以下适当从重处罚。可结合具体案情，根据定罪剩余犯罪对象的社会危害性大小，理性评价该量刑情节所体现的罪责程度，从而使本案犯罪人所受刑罚处罚不同程度地重于只作用于一种犯罪对象的其他犯罪人。

27.“非法猎捕、杀害珍贵、濒危野生动物罪”(基本罪)，是二择一定罪剩余犯罪对象转化而来的从重处罚情节。

刑法第 341 条第 1 款前段规定的“非法猎捕、杀害珍贵、濒危野生动物罪”(基本罪)，涵盖“国家重点保护的珍贵、濒危野生动物”两种选择性犯罪对象，只要行为直接作用于一种犯罪对象，便可构成本罪行。如果行为直接作用于多种犯罪对象的，应当拿出其中一种作为定罪情节，用以充足犯罪构成要件的起码要求；定罪剩余的其他犯罪对象，理所当然地转化为从重处罚情节。建议在从重处罚空间 1/2 以下适当从重处罚。可结合具体案情，根据定罪剩余犯罪对象的社会危害性大小，理性评价该量刑情节所体现的罪责程度，从而使本案犯罪人所受刑罚处罚不同程度地重于只作用于一种犯罪对象的其他犯罪人。

28.“非法收购、运输、出售珍贵、濒危野生动物、珍贵、濒危野生动物制品罪”(基本罪)，是二择一定罪剩余犯罪对象转化而来的从重处罚情节。

刑法第 341 条第 1 款后段规定的“非法收购、运输、出售珍贵、濒危野生动物、珍贵、濒危野生动物制品罪”(基本罪)，涵盖“珍贵、濒危野生动物和珍贵、濒危野生动物制品”两种选择性犯罪对象，只要行为直接作用于一种犯罪对象，便可构成本罪行。如果行为直接作用于多种犯罪对象的，应当拿出其中一种作为定罪情节，用以充足犯罪构成要件的起码要求；定罪剩余的其他犯罪对象，理所当然地转化为从重处罚情节。建议在从重处罚空间 1/2 以下适当从重处罚。可结合具体案情，根据定罪剩余犯罪对象的社会危害性大小，理性评价该量刑情节所体现的罪责程度，从而使本案犯罪人所受刑罚处罚不同程度地重于只作用于一种犯罪对象的其他犯罪人。

29.“非法采伐、毁坏国家重点保护植物罪”(基本罪)，是二择一定罪剩余犯罪对象转化而来的从重处罚情节。

刑法第 344 条规定的“非法采伐、毁坏国家重点保护植物罪”(基本罪)，涵盖“珍贵树木和国家重点保护的其他植物”两种选择性犯罪对象，只要行为直接作用于一种犯罪对象，便可构成本罪行。如果行为直接作用于多种犯罪对象的，应当拿出其中一种作为定罪情节，用以充足犯罪构成要件的起码要求；定罪剩余的其他犯罪对象，理所当然地转化为从重处罚情节。建议在从重处罚空间 1/2 以下适当从重处罚。可结合具体案情，根据定罪剩余犯罪对象的社会危害性大小，理性评价该量刑情节所体现的罪责程度，从而使本案犯罪人所受刑罚处罚不同程度地重于只作用于一种犯罪对象的其他犯罪人。

30.“窝藏、转移、隐瞒毒品、毒赃罪”(基本罪)，是二择一定罪剩余犯罪对象转化而来的从重处罚情节。

刑法第 349 条规定的“窝藏、转移、隐瞒毒品、毒赃罪”(基本罪)，涵盖“毒品、毒赃”两种选择性犯罪对象，只要行为直接作用于一种犯罪对象，便可构成本罪行。如果行为直接作用于多种犯罪对象的，应当拿出其中一种作为定罪情节，用以充足犯罪构成要件的起码要求；定罪剩余的其他犯罪对象，理所当然地转化为从重处罚情节。建议在从重处罚空间 1/2 以下适当从重处罚。可结合具体案情，根据定罪剩余犯罪对象的社会危害性大小，理性评价该量刑情节所体现的罪责程度，从而使本案犯罪人所受刑罚处罚不同程度地重于只作用于一种犯罪对象的其他犯罪人。

31.“非法提供麻醉药品、精神药品罪”(基本罪)，是二择一定罪剩余犯罪对象转化而来的从重处罚情节。

刑法第 355 条规定的“非法提供麻醉药品、精神药品罪”(基本罪)，涵盖“麻醉药品和精神药品”两种选择性非法提供对象，犯罪人只要非法提供其中一种，便可构成本罪行。如果行为直接作用于多种犯罪对象的，应当拿出其中一种作为定罪情节，用以充足犯罪构成要件的起码要求；定罪剩余的其他犯罪对象，理所当然地转化为从重处罚情节。建议在从重处罚空间 1/2 以下适当从重处罚。可结合具体案情，根据定罪剩余犯罪对象的社会危害性大小，理性评价该量刑情节所体现的罪责程度，从而使本案犯罪人所受刑罚处罚不同程度地重于只作用于一种犯罪对象的其他犯罪人。

32. “过失提供不合格武器装备、军事设施罪”(基本罪、重罪)，是二择一定罪剩余犯罪对象转化而来的从重处罚情节。

刑法第 370 条第 1 款规定的“过失提供不合格武器装备、军事设施罪”(基本罪、重罪)，涵盖“不合格武器装备、军事设施”两种选择性提供对象，犯罪人只要故意提供其中一种，便可构成本罪行。如果行为直接作用于多种犯罪对象的，应当拿出其中一种作为定罪情节，用以充足犯罪构成要件的起码要求；定罪剩余的其他犯罪对象，理所当然地转化为从重处罚情节。建议在从重处罚空间 1/2 以下适当从重处罚。可结合具体案情，根据定罪剩余犯罪对象的社会危害性大小，理性评价该量刑情节所体现的罪责程度，从而使本案犯罪人所受刑罚处罚不同程度地重于只作用于一种犯罪对象的其他犯罪人。

33. “阻碍解救被拐卖、绑架妇女、儿童罪”(基本罪)，是二择一定罪剩余犯罪对象转化而来的从重处罚情节。

刑法第 416 条第 2 款规定的“阻碍解救被拐卖、绑架妇女、儿童罪”(基本罪)，涵盖“被拐卖、绑架的妇女和儿童”两种选择性对象，犯罪人只要阻碍解救其中一种，便可构成本罪行。如果行为直接作用于多种犯罪对象的，应当拿出其中一种作为定罪情节，用以充足犯罪构成要件的起码要求；定罪剩余的其他犯罪对象，理所当然地转化为从重处罚情节。建议在从重处罚空间 1/2 以下适当从重处罚。可结合具体案情，根据定罪剩余犯罪对象的社会危害性大小，理性评价该量刑情节所体现的罪责程度，从而使本案犯罪人所受刑罚处罚不同程度地重于只作用于一种犯罪对象的其他犯罪人。

34.“盗窃、抢夺武器装备、军用物资罪”(基本罪)，是二择一定罪剩余犯罪对象转化而来的从重处罚情节。

刑法第438条第1款规定的“盗窃、抢夺武器装备、军用物资罪”(基本罪)，涵盖“武器装备、军用物资”两种选择性犯罪对象，只要行为直接作用于其中一种犯罪对象，便可构成本罪行。如果行为直接作用于多种犯罪对象的，应当拿出其中一种作为定罪情节，用以充足犯罪构成要件的起码要求；定罪剩余的其他犯罪对象，理所当然地转化为从重处罚情节。建议在从重处罚空间1/2以下适当从重处罚。可结合具体案情，根据定罪剩余犯罪对象的社会危害性大小，理性评价该量刑情节所体现的罪责程度，从而使本案犯罪人所受刑罚处罚不同程度地重于只作用于一种犯罪对象的其他犯罪人。

第二节 “三同择一”的定罪剩余犯罪对象转化而来的从重处罚情节

1.“破坏易燃易爆设备罪”(重罪)，是三择一定罪剩余犯罪对象转化而来的从重处罚情节。

刑法第118条规定的“破坏易燃易爆设备罪”(重罪)，涵盖“电力、燃气或者其他易燃易爆设备”三种选择性破坏对象，犯罪人只要破坏其中一种，危害公共安全，尚未造成严重后果的，便可构成本罪行。如果行为直接作用于多种犯罪对象的，应当拿出其中一种作为定罪情节，用以充足犯罪构成要件的起码要求；定罪剩余的其他犯罪对象，理所当然地转化为从重处罚情节。其中：定罪剩余的犯罪对象为1种的，建议在从重处罚空间1/2以下适当从重处罚；定罪剩余的犯罪对象为2种的，建议在从重处罚空间1/2以上适当从重处罚。可结合具体案情，根据定罪剩余犯罪对象的多寡和社会危害性大小，理性评价该量刑情节所体现的罪责程度，从而使本案犯罪人所受刑罚处罚不同程度地重于只作用于一种犯罪对象的其他犯罪人。

2.“非法制造、买卖、运输、邮寄、储存枪支、弹药、爆炸物罪”(基本罪)，是三择一定罪剩余犯罪对象转化而来的从重处罚情节。

刑法第 125 条第 1 款规定的“非法制造、买卖、运输、邮寄、储存枪支、弹药、爆炸物罪”(基本罪)，涵盖“枪支、弹药、爆炸物”三种选择性犯罪对象，只要行为直接作用于一种犯罪对象，便可构成本罪行。如果行为直接作用于多种犯罪对象的，应当拿出其中一种作为定罪情节，用以充足犯罪构成要件的起码要求；定罪剩余的其他犯罪对象，理所当然地转化为从重处罚情节。其中：定罪剩余的犯罪对象为 1 种的，建议在从重处罚空间 1/2 以下适当从重处罚；定罪剩余的犯罪对象为 2 种的，建议在从重处罚空间 1/2 以上适当从重处罚。可结合具体案情，根据定罪剩余犯罪对象的多寡和社会危害性大小，理性评价该量刑情节所体现的罪责程度，从而使本案犯罪人所受刑罚处罚不同程度地重于只作用于一种犯罪对象的其他犯罪人。

3.“盗窃、抢夺枪支、弹药、爆炸物、危险物质罪”(基本罪)，是三择一定罪剩余犯罪对象转化而来的从重处罚情节。

刑法第 127 条第 1 款和第 2 款规定的“盗窃、抢夺枪支、弹药、爆炸物、危险物质罪”(基本罪)，涵盖“枪支、弹药、爆炸物和危险物质”三种选择性犯罪对象，只要行为直接作用于一种犯罪对象，便可构成本罪行。如果行为直接作用于多种犯罪对象的，应当拿出其中一种作为定罪情节，用以充足犯罪构成要件的起码要求；定罪剩余的其他犯罪对象，理所当然地转化为从重处罚情节。其中：定罪剩余的犯罪对象为 1 种的，建议在从重处罚空间 1/2 以下适当从重处罚；定罪剩余的犯罪对象为 2 种的，建议在从重处罚空间 1/2 以上适当从重处罚。可结合具体案情，根据定罪剩余犯罪对象的多寡和社会危害性大小，理性评价该量刑情节所体现的罪责程度，从而使本案犯罪人所受刑罚处罚不同程度地重于只作用于一种犯罪对象的其他犯罪人。

4.“抢劫枪支、弹药、爆炸物、危险物质罪”(基本罪)，是三择一定罪剩余犯罪对象转化而来的从重处罚情节。

刑法第 127 条第 2 款前段规定的“抢劫枪支、弹药、爆炸物、危险物质罪”(基本罪)，涵盖“枪支、弹药、爆炸物和危险物质”三种选择性抢劫对象，犯罪人只要抢劫其中一种，便可构成本罪行。如果行为直接作用于多种犯罪对象的，应当拿出其中一种作为定罪情节，用以充足犯罪构成要件的起码要求；定罪剩余的其他犯罪对象，理所当然地转化为从重处罚情节。其中：定罪剩余的犯罪对象为1种的，建议在从重处罚空间1/2以下适当从重处罚；定罪剩余的犯罪对象为2种的，建议在从重处罚空间1/2以上适当从重处罚。可结合具体案情，根据定罪剩余犯罪对象的多寡和社会危害性大小，理性评价该量刑情节所体现的罪责程度，从而使本案犯罪人所受刑罚处罚不同程度地重于只作用于一种犯罪对象的其他犯罪人。

5.“走私国家禁止进出口的货物、物品罪”(基本罪)，是三择一定罪剩余犯罪对象转化而来的从重处罚情节。

刑法第151条第3款规定的“走私国家禁止进出口的货物、物品罪”(基本罪)，涵盖“珍稀植物、珍稀植物制品和国家禁止进出口的其他货物、物品的”三种选择性走私对象，犯罪人只要走私其中一种，便可构成本罪行。如果行为直接作用于多种犯罪对象的，应当拿出其中一种作为定罪情节，用以充足犯罪构成要件的起码要求；定罪剩余的其他犯罪对象，理所当然地转化为从重处罚情节。其中：定罪剩余的犯罪对象为1种的，建议在从重处罚空间1/2以下适当从重处罚；定罪剩余的犯罪对象为2种的，建议在从重处罚空间1/2以上适当从重处罚。可结合具体案情，根据定罪剩余犯罪对象的多寡和社会危害性大小，理性评价该量刑情节所体现的罪责程度，从而使本案犯罪人所受刑罚处罚不同程度地重于只作用于一种犯罪对象的其他犯罪人。

6.“隐匿、故意销毁财务会计凭证、会计账簿、财务会计报告罪”(基本罪)，是三择一定罪剩余犯罪对象转化而来的从重处罚情节。

刑法第162条之一规定的“隐匿、故意销毁财务会计凭证、会计账簿、财务会计报告罪”(基本罪)，涵盖“财务会计凭证、会计账簿、财务会计报告”三种选择性犯罪对象，只要行为直接作用于一种犯罪对象，便可构成本罪行。如果行为直接作用于多种犯罪对象的，应当拿出其中一种作为定罪情节，用以充足犯罪构成要件的起码要求；定罪剩余的其他犯罪对象，理所当然地转化为从重处罚情节。其中：定罪剩余的犯罪对象为 1 种的，建议在从重处罚空间 1/2 以下适当从重处罚；定罪剩余的犯罪对象为 2 种的，建议在从重处罚空间 1/2 以上适当从重处罚。可结合具体案情，根据定罪剩余犯罪对象的多寡和社会危害性大小，理性评价该量刑情节所体现的罪责程度，从而使本案犯罪人所受刑罚处罚不同程度地重于只作用于一种犯罪对象的其他犯罪人。

7. “报复陷害罪”(基本罪)，是三择一定罪剩余犯罪对象转化而来的从重处罚情节。

刑法第 254 条规定的“报复陷害罪”(基本罪)，涵盖“控告人、申诉人、批评人、举报人”三种选择性报复陷害的对象，犯罪人只要报复陷害其中一种，便可构成本罪行。如果行为直接作用于多种犯罪对象的，应当拿出其中一种作为定罪情节，用以充足犯罪构成要件的起码要求；定罪剩余的其他犯罪对象，理所当然地转化为从重处罚情节。其中：定罪剩余的犯罪对象为 1 种的，建议在从重处罚空间 1/2 以下适当从重处罚；定罪剩余的犯罪对象为 2 种的，建议在从重处罚空间 1/2 以上适当从重处罚。可结合具体案情，根据定罪剩余犯罪对象的多寡和社会危害性大小，理性评价该量刑情节所体现的罪责程度，从而使本案犯罪人所受刑罚处罚不同程度地重于只作用于一种犯罪对象的其他犯罪人。

8. “伪造、变造、买卖国家机关公文、证件、印章罪”(基本罪)，是三择一定罪剩余犯罪对象转化而来的从重处罚情节。

刑法第 280 条第 1 款规定的“伪造、变造、买卖国家机关公文、证件、印章罪”(基本罪)，涵盖“国家机关公文、证件、印章”三种选择性犯罪对象(含海关签发的报关单、进口证明、外汇管理部门核准件等凭证和单据)，只要行为直接作用于一种犯罪对象，便可构成本罪行。如果行为直接作用于多种犯罪对象的，应当拿出其中一种作为定罪情节，用以充足犯罪构成要件的起码要求；定罪剩余的其他犯罪对象，理所当然地转化为从重处罚情节。其中：定罪剩余的犯罪对象为 1 种的，建议在从重处罚空间 1/2 以下适当从重处罚；定罪剩余的犯罪对象为 2 种的，建议在从重处罚空间 1/2 以上适当从重处罚。可结合具体案情，根据定罪剩余犯罪对象的多寡和社会危害性大小，理性评价该量刑情节所体现的罪责程度，从而使本案犯罪人所受刑罚处罚不同程度地重于只作用于一种犯罪对象的其他犯罪人。

9. “盗窃、抢夺、毁灭国家机关公文、证件、印章罪”(基本罪)，是三择一定罪剩余犯罪对象转化而来的从重处罚情节。

刑法第 280 条第 1 款规定的“盗窃、抢夺、毁灭国家机关公文、证件、印章罪”(基本罪)，涵盖“国家机关公文、证件、印章”三种选择性犯罪对象，只要行为直接作用于一种犯罪对象，便可构成本罪行。如果行为直接作用于多种犯罪对象的，应当拿出其中一种作为定罪情节，用以充足犯罪构成要件的起码要求；定罪剩余的其他犯罪对象，理所当然地转化为从重处罚情节。其中：定罪剩余的犯罪对象为 1 种的，建议在从重处罚空间 1/2 以下适当从重处罚；定罪剩余的犯罪对象为 2 种的，建议在从重处罚空间 1/2 以上适当从重处罚。可结合具体案情，根据定罪剩余犯罪对象的多寡和社会危害性大小，理性评价该量刑情节所体现的罪责程度，从而使本案犯罪人所受刑罚处罚不同程度地重于只作用于一种犯罪对象的其他犯罪人。

10. “伪造公司、企业、事业单位、人民团体印章罪”(基本罪)，是三择一定罪剩余犯罪对象转化而来的从重处罚情节。

刑法第 280 条第 2 款规定的“伪造公司、企业、事业单位、人民团体印章罪”(基本罪)，涵盖“公司、企业、事业单位和人民团体印章罪”三种选择性伪造对象，犯罪人只要伪造其中一种，便可构成本罪行。如果行为直接作用于多种犯罪对象的，应当拿出其中一种作为定罪情节，用以充足犯罪构成要件的起码要求；定罪剩余的其他犯罪对象，理所当然地转化为从重处罚情节。其中：定罪剩余的犯罪对象为 1 种的，建议在从重处罚空间 1/2 以下适当从重处罚；定罪剩余的犯罪对象为 2 种的，建议在从重处罚空间 1/2 以上适当从重处罚。可结合具体案情，根据定罪剩余犯罪对象的多寡和社会危害性大小，理性评价该量刑情节所体现的罪责程度，从而使本案犯罪人所受刑罚处罚不同程度地重于只作用于一种犯罪对象的其他犯罪人。

11.“非法持有国家绝密、机密文件、资料、物品罪”(基本罪)，是三择一定罪剩余犯罪对象转化而来的从重处罚情节。

刑法第282条第2款规定的“非法持有国家绝密、机密文件、资料、物品罪”(基本罪)，涵盖“国家绝密、机密文件、资料、物品”三种选择性非法持有对象，犯罪人只要非法持有其中一种，便可构成本罪行。如果行为直接作用于多种犯罪对象的，应当拿出其中一种作为定罪情节，用以充足犯罪构成要件的起码要求；定罪剩余的其他犯罪对象，理所当然地转化为从重处罚情节。其中：定罪剩余的犯罪对象为1种的，建议在从重处罚空间1/2以下适当从重处罚；定罪剩余的犯罪对象为2种的，建议在从重处罚空间1/2以上适当从重处罚。可结合具体案情，根据定罪剩余犯罪对象的多寡和社会危害性大小，理性评价该量刑情节所体现的罪责程度，从而使本案犯罪人所受刑罚处罚不同程度地重于只作用于一种犯罪对象的其他犯罪人。

12.“非法侵入计算机信息系统罪”(基本罪)，是三择一定罪剩余犯罪对象转化而来的从重处罚情节。

刑法第285条规定的“非法侵入计算机信息系统罪”(基本罪)，涵盖“国家事务、国防建设、尖端科学技术领域的计算机信息系统”三种选择性非法侵入对象，犯罪人只要非法侵入其中一种，便可构成本罪行。如果行为直接作用于多种犯罪对象的，应当拿出其中一种作为定罪情节，用以充足犯罪构成要件的起码要求；定罪剩余的其他犯罪对象，理所当然地转化为从重处罚情节。其中：定罪剩余的犯罪对象为1种的，建议在从重处罚空间1/2以下适当从重处罚；定罪剩余的犯罪对象为2种的，建议在从重处罚空间1/2以上适当从重处罚。可结合具体案情，根据定罪剩余犯罪对象的多寡和社会危害性大小，理性评价该量刑情节所体现的罪责程度，从而使本案犯罪人所受刑罚处罚不同程度地重于只作用于一种犯罪对象的其他犯罪人。

13.“投放虚假危险物质罪”(基本罪、重罪)，是三择一定罪剩余犯罪对象转化而来的从重处罚情节。

刑法第291条第1款规定的“投放虚假危险物质罪”(基本罪、重罪)，涵盖“爆炸性、毒害性、放射性、传染病病原体”等三种选择性虚假危险物质，犯罪人只要投放其中一种，便可构成本罪行。如果行为直接作用于多种犯罪对象的，应当拿出其中一种作为定罪情节，用以充足犯罪构成要件的起码要求；定罪剩余的其他犯罪对象，理所当然地转化为从重处罚情节。其中：定罪剩余的犯罪对象为1种的，建议在从重处罚空间1/2以下适当从重处罚；定罪剩余的犯罪对象为2种的，建议在从重处罚空间1/2以上适当从重处罚。可结合具体案情，根据定罪剩余犯罪对象的多寡和社会危害性大小，理性评价该量刑情节所体现的罪责程度，从而使本案犯罪人所受刑罚处罚不同程度地重于只作用于一种犯罪对象的其他犯罪人。

14.“编造、故意传播虚假恐怖信息罪”(基本罪、重罪)，是三择一定罪剩余犯罪对象转化而来的从重处罚情节。

刑法第291条第1款规定的“编造、故意传播虚假恐怖信息罪”(基本罪、重罪)，涵盖“爆炸性、毒害性、放射性、传染病病原体”等三种选择性虚假恐怖信息，犯罪人只要编造或者故意传播其中一种，便可构成本罪行。如果行为直接作用于多种犯罪对象的，应当拿出其中一种作为定罪情节，用以充足犯罪构成要件的起码要求；定罪剩余的其他犯罪对象，理所当然地转化为从重处罚情节。其中：定罪剩余的犯罪对象为1种的，建议在从重处罚空间1/2以下适当从重处罚；定罪剩余的犯罪对象为2种的，建议在从重处罚空间1/2以上适当从重处罚。可结合具体案情，根据定罪剩余犯罪对象的多寡和社会危害性大小，理性评价该量刑情节所体现的罪责程度，从而使本案犯罪人所受刑罚处罚不同程度地重于只作用于一种犯罪对象的其他犯罪人。

15.“非法携带武器、管制刀具、爆炸物参加集会、游行、示威罪”(基本罪)，是三择一定罪剩余犯罪对象转化而来的从重处罚情节。

刑法第297条规定的“非法携带武器、管制刀具、爆炸物参加集会、游行、示威罪”(基本罪)，涵盖非法携带“武器、管制刀具、爆炸物”等三种选择性犯罪对象，只要行为直接作用于一种犯罪对象，便可构成本罪行。如果行为直接作用于多种犯罪对象的，应当拿出其中一种作为定罪情节，用以充足犯罪构成要件的起码要求；定罪剩余的其他犯罪对象，理所当然地转化为从重处罚情节。其中：定罪剩余的犯罪对象为 1 种的，建议在从重处罚空间 1/2 以下适当从重处罚；定罪剩余的犯罪对象为 2 种的，建议在从重处罚空间 1/2 以上适当从重处罚。可结合具体案情，根据定罪剩余犯罪对象的多寡和社会危害性大小，理性评价该量刑情节所体现的罪责程度，从而使本案犯罪人所受刑罚处罚不同程度地重于只作用于一种犯罪对象的其他犯罪人。

16.“非法收购、运输、加工、出售国家重点保护植物、国家重点保护植物制品罪”(基本罪)，是三择一定罪剩余犯罪对象转化而来的从重处罚情节。

刑法第 344 条规定的“非法收购、运输、加工、出售国家重点保护植物、国家重点保护植物制品罪”(基本罪)，涵盖“珍贵树木、国家重点保护的其他植物及其制品”三种选择性犯罪对象，只要行为直接作用于一种犯罪对象，便可构成本罪行。如果行为直接作用于多种犯罪对象的，应当拿出其中一种作为定罪情节，用以充足犯罪构成要件的起码要求；定罪剩余的其他犯罪对象，理所当然地转化为从重处罚情节。其中：定罪剩余的犯罪对象为 1 种的，建议在从重处罚空间 1/2 以下适当从重处罚；定罪剩余的犯罪对象为 2 种的，建议在从重处罚空间 1/2 以上适当从重处罚。可结合具体案情，根据定罪剩余犯罪对象的多寡和社会危害性大小，理性评价该量刑情节所体现的罪责程度，从而使本案犯罪人所受刑罚处罚不同程度地重于只作用于一种犯罪对象的其他犯罪人。

17.“破坏武器装备、军事设施、军事通信罪”(基本罪、重罪)，是三择一定罪剩余犯罪对象转化而来的从重处罚情节。

刑法第 369 条规定的“破坏武器装备、军事设施、军事通信罪”(基本罪、重罪)，涵盖“武器装备、军事设施、军事通信”三种选择性破坏对象，犯罪人只要破坏其中一种，便可构成本罪行。如果行为直接作用于多种犯罪对象的，应当拿出其中一种作为定罪情节，用以充足犯罪构成要件的起码要求；定罪剩余的其他犯罪对象，理所当然地转化为从重处罚情节。其中：定罪剩余的犯罪对象为 1 种的，建议在从重处罚空间1/2以下适当从重处罚；定罪剩余的犯罪对象为2种的，建议在从重处罚空间1/2以上适当从重处罚。可结合具体案情，根据定罪剩余犯罪对象的多寡和社会危害性大小，理性评价该量刑情节所体现的罪责程度，从而使本案犯罪人所受刑罚处罚不同程度地重于只作用于一种犯罪对象的其他犯罪人。

18.“伪造、变造、买卖武装部队公文、证件、印章罪”(基本罪)，是三择一定罪剩余犯罪对象转化而来的从重处罚情节。

刑法第375条第1款规定的“伪造、变造、买卖武装部队公文、证件、印章罪”(基本罪)，涵盖“武装部队公文、证件、印章”三种选择性犯罪对象，只要行为直接作用于一种犯罪对象，便可构成本罪行。如果行为直接作用于多种犯罪对象的，应当拿出其中一种作为定罪情节，用以充足犯罪构成要件的起码要求；定罪剩余的其他犯罪对象，理所当然地转化为从重处罚情节。其中：定罪剩余的犯罪对象为1种的，建议在从重处罚空间1/2以下适当从重处罚；定罪剩余的犯罪对象为2种的，建议在从重处罚空间1/2以上适当从重处罚。可结合具体案情，根据定罪剩余犯罪对象的多寡和社会危害性大小，理性评价该量刑情节所体现的罪责程度，从而使本案犯罪人所受刑罚处罚不同程度地重于只作用于一种犯罪对象的其他犯罪人。

19.“盗窃、抢夺武装部队公文、证件、印章罪”(基本罪)，是三择一定罪剩余犯罪对象转化而来的从重处罚情节。

刑法第375条第1款规定的“盗窃、抢夺武装部队公文、证件、印章罪”(基本罪)，涵盖“武装部队公文、证件、印章”三种选择性犯罪对象，只要行为直接作用于一种犯罪对象，便可构成本罪行。如果行为直接作用于多种犯罪对象的，应当拿出其中一种作为定罪情节，用以充足犯罪构成要件的起码要求；定罪剩余的其他犯罪对象，理所当然地转化为从重处罚情节。其中：定罪剩余的犯罪对象为1种的，建议在从重处罚空间1/2以下适当从重处罚；定罪剩余的犯罪对象为2种的，建议在从重处罚空间1/2以上适当从重处罚。可结合具体案情，根据定罪剩余犯罪对象的多寡和社会危害性大小，理性评价该量刑情节所体现的罪责程度，从而使本案犯罪人所受刑罚处罚不同程度地重于只作用于一种犯罪对象的其他犯罪人。

第三节　“五同择一”的定罪剩余犯罪对象转化而来的从重处罚情节

“破坏交通工具罪”(基本罪、重罪)，是五择一定罪剩余犯罪对象转化而来的从重处罚情节。

刑法第116条规定的“破坏交通工具罪”(基本罪、重罪)，涵盖“火车、汽车、电车、船只或者航空器”五种选择性破坏对象，行为只要破坏其中一种，足以使其发生倾覆、毁坏危险，尚未造成严重后果的，便可构成本罪。如果犯罪人破坏两种以上犯罪对象的，应当拿出其中一种作为定罪情节，用以充足犯罪构成要件的起码要求；定罪剩余的其他犯罪对象，理所当然地转化为从重处罚情节。其中，定罪剩余的犯罪对象为1~2种，建议在从重处罚空间1/2以下适当从重处罚；定罪剩余的犯罪对象为3~4种的，建议在从重处罚空间1/2以上适当从重处罚。可结合具体案情，根据定罪剩余犯罪对象的多寡和社会危害性大小，理性评价该量刑情节所体现的罪责程度，从而使本案犯罪人所受刑罚处罚不同程度地重于只作用于一种犯罪对象的其他犯罪人。

第四节　“七同择一”的定罪剩余犯罪对象转化而来的从重处罚情节

1.“擅自设立金融机构罪”(基本罪)，是七择一定罪剩余犯罪对象转化而来的从重处罚情节。

刑法第174条第1款规定的“擅自设立金融机构罪”(基本罪)，涵盖擅自设立“商业银行、证券交易所、期货交易所、证券公司、期货经纪公司、保险公司或者其他金融机构”七种选择性犯罪对象，犯罪人只要擅自设立其中一种，便可构成本罪。如果犯罪人擅自设立的对象为两种以上的，应当拿出其中一种作为定罪情节，用以充足犯罪构成要件的起码要求；定罪剩余的其他犯罪对象，理所当然地转化为从重处罚情节。其中：定罪剩余的犯罪对象为1~3种，建议在从重处罚空间1/2以下适当从重处罚；定罪剩余的犯罪对象为4~6种的，建议在从重处罚空间1/2以上适当从重处罚。可结合具体案情，根据定罪剩余犯罪对象的多寡和社会危害性大小，理性评价该量刑情节所体现的罪责程度，从而使本案犯罪人所受刑罚处罚不同程度地重于只作用于一种犯罪对象的其他犯罪人。

2.“洗钱罪”（基本罪、重罪），是七择一定罪剩余犯罪对象转化而来的从重处罚情节。

刑法第191条规定的“洗钱罪”（基本罪、重罪），涵盖“毒品犯罪、黑社会性质的组织犯罪、恐怖活动犯罪、走私犯罪、贪污贿赂犯罪、破坏金融管理秩序犯罪和金融诈骗犯罪”七种洗钱对象，犯罪人只要采取其中一种行为方式为其中一种犯罪对象洗钱，便可构成本罪行。如果犯罪人为多种犯罪对象洗钱，应当拿出其中一种作为定罪情节，用以充足犯罪构成要件的起码要求；定罪剩余的其他犯罪对象，理所当然地转化为从重处罚情节。其中：定罪剩余的犯罪对象为1~3种，建议在从重处罚空间1/2以下适当从重处罚；定罪剩余的犯罪对象为4~6种的，建议在从重处罚空间1/2以上适当从重处罚。可结合具体案情，根据定罪剩余犯罪对象的多寡和社会危害性大小，理性评价该量刑情节所体现的罪责程度，从而使本案犯罪人所受刑罚处罚不同程度地重于只作用于一种犯罪对象的其他犯罪人。

第五节 “八同择一”的定罪剩余犯罪对象转化而来的从重处罚情节

“破坏交通设施罪”（基本罪、重罪），是八择一定罪剩余犯罪对象转化而来的从重处罚情节。

刑法第117条规定的“破坏交通设施罪”（基本罪、重罪），涵盖破坏“轨道、桥梁、隧道、公路、机场、航道、灯塔或者标志”八种选择性破坏对象，犯罪人只要破坏其中一种，足以使其发生倾覆、毁坏危险，尚未造成严重后果的，便可构成本罪。如果行为作用于多种犯罪对象的，定罪剩余的其他犯罪对象，理所当然地转化为从重处罚情节。其中：定罪剩余的犯罪对象为 1～3 种，建议在从重处罚空间 1/2 以下适当从重处罚；定罪剩余的犯罪对象为 4 种的，建议在从重处罚空间 1/2 处适用刑罚；定罪剩余的犯罪对象为 5～7 种，建议在从重处罚空间 1/2 以上适当从重处罚。可结合具体案情，根据定罪剩余犯罪对象的多寡和社会危害性大小，理性评价该量刑情节所体现的罪责程度，从而使本案犯罪人所受刑罚处罚不同程度地重于只作用于一种犯罪对象的其他犯罪人。

第三章　定罪剩余的危害结果转化而来的从重处罚情节

第一节　“二同择一”的定罪剩余危害结果转化而来的从重处罚情节

1.“重大飞行事故罪”(重罪)，是二择一定罪剩余危害结果转化而来的从重处罚情节。

刑法第 131 条后段规定的“重大飞行事故罪”(重罪)，涵盖“造成飞机坠毁或者人员死亡”两种选择性危害结果，犯罪人只要造成其中一种，便可构成本罪。如果行为造成两种以上的危害结果的，应当选择其中一项作为定罪情节，用以充足犯罪构成要件的起码要求；定罪剩余的其他危害结果，理所当然地转化为量刑情节，建议在从重处罚空间 1/2 以下，适当从重处罚。可结合具体案情，根据定罪剩余结果的损害大小，理性评价该量刑情节所体现的罪责程度，从而使本案犯罪人所受刑罚不同程度地重于只造成一种危害结果的其他犯罪人。

2.“重大劳动安全事故罪”(基本罪)，是二择一定罪剩余危害结果转化而来的从重处罚情节。

刑法第 135 条规定的“重大劳动安全事故罪”(基本罪)，涵盖“发生重大伤亡事故或者造成其他严重后果”两种选择性危害结果，犯罪人只要造成其中一种，便可构成本罪。如果行为造成两种以上的危害结果的，应当选择其中一项作为定罪情节，用以充足犯罪构成要件的起码要求；定罪剩余的其他危害结果，理所当然地转化为量刑情节，建议在从重处罚空间 1/2 以下，适当从重处罚。可结合具体案情，根据定罪剩余结果的损害大小，理性评价该量刑情节所体现的罪责程度，从而使本案犯罪人所受刑罚不同程度地重于只造成一种危害结果的其他犯罪人。

3.“大型群众性活动重大安全事故罪”(基本罪)，是二择一定罪剩余危害结果转化而来的从重处罚情节。

刑法第135条之一规定的“大型群众性活动重大安全事故罪”(基本罪)，涵盖“发生重大伤亡事故或者造成其他严重后果”两种选择性危害结果，犯罪人只要造成其中一种，便可构成本罪。如果行为造成两种以上的危害结果的，应当选择其中一项作为定罪情节，用以充足犯罪构成要件的起码要求；定罪剩余的其他危害结果，理所当然地转化为量刑情节，建议在从重处罚空间1/2以下，适当从重处罚。可结合具体案情，根据定罪剩余结果的损害大小，理性评价该量刑情节所体现的罪责程度，从而使本案犯罪人所受刑罚不同程度地重于只造成一种危害结果的其他犯罪人。

4.“虐待罪”(重罪)，是二择一定罪剩余危害结果转化而来的从重处罚情节。

刑法第260条第2款规定的“虐待罪”(重罪)，涵盖“致使被害人重伤、死亡”两种选择性危害结果，犯罪人只要造成其中一种，便可构成本罪。如果行为造成两种以上的危害结果的，应当选择其中一项作为定罪情节，用以充足犯罪构成要件的起码要求；定罪剩余的其他危害结果，理所当然地转化为量刑情节，建议在从重处罚空间1/2以下，适当从重处罚。可结合具体案情，根据定罪剩余结果的损害大小，理性评价该量刑情节所体现的罪责程度，从而使本案犯罪人所受刑罚不同程度地重于只造成一种危害结果的其他犯罪人。

5.“故意延误投递邮件罪”(基本罪)，是二择一定罪剩余危害结果转化而来的从重处罚情节。

刑法第304条规定的“故意延误投递邮件罪”(基本罪)，涵盖“致使公共财产、国家和人民利益遭受重大损失”两种选择性危害结果，犯罪人只要造成其中一种，便可构成本罪。如果行为造成两种以上的危害结果的，应当选择其中一项作为定罪情节，用以充足犯罪构成要件的起码要求；定罪剩余的其他危害结果，理所当然地转化为量刑情节，建议在从重处罚空间 1/2 以下，适当从重处罚。可结合具体案情，根据定罪剩余结果的损害大小，理性评价该量刑情节所体现的罪责程度，从而使本案犯罪人所受刑罚不同程度地重于只造成一种危害结果的其他犯罪人。

6.“医疗事故罪”(基本罪)，是二择一定罪剩余危害结果转化而来的从重处罚情节。

刑法第 335 条规定的“医疗事故罪”(基本罪)，涵盖“造成就诊人死亡或者严重损害就诊人身体健康”两种选择性危害结果，犯罪人只要造成其中一种，便可构成本罪。如果行为造成两种以上的危害结果的，应当选择其中一项作为定罪情节，用以充足犯罪构成要件的起码要求；定罪剩余的其他危害结果，理所当然地转化为量刑情节，建议在从重处罚空间 1/2 以下，适当从重处罚。可结合具体案情，根据定罪剩余结果的损害大小，理性评价该量刑情节所体现的罪责程度，从而使本案犯罪人所受刑罚不同程度地重于只造成一种危害结果的其他犯罪人。

7.“非法处置进口的固体废物罪”(重罪)，是二择一定罪剩余危害结果转化而来的从重处罚情节。

刑法第 339 条第 1 款后段规定的“非法处置进口的固体废物罪”(重罪)，涵盖“致使公私财产遭受重大损失或者严重危害人体健康”两种选择性危害结果，犯罪人只要造成其中一种，便可构成本罪。如果行为造成两种以上的危害结果的，应当选择其中一项作为定罪情节，用以充足犯罪构成要件的起码要求；定罪剩余的其他危害结果，理所当然地转化为量刑情节，建议在从重处罚空间 1/2 以下，适当从重处罚。可结合具体案情，根据定罪剩余结果的损害大小，理性评价该量刑情节所体现的罪责程度，从而使本案犯罪人所受刑罚不同程度地重于只造成一种危害结果的其他犯罪人。

8.“擅自进口固体废物罪”(基本罪)，是二择一定罪剩余危害结果转化而来的从重处罚情节。

刑法第 339 条第 2 款规定的“擅自进口固体废物罪”(基本罪)，

涵盖“致使公私财产遭受重大损失或者严重危害人体健康”两种选择性危害结果，犯罪人只要造成其中一种，便可构成本罪。如果行为造成两种以上的危害结果的，应当选择其中一项作为定罪情节，用以充足犯罪构成要件的起码要求；定罪剩余的其他危害结果，理所当然地转化为量刑情节，建议在从重处罚空间1/2以下，适当从重处罚。可结合具体案情，根据定罪剩余结果的损害大小，理性评价该量刑情节所体现的罪责程度，从而使本案犯罪人所受刑罚不同程度地重于只造成一种危害结果的其他犯罪人。

9.“滥用职权罪”(基本罪)，是二择一定罪剩余危害结果转化而来的从重处罚情节。

刑法第397条第1款规定的“滥用职权罪”(基本罪)，涵盖“致使公共财产、国家和人民利益遭受重大损失”两种选择性危害结果，犯罪人只要造成其中一种，便可构成本罪。如果行为造成两种以上的危害结果的，应当选择其中一项作为定罪情节，用以充足犯罪构成要件的起码要求；定罪剩余的其他危害结果，理所当然地转化为量刑情节，建议在从重处罚空间1/2以下，适当从重处罚。可结合具体案情，根据定罪剩余结果的损害大小，理性评价该量刑情节所体现的罪责程度，从而使本案犯罪人所受刑罚不同程度地重于只造成一种危害结果的其他犯罪人。

10.“玩忽职守罪”(基本罪)，是二择一定罪剩余危害结果转化而来的从重处罚情节。

刑法第397条第1款规定的“玩忽职守罪”(基本罪)，涵盖“致使公共财产、国家和人民利益遭受重大损失”两种选择性危害结果，犯罪人只要造成其中一种，便可构成本罪。如果行为造成两种以上的危害结果的，应当选择其中一项作为定罪情节，用以充足犯罪构成要件的起码要求；定罪剩余的其他危害结果，理所当然地转化为量刑情节，建议在从重处罚空间1/2以下，适当从重处罚。可结合具体案情，根据定罪剩余结果的损害大小，理性评价该量刑情节所体现的罪责程度，从而使本案犯罪人所受刑罚不同程度地重于只造成一种危害结果的其他犯罪人。

11.“国家机关工作人员徇私舞弊罪”(基本罪)，是二择一定罪剩余危害结果转化而来的从重处罚情节。

刑法第 397 条第 2 款规定的“国家机关工作人员徇私舞弊罪”(基本罪)，涵盖“致使公共财产、国家和人民利益遭受重大损失”两种选择性危害结果，犯罪人只要造成其中一种，便可构成本罪。如果行为造成两种以上的危害结果的，应当选择其中一项作为定罪情节，用以充足犯罪构成要件的起码要求；定罪剩余的其他危害结果，理所当然地转化为量刑情节，建议在从重处罚空间 1/2 以下，适当从重处罚。可结合具体案情，根据定罪剩余结果的损害大小，理性评价该量刑情节所体现的罪责程度，从而使本案犯罪人所受刑罚不同程度地重于只造成一种危害结果的其他犯罪人。

12.“滥用管理公司、证券职权罪”(基本罪)，是二择一定罪剩余危害结果转化而来的从重处罚情节。

刑法第 403 条规定的“滥用管理公司、证券职权罪”(基本罪)，涵盖“致使公共财产、国家和人民利益遭受重大损失”两种选择性危害结果，犯罪人只要造成其中一种，便可构成本罪。如果行为造成两种以上的危害结果的，应当选择其中一项作为定罪情节，用以充足犯罪构成要件的起码要求；定罪剩余的其他危害结果，理所当然地转化为量刑情节，建议在从重处罚空间 1/2 以下，适当从重处罚。可结合具体案情，根据定罪剩余结果的损害大小，理性评价该量刑情节所体现的罪责程度，从而使本案犯罪人所受刑罚不同程度地重于只造成一种危害结果的其他犯罪人。

13.“虐待部属罪”(基本罪)，是二择一定罪剩余危害结果转化而来的从重处罚情节。

刑法第 443 条规定的“虐待部属罪”(基本罪)，涵盖“致人重伤或者造成其他严重后果”两种选择性危害结果，犯罪人只要造成其中一种，便可构成本罪。如果行为造成两种以上的危害结果的，应当选择其中一项作为定罪情节，用以充足犯罪构成要件的起码要求；定罪剩余的其他危害结果，理所当然地转化为量刑情节，建议在从重处罚空间 1/2 以下，适当从重处罚。可结合具体案情，根据定罪剩余结果的损害大小，理性评价该量刑情节所体现的罪责程度，从而使本案犯罪人所受刑罚不同程度地重于只造成一种危害结果的其他犯罪人。

14.“故意伤害罪”(更重罪)，是二择一定罪剩余危害结果转化而来的从重处罚情节。

刑法第234条规定的“故意伤害罪”(更重罪)，涵盖“致人死亡或者以特别残忍手段致人重伤造成严重残疾”两种选择性危害结果，犯罪人只要造成其中一种，便可构成本罪。如果行为造成两种以上的危害结果的，应当选择其中一项作为定罪情节，用以充足犯罪构成要件的起码要求；定罪剩余的其他危害结果，理所当然地转化为量刑情节，建议在从重处罚空间1/2以下，适当从重处罚。可结合具体案情，根据定罪剩余结果的损害大小，理性评价该量刑情节所体现的罪责程度，从而使本案犯罪人所受刑罚不同程度地重于只造成一种危害结果的其他犯罪人。

15.“非法处置进口的固体废物罪”(重罪)，是二择一定罪剩余危害结果转化而来的从重处罚情节。

刑法第339条第1款规定的“非法处置进口的固体废物罪”(重罪)，涵盖“致使公私财产遭受重大损失或者严重危害人体健康”两种选择性危害结果，犯罪人只要造成其中一种，便可构成本罪。如果行为造成两种以上的危害结果的，应当选择其中一项作为定罪情节，用以充足犯罪构成要件的起码要求；定罪剩余的其他危害结果，理所当然地转化为量刑情节，建议在从重处罚空间1/2以下，适当从重处罚。可结合具体案情，根据定罪剩余结果的损害大小，理性评价该量刑情节所体现的罪责程度，从而使本案犯罪人所受刑罚不同程度地重于只造成一种危害结果的其他犯罪人。

16.“环境监管失职罪”(基本罪)，是二择一定罪剩余危害结果转化而来的从重处罚情节。

刑法第408条规定的“环境监管失职罪”(基本罪)，涵盖“致使公私财产遭受重大损失或者造成人身伤亡的严重后果”两种选择性危害结果，犯罪人只要造成其中一种，便可构成本罪。如果行为造成两种以上的危害结果的，应当选择其中一项作为定罪情节，用以充足犯罪构成要件的起码要求；定罪剩余的其他危害结果，理所当然地转化为量刑情节，建议在从重处罚空间 1/2 以下，适当从重处罚。可结合具体案情，根据定罪剩余结果的损害大小，理性评价该量刑情节所体现的罪责程度，从而使本案犯罪人所受刑罚不同程度地重于只造成一种危害结果的其他犯罪人。

17.“战时拒不救治伤病军人罪”(重罪)，是二择一定罪剩余危害结果转化而来的从重处罚情节。

刑法第 445 条后段规定的“战时拒不救治伤病军人罪”(重罪)，涵盖“造成伤病军人重残、死亡或者有其他严重情节”两种选择性危害结果，犯罪人只要造成其中一种，便可构成本罪。如果行为造成两种以上的危害结果的，应当选择其中一项作为定罪情节，用以充足犯罪构成要件的起码要求；定罪剩余的其他危害结果，理所当然地转化为量刑情节，建议在从重处罚空间 1/2 以下，适当从重处罚。可结合具体案情，根据定罪剩余结果的损害大小，理性评价该量刑情节所体现的罪责程度，从而使本案犯罪人所受刑罚不同程度地重于只造成一种危害结果的其他犯罪人。

第二节 “三同择一”的定罪剩余危害结果转化而来的从重处罚情节

1.“失火罪”(基本罪)，是三择一定罪剩余危害结果转化而来的从重处罚情节。

刑法第 115 条第 2 款的规定的“失火罪”(基本罪)，涵盖“致人重伤、死亡或者使公私财产遭受重大损失”三种选择性危害结果，犯罪人只要造成其中一种，便可构成本罪。如果行为造成两种以上的危害结果的，应当选择其中一项作为定罪情节，用以充足犯罪构成要件的起码要求；定罪剩余的其他危害结果，理所当然地转化为量刑情节。其中：定罪剩余的危害结果(后果)为一种的，建议在从重处罚空间 1/2 以下适用刑罚；定罪剩余的危害结果为两种的，建议在从重处罚空间 1/2 以上适用刑罚。可结合具体案情，根据定罪剩余结果的损害大小，理性评价该量刑情节所体现的罪责程度，从而使本案犯罪人所受刑罚不同程度地重于只造成一种危害结果的其他犯罪人。

2. “过失决水罪”（基本罪），是三择一定罪剩余危害结果转化而来的从重处罚情节。

刑法第 115 条第 2 款的规定的“过失决水罪”（基本罪），涵盖“致人重伤、死亡或者使公私财产遭受重大损失”三种选择性危害结果，犯罪人只要造成其中一种，便可构成本罪。如果行为造成两种以上的危害结果的，应当选择其中一项作为定罪情节，用以充足犯罪构成要件的起码要求；定罪剩余的其他危害结果，理所当然地转化为量刑情节。其中：定罪剩余的危害结果（后果）为一种的，建议在从重处罚空间 1/2 以下适用刑罚；定罪剩余的危害结果为两种的，建议在从重处罚空间 1/2 以上适用刑罚。可结合具体案情，根据定罪剩余结果的损害大小，理性评价该量刑情节所体现的罪责程度，从而使本案犯罪人所受刑罚不同程度地重于只造成一种危害结果的其他犯罪人。

3. “过失爆炸罪”（基本罪），是三择一定罪剩余危害结果转化而来的从重处罚情节。

刑法第 115 条第 2 款的规定的“过失爆炸罪”（基本罪），涵盖“致人重伤、死亡或者使公私财产遭受重大损失”三种选择性危害结果，犯罪人只要造成其中一种，便可构成本罪。如果行为造成两种以上的危害结果的，应当选择其中一项作为定罪情节，用以充足犯罪构成要件的起码要求；定罪剩余的其他危害结果，理所当然地转化为量刑情节。其中：定罪剩余的危害结果（后果）为一种的，建议在从重处罚空间 1/2 以下适用刑罚；定罪剩余的危害结果为两种的，建议在从重处罚空间 1/2 以上适用刑罚。可结合具体案情，根据定罪剩余结果的损害大小，理性评价该量刑情节所体现的罪责程度，从而使本案犯罪人所受刑罚不同程度地重于只造成一种危害结果的其他犯罪人。

4. “过失投放危险物质罪”（基本罪），是三择一定罪剩余危害结果转化而来的从重处罚情节。

刑法第 115 条第 2 款“过失投放危险物质罪”（基本罪），涵盖“致人重伤、死亡或者使公私财产遭受重大损失”三种选择性危害结果，犯罪人只要造成其中一种，便可构成本罪。如果行为造成两种以上的危害结果的，应当选择其中一项作为定罪情节，用以充足犯罪构成要件的起码要求；定罪剩余的其他危害结果，理所当然地转化为量刑情节。其中：定罪剩余的危害结果(后果)为一种的，建议在从重处罚空间1/2以下适用刑罚；定罪剩余的危害结果为两种的，建议在从重处罚空间1/2以上适用刑罚。可结合具体案情，根据定罪剩余结果的损害大小，理性评价该量刑情节所体现的罪责程度，从而使本案犯罪人所受刑罚不同程度地重于只造成一种危害结果的其他犯罪人。

5.“过失以危险方法危害公共安全罪”(基本罪)，是三择一定罪剩余危害结果转化而来的从重处罚情节。

刑法第115条第2款的规定的“过失以危险方法危害公共安全罪”(基本罪)，涵盖“致人重伤、死亡或者使公私财产遭受重大损失”三种选择性危害结果，犯罪人只要造成其中一种，便可构成本罪。如果行为造成两种以上的危害结果的，应当选择其中一项作为定罪情节，用以充足犯罪构成要件的起码要求；定罪剩余的其他危害结果，理所当然地转化为量刑情节。其中：定罪剩余的危害结果(后果)为一种的，建议在从重处罚空间1/2以下适用刑罚；定罪剩余的危害结果为两种的，建议在从重处罚空间1/2以上适用刑罚。可结合具体案情，根据定罪剩余结果的损害大小，理性评价该量刑情节所体现的罪责程度，从而使本案犯罪人所受刑罚不同程度地重于只造成一种危害结果的其他犯罪人。

6.“劫持航空器罪”(重罪)，是三择一定罪剩余危害结果转化而来的从重处罚情节。

刑法第121条后段规定的“劫持航空器罪”(重罪)，涵盖“致人重伤、死亡或者使航空器遭受严重破坏”三种选择性危害结果，犯罪人只要造成其中一种，便可构成本罪。如果行为造成两种以上的危害结果的，应当选择其中一项作为定罪情节，用以充足犯罪构成要件的起码要求；定罪剩余的其他危害结果，理所当然地转化为量刑情节。其中：定罪剩余的危害结果(后果)为一种的，建议在从重处罚空间1/2以下适用刑罚；定罪剩余的危害结果为两种的，建议在从重处罚空间

1/2 以上适用刑罚。可结合具体案情，根据定罪剩余结果的损害大小，理性评价该量刑情节所体现的罪责程度，从而使本案犯罪人所受刑罚不同程度地重于只造成一种危害结果的其他犯罪人。

7. “交通肇事罪”（基本罪），是三择一定罪剩余危害结果转化而来的从重处罚情节。

刑法第 133 条规定的“交通肇事罪”（基本罪），涵盖“致人重伤、死亡或者使公私财产遭受重大损失”三种选择性危害结果，犯罪人只要造成其中一种，便可构成本罪。如果行为造成两种以上的危害结果的，应当选择其中一项作为定罪情节，用以充足犯罪构成要件的起码要求；定罪剩余的其他危害结果，理所当然地转化为量刑情节。其中：定罪剩余的危害结果（后果）为一种的，建议在从重处罚空间 1/2 以下适用刑罚；定罪剩余的危害结果为两种的，建议在从重处罚空间 1/2 以上适用刑罚。可结合具体案情，根据定罪剩余结果的损害大小，理性评价该量刑情节所体现的罪责程度，从而使本案犯罪人所受刑罚不同程度地重于只造成一种危害结果的其他犯罪人。

8. “重大责任事故罪”（基本罪），是三择一定罪剩余危害结果转化而来的从重处罚情节。

刑法第 134 条第 1 款规定的“重大责任事故罪”（基本罪），涵盖“发生重大伤亡事故或者造成其他严重后果”三种选择性危害结果，犯罪人只要造成其中一种，便可构成本罪。如果行为造成两种以上的危害结果的，应当选择其中一项作为定罪情节，用以充足犯罪构成要件的起码要求；定罪剩余的其他危害结果，理所当然地转化为量刑情节。其中：定罪剩余的危害结果（后果）为一种的，建议在从重处罚空间 1/2 以下适用刑罚；定罪剩余的危害结果为两种的，建议在从重处罚空间 1/2 以上适用刑罚。可结合具体案情，根据定罪剩余结果的损害大小，理性评价该量刑情节所体现的罪责程度，从而使本案犯罪人所受刑罚不同程度地重于只造成一种危害结果的其他犯罪人。

9. “强令违章冒险作业罪”（基本罪），是三择一定罪剩余危害结果转化而来的从重处罚情节。

刑法第 134 条第 2 款的“强令违章冒险作业罪”（基本罪），涵盖

“发生重大伤亡事故或者造成其他严重后果”三种选择性危害结果，犯罪人只要造成其中一种，便可构成本罪。如果行为造成两种以上的危害结果的，应当选择其中一项作为定罪情节，用以充足犯罪构成要件的起码要求；定罪剩余的其他危害结果，理所当然地转化为量刑情节。其中：定罪剩余的危害结果(后果)为一种的，建议在从重处罚空间 1/2 以下适用刑罚；定罪剩余的危害结果为两种的，建议在从重处罚空间 1/2 以上适用刑罚。可结合具体案情，根据定罪剩余结果的损害大小，理性评价该量刑情节所体现的罪责程度，从而使本案犯罪人所受刑罚不同程度地重于只造成一种危害结果的其他犯罪人。

10.“武器装备肇事罪”(基本罪)，是三择一定罪剩余危害结果转化而来的从重处罚情节。

刑法第 436 条规定的“武器装备肇事罪”(基本罪)，涵盖“致人重伤、死亡或者造成其他严重后果”三种选择性危害结果，犯罪人只要造成其中一种，便可构成本罪。如果行为造成两种以上的危害结果的，应当选择其中一项作为定罪情节，用以充足犯罪构成要件的起码要求；定罪剩余的其他危害结果，理所当然地转化为量刑情节。其中：定罪剩余的危害结果(后果)为一种的，建议在从重处罚空间 1/2 以下适用刑罚；定罪剩余的危害结果为两种的，建议在从重处罚空间 1/2 以上适用刑罚。可结合具体案情，根据定罪剩余结果的损害大小，理性评价该量刑情节所体现的罪责程度，从而使本案犯罪人所受刑罚不同程度地重于只造成一种危害结果的其他犯罪人。

第四章　定罪剩余的异属性选择要件转化而来的从重处罚情节

第一节　“两异择一”的定罪剩余犯罪构成要件转化而来的从重处罚情节

1.“煽动颠覆国家政权罪”(重罪)，是两异择一定罪剩余犯罪构成要件转化而来的从重处罚情节。

刑法第105条第2款规定的“煽动颠覆国家政权罪”(重罪)，涵盖“对首要分子或者罪行重大的”两种异属性选择要件。犯罪人只要具有其中一种选择要件，便可构成本罪行。如果具有两种异属性选择要件的，应当拿出其中一种作为定罪情节，用以满足构成要件的起码要求；定罪剩余的另一种选择要件理所当然地转化为从重处罚情节。可结合具体案情，根据本量刑情节的社会危害性大小，理性评价其罪责程度，从而使具有两种选择要件的犯罪人受到较重的刑罚处罚。

2.“投敌叛变罪”(重罪)，是两异择一定罪剩余犯罪构成要件转化而来的从重处罚情节。

刑法第108条和第113条规定的“投敌叛变罪”(重罪)，涵盖“情节严重或者带领武装部队人员、人民警察、民兵投敌叛变的”两种异属性选择要件。犯罪人只要具有其中一种选择要件，便可构成本罪行。如果具有两种异属性选择要件的，应当拿出其中一种作为定罪情节，用以满足构成要件的起码要求；定罪剩余的另一种选择要件理所当然地转化为从重处罚情节。可结合具体案情，根据本量刑情节的社会危害性大小，理性评价其罪责程度，从而使具有两种选择要件的犯罪人受到较重的刑罚处罚。

3.“盗窃、抢夺枪支、弹药、爆炸物、危险物质罪”(重罪)，是两异择一定罪剩余犯罪构成要件转化而来的从重处罚情节。

刑法第127条规定的“盗窃、抢夺枪支、弹药、爆炸物、危险物质罪”(重罪)，涵盖“情节严重或者盗窃、抢夺国家机关、军警人员、民兵的枪支、弹药、爆炸物的”两种异属性选择要件。犯罪人只要具有其中一种选择要件，便可构成本罪行。如果具有两种异属性选择要件的，应当拿出其中一种作为定罪情节，用以满足构成要件的起码要求；定罪剩余的另一种选择要件理所当然地转化为从重处罚情节。可结合具体案情，根据本量刑情节的社会危害性大小，理性评价其罪责程度，从而使具有两种选择要件的犯罪人受到较重的刑罚处罚。

4.“交通肇事罪”(重罪)，是两异择一定罪剩余犯罪构成要件转化而来的从重处罚情节。

刑法第133条规定的“交通肇事罪”(重罪)，涵盖“交通运输肇事后逃逸或者有其他特别恶劣情节的”两种异属性选择要件。犯罪人只要具有其中一种选择要件，便可构成本罪行。如果具有两种异属性选择要件的，应当拿出其中一种作为定罪情节，用以满足构成要件的起码要求；定罪剩余的另一种选择要件理所当然地转化为从重处罚情节。可结合具体案情，根据本量刑情节的社会危害性大小，理性评价其罪责程度，从而使具有两种选择要件的犯罪人受到较重的刑罚处罚。

5.“走私普通货物、物品罪”(重罪)，是两异择一定罪剩余犯罪构成要件转化而来的从重处罚情节。

刑法第153条第1款规定的“走私普通货物、物品罪”(重罪)，涵盖“偷逃应缴税额巨大或者有其他严重情节的”两种异属性选择要件。犯罪人只要具有其中一种选择要件，便可构成本罪行。如果具有两种异属性选择要件的，应当拿出其中一种作为定罪情节，用以满足构成要件的起码要求；定罪剩余的另一种选择要件理所当然地转化为从重处罚情节。可结合具体案情，根据本量刑情节的社会危害性大小，理性评价其罪责程度，从而使具有两种选择要件的犯罪人受到较重的刑罚处罚。

6."走私普通货物、物品罪"(更重罪)，是两异择一定罪剩余犯罪构成要件转化而来的从重处罚情节。

刑法第153条第1款规定的"走私普通货物、物品罪"(更重罪)，涵盖"偷逃应缴税额特别巨大或者有其他特别严重情节的"两种异属性选择要件。犯罪人只要具有其中一种选择要件，便可构成本罪行。如果具有两种异属性选择要件的，应当拿出其中一种作为定罪情节，用以满足构成要件的起码要求；定罪剩余的另一种选择要件理所当然地转化为从重处罚情节。可结合具体案情，根据本量刑情节的社会危害性大小，理性评价其罪责程度，从而使具有两种选择要件的犯罪人受到较重的刑罚处罚。

7."金融工作人员购买假币、以假币换取货币罪"(重罪)，是两异择一定罪剩余犯罪构成要件转化而来的从重处罚情节。

刑法第171条第2款规定的"金融工作人员购买假币、以假币换取货币罪"(重罪)，涵盖"数额巨大或者有其他严重情节的"两种异属性选择要件。犯罪人只要具有其中一种选择要件，便可构成本罪行。如果具有两种异属性选择要件的，应当拿出其中一种作为定罪情节，用以满足构成要件的起码要求；定罪剩余的另一种选择要件理所当然地转化为从重处罚情节。可结合具体案情，根据本量刑情节的社会危害性大小，理性评价其罪责程度，从而使具有两种选择要件的犯罪人受到较重的刑罚处罚。

8."骗取贷款、票据承兑、金融票证罪"(基本罪)，是两异择一定罪剩余犯罪构成要件转化而来的从重处罚情节。

刑法第175条第1款规定的"骗取贷款、票据承兑、金融票证罪"(基本罪)，涵盖"给银行或者其他金融机构造成重大损失或者有其他严重情节的"两种异属性选择要件。犯罪人只要具有其中一种选择要件，便可构成本罪行。如果具有两种异属性选择要件的，应当拿出其中一种作为定罪情节，用以满足构成要件的起码要求；定罪剩余的另一种选择要件理所当然地转化为从重处罚情节。可结合具体案情，根据本量刑情节的社会危害性大小，理性评价其罪责程度，从而使具有两种选择要件的犯罪人受到较重的刑罚处罚。

9.“骗取贷款、票据承兑、金融票证罪”(重罪),是两异择一定罪剩余犯罪构成要件转化而来的从重处罚情节。

刑法第175条第1款规定的“骗取贷款、票据承兑、金融票证罪”(重罪),涵盖“给银行或者其他金融机构造成特别重大损失或者有其他特别严重情节的”两种异属性选择要件。犯罪人只要具有其中一种选择要件,便可构成本罪行。如果具有两种异属性选择要件的,应当拿出其中一种作为定罪情节,用以满足构成要件的起码要求;定罪剩余的另一种选择要件理所当然地转化为从重处罚情节。可结合具体案情,根据本量刑情节的社会危害性大小,理性评价其罪责程度,从而使具有两种选择要件的犯罪人受到较重的刑罚处罚。

10.“非法吸收公众存款罪”(重罪),是两异择一定罪剩余犯罪构成要件转化而来的从重处罚情节。

刑法第176条规定的“非法吸收公众存款罪”(重罪),涵盖“数额巨大或者有其他严重情节的”两种异属性选择要件。犯罪人只要具有其中一种选择要件,便可构成本罪行。如果具有两种异属性选择要件的,应当拿出其中一种作为定罪情节,用以满足构成要件的起码要求;定罪剩余的另一种选择要件理所当然地转化为从重处罚情节。可结合具体案情,根据本量刑情节的社会危害性大小,理性评价其罪责程度,从而使具有两种选择要件的犯罪人受到较重的刑罚处罚。

11.“窃取、收买、非法提供信用卡信息罪”(重罪),是两异择一定罪剩余犯罪构成要件转化而来的从重处罚情节。

刑法第177条第2款规定的“窃取、收买、非法提供信用卡信息罪”(重罪),涵盖“数量巨大或者有其他严重情节的”两种异属性选择要件。犯罪人只要具有其中一种选择要件,便可构成本罪行。如果具有两种异属性选择要件的,应当拿出其中一种作为定罪情节,用以满足构成要件的起码要求;定罪剩余的另一种选择要件理所当然地转化为从重处罚情节。可结合具体案情,根据本量刑情节的社会危害性大小,理性评价其罪责程度,从而使具有两种选择要件的犯罪人受到较重的刑罚处罚。

12.“违法发放贷款罪”(基本罪)，是两异择一定罪剩余犯罪构成要件转化而来的从重处罚情节。

刑法第186条第1款规定的“违法发放贷款罪”(基本罪)，涵盖“数额巨大或者造成重大损失的”两种异属性选择要件。犯罪人只要具有其中一种选择要件，便可构成本罪行。如果具有两种异属性选择要件的，应当拿出其中一种作为定罪情节，用以满足构成要件的起码要求；定罪剩余的另一种选择要件理所当然地转化为从重处罚情节。可结合具体案情，根据本量刑情节的社会危害性大小，理性评价其罪责程度，从而使具有两种选择要件的犯罪人受到较重的刑罚处罚。

13.“违法发放贷款罪”(重罪)，是两异择一定罪剩余犯罪构成要件转化而来的从重处罚情节。

刑法第186条第2款规定的“违法发放贷款罪”(重罪)，涵盖“数额特别巨大或者造成特别重大损失的”两种异属性选择要件。犯罪人只要具有其中一种选择要件，便可构成本罪行。如果具有两种异属性选择要件的，应当拿出其中一种作为定罪情节，用以满足构成要件的起码要求；定罪剩余的另一种选择要件理所当然地转化为从重处罚情节。可结合具体案情，根据本量刑情节的社会危害性大小，理性评价其罪责程度，从而使具有两种选择要件的犯罪人受到较重的刑罚处罚。

14.“吸收客户资金不入账罪”(基本罪)，是两异择一定罪剩余犯罪构成要件转化而来的从重处罚情节。

刑法第187条规定的“吸收客户资金不入账罪”(基本罪)，涵盖“数额巨大或者造成重大损失的”两种异属性选择要件。犯罪人只要具有其中一种选择要件，便可构成本罪行。如果具有两种异属性选择要件的，应当拿出其中一种作为定罪情节，用以满足构成要件的起码要求；定罪剩余的另一种选择要件理所当然地转化为从重处罚情节。可结合具体案情，根据本量刑情节的社会危害性大小，理性评价其罪责程度，从而使具有两种选择要件的犯罪人受到较重的刑罚处罚。

15.“吸收客户资金不入账罪”(重罪)，是两异择一定罪剩余犯罪构成要件转化而来的从重处罚情节。

刑法第187条规定的“吸收客户资金不入账罪”(重罪)，涵盖“数额特别巨大或者造成特别重大损失的”两种异属性选择要件。犯罪人只要具有其中一种选择要件，便可构成本罪行。如果具有两种异属性选择要件的，应当拿出其中一种作为定罪情节，用以满足构成要件的起码要求；定罪剩余的另一种选择要件理所当然地转化为从重处罚情节。可结合具体案情，根据本量刑情节的社会危害性大小，理性评价其罪责程度，从而使具有两种选择要件的犯罪人受到较重的刑罚处罚。

16.“逃汇罪”(重罪)，是两异择一定罪剩余犯罪构成要件转化而来的从重处罚情节。

刑法第190条和全国人民代表大会常务委员会《关于惩治骗购外汇、逃汇和非法买卖外汇犯罪的决定》第3条规定的“逃汇罪”(重罪)，涵盖“数额巨大或者有其他严重情节的”两种异属性选择要件。犯罪人只要具有其中一种选择要件，便可构成本罪行。如果具有两种异属性选择要件的，应当拿出其中一种作为定罪情节，用以满足构成要件的起码要求；定罪剩余的另一种选择要件理所当然地转化为从重处罚情节。可结合具体案情，根据本量刑情节的社会危害性大小，理性评价其罪责程度，从而使具有两种选择要件的犯罪人受到较重的刑罚处罚。

17.“集资诈骗罪”(重罪)，是两异择一定罪剩余犯罪构成要件转化而来的从重处罚情节。

刑法第192条、第199条和第200条规定的“集资诈骗罪”(重罪)，涵盖“数额巨大或者有其他严重情节的”两种异属性选择要件。犯罪人只要具有其中一种选择要件，便可构成本罪行。如果具有两种异属性选择要件的，应当拿出其中一种作为定罪情节，用以满足构成要件的起码要求；定罪剩余的另一种选择要件理所当然地转化为从重处罚情节。可结合具体案情，根据本量刑情节的社会危害性大小，理性评价其罪责程度，从而使具有两种选择要件的犯罪人受到较重的刑罚处罚。

18.“集资诈骗罪”(更重罪)，是两异择一定罪剩余犯罪构成要件转化而来的从重处罚情节。

刑法第192条、第199条和第200条规定的“集资诈骗罪”(更重罪)，涵盖“数额特别巨大或者有其他特别严重情节的”两种异属性选择要件。犯罪人只要具有其中一种选择要件，便可构成本罪行。如果具有两种异属性选择要件的，应当拿出其中一种作为定罪情节，用以满足构成要件的起码要求；定罪剩余的另一种选择要件理所当然地转化为从重处罚情节。可结合具体案情，根据本量刑情节的社会危害性大小，理性评价其罪责程度，从而使具有两种选择要件的犯罪人受到较重的刑罚处罚。

19.“金融凭证诈骗罪”(重罪)，是两异择一定罪剩余犯罪构成要件转化而来的从重处罚情节。

刑法第194条第2款、第199条和第200条规定的“金融凭证诈骗罪”(重罪)，涵盖“数额巨大或者有其他严重情节的”两种异属性选择要件。犯罪人只要具有其中一种选择要件，便可构成本罪行。如果具有两种异属性选择要件的，应当拿出其中一种作为定罪情节，用以满足构成要件的起码要求；定罪剩余的另一种选择要件理所当然地转化为从重处罚情节。可结合具体案情，根据本量刑情节的社会危害性大小，理性评价其罪责程度，从而使具有两种选择要件的犯罪人受到较重的刑罚处罚。

20.“金融凭证诈骗罪”(更重罪)，是两异择一定罪剩余犯罪构成要件转化而来的从重处罚情节。

刑法第194条第2款、第199条和第200条规定的“金融凭证诈骗罪”(更重罪)，涵盖“数额巨大或者有其他严重情节的”两种异属性选择要件。犯罪人只要具有其中一种选择要件，便可构成本罪行。如果具有两种异属性选择要件的，应当拿出其中一种作为定罪情节，用以满足构成要件的起码要求；定罪剩余的另一种选择要件理所当然地转化为从重处罚情节。可结合具体案情，根据本量刑情节的社会危害性大小，理性评价其罪责程度，从而使具有两种选择要件的犯罪人受到较重的刑罚处罚。

21.“有价证券诈骗罪”(重罪)，是两异择一定罪剩余犯罪构成要件转化而来的从重处罚情节。

刑法第 197 条规定的“有价证券诈骗罪”(重罪)，涵盖“数额巨大或者有其他严重情节”两种异属性选择要件。犯罪人只要具有其中一种选择要件，便可构成本罪行。如果具有两种异属性选择要件的，应当拿出其中一种作为定罪情节，用以满足构成要件的起码要求；定罪剩余的另一种选择要件理所当然地转化为从重处罚情节。可结合具体案情，根据本量刑情节的社会危害性大小，理性评价其罪责程度，从而使具有两种选择要件的犯罪人受到较重的刑罚处罚。

22. “有价证券诈骗罪”(更重罪)，是两异择一定罪剩余犯罪构成要件转化而来的从重处罚情节。

刑法第 197 条规定的“有价证券诈骗罪”(更重罪)，涵盖“数额特别巨大或者有其他特别严重情节的”两种异属性选择要件。犯罪人只要具有其中一种选择要件，便可构成本罪行。如果具有两种异属性选择要件的，应当拿出其中一种作为定罪情节，用以满足构成要件的起码要求；定罪剩余的另一种选择要件理所当然地转化为从重处罚情节。可结合具体案情，根据本量刑情节的社会危害性大小，理性评价其罪责程度，从而使具有两种选择要件的犯罪人受到较重的刑罚处罚。

23. “骗取出口退税款罪”(更重罪)，是两异择一定罪剩余犯罪构成要件转化而来的从重处罚情节。

刑法第 204 条第 1 款、第 211 条和第 212 条规定的“骗取出口退税款罪”(更重罪)，涵盖“数额特别巨大或者有其他特别严重情节的”两种异属性选择要件。犯罪人只要具有其中一种选择要件，便可构成本罪行。如果具有两种异属性选择要件的，应当拿出其中一种作为定罪情节，用以满足构成要件的起码要求；定罪剩余的另一种选择要件理所当然地转化为从重处罚情节。可结合具体案情，根据本量刑情节的社会危害性大小，理性评价其罪责程度，从而使具有两种选择要件的犯罪人受到较重的刑罚处罚。

24. “虚开增值税专用发票、用于骗取出口退税、抵扣税款发票罪”(重罪)，是两异择一定罪剩余犯罪构成要件转化而来的从重处罚情节。

刑法第 205 条、第 208 条第 2 款和第 212 条规定的“虚开增值税专用发票、用于骗取出口退税、抵扣税款发票罪”(重罪)，涵盖“虚开税款数额较大或者有其他严重情节的”两种异属性选择要件。犯罪人只要具有其中一种选择要件，便可构成本罪行。如果具有两种异属性选择要件的，应当拿出其中一种作为定罪情节，用以满足构成要件的起码要求；定罪剩余的另一种选择要件理所当然地转化为从重处罚情节。可结合具体案情，根据本量刑情节的社会危害性大小，理性评价其罪责程度，从而使具有两种选择要件的犯罪人受到较重的刑罚处罚。

25.“虚开增值税专用发票、用于骗取出口退税、抵扣税款发票罪”(更重罪)，是两异择一定罪剩余犯罪构成要件转化而来的从重处罚情节。

刑法第 205 条、第 208 条第 2 款和第 212 条规定的“虚开增值税专用发票、用于骗取出口退税、抵扣税款发票罪”(更重罪)，涵盖“虚开的税款数额巨大或者有其他特别严重情节的”两种异属性选择要件。犯罪人只要具有其中一种选择要件，便可构成本罪行。如果具有两种异属性选择要件的，应当拿出其中一种作为定罪情节，用以满足构成要件的起码要求；定罪剩余的另一种选择要件理所当然地转化为从重处罚情节。可结合具体案情，根据本量刑情节的社会危害性大小，理性评价其罪责程度，从而使具有两种选择要件的犯罪人受到较重的刑罚处罚。

26.“伪造、出售伪造的增值税专用发票罪”(重罪)，是两异择一定罪剩余犯罪构成要件转化而来的从重处罚情节。

刑法第 206 条和第 208 条第 2 款规定的“伪造、出售伪造的增值税专用发票罪”(重罪)，涵盖“数量较大或者有其他严重情节的”两种异属性选择要件。犯罪人只要具有其中一种选择要件，便可构成本罪行。如果具有两种异属性选择要件的，应当拿出其中一种作为定罪情节，用以满足构成要件的起码要求；定罪剩余的另一种选择要件理所当然地转化为从重处罚情节。可结合具体案情，根据本量刑情节的社会危害性大小，理性评价其罪责程度，从而使具有两种选择要件的犯罪人受到较重的刑罚处罚。

27.“伪造、出售伪造的增值税专用发票罪”(更重罪)，是两异择一定罪剩余犯罪构成要件转化而来的从重处罚情节。

刑法第206条和第208条第2款规定的“伪造、出售伪造的增值税专用发票罪”(更重罪)，涵盖“数量巨大或者有其他特别严重情节的”两种异属性选择要件。犯罪人只要具有其中一种选择要件，便可构成本罪行。如果具有两种异属性选择要件的，应当拿出其中一种作为定罪情节，用以满足构成要件的起码要求；定罪剩余的另一种选择要件理所当然地转化为从重处罚情节。可结合具体案情，根据本量刑情节的社会危害性大小，理性评价其罪责程度，从而使具有两种选择要件的犯罪人受到较重的刑罚处罚。

28.“损害商业信誉、商品声誉罪”(基本罪)，是两异择一定罪剩余犯罪构成要件转化而来的从重处罚情节。

刑法第221条规定的“损害商业信誉、商品声誉罪”(基本罪)，涵盖“给他人造成重大损失或者有其他严重情节的”两种异属性选择要件。犯罪人只要具有其中一种选择要件，便可构成本罪行。如果具有两种异属性选择要件的，应当拿出其中一种作为定罪情节，用以满足构成要件的起码要求；定罪剩余的另一种选择要件理所当然地转化为从重处罚情节。可结合具体案情，根据本量刑情节的社会危害性大小，理性评价其罪责程度，从而使具有两种选择要件的犯罪人受到较重的刑罚处罚。

29.“盗窃罪”(重罪)，是两异择一定罪剩余犯罪构成要件转化而来的从重处罚情节。

刑法第264条规定的“盗窃罪”(重罪)，涵盖“盗窃数额巨大或者有其他严重情节的”两种异属性选择要件。犯罪人只要具有其中一种选择要件，便可构成本罪行。如果具有两种异属性选择要件的，应当拿出其中一种作为定罪情节，用以满足构成要件的起码要求；定罪剩余的另一种选择要件理所当然地转化为从重处罚情节。可结合具体案情，根据本量刑情节的社会危害性大小，理性评价其罪责程度，从而使具有两种选择要件的犯罪人受到较重的刑罚处罚。

30. “盗窃罪”（更重罪），是两异择一定罪剩余犯罪构成要件转化而来的从重处罚情节。

刑法第 264 条规定的“盗窃罪”（更重罪），涵盖“盗窃数额特别巨大或者有其他特别严重情节的”两种异属性选择要件。犯罪人只要具有其中一种选择要件，便可构成本罪行。如果具有两种异属性选择要件的，应当拿出其中一种作为定罪情节，用以满足构成要件的起码要求；定罪剩余的另一种选择要件理所当然地转化为从重处罚情节。可结合具体案情，根据本量刑情节的社会危害性大小，理性评价其罪责程度，从而使具有两种选择要件的犯罪人受到较重的刑罚处罚。

31. “诈骗罪”（重罪），是两异择一定罪剩余犯罪构成要件转化而来的从重处罚情节。

刑法第 266 条和第 300 条第 3 款规定的“诈骗罪”（重罪），涵盖“数额巨大或者有其他严重情节的”两种异属性选择要件。犯罪人只要具有其中一种选择要件，便可构成本罪行。如果具有两种异属性选择要件的，应当拿出其中一种作为定罪情节，用以满足构成要件的起码要求；定罪剩余的另一种选择要件理所当然地转化为从重处罚情节。可结合具体案情，根据本量刑情节的社会危害性大小，理性评价其罪责程度，从而使具有两种选择要件的犯罪人受到较重的刑罚处罚。

32. “诈骗罪”（更重罪），是两异择一定罪剩余犯罪构成要件转化而来的从重处罚情节。

刑法第 266 条和第 300 条第 3 款规定的“诈骗罪”（更重罪），涵盖“数额特别巨大或者有其他特别严重情节的”两种异属性选择要件。犯罪人只要具有其中一种选择要件，便可构成本罪行。如果具有两种异属性选择要件的，应当拿出其中一种作为定罪情节，用以满足构成要件的起码要求；定罪剩余的另一种选择要件理所当然地转化为从重处罚情节。可结合具体案情，根据本量刑情节的社会危害性大小，理性评价其罪责程度，从而使具有两种选择要件的犯罪人受到较重的刑罚处罚。

33.“抢夺罪”(重罪)，是两异择一定罪剩余犯罪构成要件转化而来的从重处罚情节。

刑法第267条规定的“抢夺罪”(重罪)，涵盖“数额巨大或者有其他严重情节的”两种异属性选择要件。犯罪人只要具有其中一种选择要件，便可构成本罪行。如果具有两种异属性选择要件的，应当拿出其中一种作为定罪情节，用以满足构成要件的起码要求；定罪剩余的另一种选择要件理所当然地转化为从重处罚情节。可结合具体案情，根据本量刑情节的社会危害性大小，理性评价其罪责程度，从而使具有两种选择要件的犯罪人受到较重的刑罚处罚。

34.“抢夺罪”(更重罪)，是两异择一定罪剩余犯罪构成要件转化而来的从重处罚情节。

刑法第267条规定的“抢夺罪”(更重罪)，涵盖“数额特别巨大或者有其他特别严重情节的”两种异属性选择要件。犯罪人只要具有其中一种选择要件，便可构成本罪行。如果具有两种异属性选择要件的，应当拿出其中一种作为定罪情节，用以满足构成要件的起码要求；定罪剩余的另一种选择要件理所当然地转化为从重处罚情节。可结合具体案情，根据本量刑情节的社会危害性大小，理性评价其罪责程度，从而使具有两种选择要件的犯罪人受到较重的刑罚处罚。

35.“聚众哄抢罪”(基本罪)，是两异择一定罪剩余犯罪构成要件转化而来的从重处罚情节。

刑法第268条规定的“聚众哄抢罪”(基本罪)，涵盖“哄抢公私财物，数额较大或者有其他严重情节的”两种异属性选择要件。犯罪人只要具有其中一种选择要件，便可构成本罪行。如果具有两种异属性选择要件的，应当拿出其中一种作为定罪情节，用以满足构成要件的起码要求；定罪剩余的另一种选择要件理所当然地转化为从重处罚情节。可结合具体案情，根据本量刑情节的社会危害性大小，理性评价其罪责程度，从而使具有两种选择要件的犯罪人受到较重的刑罚处罚。

36.“聚众哄抢罪”(重罪)，是两异择一定罪剩余犯罪构成要件转化而来的从重处罚情节。

刑法第268条规定的“聚众哄抢罪”(重罪)，涵盖“数额巨大或者有其他特别严重情节的”两种异属性选择要件。犯罪人只要具有其中一种选择要件，便可构成本罪行。如果具有两种异属性选择要件的，应当拿出其中一种作为定罪情节，用以满足构成要件的起码要求；定罪剩余的另一种选择要件理所当然地转化为从重处罚情节。可结合具体案情，根据本量刑情节的社会危害性大小，理性评价其罪责程度，从而使具有两种选择要件的犯罪人受到较重的刑罚处罚。

37.“挪用资金罪”(重罪)，是两异择一定罪剩余犯罪构成要件转化而来的从重处罚情节。

刑法第272条、第185条第1款规定的“挪用资金罪”(重罪)，涵盖“挪用本单位资金数额巨大的，或者数额较大不退还的”两种异属性选择要件。犯罪人只要具有其中一种选择要件，便可构成本罪行。如果具有两种异属性选择要件的，应当拿出其中一种作为定罪情节，用以满足构成要件的起码要求；定罪剩余的另一种选择要件理所当然地转化为从重处罚情节。可结合具体案情，根据本量刑情节的社会危害性大小，理性评价其罪责程度，从而使具有两种选择要件的犯罪人受到较重的刑罚处罚。

38.“敲诈勒索罪”(基本罪)，是两异择一定罪剩余犯罪构成要件转化而来的从重处罚情节。

刑法第274条规定的“敲诈勒索罪”(基本罪)，涵盖“敲诈勒索公私财物，数额较大或者多次敲诈勒索的”两种异属性选择要件。犯罪人只要具有其中一种选择要件，便可构成本罪行。如果具有两种异属性选择要件的，应当拿出其中一种作为定罪情节，用以满足构成要件的起码要求；定罪剩余的另一种选择要件理所当然地转化为从重处罚情节。可结合具体案情，根据本量刑情节的社会危害性大小，理性评价其罪责程度，从而使具有两种选择要件的犯罪人受到较重的刑罚处罚。

39.“敲诈勒索罪”(重罪)，是两异择一定罪剩余犯罪构成要件转化而来的从重处罚情节。

刑法第274条规定的“敲诈勒索罪”(重罪)，涵盖“数额巨大或者有其他严重情节的”两种异属性选择要件。犯罪人只要具有其中一种选择要件，便可构成本罪行。如果具有两种异属性选择要件的，应当拿出其中一种作为定罪情节，用以满足构成要件的起码要求；定罪剩余的另一种选择要件理所当然地转化为从重处罚情节。可结合具体案情，根据本量刑情节的社会危害性大小，理性评价其罪责程度，从而使具有两种选择要件的犯罪人受到较重的刑罚处罚。

40.“故意毁坏财物罪”(基本罪)，是两异择一定罪剩余犯罪构成要件转化而来的从重处罚情节。

刑法第275条规定的“故意毁坏财物罪”(基本罪)，涵盖“故意毁坏公私财物，数额较大或者有其他严重情节的”两种异属性选择要件。犯罪人只要具有其中一种选择要件，便可构成本罪行。如果具有两种异属性选择要件的，应当拿出其中一种作为定罪情节，用以满足构成要件的起码要求；定罪剩余的另一种选择要件理所当然地转化为从重处罚情节。可结合具体案情，根据本量刑情节的社会危害性大小，理性评价其罪责程度，从而使具有两种选择要件的犯罪人受到较重的刑罚处罚。

41.“故意毁坏财物罪”(重罪)，是两异择一定罪剩余犯罪构成要件转化而来的从重处罚情节。

刑法第275条规定的“故意毁坏财物罪”(重罪)，涵盖“数额巨大或者有其他特别严重情节的”两种异属性选择要件。犯罪人只要具有其中一种选择要件，便可构成本罪行。如果具有两种异属性选择要件的，应当拿出其中一种作为定罪情节，用以满足构成要件的起码要求；定罪剩余的另一种选择要件理所当然地转化为从重处罚情节。可结合具体案情，根据本量刑情节的社会危害性大小，理性评价其罪责程度，从而使具有两种选择要件的犯罪人受到较重的刑罚处罚。

42.“运送他人偷越国(边)境罪”(更重罪)，是两异择一定罪剩余犯罪构成要件转化而来的从重处罚情节。

刑法第321条规定的“运送他人偷越国(边)境罪”(更重罪)，涵盖“在运送他人偷越国(边)境中造成被运送人重伤、死亡，或者以暴力、威胁方法抗拒检查的”两种异属性选择要件。犯罪人只要具有其中一种选择要件，便可构成本罪行。如果具有两种异属性选择要件的，应当拿出其中一种作为定罪情节，用以满足构成要件的起码要求；定罪剩余的另一种选择要件理所当然地转化为从重处罚情节。可结合具体案情，根据本量刑情节的社会危害性大小，理性评价其罪责程度，从而使具有两种选择要件的犯罪人受到较重的刑罚处罚。

43. “利用影响力受贿罪”(重罪)，是两异择一定罪剩余犯罪构成要件转化而来的从重处罚情节。

刑法第388条之一规定的“利用影响力受贿罪”(重罪)，涵盖“受贿数额巨大或者有其他严重情节的”两种异属性选择要件。犯罪人只要具有其中一种选择要件，便可构成本罪行。如果具有两种异属性选择要件的，应当拿出其中一种作为定罪情节，用以满足构成要件的起码要求；定罪剩余的另一种选择要件理所当然地转化为从重处罚情节。可结合具体案情，根据本量刑情节的社会危害性大小，理性评价其罪责程度，从而使具有两种选择要件的犯罪人受到较重的刑罚处罚。

44. “利用影响力受贿罪”(更重罪)，是两异择一定罪剩余犯罪构成要件转化而来的从重处罚情节。

刑法第388条之一规定的“利用影响力受贿罪”(更重罪)，涵盖“受贿数额特别巨大或者有其他特别严重情节的”两种异属性选择要件。犯罪人只要具有其中一种选择要件，便可构成本罪行。如果具有两种异属性选择要件的，应当拿出其中一种作为定罪情节，用以满足构成要件的起码要求；定罪剩余的另一种选择要件理所当然地转化为从重处罚情节。可结合具体案情，根据本量刑情节的社会危害性大小，理性评价其罪责程度，从而使具有两种选择要件的犯罪人受到较重的刑罚处罚。

45. “行贿罪”(重罪)，是两异择一定罪剩余犯罪构成要件转化而来的从重处罚情节。

刑法第389条、第390条规定的“行贿罪”(重罪)，涵盖“情节严重的，或者使国家利益遭受重大损失的”两种异属性选择要件。犯罪人只要具有其中一种选择要件，便可构成本罪行。如果具有两种异属性选择要件的，应当拿出其中一种作为定罪情节，用以满足构成要件的起码要求；定罪剩余的另一种选择要件理所当然地转化为从重处罚情节。可结合具体案情，根据本量刑情节的社会危害性大小，理性评价其罪责程度，从而使具有两种选择要件的犯罪人受到较重的刑罚处罚。

46.“违令作战消极罪”(重罪)，是两异择一定罪剩余犯罪构成要件转化而来的从重处罚情节。

刑法第428条规定的“违令作战消极罪”(重罪)，涵盖“致使战斗、战役遭受重大损失或者有其他特别严重情节的”两种异属性选择要件。犯罪人只要具有其中一种选择要件，便可构成本罪行。如果具有两种异属性选择要件的，应当拿出其中一种作为定罪情节，用以满足构成要件的起码要求；定罪剩余的另一种选择要件理所当然地转化为从重处罚情节。可结合具体案情，根据本量刑情节的社会危害性大小，理性评价其罪责程度，从而使具有两种选择要件的犯罪人受到较重的刑罚处罚。

47.“故意泄露军事机密罪”(重罪)，是两异择一定罪剩余犯罪构成要件转化而来的从重处罚情节。

刑法第432条规定的“故意泄露军事机密罪”(重罪)，涵盖“情节特别严重的，或者战时犯本罪基本罪的”两种异属性选择要件。犯罪人只要具有其中一种选择要件，便可构成本罪行。如果具有两种异属性选择要件的，应当拿出其中一种作为定罪情节，用以满足构成要件的起码要求；定罪剩余的另一种选择要件理所当然地转化为从重处罚情节。可结合具体案情，根据本量刑情节的社会危害性大小，理性评价其罪责程度，从而使具有两种选择要件的犯罪人受到较重的刑罚处罚。

48.“非法出卖、转让军队武器装备罪”(重罪)，是两异择一定罪剩余犯罪构成要件转化而来的从重处罚情节。

刑法第439条规定的“非法出卖、转让军队武器装备罪”(重罪)，涵盖“出卖、转让大量武器装备或者有其他特别严重情节的”两种异属性选择要件。犯罪人只要具有其中一种选择要件，便可构成本罪行。如果具有两种异属性选择要件的，应当拿出其中一种作为定罪情节，用以满足构成要件的起码要求；定罪剩余的另一种选择要件理所当然地转化为从重处罚情节。可结合具体案情，根据本量刑情节的社会危害性大小，理性评价其罪责程度，从而使具有两种选择要件的犯罪人受到较重的刑罚处罚。

49.“遗失武器装备罪”(基本罪)，是两异择一定罪剩余犯罪构成要件转化而来的从重处罚情节。

刑法第441条规定的“遗失武器装备罪”(基本罪)，涵盖“遗失武器装备，不及时报告或者有其他严重情节的”两种异属性选择要件。犯罪人只要具有其中一种选择要件，便可构成本罪行。如果具有两种异属性选择要件的，应当拿出其中一种作为定罪情节，用以满足构成要件的起码要求；定罪剩余的另一种选择要件理所当然地转化为从重处罚情节。可结合具体案情，根据本量刑情节的社会危害性大小，理性评价其罪责程度，从而使具有两种选择要件的犯罪人受到较重的刑罚处罚。

第二节　“三异择一”的定罪剩余犯罪构成要件转化而来的从重处罚情节

1.“劫持航空器罪”(基本罪)，是三异择一定罪剩余犯罪构成要件转化而来的从重处罚情节。

刑法第121条规定的“劫持航空器罪”(基本罪)，涵盖“以暴力、胁迫或者其他方法”劫持航空器三种异属性选择要件。犯罪人只要具有其中一种选择要件，便可构成本罪行。如果犯罪人具有多种异属性选择要件的，应当拿出其中一种作为定罪情节，用以满足构成要件的起码要求；定罪剩余的其他异属性选择要件理所当然地转化为从重处罚情节，其中：定罪剩余一种异属性选择要件的，建议在从重处罚空间1/2以下判处刑罚；剩余二种异属性选择要件的，建议在从重处罚空间1/2以上判处刑罚。可结合具体案情，根据定罪剩余异属性选择要件的多寡和社会危害性大小，理性评价本量刑情节所体现的罪责程度，从而使具有多种选择要件的犯罪人受到较重的刑罚处罚。

2.“虚报注册资本罪”(基本罪)，是三异择一定罪剩余犯罪构成要件转化而来的从重处罚情节。

刑法第158条规定的“虚报注册资本罪”(基本罪)，涵盖“虚报注册资本数额巨大、后果严重或者有其他严重情节”三种异属性选择要件。犯罪人只要具有其中一种选择要件，便可构成本罪行。如果犯罪人具有多种异属性选择要件的，应当拿出其中一种作为定罪情节，用以满足构成要件的起码要求；定罪剩余的其他异属性选择要件理所当然地转化为从重处罚情节，其中：定罪剩余一种异属性选择要件的，建议在从重处罚空间1/2以下判处刑罚；剩余二种异属性选择要件的，建议在从重处罚空间1/2以上判处刑罚。可结合具体案情，根据定罪剩余异属性选择要件的多寡和社会危害性大小，理性评价本量刑情节所体现的罪责程度，从而使具有多种选择要件的犯罪人受到较重的刑罚处罚。

3.“虚假出资、抽逃出资罪”(基本罪)，是三异择一定罪剩余犯罪构成要件转化而来的从重处罚情节。

刑法第159条规定的“虚假出资、抽逃出资罪”(基本罪)，涵盖“(1)未交付货币、实物或者未转移财产权，虚假出资；(2)在公司成立后又抽逃其出资，数额巨大、后果严重；(3)虚假出资、抽逃出资有其他严重情节的”三种异属性选择要件。犯罪人只要具有其中一种选择要件，便可构成本罪行。如果犯罪人具有多种异属性选择要件的，应当拿出其中一种作为定罪情节，用以满足构成要件的起码要求；定罪剩余的其他异属性选择要件理所当然地转化为从重处罚情节，其中：定罪剩余一种异属性选择要件的，建议在从重处罚空间1/2以下判处刑罚；剩余二种异属性选择要件的，建议在从重处罚空间1/2以上判处刑罚。可结合具体案情，根据定罪剩余异属性选择要件的多寡和社会危害性大小，理性评价本量刑情节所体现的罪责程度，从而使具有多种选择要件的犯罪人受到较重的刑罚处罚。

4.“欺诈发行股票、债券罪”(基本罪)，是三异择一定罪剩余犯罪构成要件转化而来的从重处罚情节。

刑法第 160 条规定的“欺诈发行股票、债券罪”(基本罪)，涵盖“数额巨大、后果严重或者有其他严重情节的”三种异属性选择要件。犯罪人只要具有其中一种选择要件，便可构成本罪行。如果犯罪人具有多种异属性选择要件的，应当拿出其中一种作为定罪情节，用以满足构成要件的起码要求；定罪剩余的其他异属性选择要件理所当然地转化为从重处罚情节，其中：定罪剩余一种异属性选择要件的，建议在从重处罚空间 1/2 以下判处刑罚；剩余二种异属性选择要件的，建议在从重处罚空间 1/2 以上判处刑罚。可结合具体案情，根据定罪剩余异属性选择要件的多寡和社会危害性大小，理性评价本量刑情节所体现的罪责程度，从而使具有多种选择要件的犯罪人受到较重的刑罚处罚。

5.“伪造货币罪”(重罪)，是三异择一定罪剩余犯罪构成要件转化而来的从重处罚情节。

刑法第 170 条第 2 款规定的“伪造货币罪”(重罪)，涵盖三种异属性选择要件：(1)伪造货币集团的首要分子；(2)伪造货币数额特别巨大的；(3)有其他特别严重情节的。犯罪人只要具有其中一种选择要件，便可构成本罪行。如果犯罪人具有多种异属性选择要件的，应当拿出其中一种作为定罪情节，用以满足构成要件的起码要求；定罪剩余的其他异属性选择要件理所当然地转化为从重处罚情节，其中：定罪剩余一种异属性选择要件的，建议在从重处罚空间 1/2 以下判处刑罚；剩余二种异属性选择要件的，建议在从重处罚空间 1/2 以上判处刑罚。可结合具体案情，根据定罪剩余异属性选择要件的多寡和社会危害性大小，理性评价本量刑情节所体现的罪责程度，从而使具有多种选择要件的犯罪人受到较重的刑罚处罚。

6.“擅自发行股票、公司、企业债券罪”(基本罪)，是三异择一定罪剩余犯罪构成要件转化而来的从重处罚情节。

刑法第 179 条规定的“擅自发行股票、公司、企业债券罪”(基本罪)，涵盖“数额巨大、后果严重或者有其他严重情节的”三种异属性选择要件。犯罪人只要具有其中一种选择要件，便可构成本罪行。如果犯罪人具有多种异属性选择要件的，应当拿出其中一种作为定罪情节，用以满足构成要件的起码要求；定罪剩余的其他异属性选择要件理所当然地转化为从重处罚情节，其中：定罪剩余一种异属性选择要件的，建议在从重处罚空间 1/2 以下判处刑罚；剩余二种异属性选择要件的，建议在从重处罚空间 1/2 以上判处刑罚。可结合具体案情，根据定罪剩余异属性选择要件的多寡和社会危害性大小，理性评价本量刑情节所体现的罪责程度，从而使具有多种选择要件的犯罪人受到较重的刑罚处罚。

7.“强制猥亵、侮辱妇女罪”(基本罪)，是三异择一定罪剩余犯罪构成要件转化而来的从重处罚情节。

刑法第 237 条第 1 款规定的“强制猥亵、侮辱妇女罪”(基本罪)，涵盖“以暴力、胁迫或者其他方法”强制猥亵妇女或者侮辱妇女三种异属性选择要件。犯罪人只要具有其中一种选择要件，便可构成本罪行。如果犯罪人具有多种异属性选择要件的，应当拿出其中一种作为定罪情节，用以满足构成要件的起码要求；定罪剩余的其他异属性选择要件理所当然地转化为从重处罚情节，其中：定罪剩余一种异属性选择要件的，建议在从重处罚空间 1/2 以下判处刑罚；剩余二种异属性选择要件的，建议在从重处罚空间 1/2 以上判处刑罚。可结合具体案情，根据定罪剩余异属性选择要件的多寡和社会危害性大小，理性评价本量刑情节所体现的罪责程度，从而使具有多种选择要件的犯罪人受到较重的刑罚处罚。

8.“抢劫罪”(基本罪)，是三异择一定罪剩余犯罪构成要件转化而来的从重处罚情节。

刑法第 263 条第 1 款规定的“抢劫罪”(基本罪)，涵盖“以暴力、胁迫或者其他方法”抢劫公私财物三种异属性选择要件。犯罪人只要具有其中一种选择要件，便可构成本罪行。如果犯罪人具有多种异属性选择要件的，应当拿出其中一种作为定罪情节，用以满足构成要件的起码要求；定罪剩余的其他异属性选择要件理所当然地转化为从重处罚情节，其中：定罪剩余一种异属性选择要件的，建议在从重处罚空间 1/2 以下判处刑罚；剩余二种异属性选择要件的，建议在从重处罚空间 1/2 以上判处刑罚。可结合具体案情，根据定罪剩余异属性选择要件的多寡和社会危害性大小，理性评价本量刑情节所体现的罪责程度，从而使具有多种选择要件的犯罪人受到较重的刑罚处罚。

9.“侵占罪”(重罪)，是三异择一定罪剩余犯罪构成要件转化而来的从重处罚情节。

刑法第 270 条第 1 款规定的“侵占罪”(重罪)，涵盖“数额巨大，拒不退还，或者有其他严重情节的”三种异属性选择要件。犯罪人只要具有其中一种选择要件，便可构成本罪行。如果犯罪人具有多种异属性选择要件的，应当拿出其中一种作为定罪情节，用以满足构成要件的起码要求；定罪剩余的其他异属性选择要件理所当然地转化为从重处罚情节，其中：定罪剩余一种异属性选择要件的，建议在从重处罚空间 1/2 以下判处刑罚；剩余二种异属性选择要件的，建议在从重处罚空间 1/2 以上判处刑罚。可结合具体案情，根据定罪剩余异属性选择要件的多寡和社会危害性大小，理性评价本量刑情节所体现的罪责程度，从而使具有多种选择要件的犯罪人受到较重的刑罚处罚。

10.“利用影响力受贿罪”(基本罪)，是三异择一定罪剩余犯罪构成要件转化而来的从重处罚情节。

刑法第 388 条之一规定的“利用影响力受贿罪”(基本罪)，涵盖“(1)通过其他国家工作人员职务上的行为，为请托人谋取不正当利益，索取请托人财物；(2)或者收受请托人财物，数额较大；(3)或者有其他较重情节的”三种异属性选择要件。犯罪人只要具有其中一种选择要件，便可构成本罪行。如果犯罪人具有多种异属性选择要件的，应当拿出其中一种作为定罪情节，用以满足构成要件的起码要求；定罪剩余的其他异属性选择要件理所当然地转化为从重处罚情节，其中：定罪剩余一种异属性选择要件的，建议在从重处罚空间 1/2 以下判处刑罚；剩余二种异属性选择要件的，建议在从重处罚空间 1/2 以上判处刑罚。可结合具体案情，根据定罪剩余异属性选择要件的多寡和社会危害性大小，理性评价本量刑情节所体现的罪责程度，从而使具有多种选择要件的犯罪人受到较重的刑罚处罚。

11.“挪用公款罪”(基本罪)，是三异择一定罪剩余犯罪构成要件转化而来的从重处罚情节。

刑法第384条规定的“挪用公款罪”(基本罪)，涵盖“(1)利用职务上的便利，挪用公款归个人使用，进行非法活动的；(2)挪用公款数额较大、进行营利活动的；(3)挪用公款数额较大、超过3个月未还的”三种异属性选择要件。犯罪人只要具有其中一种选择要件，便可构成本罪行。如果犯罪人具有多种异属性选择要件的，应当拿出其中一种作为定罪情节，用以满足构成要件的起码要求；定罪剩余的其他异属性选择要件理所当然地转化为从重处罚情节，其中：定罪剩余一种异属性选择要件的，建议在从重处罚空间1/2以下判处刑罚；剩余二种异属性选择要件的，建议在从重处罚空间1/2以上判处刑罚。可结合具体案情，根据定罪剩余异属性选择要件的多寡和社会危害性大小，理性评价本量刑情节所体现的罪责程度，从而使具有多种选择要件的犯罪人受到较重的刑罚处罚。

12.“挪用公款罪”(重罪)，是三异择一定罪剩余犯罪构成要件转化而来的从重处罚情节。

刑法第384条规定的“挪用公款罪”(重罪)，涵盖“(1)利用职务上的便利，挪用公款归个人使用，进行非法活动的；(2)挪用公款数额较大、进行营利活动的；(3)挪用公款数额较大、超过3个月未还的”三种异属性选择要件。犯罪人只要具有其中一种选择要件，便可构成本罪行。如果犯罪人具有多种异属性选择要件的，应当拿出其中一种作为定罪情节，用以满足构成要件的起码要求；定罪剩余的其他异属性选择要件理所当然地转化为从重处罚情节，其中：定罪剩余一种异属性选择要件的，建议在从重处罚空间1/2以下判处刑罚；剩余二种异属性选择要件的，建议在从重处罚空间1/2以上判处刑罚。可结合具体案情，根据定罪剩余异属性选择要件的多寡和社会危害性大小，理性评价本量刑情节所体现的罪责程度，从而使具有多种选择要件的犯罪人受到较重的刑罚处罚。

13.“阻碍执行军事职务罪”(更重罪)，是三异择一定罪剩余犯罪构成要件转化而来的从重处罚情节。

刑法第426条规定的“阻碍执行军事职务罪”(更重罪)，涵盖“致人重伤、死亡的，或者有其他特别严重情节的”三种异属性选择要件。犯罪人只要具有其中一种选择要件，便可构成本罪行。如果犯罪人具有多种异属性选择要件的，应当拿出其中一种作为定罪情节，用以满足构成要件的起码要求；定罪剩余的其他异属性选择要件理所当然地转化为从重处罚情节，其中：定罪剩余一种异属性选择要件的，建议在从重处罚空间 1/2 以下判处刑罚；剩余二种异属性选择要件的，建议在从重处罚空间 1/2 以上判处刑罚。可结合具体案情，根据定罪剩余异属性选择要件的多寡和社会危害性大小，理性评价本量刑情节所体现的罪责程度，从而使具有多种选择要件的犯罪人受到较重的刑罚处罚。

14. "军人叛逃罪"(更重罪)，是三异择一定罪剩余犯罪构成要件转化而来的从重处罚情节。

刑法第 430 条规定的"军人叛逃罪"(更重罪)，涵盖"驾驶航空器、舰船，叛逃境外或者在境外叛逃的，或者有其他特别严重情节的"三种异属性选择要件。犯罪人只要具有其中一种选择要件，便可构成本罪行。如果犯罪人具有多种异属性选择要件的，应当拿出其中一种作为定罪情节，用以满足构成要件的起码要求；定罪剩余的其他异属性选择要件理所当然地转化为从重处罚情节，其中：定罪剩余一种异属性选择要件的，建议在从重处罚空间 1/2 以下判处刑罚；剩余二种异属性选择要件的，建议在从重处罚空间 1/2 以上判处刑罚。可结合具体案情，根据定罪剩余异属性选择要件的多寡和社会危害性大小，理性评价本量刑情节所体现的罪责程度，从而使具有多种选择要件的犯罪人受到较重的刑罚处罚。

15. "遗弃武器装备罪"(重罪)，是三异择一定罪剩余犯罪构成要件转化而来的从重处罚情节。

刑法第 440 条规定的"遗弃武器装备罪"(重罪)，涵盖"遗弃重要或者大量武器装备，或者有其他严重情节的"三种异属性选择要件。犯罪人只要具有其中一种选择要件，便可构成本罪行。如果犯罪人具有多种异属性选择要件的，应当拿出其中一种作为定罪情节，用以满足构成要件的起码要求；定罪剩余的其他异属性选择要件理所当然地转化为从重处罚情节，其中：定罪剩余一种异属性选择要件的，建议在从重处罚空间 1/2 以下判处刑罚；剩余二种异属性选择要件的，建议在从重处罚空间 1/2 以上判处刑罚。可结合具体案情，根据定罪剩余异属性选择要件的多寡和社会危害性大小，理性评价本量刑情节所体现的罪责程度，从而使具有多种选择要件的犯罪人受到较重的刑罚处罚。

16.“战时拒不救治伤病军人罪”(重罪)，是三异择一定罪剩余犯罪构成要件转化而来的从重处罚情节。

刑法第 445 条规定的“战时拒不救治伤病军人罪”(重罪)，涵盖“造成伤病军人重残、死亡或者有其他严重情节的”三种异属性选择要件。犯罪人只要具有其中一种选择要件，便可构成本罪行。如果犯罪人具有多种异属性选择要件的，应当拿出其中一种作为定罪情节，用以满足构成要件的起码要求；定罪剩余的其他异属性选择要件理所当然地转化为从重处罚情节，其中：定罪剩余一种异属性选择要件的，建议在从重处罚空间 1/2 以下判处刑罚；剩余二种异属性选择要件的，建议在从重处罚空间 1/2 以上判处刑罚。可结合具体案情，根据定罪剩余异属性选择要件的多寡和社会危害性大小，理性评价本量刑情节所体现的罪责程度，从而使具有多种选择要件的犯罪人受到较重的刑罚处罚。

17.“私放俘虏罪”(重罪)，是三异择一定罪剩余犯罪构成要件转化而来的从重处罚情节。

刑法第 447 条规定的“私放俘虏罪”(重罪)，涵盖“私放重要俘虏、私放俘虏多人或者有其他严重情节的”三种异属性选择要件。犯罪人只要具有其中一种选择要件，便可构成本罪行。如果犯罪人具有多种异属性选择要件的，应当拿出其中一种作为定罪情节，用以满足构成要件的起码要求；定罪剩余的其他异属性选择要件理所当然地转化为从重处罚情节，其中：定罪剩余一种异属性选择要件的，建议在从重处罚空间 1/2 以下判处刑罚；剩余二种异属性选择要件的，建议在从重处罚空间 1/2 以上判处刑罚。可结合具体案情，根据定罪剩余异属性选择要件的多寡和社会危害性大小，理性评价本量刑情节所体现的罪责程度，从而使具有多种选择要件的犯罪人受到较重的刑罚处罚。

第三节　“四异择一”的定罪剩余犯罪构成要件转化而来的从重处罚情节

1. “盗窃罪”(基本罪)，是四异择一定罪剩余犯罪构成要件转化而来的从重处罚情节。

刑法第264条规定的“盗窃罪”(基本罪)，涵盖“(1)盗窃公私财物，数额较大的；(2)多次盗窃；(3)入户盗窃；(4)携带凶器盗窃、扒窃的”四种异属性选择要件。犯罪人只要具有其中一种选择要件，便可构成本罪行。如果具有两种以上异属性选择要件的，应当拿出其中一种作为定罪情节，用以满足构成要件的起码要求；定罪剩余的其他异属性选择要件理所当然地转化为从重处罚情节，其中：定罪剩余一种异属性选择要件的，建议在从重处罚空间1/2以下判处刑罚；剩余二种异属性选择要件的，建议在从重处罚空间1/2处判处刑罚；剩余三种异属性选择要件的，建议在从重处罚空间1/2以上判处刑罚。可结合具体案情，根据定罪剩余异属性选择要件的多寡和社会危害性大小，理性评价本量刑情节所体现的罪责程度，从而使具有多种选择要件的犯罪人受到较重的刑罚处罚。

2. “聚众斗殴罪”(重罪)，是四异择一定罪剩余犯罪构成要件转化而来的从重处罚情节。

刑法第292条第1款后段规定的“聚众斗殴罪”(重罪)，涵盖四种异属性选择要件：(1)多次聚众斗殴的；(2)聚众斗殴人数多，规模大，社会影响恶劣的；(3)在公共场所或者交通要道聚众斗殴，造成社会秩序严重混乱的；(4)持械聚众斗殴的。犯罪人只要具有其中一种选择要件，属于实施本罪行的首要分子或者其他积极参加的，便可构成本罪行。如果具有两种以上异属性选择要件的，应当拿出其中一种作为定罪情节，用以满足构成要件的起码要求；定罪剩余的其他异属性选择要件理所当然地转化为从重处罚情节，其中：定罪剩余一种异属性选择要件的，建议在从重处罚空间1/2以下判处刑罚；剩余二种异属性选择要件的，建议在从重处罚空间 1/2 处判处刑罚；剩余三种异属性选择要件的，建议在从重处罚空间 1/2 以上判处刑罚。可结合具体案情，根据定罪剩余异属性选择要件的多寡和社会危害性大小，理性评价本量刑情节所体现的罪责程度，从而使具有多种选择要件的犯罪人受到较重的刑罚处罚。

3.“运送他人偷越国(边)境罪”(重罪)，是四异择一定罪剩余犯罪构成要件转化而来的从重处罚情节。

刑法第 321 条规定的“运送他人偷越国(边)境罪”(重罪)，涵盖四种异属性选择要件：(1)多次实施运送行为或者运送人数众多的；(2)所使用的船只、车辆等交通工具不具备必要的安全条件，足以造成严重后果的；(3)违法所得数额巨大的；(4)有其他特别严重情节的。犯罪人只要具有其中一种选择要件，便可构成本罪行。如果具有两种以上异属性选择要件的，应当拿出其中一种作为定罪情节，用以满足构成要件的起码要求；定罪剩余的其他异属性选择要件理所当然地转化为从重处罚情节，其中：定罪剩余一种异属性选择要件的，建议在从重处罚空间 1/2 以下判处刑罚；剩余二种异属性选择要件的，建议在从重处罚空间 1/2 处判处刑罚；剩余三种异属性选择要件的，建议在从重处罚空间 1/2 以上判处刑罚。可结合具体案情，根据定罪剩余异属性选择要件的多寡和社会危害性大小，理性评价本量刑情节所体现的罪责程度，从而使具有多种选择要件的犯罪人受到较重的刑罚处罚。

4.“盗掘古文化遗址、古墓葬罪”(重罪)，是四异择一定罪剩余犯罪构成要件转化而来的从重处罚情节。

刑法第 328 条第 1 款后段规定的“盗掘古文化遗址、古墓葬罪”(重罪)，涵盖四种异属性选择要件：(1)盗掘确定为全国重点文物保护单位和省级文物保护单位的古文化遗址、古墓葬的；(2)盗掘古文化遗址、古墓葬集团的首要分子；(3)多次盗掘古文化遗址、古墓葬的；(4)盗掘古文化遗址、古墓葬，并盗窃珍贵文物或者造成珍贵文物严重破坏的。犯罪人只要具有其中一种选择要件，便可构成本罪行。如果具有两种以上异属性选择要件的，应当拿出其中一种作为定罪情节，用以满足构成要件的起码要求；定罪剩余的其他异属性选择要件理所当然地转化为从重处罚情节，其中：定罪剩余一种异属性选择要件的，建议在从重处罚空间1/2以下判处刑罚；剩余二种异属性选择要件的，建议在从重处罚空间1/2处判处刑罚；剩余三种异属性选择要件的，建议在从重处罚空间1/2以上判处刑罚。可结合具体案情，根据定罪剩余异属性选择要件的多寡和社会危害性大小，理性评价本量刑情节所体现的罪责程度，从而使具有多种选择要件的犯罪人受到较重的刑罚处罚。

5.“盗掘古人类化石、古脊椎动物化石罪”(重罪)，是四异择一定罪剩余犯罪构成要件转化而来的从重处罚情节。

刑法第328条第2款规定的“盗掘古人类化石、古脊椎动物化石罪”(重罪)，涵盖四种异属性选择要件：(1)盗掘确定为全国重点文物保护单位和省级文物保护单位的古人类化石和古脊椎动物化石的；(2)盗掘古人类化石和古脊椎动物化石集团的首要分子；(3)多次盗掘古人类化石和古脊椎动物化石的；(4)盗掘古人类化石和古脊椎动物化石的，并盗窃珍贵文物或者造成珍贵文物严重破坏的。犯罪人只要具有其中一种选择要件，便可构成本罪行。如果具有两种以上异属性选择要件的，应当拿出其中一种作为定罪情节，用以满足构成要件的起码要求；定罪剩余的其他异属性选择要件理所当然地转化为从重处罚情节，其中：定罪剩余一种异属性选择要件的，建议在从重处罚空间1/2以下判处刑罚；剩余二种异属性选择要件的，建议在从重处罚空间1/2处判处刑罚；剩余三种异属性选择要件的，建议在从重处罚空间1/2以上判处刑罚。可结合具体案情，根据定罪剩余异属性选择要件的多寡和社会危害性大小，理性评价本量刑情节所体现的罪责程度，从而使具有多种选择要件的犯罪人受到较重的刑罚处罚。

6.“妨害传染病防治罪”(基本罪)，是四异择一定罪剩余犯罪构成要件转化而来的从重处罚情节。

刑法第330条第1款规定的“妨害传染病防治罪”(基本罪)，涵盖四种异属性选择要件：(1)供水单位供应的饮用水不符合国家规定的卫生标准的；(2)拒绝按照卫生防疫机构提出的卫生要求，对传染病病原体污染的污水、污物、粪便进行消毒处理的；(3)准许或者纵容传染病病人、病原携带者和疑似传染病病人从事国务院卫生行政部门规定禁止从事的易使该传染病扩散的工作的；(4)拒绝执行卫生防疫机构依照传染病防治法提出的预防、控制措施的。犯罪人只要具有其中一种选择要件，引起甲类传染病传播或者有传播严重危险的，便可构成本罪行。如果具有两种以上异属性选择要件的，应当拿出其中一种作为定罪情节，用以满足构成要件的起码要求；定罪剩余的其他异属性选择要件理所当然地转化为从重处罚情节，其中：定罪剩余一种异属性选择要件的，建议在从重处罚空间 1/2 以下判处刑罚；剩余二种异属性选择要件的，建议在从重处罚空间 1/2 处判处刑罚；剩余三种异属性选择要件的，建议在从重处罚空间 1/2 以上判处刑罚。可结合具体案情，根据定罪剩余异属性选择要件的多寡和社会危害性大小，理性评价本量刑情节所体现的罪责程度，从而使具有多种选择要件的犯罪人受到较重的刑罚处罚。

第四节 “五异择一”的定罪剩余犯罪构成要件转化而来的从重处罚情节

1.“强奸罪”(重罪)，是五异择一定罪剩余犯罪构成要件转化而来的从重处罚情节。

刑法第 236 条第 3 款规定的“强奸罪”(重罪)，涵盖五种异属性选择要件：(1)强奸妇女、奸淫幼女情节恶劣的；(2)强奸妇女、奸淫幼女多人的；(3)在公共场所当众强奸妇女的；(4)二人以上轮奸的；(5)致使被害人重伤、死亡或者造成其他严重后果的。犯罪人只要具有其中一种选择要件，便可构成本罪行。如果具有两种以上选择要件的，应当拿出其中一种作为定罪情节，用以满足构成要件的起码要求；定罪剩余的其他选择要件，理所当然地转化为量刑情节。其中，定罪剩余 1～2 种选择要件的，建议在从重处罚空间 1/2 以下判处刑罚；剩余 3～4 种选择要件的，建议在从重处罚空间 1/2 以上判处刑罚。可结合具体案情，根据定罪剩余选择要件的多寡和社会危害性大小，理性评价本量刑情节所体现的罪责程度，从而使具有多种选择要件的犯罪人受到较重的刑罚处罚。

2.“走私、贩卖、运输、制造毒品罪”(最重罪)，是五异择一定罪剩余犯罪构成要件转化而来的从重处罚情节。

刑法第347条第2款规定的“走私、贩卖、运输、制造毒品罪”(最重罪)，涵盖五种异属性选择要件：(1)走私、贩卖、运输、制造鸦片不满200克、海洛因或者甲基苯丙胺不满10克或者其他少量毒品的；(2)走私、贩卖、运输、制造毒品集团的首要分子；(3)武装掩护走私、贩卖、运输、制造毒品的；(4)以暴力抗拒检查、拘留、逮捕，情节严重的；(5)参与有组织的国际贩毒活动的。犯罪人只要具有其中一种选择要件，便可构成本罪行。如果具有两种以上选择要件的，应当拿出其中一种作为定罪情节，用以满足构成要件的起码要求；定罪剩余的其他选择要件，理所当然地转化为量刑情节。其中，定罪剩余1~2种选择要件的，建议在从重处罚空间1/2以下判处刑罚；剩余3~4种选择要件的，建议在从重处罚空间1/2以上判处刑罚。可结合具体案情，根据定罪剩余选择要件的多寡和社会危害性大小，理性评价本量刑情节所体现的罪责程度，从而使具有多种选择要件的犯罪人受到较重的刑罚处罚。

3.“强迫卖淫罪”(重罪)，是五异择一定罪剩余犯罪构成要件转化而来的从重处罚情节。

刑法第358条第1款后段规定的“强迫卖淫罪”(重罪)，涵盖五种异属性选择要件：(1)组织他人卖淫，情节严重的；(2)强迫不满14周岁的幼女卖淫的；(3)强迫多人卖淫或者多次强迫他人卖淫的；(4)强奸后迫使卖淫的；(5)造成被强迫卖淫的人重伤、死亡或者其他严重后果的。犯罪人只要具有其中一种选择要件，便可构成本罪行。如果具有两种以上选择要件的，应当拿出其中一种作为定罪情节，用以满足构成要件的起码要求；定罪剩余的其他选择要件，理所当然地转化为量刑情节。其中，定罪剩余1~2种选择要件的，建议在从重处罚空间1/2以下判处刑罚；剩余3~4种选择要件的，建议在从重处罚空间1/2以上判处刑罚。可结合具体案情，根据定罪剩余选择要件的多寡和社会危害性大小，理性评价本量刑情节所体现的罪责程度，从而使具有多种选择要件的犯罪人受到较重的刑罚处罚。

第五节 “七异择一”的定罪剩余犯罪构成要件转化而来的从重处罚情节

“组织他人偷越国(边)境罪”(重罪)，是七异择一定罪剩余犯罪构成要件转化而来的从重处罚情节。

刑法第318条第1款后段规定的“组织他人偷越国(边)境罪”(重罪)，涵盖七种异属性选择要件：(1)组织他人偷越国(边)境集团的首要分子；(2)多次组织他人偷越国(边)境或者组织他人偷越国(边)境人数众多的；(3)造成被组织人重伤、死亡的；(4)剥夺或者限制被组织人人身自由的；(5)以暴力、威胁方法抗拒检查的；(6)违法所得数额巨大的；(7)有其他特别严重情节的。犯罪人只要具有其中一种选择要件，便可构成本罪行。如果具有两种以上选择要件的，应当拿出其中一种作为定罪情节，用以满足构成要件的起码要求；定罪剩余的其他选择要件，理所当然地转化为量刑情节。其中，定罪剩余1~3种选择要件的，建议在从重处罚空间1/2以下判处刑罚；剩余4~6种选择要件的，建议在从重处罚空间1/2以上判处刑罚。可结合具体案情，根据定罪剩余选择要件的多寡和社会危害性大小，理性评价本量刑情节所体现的罪责程度，从而使具有多种选择要件的犯罪人受到较重的刑罚处罚。

第六节 “八异择一”的定罪剩余犯罪构成要件转化而来的从重处罚情节

1.“拐卖妇女、儿童罪”(重罪)，是八异择一定罪剩余犯罪构成要件转化而来的从重处罚情节。

刑法第240条第1款中段规定的“拐卖妇女、儿童罪”(重罪)，涵盖八种异属性选择要件：(1)拐卖妇女、儿童集团的首要分子；

(2)拐卖妇女、儿童3人以上的；(3)奸淫被拐卖的妇女的；(4)诱骗、强迫被拐卖的妇女卖淫或者将被拐卖的妇女卖给他人迫使其卖淫的；(5)以出卖为目的，使用暴力、胁迫或者麻醉方法绑架妇女、儿童的；(6)以出卖为目的，偷盗婴幼儿的；(7)造成被拐卖的妇女、儿童或者其亲属重伤、死亡或者其他严重后果的；(8)将妇女、儿童卖往境外的。犯罪人只要具有其中一种选择要件，便可构成本罪行。如果具有两种以上选择要件的，应当拿出其中一种作为定罪情节，用以满足构成要件的起码要求；定罪剩余的其他选择要件，理所当然地转化为量刑情节。其中：定罪剩余1~3种选择要件的，建议在从重处罚空间1/2以下判处刑罚；剩余4种选择要件的，建议在从重处罚空间1/2处判处刑罚；剩余5~7种选择要件的，建议在从重处罚空间1/2以上判处刑罚。可结合具体案情，根据定罪剩余选择要件的多寡和社会危害性大小，理性评价本量刑情节所体现的罪责程度，从而使具有多种选择要件的犯罪人受到较重的刑罚处罚。

2.“抢劫罪”(重罪)，是八异择一定罪剩余犯罪构成要件转化而来的从重处罚情节。

刑法第263条后段规定的“抢劫罪”(重罪)，涵盖八种异属性选择要件：(1)入户抢劫的；(2)在公共交通工具上抢劫的；(3)抢劫银行或者其他金融机构的；(4)多次抢劫或者抢劫数额巨大的；(5)抢劫致人重伤、死亡的；(6)冒充军警人员抢劫的；(7)持枪抢劫的；(8)抢劫军用物资或者抢险、救灾、救济物资的。犯罪人只要具有其中一种选择要件，便可构成本罪行。如果具有两种以上选择要件的，应当拿出其中一种作为定罪情节，用以满足构成要件的起码要求；定罪剩余的其他选择要件，理所当然地转化为量刑情节。其中：定罪剩余1~3种选择要件的，建议在从重处罚空间1/2以下判处刑罚；剩余4种选择要件的，建议在从重处罚空间1/2处判处刑罚；剩余5~7种选择要件的，建议在从重处罚空间1/2以上判处刑罚。可结合具体案情，根据定罪剩余选择要件的多寡和社会危害性大小，理性评价本量刑情节所体现的罪责程度，从而使具有多种选择要件的犯罪人受到较重的刑罚处罚。

附　　表

附表 1　　　　**罪名与罪行结构分章节统计表**

刑法分则章节		刑法分则章节名称	罪名	罪行	①单一构成类型的罪名	集合构成类型的罪名							
						二元结构		三元结构			四元结构		
						②一基一重	③一基一轻	④一基二重	⑤一基二轻	⑥一基一重一轻	⑦一基三重	⑧一基一重二轻	⑨一基二重一轻
总　　计			452	878	127	214	19	65	3	15	4	2	3
第一章		危害国家安全罪	12	34		4	1	1	1	2		2	1
第二章		危害公共安全罪	47	93	4	30	10	2	1				
第三章　破坏社会主义市场经济秩序罪	第一节	生产、销售伪劣商品罪	9	24	1	2		5			1		
	第二节	走私罪	10	28	0	2		1		7			
	第三节	妨害对公司、企业的管理秩序罪	17	27	7	10		0					
	第四节	破坏金融管理秩序罪	30	64	2	22		5		1			
	第五节	金融诈骗罪	8	25	0	0		7			1		
	第六节	危害税收征管罪	14	33	1	7		6					
	第七节	侵犯知识产权罪	7	12	2	5		0					
	第八节	扰乱市场秩序罪	13	21	6	6		1					
	合　　计		108	234	19	54		25		8	2		
第四章		侵犯公民人身权利、民主权利罪	42	66	22	14	2	3		1			
第五章		侵犯财产罪	13	30		9		4					
第六章　妨害社会管理秩序罪	第一节	扰乱公共秩序罪	40	63	19	17	2	1	1				
	第二节	妨害司法罪	17	29	7	7	1	0		2			
	第三节	妨害国(边)境管理罪	8	14	3	4		1					
	第四节	妨害文物管理罪	10	16	6	2		0		2			
	第五节	危害公共卫生罪	11	19	6	2		3					
	第六节	破坏环境资源保护罪	15	30	4	7		4					
	第七节	走私、贩卖、运输、制造毒品罪	12	24	3	7		1			1		
	第八节	组织、强迫、引诱、容留、介绍卖淫罪	7	13	3	2		2					
	第九节	制作、贩卖、传播淫秽物品罪	5	9	2	2		1					
	合　　计		125	217	53	50	3	13	1	4	1		
第七章		危害国防利益罪	23	39	9	10	2	2					
第八章		贪污贿赂罪	13	28	5	3		3					2
第九章		渎职罪	38	68	10	25	1	2					
第十章		军人违反职责罪	31	69	5	15		10			1		

附表 2　**法定刑与罪行配置一览表**

分类	代码	基本法定刑 (按法定最高刑划分为 6 类)	减轻处罚幅度 (不含上限)	配置罪行	合计占%
(一)极重罪行	01	处死刑或者可以判处死刑	无期徒刑	13	55 占 6%
	02	处无期徒刑或者死刑	15~10 年	7	
	03	处 15 年有期徒刑、无期徒刑或者死刑	15~10 年	1	
	04	处 10 年以上有期徒刑、无期徒刑或者死刑	10~5 年	34	
(二)重大罪行	05	处 15 年有期徒刑或者无期徒刑	15~10 年	1	137 占 16%
	06	处 10 年以上有期徒刑或者无期徒刑	10~5 年	57	
	07	处 7 年以上有期徒刑或者无期徒刑	7~2 年	4	
	08	处 5 年以上有期徒刑或者无期徒刑	5 年~拘役~管制	2	
	09	处 10 年以上有期徒刑	10~5 年	12	
	10	处 7 年以上有期徒刑	7~2 年	16	
	11	处 5 年以上有期徒刑	5 年~拘役~管制	45	
(三)严重罪行	12	处 5 年以上 10 年以下有期徒刑	5 年~拘役~管制	62	283 占 32%
	13	处 3 年以上 10 年以下有期徒刑	3 年~拘役~管制	98	
	14	处 3 年以上 7 年以下有期徒刑	3 年~拘役~管制	110	
	15	处 2 年以上 7 年以下有期徒刑	2 年~拘役~管制	11	
	16	处 1 年以上 10 年以下有期徒刑	1 年~拘役~管制	2	
(四)较轻罪行	17	处 2 年以上 5 年以下有期徒刑	2 年~拘役~管制	1	
	18	处 5 年以下有期徒刑(6 个月以上)	拘役~管制	18	
	19	处 5 年以下有期徒刑或者拘役	管　制	72	
	20	处 5 年以下有期徒刑、拘役或者管制		12	

续表

<table>
<tr><th>分类</th><th>代码</th><th>基本法定刑
(按法定最高刑划分为6类)</th><th>减轻处罚幅度
(不含上限)</th><th>配置罪行</th><th>合计占%</th></tr>
<tr><td rowspan="3">(四)较轻罪行</td><td>21</td><td>处5年以下有期徒刑、拘役或者罚金</td><td></td><td>18</td><td rowspan="3">132
占
15%</td></tr>
<tr><td>22</td><td>处5年以下有期徒刑、拘役、管制或剥夺政治权利</td><td></td><td>10</td></tr>
<tr><td>23</td><td>处5年以下有期徒刑或者罚金</td><td></td><td>1</td></tr>
<tr><td rowspan="7">(五)次轻罪行</td><td>24</td><td>处3年以下有期徒刑(6个月以上)</td><td>拘役~管制</td><td>7</td><td rowspan="7">244
占
28%</td></tr>
<tr><td>25</td><td>处3年以下有期徒刑或者拘役</td><td>管　制</td><td>103</td></tr>
<tr><td>26</td><td>处3年以下有期徒刑、拘役或者剥夺政治权利</td><td></td><td>1</td></tr>
<tr><td>27</td><td>处3年以下有期徒刑、拘役或者罚金</td><td></td><td>45</td></tr>
<tr><td>28</td><td>处3年以下有期徒刑、拘役或者管制</td><td></td><td>41</td></tr>
<tr><td>29</td><td>处3年以下有期徒刑、拘役、管制或剥夺政治权利</td><td></td><td>23</td></tr>
<tr><td>30</td><td>处3年以下有期徒刑、拘役、管制或者罚金</td><td></td><td>24</td></tr>
<tr><td rowspan="7">(六)轻微罪行</td><td>31</td><td>处2年以下有期徒刑或者拘役</td><td>管　制</td><td>12</td><td rowspan="7">27
占
3%</td></tr>
<tr><td>32</td><td>处2年以下有期徒刑、拘役或者管制</td><td></td><td>5</td></tr>
<tr><td>33</td><td>处2年以下有期徒刑、拘役或者罚金</td><td></td><td>4</td></tr>
<tr><td>34</td><td>处2年以下有期徒刑、拘役、管制或者罚金</td><td></td><td>3</td></tr>
<tr><td>35</td><td>处1年以下有期徒刑或者拘役</td><td>管　制</td><td>1</td></tr>
<tr><td>36</td><td>处1年以下有期徒刑、拘役或者管制</td><td></td><td>1</td></tr>
<tr><td>37</td><td>处拘役</td><td>管　制</td><td>1</td></tr>
<tr><td colspan="3">合　计</td><td></td><td>878</td><td>100%</td></tr>
</table>

附表 3　　犯罪构成要件体系一览表

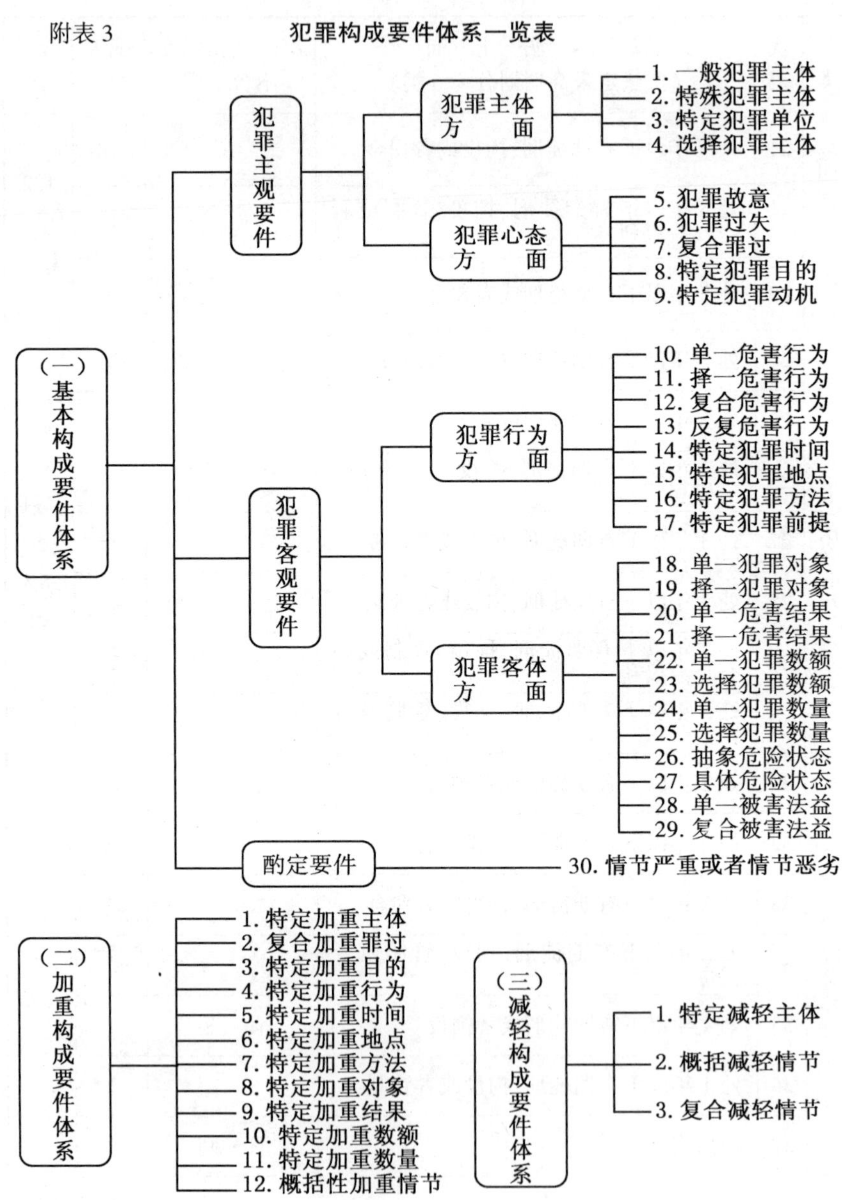

附表 4　　**法定刑幅度是否“过于宽泛”与适用罪行统计表**

宽窄分类	法定刑（量刑标尺）（平均划分为 200 个刻度）	适用罪行	主刑幅度刑罚量（“虚”指虚拟徒刑）	法定刑刻度月
法定刑幅度『过于宽泛』的，共有 12 个档次	处 10 年以上有期徒刑、无期徒刑或者死刑	34	虚实 27 年	1.62
	处无期徒刑或者死刑	7	虚拟 22 年	1.32
	处 15 年有期徒刑、无期徒刑或者死刑	1	虚实 22 年	1.32
	处 5 年以上有期徒刑或者无期徒刑	2	虚实 21 年	1.26
	处 7 年以上有期徒刑或者无期徒刑	4	虚实 19 年	1.14
	处 10 年以上有期徒刑或者无期徒刑	57	虚实 16 年	0.96
	处 15 年有期徒刑或者无期徒刑	1	虚实 11 年	0.66
	处死刑或者可以判处死刑	13	虚拟 11 年	0.66
	处 5 年以上有期徒刑	45	徒刑 10 年	0.60
	处 1 年以上 10 年以下有期徒刑	2	徒刑 9 年	0.54
	处 7 年以上有期徒刑	16	徒刑 8 年	0.48
	处 3 年以上 10 年以下有期徒刑	98	徒刑 7 年	0.42
	合计适用罪行	280	有期徒刑 7 年~27 年	占全部罪行 32%
法定刑幅度不是『过于宽泛』的，共有 25 个档次	处 5 年以下有期徒刑、拘役或者管制	12	虚实 5 年 10 个月	0.35
	处 5 年以下有期徒刑、拘役、管制或者剥夺政治权利	10	虚实 5 年 10 个月	0.35
	处 10 年以上有期徒刑	12	徒刑 5 年	0.30
	处 2 年以上 7 年以下有期徒刑	11	徒刑 5 年	0.30
	处 5 年以上 10 年以下有期徒刑	62	徒刑 5 年	0.30
	处 5 年以下有期徒刑或者拘役	72	虚实 4 年 11 个月	0.295
	处 5 年以下有期徒刑、拘役或者罚金	18	虚实 4 年 11 个月	0.295
	处 5 年以下有期徒刑	18	徒刑 4 年 6 个月	0.27
	处 5 年以下有期徒刑或者罚金	1	徒刑 4 年 6 个月	0.27
	处 3 年以上 7 年以下有期徒刑	110	徒刑 4 年	0.24
	处 3 年以下有期徒刑、拘役或者管制	41	虚实 3 年 10 个月	0.23
	处 3 年以下有期徒刑、拘役、管制或者剥夺政治权利	23	虚实 3 年 10 个月	0.306
	处 3 年以下有期徒刑、拘役、管制或者罚金	24	虚实 3 年 10 个月	0.306
	处 2 年以上 5 年以下有期徒刑	1	徒刑 3 年	0.18
	处 3 年以下有期徒刑或者拘役	103	虚实 2 年 11 个月	0.175
	处 3 年以下有期徒刑、拘役或者剥夺政治权利	1	虚实 2 年 11 个月	0.175
	处 3 年以下有期徒刑、拘役或者罚金	45	虚实 2 年 11 个月	0.175
	处 2 年以下有期徒刑、拘役、管制或者罚金	3	虚实 2 年 10 个月	0.23
	处 2 年以下有期徒刑、拘役或者管制	5	虚实 2 年 10 个月	0.17
	处 3 以下有期徒刑	7	徒刑 2 年 6 个月	0.15
	处 2 年以下有期徒刑或者拘役	12	虚实 1 年 11 个月	0.115
	处 1 年以下有期徒刑、拘役或者管制	1	虚实 1 年 10 个月	0.11
	处 2 年以下有期徒刑、拘役或者罚金	4	虚实 1 年 11 个月	0.17
	处 1 年以下有期徒刑或者拘役	1	虚实 11 个月	0.055
	处拘役	1	虚拟徒刑 5 个月	0.025
	合计适用罪行	598	拘役 5 个月~徒刑 5 年 10 个月	占全部罪行的 68%

附表 5　　减轻处罚幅度立法建议一览表

分类	代码	现行刑法法定刑体系	适用罪行	减轻空间	减轻幅度立法建议	占减轻空间%
应当限制减轻处罚的共 145 种罪行	01	处死刑或者可以判处死刑	13	无期～管	无期徒刑	39.0%
	02	处无期徒刑或者死刑	7	15 年～管	15～10 年	31.7%
	03	处15年有期徒刑、无期徒刑或者死刑	1	15 年～管	15～10 年	31.7%
	04	处 10 年以上有期徒刑、无期徒刑或者死刑	34	10 年～管	10～5 年	46.3%
	05	处 15 年有期徒刑或者无期徒刑	1	15 年～管	15～10 年	31.7%
	06	处 10 年以上有期徒刑或者无期徒刑	57	10 年～管	10～5 年	46.3%
	07	处 7 年以上有期徒刑或者无期徒刑	4	7 年～管	7～2 年	64.2%
	09	处 10 年以上有期徒刑	12	10 年～管	10～5 年	46.3%
	10	处 7 年以上有期徒刑	16	7 年～管	7～2 年	64.2%
不限制减轻的共 331 种罪行	08	处 5 年以上有期徒刑或者无期徒刑	2	5 年～管	5 年～拘管	100%
	11	处 5 年以上有期徒刑	45	5 年～管	5 年～拘管	100%
	12	处 5 年以上 10 年以下有期徒刑	62	5 年～管	5 年～拘管	100%
	13	处 3 年以上 10 年以下有期徒刑	98	3 年～管	3 年～拘管	100%
	14	处 3 年以上 7 年以下有期徒刑	110	3 年～管	3 年～拘管	100%
	15	处 2 年以上 7 年以下有期徒刑	11	2 年～管	2 年～拘管	100%
	16	处 2 年以上 5 年以下有期徒刑	1	2 年～管	2 年～拘管	100%
	17	处 1 年以上 10 年以下有期徒刑	2	1 年～管	1 年～拘管	100%
可以免除处罚的共 214 种罪行	18	处 5 年以下有期徒刑	18	拘～管	可以免除处罚	
	19	处 5 年以下有期徒刑或者拘役	72	管　制	可以免除处罚	
	24	处 3 年以下有期徒刑	7	拘～管	可以免除处罚	
	25	处 3 年以下有期徒刑或者拘役	103	管　制	可以免除处罚	
	31	处 2 年以下有期徒刑或者拘役	12	管　制	可以免除处罚	
	35	处 1 年以下有期徒刑或者拘役	1	管　制	可以免除处罚	
	37	处拘役	1	管　制	可以免除处罚	

续表

分类	代码	现行刑法法定刑体系	适用罪行	减轻空间	减轻幅度立法建议	占减轻空间%
应当免除处罚的共188种罪行	20	处5年以下有期徒刑、拘役或者管制	12	没有空间	应当免除处罚	
	21	处5年以下有期徒刑、拘役或者罚金	18	没有空间	应当免除处罚	
	22	处5年以下有期徒刑、拘役、管制或者剥夺政治权利	10	没有空间	应当免除处罚	
	23	处5年以下有期徒刑或者罚金	1	没有空间	应当免除处罚	
	26	处3年以下有期徒刑、拘役或者剥夺政治权利	1	没有空间	应当免除处罚	
	27	处3年以下有期徒刑、拘役或者罚金	45	没有空间	应当免除处罚	
	28	处3年以下有期徒刑、拘役或者管制	41	没有空间	应当免除处罚	
	29	处3年以下有期徒刑、拘役、管制或者剥夺政治权利	23	没有空间	应当免除处罚	
	30	处3年以下有期徒刑、拘役、管制或者罚金	24	没有空间	应当免除处罚	
	32	处2年以下有期徒刑、拘役或者管制	5	没有空间	应当免除处罚	
	33	处2年以下有期徒刑、拘役或者罚金	4	没有空间	应当免除处罚	
	34	处2年以下有期徒刑、拘役、管制或者罚金	3	没有空间	应当免除处罚	
	36	处1年以下有期徒刑、拘役或者管制	1	没有空间	应当免除处罚	
合计			878			

附表 6　　**量刑情节体系分类分布统计表**

量刑情节按其功能与性质分类 \ 量刑情节按其来源分类		法定量刑情节			司法解释规定的量刑情节			酌定量刑情节(总则性)	转化从重情节(分则性)	总　计		
		总则性情节	分则性情节	小计	总则性情节	分则性量节	小计			总则性情节	分则性情节	总计
(一)从重处罚情节		2	36	38		41	41	33		35	77	112
(二)从轻处罚情节						14	14	34		34	14	48
(三)多功能从宽处罚情节		20	5	25		36	36			20	41	61
(四)单功能从宽处罚情节		4	2	6	2	14	16			6	16	22
(五)转化从重处罚情节									235		235	235
合　计		26	43	69	2	105	107	67	235	95	383	478
多功能从轻处罚情节的种类	从轻、减轻或免除处罚	5		5		6	6			5	6	11
	从轻或者减轻处罚	7		7		11	11			7	11	18
	减轻或者免除处罚	8	5	13		4	4			8	9	17
	酌情从宽处罚					5	5				5	5
	从轻或者免除处罚					5	5				5	5
	不起诉或免予刑事处罚					5	5				5	5
	小　计	20	5	25		36	36			20	41	61
单功能从轻处罚情节种类	不追究刑事责任		1	1		1	1				2	2
	免予刑事处罚情节	1	1	2	1	2	3			2	3	5
	不判处死刑情节	2		2						2		2
	一般不判处死刑情节					3	3				3	3
	适用死缓情节					7	7				7	7
	不判处无期徒刑情节				1		1			1		1
	减轻处罚情节	1		1		1	1			1	1	2
	小　计	4	2	6	2	14	16			6	16	22
定罪剩余选择要件转化为从重情节	定罪剩余行为方式转化而来的从重处罚情节		73	73					73		73	73
	定罪剩余犯罪对象转化而来的从重处罚情节		57	57					57		57	57
	定罪剩余危害结果转化而来的从重处罚情节		27	27					27		27	27
	定罪剩余异属性选择要件转化为从重处罚情节		78	78					78		78	78
	小　计		235	235					235		235	235

附表 7　　中国刑法"罪责刑"关系示意图

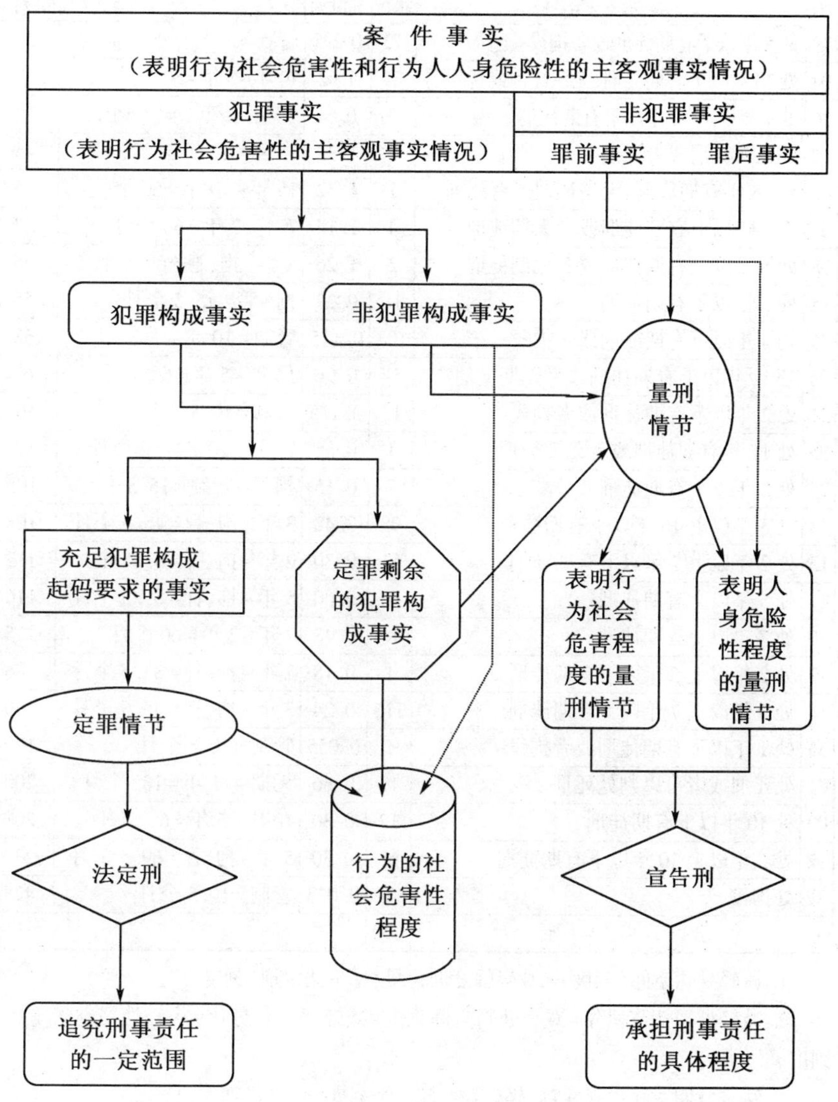

附表 8　　**减轻处罚幅度刑罚量及其空间宽度(刻度)一览表**

代码	具有减轻处罚空间的法定刑(共24个档次)	适用罪行	法定刑刻度月	减轻幅度刑罚量	减轻空间刻度
19	处5年以下有期徒刑或者拘役	72	0.295	管制=10.5个月	36
04	处10年以上有期徒刑、无期徒刑或者死刑	34	1.62	10年~5年=60个月	37
16	处1年以上10年以下有期徒刑	2	0.54	1年~拘、管①=21.5个月	40
02	处无期徒刑或者死刑	7	1.32	15年~10年=60个月	45
03	处15年有期徒刑、无期徒刑或者死刑	1	1.32	15年~10年=60个月	45
07	处7年以上有期徒刑或者无期徒刑	4	1.14	7年~2年=60个月	53
08	处5年以上有期徒刑或者无期徒刑	2	1.26	5年~拘、管=69.5个月	55
18	处5年以下有期徒刑	18	0.27	拘~管=15.5个月	58
25	处3年以下有期徒刑或者拘役	103	0.175	管制=10.5个月	60
06	处10年以上有期徒刑或者无期徒刑	57	0.96	10年~5年=60个月	63
31	处2年以下有期徒刑或者拘役	12	0.115	管制=10.5个月	91
05	处15年有期徒刑或者无期徒刑	1	0.66	15年~10年=60个月	91
24	处3年以下有期徒刑	7	0.15	拘役~管制=15.5个月	103
13	处3年以上10年以下有期徒刑	98	0.42	3年~拘、管=45.5个月	108
15	处2年以上7年以下有期徒刑	11	0.30	2年~拘、管=33.5个月	112
11	处5年以上有期徒刑	45	0.60	5年~拘、管=69.5个月	116
10	处7年以上有期徒刑	16	0.48	7年~2年=60个月	125
17	处2年以上5年以下有期徒刑	1	0.18	2年~拘、管=33.5个月	186
14	处3年以上7年以下有期徒刑	110	0.24	3年~拘、管=45.5个月	190
35	处1年以下有期徒刑或者拘役	1	0.055	管制=10.5个月	190
01	处死刑或者可以判处死刑	13	0.66	无期~11年=132个月	200
09	处10年以上有期徒刑	12	0.30	10年~5年=60个月	200
12	处5年以上10年以下有期徒刑	62	0.30	5年~拘、管=69.5个月	232
37	处拘役	1	0.025	管制=10.5个月	428
合　　计		690			

1. 减轻处罚空间(刻度)=减轻幅度刑罚量÷基本法定刑“刻度月”。

2. 减轻处罚情节积分=减轻处罚空间刻度×减轻评价百分比+从轻处罚空间100个刻度。

3. 法定空间200个刻度+减轻处罚空间x个刻度=广义量刑空间。

① 此处指拘役、管制,下同。

附表9　**定罪剩余的选择要件转化而来的从重处罚情节统计表**

选择要件分类	定罪剩余的选择要件分类	转化情节数量	其中，择一选择范围						
			二择一的	三择一的	四择一的	五择一的	六择一的	七择一的	八择一的
(一)同属性选择要件	定罪剩余行为方式转化为从重处罚情节	73	26	23	12	11	1	0	0
	定罪剩余犯罪对象转化为从重处罚情节	57	34	19	0	1	0	2	1
	定罪剩余危害结果转化为从重处罚情节	27	17	10	0	0	0	0	0
	合　计	157	77	52	12	12	1	2	1
(二)异属性选择要件		78	49	17	6	3	0	1	2
总　计		235	126	69	18	15	1	3	3

定罪剩余的选择要件(犯罪构成事实)理所当然地转化为从重处罚情节			
选择要件类型	情节数量	定罪剩余的选择要件数量	在从重处罚空间何处处罚
二择一选择类型	126	定罪剩余1种选择要件的	在其1/2以下适用刑罚
三择一选择类型	69	定罪剩余1种选择要件的	在其1/2以下适用刑罚
		定罪剩余2种选择要件的	在其1/2以上适用刑罚
四择一选择类型	18	定罪剩余1种选择要件的	在其1/2以下适用刑罚
		定罪剩余2种选择要件的	在其1/2处适用刑罚
		定罪剩余3种选择要件的	在其1/2以上适用刑罚
五择一选择类型	15	定罪剩余1~2种选择要件的	在其1/2以下适用刑罚
		定罪剩余3~4种选择要件的	在其1/2以上适用刑罚
六择一选择类型	1	定罪剩余1~2种选择要件的	在其1/2以下适用刑罚
		定罪剩余3种选择要件的	在其1/2处适用刑罚
		定罪剩余4~5种选择要件的	在其1/2以上适用刑罚
七择一选择类型	3	定罪剩余1~3种选择要件的	在其1/2以下适用刑罚
		定罪剩余4~6种选择要件的	在其1/2以上适用刑罚
八择一选择类型	3	定罪剩余1~3种选择要件的	在其1/2以下适用刑罚
		定罪剩余4种选择要件的	在其1/2处适用刑罚
		定罪剩余5~7种选择要件的	在其1/2以上适用刑罚

附表 10-I　法定刑"主刑刻度月"与"中间线刑罚量"一览表

序号	法定刑（平均划分为200个刻度）	适用罪行	主刑幅度刑罚量	每刻度=主刑		法定刑中间线		
				刻度月	刻度日	中间线体现刑罚量	起刑期	加起刑期后的读数
01	处死刑或者可以判处死刑	13	虚拟 11 年=132 个月	0.66	19.8	虚拟 5 年 6 个月	26 年	虚拟 31 年 6 个月
02	处无期徒刑或者死刑	7	虚拟 22 年=264 个月	1.32	39.6	虚拟 11 年	15 年	虚拟 26 年
03	处 15 年有期徒刑、无期徒刑或者死刑	1	虚实 22 年=264 个月	1.32	39.6	虚拟 11 年	15 年	虚拟 26 年
04	处 10 年以上有期徒刑、无期徒刑或者死刑	34	虚实 27 年=324 个月	1.62	48.6	虚拟 13 年 6 个月	10 年	虚拟 23 年 6 个月
05	处 15 年有期徒刑或者无期徒刑	1	虚实 11 年=132 个月	0.66	19.8	虚拟 5 年 6 个月	15 年	虚拟 20 年 6 个月
06	处 10 年以上有期徒刑或者无期徒刑	57	虚实 16 年=192 个月	0.96	28.8	虚拟 8 年	10 年	虚拟 18 年
07	处 7 年以上有期徒刑或者无期徒刑	4	虚实 19 年=228 个月	1.14	34.2	虚拟 9 年 6 个月	7 年	虚拟 16 年 6 个月
08	处 5 年以上有期徒刑或者无期徒刑	2	虚实 21 年=252 个月	1.26	37.8	虚拟 10 年 6 个月	5 年	虚拟 15 年 6 个月
09	处 10 年以上有期徒刑	12	徒刑 5 年=60 个月	0.30	09.0	徒刑 2 年 6 个月	10 年	徒刑 12 年 6 个月
10	处 7 年以上有期徒刑	16	徒刑 8 年=96 个月	0.48	14.4	徒刑 4 年	7 年	徒刑 11 年
11	处 5 年以上有期徒刑	45	徒刑 10 年=120 个月	0.60	18.0	徒刑 5 年	5 年	徒刑 10 年
12	处 5 年以上 10 年以下有期徒刑	62	徒刑 5 年=60 个月	0.30	09.0	徒刑 2 年 6 个月	5 年	徒刑 7 年 6 个月
13	处 3 年以上 10 年以下有期徒刑	98	徒刑 7 年=84 个月	0.42	12.6	徒刑 3 年 6 个月	3 年	徒刑 6 年 6 个月
14	处 3 年以上 7 年以下有期徒刑	110	徒刑 4 年=48 个月	0.24	07.2	徒刑 2 年	3 年	徒刑 5 年
15	处 2 年以上 7 年以下有期徒刑	11	徒刑 5 年=60 个月	0.30	09.0	徒刑 2 年 6 个月	2 年	徒刑 4 年 6 个月
16	处 1 年以上 10 年以下有期徒刑	2	徒刑 9 年=108 个月	0.54	16.2	徒刑 4 年 6 个月	1 年	徒刑 5 年 6 个月
	宏观重罪合计	475						

1. 法定刑中间线刑罚量计算公式：法定最高刑÷2+起刑期（法定最低刑或者本刑种下限）；

2. 主刑幅度刑罚量÷200 个刻度="刻度月"刑罚量；主刑"刻度月"刑罚量×每月 30 日÷100=主刑"刻度日"刑罚量。

3. 法定刑包括单处罚金或者剥夺政治权利的，其主刑刻度月=主刑幅度刑罚量÷主刑所占法定刑空间刻度；主刑刻度日=主刑刻度月×每月 30 日。

附表10-Ⅱ　法定刑“主刑刻度月”与“中间线刑罚量”一览表

序号	法定刑（平均划分为200个刻度）	适用罪行	主刑幅度刑罚量	每刻度=主刑		法定刑中间线		
				刻度月	刻度日	中间线体现刑罚量	起刑期	加起刑期后的读数
17	处2年以上5年以下有期徒刑	1	徒刑3年=36个月	0.18	05.4	徒刑1年6个月	2年	徒刑3年6个月
18	处5年以下有期徒刑	18	徒刑4年6个月=54个月	0.27	08.1	徒刑2年3个月	6个月	徒刑2年9个月
19	处5年以下有期徒刑或者拘役	72	虚实4年11个月=59个月	0.295	08.85	徒刑2年5个月	6个月	徒刑2年11个月
20	处5年以下有期徒刑、拘役或者管制	12	虚实5年10个月=70个月	0.35	10.5	徒刑2年11个月	6个月	徒刑3年5个月
21	处5年以下有期徒刑、拘役或者罚金	18	虚实4年11个月=59个月	0.44	13.2	徒刑2年8个月	6个月	徒刑3年4个月
22	处5年以下有期徒刑、拘役、管制或者剥夺政治权利	10	虚实5年10个月=70个月	0.46	14.1	徒刑3年11个月	6个月	徒刑4年5个月
23	处5年以下有期徒刑或者罚金	1	徒刑4年6个月=54个月	0.54	16.2	两刑种结合点徒刑1个月	6个月	徒刑6个月
24	处3年以下有期徒刑	7	徒刑2年6个月=30个月	0.15	04.50	徒刑1年3个月	6个月	徒刑1年9个月
25	处3年以下有期徒刑或者拘役	103	虚实2年11个月=35个月	0.175	05.25	徒刑1年5.5个月	6个月	徒刑1年11.5个月
26	处3年以下有期徒刑、拘役或者剥夺政治权利	1	虚实2年11个月=35个月	0.26	07.8	徒刑2年2个月	6个月	徒刑2年8个月
27	处3年以下有期徒刑、拘役或者罚金	45	虚实2年11个月=35个月	0.26	07.8	徒刑2年8个月	6个月	徒刑2年8个月
28	处3年以下有期徒刑、拘役或者管制	41	虚实3年10个月=46个月	0.23	06.9	徒刑1年11个月	6个月	徒刑2年5个月
29	处3年以下有期徒刑、拘役、管制或者剥夺政治权利	23	虚实3年10个月=46个月	0.303	09.18	徒刑2年7个月	6个月	徒刑3年1个月
30	处3年以下有期徒刑、拘役、管制或者罚金	24	虚实3年10个月=46个月	0.306	09.18	徒刑2年7个月	6个月	徒刑3年1个月
31	处2年以下有期徒刑或者拘役	12	虚实1年11个=23个月	0.115	03.45	徒刑11.5个月	6个月	徒刑1年5.5个月
32	处2年以下有期徒刑、拘役或者管制	5	虚实2年10个月=34个月	0.17	05.1	徒刑1年5个月	6个月	徒刑1年11个月
33	处2年以下有期徒刑、拘役或者罚金	4	虚实1年11个=23个月	0.17	05.2	徒刑1年5个月	6个月	徒刑1年11个月
34	处2年以下有期徒刑、拘役、管制或者罚金	3	虚实2年10个月=34个月	0.23	06.7	拘役1个月	1个月	拘役2个月
35	处1年以下有期徒刑或者拘役	1	虚实11个月	0.055	01.65	徒刑5.5个月	6个月	徒刑11.5个月
36	处1年以下有期徒刑、拘役或者管制	1	虚实1年10个月=22个月	0.11	03.30	拘役1个月	1个月	拘役2个月
37	处拘役	1	虚拟5个月	0.025	00.75	拘役2.5个月	1个月	拘役3.5个月
	宏观轻罪合计	403						

附表 11　　　**财产刑及其适用罪行分类分布统计表**

财产刑分类 \ 涉及罪行 \ 刑法分则章序			第一章	第二章	第三章	第四章	第五章	第六章	第七章	第八章	合计
			刑法分则第一章至第八章①								
(一)限额罚金刑	数额罚金刑	并处或者单处罚金			18						18
		并处数额罚金			58						58
		并处数额罚金或者……			21						21
		小　计			97						97
	倍数罚金刑	并处或者单处罚金			11						11
		并处倍数罚金			22						22
		并处倍数罚金或者……			12						12
		小　计			45						45
	比例罚金刑	并处或者单处罚金			6						6
		并处比例罚金			6						6
		并处比例罚金或者……			1						1
		小　计			13						13
	合计	并处或单处限额罚金			35						35
		并处限额罚金			86						86
		并处限额罚金或者……			34						34
		合　计			155						155
(二)无限额罚金刑	并处或者单处无限额罚金				20	1	3	17	1	2	44
	并处无限额罚金			3	28	4	7	80		2	124
	并处无限额罚金或者……			1	5	2	4	10			22
	对犯罪单位判处无限额罚金			11	181	4	6	62	6	3	273
	小计			15	234	11	20	169	7	7	463
(三)没收财产刑	可以并处没收财产		34		1		1			5	41
	并处没收财产				6	3	1	3			13
	并处限额……或没收财产				34						34
	并处无限额……或没收财产			1	5	2	4	10			22
	小　计		34	1	46	5	6	13		5	110
合　计			34	16	435	16	26	182	7	12	728

① 现行刑法分则第九章、第十章没有规定适用财产刑的罪行。

附表 12　　　　**量刑情节理性评价积分登记表**

编号：________　　从重从轻处罚情节理性评价积分登记卡

<table>
<tr><td>被告人姓名</td><td colspan="2"></td><td colspan="2">案件名称及案件编号</td><td colspan="3"></td></tr>
<tr><td>情节功能</td><td colspan="2"></td><td colspan="2">情节名称或主要内容</td><td colspan="3"></td></tr>
<tr><td colspan="8">(本情节的来源、基本内容、适用范围、法律效力、适用说明、评价建议和注意事项等。)</td></tr>
<tr><td rowspan="3">第一层面理性评价</td><td colspan="7">【提示】根据本量刑情节的性质，在下列第一层次的五级选择评价模型中确定一种“重要性程度”，再在第二层次的积分范围内选择一个适当的分值：</td></tr>
<tr><td>第一层次</td><td>特别次要情节</td><td>比较次要情节</td><td>一般重要情节</td><td>比较重要情节</td><td>特别重要情节</td><td>确定积分</td></tr>
<tr><td>第二层次</td><td>积 1~5 分</td><td>积 6~10 分</td><td>积 11~15 分</td><td>积 16~20 分</td><td>积 21~25 分</td><td></td></tr>
<tr><td rowspan="3">第二层面理性评价</td><td colspan="7">【提示】根据本情节在案件中的表现，在下列第一层次的五级选择评价模型中确定一种“具体表现”，再在第二层次的积分范围内选择一个适当的分值：</td></tr>
<tr><td>第一层次</td><td>表现略好(坏)</td><td>表现较好(坏)</td><td>表现一般好(坏)</td><td>表现很好(坏)</td><td>表现最好(坏)</td><td>确定积分</td></tr>
<tr><td>第二层次</td><td>积 1~5 分</td><td>积 6~10 分</td><td>积 11~15 分</td><td>积 16~20 分</td><td>积 21~25 分</td><td></td></tr>
<tr><td colspan="7">【提示】将两个层面两个层次五级评价所得积分相加，便是本情节理性评价的整体积分：</td><td></td></tr>
<tr><td colspan="8">评价的理由和根据：</td></tr>
<tr><td colspan="8">说明：本表第二层面中表现“好”的为从轻处罚情节，表现“坏”的为从重处罚情节。</td></tr>
</table>

编号：________　　　　减轻处罚情节理性评价积分登记卡

<table>
<tr><td>被告姓名</td><td></td><td>案件名称及案件编号</td><td colspan="2"></td></tr>
<tr><td>情节功能</td><td></td><td>情节名称或主要内容</td><td colspan="2"></td></tr>
<tr><td colspan="5">(本情节的来源、基本内容、适用范围、法律效力、适用说明、评价建议和注意事项等。)</td></tr>
<tr><td>五级选择评价</td><td>第一层次的五级选择评价</td><td>第二层次的五级选择评价(在所列五个百分比中选择一个适当的百分比)</td><td>确定减轻百分比</td><td>评价理由和根据</td></tr>
<tr><td>一级</td><td>表现略好的</td><td>减轻 04%、08%、12%、16%或者 20%</td><td>%</td><td rowspan="5"></td></tr>
<tr><td>二级</td><td>表现较好的</td><td>减轻 24%、28%、32%、36%或者 40%</td><td>%</td></tr>
<tr><td>三级</td><td>表现一般好的</td><td>减轻 44%、48%、52%、56%或者 60%</td><td>%</td></tr>
<tr><td>四级</td><td>表现很好的</td><td>减轻 64%、68%、72%、76%或者 80%</td><td>%</td></tr>
<tr><td>五级</td><td>表现最好的</td><td>减轻 84%、88%、92%、96%或者 100%</td><td>%</td></tr>
<tr><td>说明</td><td colspan="4">减轻处罚空间刻度×减轻评价百分比+从轻处罚空间 100 个刻度＝减轻处罚情节积分。</td></tr>
</table>

附表 13　**一罪多情节积分“整合”为“一种积分”登记表**

被告人姓名		案件名称及编号						
序号	被告人具有的多个量刑情节的名称或主要内容	量刑情节功能	重要程度积分	表现好坏积分	单个量刑情节整体积分			
					从重积分	从轻积分	减轻积分	免除积分
1								
2								
3								
4								
5								
6								
7								
8								
9								
一罪多情节积分，经过“同向相加”和“逆向相减”整合为一种积分：		法定刑有减轻处罚空间的				无		
		法定刑无减轻处罚空间的					无	

附表 14

现行刑法罪名、罪行与法定刑一览表

【符号说明】

1. ★号=罪名标识。
2. ★号前面数字=罪名代码。
3. 中括号内 A=更轻罪、B=轻罪、C=基本罪、D=重罪、E=更重罪、F=最重罪、H=单位犯基本罪、I=单位犯重罪、J=单位犯更重罪。
4. 中括号内-x?? =法定刑档次。
5. 小括号内数字=规定本罪的刑法条款。

第一章　危害国家安全罪

（共 12 个罪名，34 种罪行）

罪名代码及罪名[下辖罪行及其法定刑]（规定本罪的相关刑法条款）

010001★背叛国家罪[C-x06、D-x01]（刑法 102 \ 1.2、113）

010002★分裂国家罪[A-x29、B-x13、C-x06、D-x01]（刑法 103、113）

010003★煽动分裂国家罪[B-x22、C-x11]（刑法 103 \ 2）

010004★武装叛乱、暴乱罪[A-x29、B-x13、C-x06、D-x01]（刑法 104、113）

010005★颠覆国家政权罪[A-x29、B-x13、C-x06]（刑法 105 \ 1）

010006★煽动颠覆国家政权罪[D-x11、C-x22]（刑法 105 \ 2）

010007★资助危害国家安全犯罪活动罪[C-x22、D-x11]（刑法 107、修八 2）

010008★投敌叛变罪[C-x13、D-x06、E-x01](刑法108、113)
010009★叛逃罪[C-x22、D-x12](刑法109、修八21)
010010★间谍罪[B-x13、C-x06、D-x01](刑法110、113)
010011★为境外窃取、刺探、收买、非法提供国家秘密、情报罪[B-x22、C-x12、D-x06、E-x01](刑法111、113)
010012★资敌罪[B-x13、C-x06、D-x01](刑法112、113)

第二章　危害公共安全罪

(共47个罪名，93种罪行)

020001★放火罪[C-x13、D-x04](刑法114、115)
020002★决水罪[C-x13、D-x04](刑法114、115)
020003★爆炸罪[C-x13、D-x04](刑法114、115)
020004★投放危险物质罪[C-x13、D-x04](修三1—2)
020005★以危险方法危害公共安全罪[C-x13、D-x04](修三1—2)
020006★失火罪[B-x25、C-x14](刑法115\2)
020007★过失决水罪[B-x25、C-x14](刑法115\2)
020008★过失爆炸罪[B-x25、C-x14](刑法115\2)
020009★过失投放危险物质罪[B-x25、C-x14](修三1—2)
020010★过失以危险方法危害公共安全罪[B-x25、C-x14](修三1—2)
020011★破坏交通工具罪[C-x13、D-x04](刑法116、119\1)
020012★破坏交通设施罪[C-x13、D-x04](刑法117、119\1)
020013★破坏电力设备罪[C-x13、D-x04](刑法118、119\1)
020014★破坏易燃易爆设备罪[C-x13、D-x04](刑法118、119\1)
020015★过失损坏交通工具罪[B-x25、C-x14](刑法119\2)
020016★过失损坏交通设备罪[B-x25、C-x14](刑法119\2)
020017★过失损坏电力设备罪[B-x25、C-x14](刑法119\2)
020018★过失损坏易燃易爆设备罪[B-x25、C-x14](刑法119\2)
020019★组织、领导、参加恐怖活动组织罪[A-x29、B-x13、C-x06](刑法120、修三3)

020020★资助恐怖活动罪[C-x22、D-x11](修三 4)
020021★劫持航空器罪[C-x06、D-x01](刑法 121)
020022★劫持船只、汽车罪[C-x12、D-x06](刑法 122)
020023★暴力危及飞行安全罪[C-x19、D-x11](刑法 123)
020024★破坏广播电视设施、公用电信设施罪[C-x14、D-x10](刑法 124 \ 1)
020025★过失损坏广播电视设施、公用电信设施罪[B-x25、C-x14](刑法 124 \ 2)
020026★非法制造、买卖、运输、邮寄、储存枪支、弹药、爆炸物罪[C-x13、D-x04](刑法 125 \ 1)
020027★非法制造、买卖、运输、储存危险物质罪[C-x13、D-x04](刑法 125 \ 2、修三 5)
020028★违规制造、销售枪支罪[C-x18、D-x12、E-x06](刑法 126)
020029★盗窃、抢夺枪支、弹药、爆炸物、危险物质罪[C-x13、D-x04](刑法 127、438 \ 2、修三 6)
020030★抢劫枪支、弹药、爆炸物、危险物质罪[C-x04](刑法 127 \ 2 前、修三 6)
020031★非法持有、私藏枪支、弹药罪[C-x28、D-x14](刑法 128 \ 1)
020032★非法出租、出借枪支罪[C-x28、D-x14](刑法 128 \ 2. 3)
020033★丢失枪支不报罪[C-x25](刑法 129)
020034★非法携带枪支、弹药、管制刀具、危险物品危及公共安全罪[C-x28](刑法 130)
020035★重大飞行事故罪[C-x25、D-x14](刑法 131)
020036★铁路运营安全事故罪[C-x25、D-x14](刑法 132)
020037★交通肇事罪[C-x25、D-x14、E-x10](刑法 133)
020038★危险驾驶罪[C-x37](刑法 133 之一，修八 22)
020039★重大责任事故罪[C-x25、D-x14](刑法 134 \ 1 修六 1 \ 1)
020040★强令违章冒险作业罪[C-x19、D-x11](刑法 134 \ 2 修六 1

\ 2)

020041★重大劳动安全事故罪[C-x25、D-x14](刑法 135 修六 2)

020042★大型群众性活动重大安全事故罪[C-x25、D-x14](刑法 135 之一、修六 3)

020043★危险物品肇事罪[C-x25、D-x14](刑法 136)

020044★工程重大安全事故罪[C-x19、D-x12](刑法 137)

020045★教育设施重大安全事故罪[C-x25、D-x14](刑法 138)

020046★消防责任事故罪[C-x25、D-x14](刑法 139)

020047★不报、谎报安全事故罪[C-x25、D-x14](刑法 139 之一、修六 4)

第三章　破坏社会主义市场经济秩序罪

(共 108 个罪名，234 种罪行①)

第一节　生产、销售伪劣商品罪

(共 9 个罪名，24 种罪行)

030101★生产、销售伪劣产品罪[C-x33、D-x15、E-x10、F-x05](刑法 140、149、150)

030102★生产、销售假药罪[C-x25、D-x13、E-x04](刑法 141、修八 23)

030103★生产、销售劣药罪[C-x13、D-x06](刑法 142)

030104★生产、销售不符合安全标准的食品罪[C-x25、D-x14、E-x07](刑法 143、修八 24)

030105★生产、销售有毒、有害食品罪[C-x18、D-x12、E-x04](刑法 144、修八 25)

030106★生产、销售不符合标准的医用器材罪[C-x25、D-x13、E-x06](刑法 145、修四 1)

030107★生产、销售不符合安全标准的产品罪[C-x18、D-x11](刑法 146)

① 不含 32 种另处和并处法定刑的单位犯罪。

030108★生产、销售伪劣农药、兽药、化肥、种子罪[C-x27、D-x14、E-x07](刑法147)

030109★生产、销售不符合卫生标准的化妆品罪[C-x27](刑法148)

第二节　走私罪

(共10个罪名，28种罪行)

030201★走私武器、弹药罪[B-x14、C-x10、D-x02](刑法151\1.4、157、修八26\1)

030202★走私核材料罪[B-x14、C-x10、D-x02](刑法151\1.4、157、修八26\1)

030203★走私假币罪[B-x14、C-x10、D-x02](刑法151\1.4、157、修八26\1)

030204★走私文物罪[B-x18、C-x12、D-x06](刑法151\2、修八26\2)

030205★走私贵重金属罪[B-x18、C-x12、D-x06](刑法151\2、修八26\2)

030206★走私珍贵动物、珍贵动物制品罪[B-x18、C-x12、D-x06](刑法151\2、修八26\2)

030207★走私国家禁止进出口的货物、物品罪[C-x21、D-x11](刑法151\3、修七1、修八26\3)

030208★走私淫秽物品罪[B-x28、C-x13、D-x06](刑法152\1)

030209★走私普通货物、物品罪[C-x25、D-x13、E-x06、H-x25、I-x13、J-x09](刑法153\1、修八27)

030210★走私废物罪[C-x23、D-x11](刑法152\2、修四2、339\3、修四5)

第三节　妨害对公司、企业的管理秩序罪

(共17个罪名，27种罪行)

030301★虚报注册资本罪[C-x27、H-x25](刑法158)

030302★虚假出资、抽逃出资罪[C-x21、H-x19](刑法159)

030303★欺诈发行股票、债券罪[C-x21、H-x19](刑法160)

030304★违规披露、不披露重要信息罪[C-x27](刑法161、修六5)

030305★妨害清算罪[C-x21](刑法162)
030306★隐匿、故意销毁财务会计凭证、会计账簿、财务会计报告罪[C-x21](刑法162之一、修一1)
030307★虚假破产罪[C-x21](刑法162之二、修六6)
030308★非国家工作人员受贿罪[C-x19、D-x11](刑法163、修六7)
030309★对非国家工作人员行贿罪[C-x25、D-x13](刑法164、修六8、修八29)
030310★对外国公职人员、国际公共组织官员行贿罪[C-x25、D-x13](刑法164\2、修八29\2)
030311★非法经营同类营业罪[C-x27、D-x14](刑法165)
030312★为亲友非法牟利罪[C-x27、D-x14](刑法166)
030313★签订、履行合同失职被骗罪[C-x25、D-x14](刑法167、决7)
030314★国有公司、企业、事业单位人员失职罪[C-x25、D-x14](刑法168、修一2)
030315★国有公司、企业、事业单位人员滥用职权罪[C-x25、D-x14](刑法168、修一2)
030316★徇私舞弊低价折股、出售国有资产罪[C-x25、D-x14](刑法169)
030317★背信损害上市公司利益罪[C-x27、D-x14](刑法169之一、修六9)

第四节　破坏金融管理秩序罪

(共30个罪名，64种罪行)

030401★伪造货币罪[C-x13、D-x04](刑法170)
030402★出售、购买、运输假币罪[C-x25、D-x13、E-x06](刑法171\1)
030403★金融工作人员购买假币、以假币换取货币罪[B-x27、C-x13、D-x06](刑法171\2)
030404★持有、使用假币罪[C-x27、D-x13、E-x09](刑法172)

030405★变造货币罪[C-x27、D-x13](刑法173)
030406★擅自设立金融机构罪[C-x27、D-x13](刑法174\1、修一3)
030407★伪造、变造、转让金融机构经营许可证、批准文件罪[C-x27、D-x13](刑法174\2、修一3)
030408★高利转贷罪[C-x25、D-x14、H-x25](刑法175)
030409★骗取贷款、票据承兑、金融票证罪[C-x27、D-x14](刑法175之一、修六10)
030410★非法吸收公众存款罪[C-x27、D-x13](刑法176)
030411★伪造、变造金融票证罪[C-x21、D-x12、E-x06](刑法177)
030412★妨害信用卡管理罪[C-x27、D-x13](刑法177、修五1\1)
030413★窃取、收买、非法提供信用卡信息罪[C-x27、D-x13](刑法177、修五1\2)
030414★伪造、变造国家有价证券罪[C-x27、D-x13、E-x06](刑法178\1)
030415★伪造、变造股票、公司、企业债券罪[C-x27、D-x13](刑法178\2)
030416★擅自发行股票、公司、企业债券罪[C-x21、H-x25](刑法179)
030417★内幕交易、泄露内幕信息罪[C-x21、D-x12、H-x25](刑法180、修一4)
030418★利用未公开信息交易罪[C-x21、D-x12、H-x19](刑法180、修七2\2)
030419★编造并传播证券、期货交易虚假信息罪[C-x21、H-x19](刑法181\1、修一5)
030420★诱骗投资者买卖证券、期货合约罪[C-x21、D-x12、H-x19](刑法181\2、修一5)
030421★操纵证券、期货市场罪[C-x21、D-x12](刑法182、修一6、修六11)

030422★背信运用受托财产罪[C-x25、D-x13](刑法 185 之一\1、修六 12\1)

030423★违法运用资金罪([C-x25、D-x13](刑法 185 之一\2、修六 12\2)

030424★违法发放贷款罪[C-x19、D-x11](刑法 186\1、修六 13)

030425★吸收客户资金不入账罪[C-x19、D-x11](刑法 187、修六 14)

030426★违规出具金融票证罪[C-x19、D-x11](刑法 188、修六 15)

030427★对违法票据承兑、付款、保证罪[C-x19、D-x11](刑法 189)

030428★骗购外汇罪[C-x19、D-x12、E-x06](刑法决 1\5)

030429★逃汇罪[C-x19、D-x11](刑法 190、决 3)

030430★洗钱罪[C-x21、D-x12、H-x19、I-x12](刑法 191、修三 7、修六 16)

第五节　金融诈骗罪

(共 8 个罪名，25 种罪行)

030501★集资诈骗罪[C-x19、D-x12、E-x06、F-x02、H-x19、I-x12、J-x06](刑法 192、199、200)

030502★贷款诈骗罪[C-x19、D-x12、E-x06](刑法 193)

030503★票据诈骗罪[C-x19、D-x12、E-x06、H-x19、I-x12、J-x06](刑法 194\1、199、200、修八 30)

030504★金融凭证诈骗罪[C-x19、D-x12、E-x06、H-x19、I-x12、J-x06](刑法 194\2、199、200、修八 30)

030505★信用证诈骗罪[C-x19、D-x12、E-x06、H-x19、I-x12、J-x06](刑法 195、199、200、修八 30)

030506★信用卡诈骗罪[C-x19、D-x12、E-x06](刑法 196)

030507★有价证券诈骗罪[C-x19、D-x12、E-x06](刑法 197)

030508★保险诈骗罪[C-x19、D-x12、E-x09](刑法 198)

第六节　危害税收征管罪

（共 14 个罪名，33 种罪行）

030601★逃税罪[C-x25、D-x14]（刑法 201、204 \ 2、211、212 修七 3）

030602★抗税罪[C-x25、D-x14]（刑法 202、212）

030603★逃避追缴欠税罪[C-x27、D-x14]（刑法 203、211、212）

030604★骗取出口退税款罪[C-x19、D-x12、E-x06]（刑法 204 \ 1.2、211、212）

030605★虚开增值税专用发票、用于骗取出口退税、抵扣税款发票罪[C-x25、D-x13、E-x06、H-x25、I-x13、J-x06]（刑法 205、208 \ 2、212、修八 32）

030606★虚开发票罪[C-x32、D-x15]（刑法 205 之一、修八 33）

030607★伪造、出售伪造的增值税专用发票罪[C-x28、D-x13、E-x06、H-x25、I-x13、J-x06]（刑法 206、208 \ 2、修八 34）

030608★非法出售增值税专用发票罪[C-x28、D-x13、E-x06]（刑法 207、208 \ 2、211）

030609★非法购买增值税专用发票、购买伪造的增值税专用发票罪[C-x21]（刑法 208、211）

030610★非法制造、出售非法制造的用于骗取出口退税、抵扣税款发票罪[C-x28、D-x14、E-x10]（刑法 209 \ 1、211）

030611★非法制造、出售非法制造的发票罪[C-x33、D-x15]（刑法 209 \ 2、211）

030612★非法出售用于骗取出口退税、抵扣税款发票罪[C-x28、D-x14、E-x10]（刑法 209 \ 3、211）

030613★非法出售发票罪[C-x33、D-x15]（刑法 209 \ 4、211）

030614★持有伪造的发票罪[C-x32、D-x15]（刑法 210 之一、修八 35）

第七节　侵犯知识产权罪

（共 7 个罪名，12 种罪行）

030701★假冒注册商标罪[C-x27、D-x14]（刑法 213、220）

030702★销售假冒注册商标的商品罪[C-x27、D-x14](刑法 214、220)

030703★非法制造、销售非法制造的注册商标标识罪[C-x30、D-x14](刑法 215)

030704★假冒专利罪[C-x27](刑法 216)

030705★侵犯著作权罪[C-x27、D-x14](刑法 217)

030706★销售侵权复制品罪[C-x27](刑法 218)

030707★侵犯商业秘密罪[C-x27、D-x14](刑法 219)

第八节　扰乱市场秩序罪

(共 13 个罪名，21 种罪行)

030801★损害商业信誉、商品声誉罪[C-x33](刑法 221、231)

030802★虚假广告罪[C-x33](刑法 222、231)

030803★串通投标罪[C-x27](刑法 223\1.2)

030804★合同诈骗罪[C-x27、D-x13、E-x06](刑法 224)

030805★组织、领导传销活动罪[C-x19、D-x11](刑法 224 之一、修七 4)

030806★非法经营罪[C-x21、D-x11](刑法 225、决 4、修一 8)

030807★强迫交易罪[C-x27、D-x14](刑法 226、修八 36)

030808★伪造、倒卖伪造的有价票证罪[C-x33、D-x15](刑法227\1)

030809★倒卖车票、船票罪[C-x30](刑法 227\2)

030810★非法转让、倒卖土地使用权罪[C-x27、D-x14](刑法 228)

030811★提供虚假证明文件罪[C-x19、D-x12](刑法 229\1.2)

030812★出具证明文件重大失实罪[C-x27](刑法 229\3)

030813★逃避商检罪[C-x27](刑法 230)

第四章　侵犯公民人身权利、民主权利罪

(共 42 个罪名，66 种罪行)

040001★故意杀人罪[B-x13、C-x04](刑法 232、247、248、289、292)

040002★过失致人死亡罪[B-x24、C-x14](刑法233)
040003★故意伤害罪[C-x28、D-x13、E-x04](刑法234、238\2、247)
040004★组织出卖人体器官罪[C-x18、D-x11](刑法234之一、修八37)
040005★过失致人重伤罪[C-x25](刑法235、289、292、333、235)
040006★强奸罪[C-x13、D-x04](刑法236\1、241\2、259\2、300\3)
040007★强制猥亵、侮辱妇女罪[C-x19、D-x11](刑法237\1.2)
040008★猥亵儿童罪[C-x19、D-x11](刑法237\1.2.3)
040009★非法拘禁罪[C-x29、D-x13、E-x09](刑法238\1.2)
040010★绑架罪[B-x12、C-x06、D-x01](刑法239\1、修七6)
040011★拐卖妇女、儿童罪[C-x12、D-x06、E-x01](刑法240)
040012★收买被拐卖的妇女、儿童罪[C-x28](刑法241)
040013★聚众阻碍解救被拐卖的妇女、儿童罪[C-x19](刑法242)
040014★诬告陷害罪[C-x28、D-x13](刑法243)
040015★强迫劳动罪[C-x25、C-x13](刑法244、修八38)
040016★雇用童工从事危险劳动罪[C-x25、D-x14](刑法244之一、修四4)
040017★非法搜查罪[C-x25](刑法245)
040018★非法侵入住宅罪[C-x25](刑法245)
040019★侮辱罪[C-x29](刑法246)
040020★诽谤罪[C-x29](刑法246)
040021★刑讯逼供罪[C-x25](刑法247)
040022★暴力取证罪[C-x25](刑法247)
040023★虐待被监管人罪[C-x25、D-x13](刑法248)
040024★煽动民族仇恨、民族歧视罪[C-x29、D-x13](刑法249)
040025★出版歧视、侮辱少数民族作品罪[C-x28](刑法250)
040026★非法剥夺公民宗教信仰自由罪[C-x31](刑法251)
040027★侵犯少数民族风俗习惯罪[C-x31](刑法251)

040028★侵犯通信自由罪[C-x35](刑法 252)
040029★私自开拆、隐匿、毁弃邮件、电报罪[C-x31](刑法 253)
040030★出售、非法提供公民个人信息罪[C-x27](253 之一、修七 7\1)
040031★非法获取公民个人信息罪[C-x27](刑法 253 之一、修七 7\2)
040032★报复陷害罪[C-x31、D-x15](刑法 254)
040033★打击报复会计、统计人员罪[C-x25](刑法 255)
040034★破坏选举罪[C-x27](刑法 256)
040035★暴力干涉婚姻自由罪[C-x31、D-x15](刑法 257)
040036★重婚罪[C-x31](刑法 258)
040037★破坏军婚罪[C-x25](刑法 259)
040038★虐待罪[C-x32、D-x15](刑法 260)
040039★遗弃罪[C-x20](刑法 261)
040040★拐骗儿童罪[C-x19](刑法 262)
040041★组织残疾人、儿童乞讨罪[C-x25、D-x14](刑法 262 之一、修六 17)
040042★组织未成年人进行违反治安管理活动罪[C-x25、D-x14](刑法 262 之二、修七 8)

第五章 侵犯财产罪

(共 13 个罪名，30 种罪行)

050001★抢劫罪[C-x13、D-x04](刑法 263、267\2、269、289)
050002★盗窃罪[C-x30、D-x13、E-x06](刑法 264、253\2、265、修八 39)
050003★诈骗罪[C-x30、D-x13、E-x06](刑法 266、300\3)
050004★抢夺罪[C-x30、D-x13、E-x06](刑法 267)
050005★聚众哄抢罪[C-x28、D-x13](刑法 268)
050006★侵占罪[C-x33、D-x17](刑法 270\1)
050007★职务侵占罪[C-x19、D-x11](刑法 271)

050008★挪用资金罪[C-x25、D-x13](刑法 272、185\1、修一 7)
050009★挪用特定款物罪[C-x25、D-x14](刑法 273)
050010★敲诈勒索罪[C-x30、D-x13、E-x09](刑法 274、修八 40)
050011★故意毁坏财物罪[C-x27、D-x14](刑法 275)
050012★破坏生产经营罪[C-x28、D-x14](刑法 276)
050013★拒不支付劳动报酬罪[C-x27、D-x14](刑法 276 之一、修八 41)

第六章　妨害社会管理秩序罪

(共 125 个罪名，217 种罪行)

第一节　扰乱公共秩序罪

(共 40 个罪名，63 种罪行)

060101★妨害公务罪[C-x30](刑法 277\1.2、242\1、157)
060102★煽动暴力抗拒法律实施罪[C-x29、D-x14](刑法 278)
060103★招摇撞骗罪[C-x29、D-x13](刑法 279)
060104★伪造、变造、买卖国家机关公文、证件、印章罪[C-x29、D-x13](刑法 280\1、决 2)
060105★盗窃、抢夺、毁灭国家机关公文、证件、印章罪[C-x29、D-x13](刑法 280\1、决 2)
060106★伪造公司、企业、事业单位、人民团体印章罪[C-x29](刑法 280\2)
060107★伪造、变造居民身份证罪[C-x29、D-x14](刑法 280\3)
060108★非法生产、买卖警用装备罪[C-x30](刑法 281)
060109★非法获取国家秘密罪[C-x29、D-x14](刑法 282\1)
060110★非法持有国家绝密、机密文件、资料、物品罪[C-x28](刑法 282\2)
060111★非法生产、销售间谍专用间谍器材罪[C-x28](刑法 283)
060112★非法使用窃听、窃照专用器材罪[C-x32](刑法 284)
060113★非法侵入计算机信息系统罪[C-x25](刑法 285)
060114★非法获取计算机信息系统数据、非法控制计算机信息系统罪

[C-x27、D-x14](刑法 285\2、修七 9\1)

060115★提供侵入、非法控制计算机信息系统程序、工具罪[C-x27、D-x14](刑法 285\3、修七 9\2)

060116★破坏计算机信息系统罪[C-x19、D-x11](刑法 286\1)

060117★扰乱无线电通讯管理秩序罪[C-x30](刑法 288)

060118★聚众扰乱社会秩序罪[B-x29、C-x14](刑法 290\1)

060119★聚众冲击国家机关罪[B-x22、C-x12](刑法 290\2)

060120★聚众扰乱公共场所、交通秩序罪[C-x20](刑法 291)

060121★投放虚假危险物质罪[C-x20、D-x11](刑法 291 之一、修三 8)

060122★编造、故意传播虚假恐怖信息罪[C-x20、D-x11](刑法 291 之一、修三 8)

060123★聚众斗殴罪[C-x28、D-x13](刑法 292)

060124★寻衅滋事罪[C-x20、D-x12](刑法 293、修八 42)

060125★组织、领导、参加黑社会性质组织罪[A-x29、B-x14、C-x10](刑法 294\1、修八 43\1)

060126★入境发展黑社会组织罪[C-x13](刑法 294\2、修八43\2)

060127★包庇、纵容黑社会性质组织罪[C-x18、D-x11](刑法 294\3、修八 43\3)

060128★传授犯罪方法罪[C-x20、D-x12、E-x06](刑法 295、修八 44)

060129★非法集会、游行、示威罪[C-x22](刑法 296)

060130★非法携带武器、管制刀具、爆炸物参加集会、游行、示威罪[C-x29](刑法 297)

060131★破坏集会、游行、示威罪[C-x22](刑法 298)

060132★侮辱国旗、国徽罪[C-x29](刑法 299)

060133★组织、利用会道门、邪教组织、利用迷信破坏法律实施罪[C-x14、D-x10](刑法 300\1)

060134★组织、利用会道门、邪教组织、利用迷信致人死亡罪[C-x14、D-x10](刑法 300\2)

060135★聚众淫乱罪[C-x20](刑法 301＼1)

060136★引诱未成年人聚众淫乱罪[C-x20](刑法 301＼2)

060137★盗窃、侮辱尸体罪[C-x28](刑法 302)

060138★赌博罪[C-x28](刑法 303＼1)

060139★开设赌场罪[C-x28、D-x13](刑法 303＼2、修六 18＼2)

060140★故意延误投递邮件罪[C-x31](刑法 304)

第二节　妨害司法罪

(共 17 个罪名，29 种罪行)

060201★伪证罪[C-x25、D-x14](刑法 305)

060202★辩护人、诉讼代理人毁灭证据、伪造证据、妨害作证罪[C-x25、D-x14](刑法 306)

060203★妨害作证罪[C-x25、D-x14](刑法 307＼1)

060204★帮助毁灭、伪造证据罪[C-x25](刑法 307＼2)

060205★打击报复证人罪[C-x25、D-x14](刑法 308)

060206★扰乱法庭秩序罪[C-x30](刑法 309)

060207★窝藏、包庇罪[C-x28、D-x13](刑法 310、362)

060208★拒绝提供间谍犯罪证据罪[C-x28](刑法 311)

060209★掩饰、隐瞒犯罪所得、犯罪所得收益罪[C-x30、D-x14](刑法 312、修六 19)

060210★拒不执行判决、裁定罪[C-x27](刑法 313)

060211★非法处置查封、扣押、冻结的财产罪[C-x27](刑法 314)

060212★破坏监管秩序罪[C-x24](刑法 315)

060213★脱逃罪[C-x19](刑法 316＼1)

060214★劫夺被押解人员罪[C-x14、D-x10](刑法 316＼2)

060215★组织越狱罪[B-x19、C-x11](刑法 317＼1)

060216★暴动越狱罪[B-x13、C-x06、D-x01](刑法 317＼2)

060217★聚众持械劫狱罪[B-x13、C-x06、D-x01](刑法 317＼2)

第三节　妨害国(边)境管理罪

(共 8 个罪名，14 种罪行)

060301★组织他人偷越国(边)境罪[C-x15、D-x07](刑法 318)

060302★骗取出境证件罪[C-x24、D-x13](刑法 319)
060303★提供伪造、变造的出入境证件罪[C-x18、D-x11](刑法 320)
060304★出售出入境证件罪[C-x18、D-x11](刑法 320)
060305★运送他人偷越国(边)境罪[C-x20、D-x12、E-x10](刑法 321)
060306★偷越国(边)境罪[C-x36](刑法 322)
060307★破坏界碑、界桩罪[C-x25](刑法 323)
060308★破坏永久性测量标志罪[C-x25](刑法 323)

第四节　妨害文物管理罪

(共 10 个罪名，16 种罪行)

060401★故意损毁文物罪[C-x27、D-x13](刑法 324 \ 1)
060402★故意损毁名胜古迹罪[C-x21](刑法 324 \ 2)
060403★过失损毁文物罪[C-x25](刑法 324 \ 3)
060404★非法向外国人出售、赠送珍贵文物罪[C-x19](刑法 325)
060405★倒卖文物罪[C-x19、D-x12](刑法 326)
060406★非法出售、私赠文物藏品罪[C-x25](刑法 327)
060407★盗掘古文化遗址、古墓葬罪[B-x28、C-x13、D-x06](刑法 328 \ 1、修八 45 \ 1)
060408★盗掘古人类化石、古脊椎动物化石罪[B-x28、C-x13、D-x06](刑法 328 \ 2、修八 45 \ 2)
060409★抢夺、窃取国有档案罪[C-x19](刑法 329 \ 1)
060410★擅自出卖、转让国有档案罪[C-x25](刑法 329 \ 2)

第五节　危害公共卫生罪

(共 11 个罪名，19 种罪行)

060501★妨害传染病防治罪[C-x25、D-x14](刑法 330)
060502★传染病菌种、毒种扩散罪[C-x25、D-x14](刑法 331)
060503★妨害国境卫生检疫罪[C-x27](刑法 332)
060504★非法组织卖血罪[C-x18](刑法 333)
060505★强迫卖血罪[C-x12](刑法 333)

060506★非法采集、供应血液、制作、供应血液制品罪[C-x19、D-x12、E-x06](刑法 334\1)
060507★采集、供应血液、制作、供应血液制品事故罪[C-x19](刑法 334\2)
060508★医疗事故罪[C-x25](刑法 335)
060509★非法行医罪[C-x30、D-x13、E-x09](刑法 336\1)
060510★非法进行节育手术罪[C-x30、D-x13、E-x09](刑法 336\2)
060511★妨害动植物防疫、检疫罪[C-x27](刑法 337\1、修七 11)

第六节　破坏环境资源保护罪

(共 15 个罪名，30 种罪行)

060601★污染环境罪[C-x27、D-x14](刑法 338、346、修八 46)
060602★非法处置进口的固体废物罪[C-x19、D-x12、E-x09](刑法 339\1、346、修八 46)
060603★擅自进口固体废物罪[C-x19、D-x12](刑法 339\2)
060604★非法捕捞水产品罪[C-x30](刑法 340)
060605★非法猎捕、杀害珍贵、濒危野生动物罪[C-x19、D-x12、E-x09](刑法 341\1)
060606★非法收购、运输、出售珍贵、濒危野生动物、珍贵、濒危野生动物制品罪[C-x19、D-x12、E-x09](刑法 341\1)
060607★非法狩猎罪[C-x30](刑法 341\2)
060608★非法占用农用地罪[C-x21](刑法 342、修二)
060609★非法采矿罪[C-x30、D-x14](刑法 343\1、修八 47)
060610★破坏性采矿罪[C-x19](刑法 343\2)
060611★非法采伐、毁坏珍贵树林、国家重点保护植物罪[C-x28、D-x14](刑法 344、修四 6)
060612★非法收购、运输、加工、出售国家重点保护植物、国家重点保护植物制品罪[C-x28、D-x14](刑法 344、修四 6)
060613★盗伐林木罪[C-x30、D-x14、E-x10](刑法 345\1)
060614★滥伐林木罪[C-x30、D-x14](刑法 345\2)

060615★非法收购、运输盗伐、滥伐的林木罪[C-x30、D-x14](刑法 345\3、修四 7)

第七节　走私、贩卖、运输、制造毒品罪

(共 12 个罪名，24 种罪行)

060701★走私、贩卖、运输、制造毒品罪[C-x28、D-x14、E-x10、F-x03](刑法 347)

060702★非法持有毒品罪[C-x28、D-x14、E-x07](刑法 348)

060703★包庇毒品犯罪分子罪[C-x28、D-x13](刑法 349)

060704★窝藏、转移、隐瞒毒品、毒赃罪[C-x28、D-x13](刑法 349)

060705★走私制毒物品罪[C-x28、D-x13](刑法 350\1\前段)

060706★非法买卖制毒物品罪[C-x28、D-x13](刑法 350\1\后段)

060707★非法种植毒品原植物罪[C-x20、D-x11](刑法 351)

060708★非法买卖、运输、携带、持有毒品原植物种子、幼苗罪[C-x30](刑法 352)

060709★引诱、教唆、欺骗他人吸毒罪[C-x28、D-x14](刑法 353\1)

060710★强迫他人吸毒罪[C-x13](刑法 353\2)

060711★容留他人吸毒罪[C-x28](刑法 354)

060712★非法提供麻醉药品、精神药品罪[C-x25、D-x14](刑法 355)

第八节　组织、强迫、引诱、容留、介绍卖淫罪

(共 7 个罪名，13 种罪行)

060801★组织卖淫罪[C-x12、D-x06、E-x02](刑法 358\1.2、361)

060802★强迫卖淫罪[C-x12、D-x06、E-x02](刑法 358\1.2、361)

060803★协助组织卖淫罪[C-x18、D-x12](刑法 358\3、修八 48)

060804★引诱、容留、介绍卖淫罪[C-x20、D-x11](刑法 359\1、361)

060805★引诱幼女卖淫罪[C-x11](刑法 359\2)

060806★传播性病罪[C-x20](刑法 360\1)

060807★嫖宿幼女罪[C-x11](刑法 360\2)

第九节　制作、贩卖、传播淫秽物品罪

（共 5 个罪名，9 种罪行）

060901★制作、复制、出版、贩卖、传播淫秽物品牟利罪[C-x28、D-x13、E-x06](刑法 363\1、366)

060902★为他人提供书号出版淫秽书刊罪[C-x30](刑法 363\2、366)

060903★传播淫秽物品罪[C-x32](刑法 364\1)

060904★组织播放淫秽音像制品罪[C-x28、D-x13](刑法 364\2)

060905★组织淫秽表演罪[C-x28、D-x13](刑法 365)

第七章　危害国防利益罪

（共 23 个罪名，39 种罪行）

070001★阻碍军人执行职务罪[C-x30](刑法 368\1)

070002★阻碍军事行动罪[C-x19](刑法 368\2)

070003★破坏武器装备、军事设施、军事通信罪[C-x28、D-x13、E-x04](刑法 369)

070004★过失损坏武器装备、军事设施、军事通信罪[C-x25、D-x14](刑法 369、修五 3\2)

070005★故意提供不合格武器装备、军事设施罪[C-x19、D-x12、E-x04](刑法 370\1)

070006★过失提供不合格武器装备、军事设施罪[C-x25、D-x14](刑法 370\2)

070007★聚众冲击军事禁区罪[B-x22、C-x12](刑法 371\1)

070008★聚众扰乱军事管理区秩序罪[B-x29、C-x14](刑法 371\2)

070009★冒充军人招摇撞骗罪[C-x29、D-x13](刑法 372)

070010★煽动军人逃离部队罪[C-x28](刑法 373)

070011★雇用逃离部队军人罪[C-x28](刑法 373)

070012★接送不合格兵员罪[C-x25、D-x14](刑法 374)

070013★伪造、变造、买卖武装部队公文、证件、印章罪[C-x29、

D-x13]（刑法 375\1）

070014★盗窃、抢夺武装部队公文、证件、印章罪[C-x29、D-x13]（刑法 375\1）

070015★非法生产、买卖武装部队制式服装罪[C-x30]（刑法 375\2）

070016★伪造、盗窃、买卖、非法提供、非法使用武装部队专用标志罪[C-x30、D-x14]（刑法 375\3）

070017★战时拒绝、逃避征召、军事训练罪[C-x25]（刑法 376\1）

070018★战时拒绝、逃避服役罪[C-x31]（刑法 376\2）

070019★战时故意提供虚假敌情罪[C-x13、D-x06]（刑法 377）

070020★战时造谣扰乱军心罪[C-x28、D-x13]（刑法 378）

070021★战时窝藏逃离部队军人罪[C-x25]（刑法 379）

070022★战时拒绝、故意延误军事订货罪[C-x19、D-x11]（刑法 380）

070023★战时拒绝军事征用罪[C-x25]（刑法 381）

第八章　贪污贿赂罪

（共 13 个罪名，28 种罪行）

080001★贪污罪[B-x31、C-x16、D-x08、E-x04]（刑法 382、383、183\2、271\2、386、394）

080002★挪用公款罪[C-x19、D-x11、E-x06]（刑法 384、185\2、修一 7、272\2）

080003★受贿罪[B-x31、C-x16、D-x08、E-x04]（刑法 385、386、388）

080004★利用影响力受贿罪[C-x25、D-x14、E-x10]（刑法 388 之一、修七 13）

080005★单位受贿罪[C-x19]（刑法 387）

080006★行贿罪[C-x19、D-x12、E-x06]（刑法 389、390）

080007★对单位行贿罪[C-x25]（刑法 391）

080008★介绍贿赂罪[C-x25]（刑法 392）

080009★单位行贿罪[C-x19](刑法 393)
080010★巨额财产来源不明罪[C-x19、D-x12](刑法 395、修七 14)
080011★隐瞒境外存款罪[C-x31](刑法 395\2)
080012★私分国有资产罪[C-x27、D-x14](刑法 396\1)
080013★私分罚没财物罪[C-x27、D-x14](刑法 396\2)

第九章　渎职罪

（共 38 个罪名，68 种罪行）

090001★滥用职权罪[C-x25、D-x14](刑法 397\1)
090002★玩忽职守罪[C-x25、D-x14](刑法 397\1、《决》6)
090003★国家机关工作人员徇私舞弊罪[C-x19、D-x12](刑法 397\2)①
090004★故意泄露国家秘密罪[C-x25、D-x14](刑法 398)
090005★过失泄露国家秘密罪[C-x25、D-x14](刑法 398)
090006★徇私枉法罪[C-x19、D-x12、E-x09](刑法 399\1)
090007★民事、行政枉法裁判罪[C-x19、D-x12](刑法 399\2)
090008★执行判决、裁定滥用职权罪[C-x19、D-x12](刑法 399\3、修四 8)
090009★执行判决、裁定失职罪[C-x19、D-x12](刑法 399\3、修四 8)
090010★枉法仲裁罪[C-x25、D-x14](刑法 399 之一、修六 20)
090011★私放在押人员罪[C-x19、D-x12、E-x09](刑法 400\1)
090012★失职致使在押人员脱逃罪[C-x25、D-x13](刑法 400\2)
090013★徇私舞弊适用减刑、假释、暂予监外执行罪[C-x25、D-x14](刑法 401)
090014★徇私舞弊不移交刑事案件罪[C-x25、D-x14](刑法 402)
090015★滥用管理公司、证券职权罪[C-x19](刑法 403\1.2)

① “两高”司法解释无此罪名，由于它的法定刑配置不同于“滥用职权罪”和“玩忽职守罪”，所以应增设本罪名。

090016★徇私舞弊不征、少征税款罪[C-x19、D-x11](刑法 404)
090017★徇私舞弊发售发票、抵扣税款、出口退税罪[C-x19、D-x11](刑法 405 \ 1)
090018★非法提供出口退税凭证罪[C-x19、D-x11](刑法 405 \ 2)
090019★国家机关工作人员签订、履行合同失职被骗罪[C-x25、D-x14](刑法 406)
090020★违法发放林木采伐许可证罪[C-x25](刑法 407)
090021★环境监管失职罪[C-x25](刑法 408)
090022★食品监管渎职罪[C-x19、D-x12](刑法 408 之一、修八 49)
090023★传染病防治失职罪[C-x25](刑法 409)
090024★非法批准征用、占用土地罪[C-x25、D-x14](刑法 410)
090025★非法低价出让国有土地使用权罪[C-x25、D-x14](刑法 410)
090026★放纵走私罪[C-x19、D-x11](刑法 411)
090027★商检徇私舞弊罪[C-x19、D-x12](刑法 412 \ 1)
090028★商检失职罪[C-x25](刑法 412 \ 2)
090029★动植物检疫徇私舞弊罪[C-x19、D-x12](刑法 413 \ 1)
090030★动植物检疫失职罪[C-x25](刑法 413 \ 2)
090031★放纵制售伪劣商品犯罪行为罪[C-x19](刑法 414)
090032★办理偷越国(边)境人员出入境证件罪[C-x25、D-x14](刑法 415)
090033★放行偷越国(边)境人员罪[C-x25、D-x14](刑法 415)
090034★不解救被拐卖、绑架妇女、儿童罪[C-x19](刑法 416 \ 1)
090035★阻碍解救被拐卖、绑架妇女、儿童罪[B-x31、C-x15](刑法 416 \ 2)
090036★帮助犯罪分子逃避处罚罪[C-x25、D-x13](刑法 417)
090037★招收公务员、学生徇私舞弊罪[C-x25](刑法 418)
090038★失职造成珍贵文物损毁、流失罪[C-x25](刑法 419)

第十章　军人违反职责罪

（共 31 个罪名，69 种罪行）

100001★战时违抗命令罪[C-x13、D-x04]（刑法 421）
100002★隐瞒、谎报军情罪[C-x13、D-x04]（刑法 422）
100003★拒传、假传军令罪[C-x13、D-x04]（刑法 422）
100004★投降罪[C-x13、D-x06、E-x04]（刑法 423）
100005★战时临阵脱逃罪[C-x24、D-x13、E-x04]（刑法 424）
100006★擅离、玩忽军事职守罪[C-x25、D-x14、E-x11]（刑法 425）
100007★阻碍执行军事职务罪[C-x19、D-x11、E-x02]（刑法 426）
100008★指使部属违反职责罪[C-x19、D-x12]（刑法 427）
100009★违令作战消极罪[C-x18、D-x11]（刑法 428）
100010★拒不救援友邻部队罪[C-x18]（刑法 429）
100011★军人叛逃罪[C-x19、D-x11、E-x04]（刑法 430）
100012★非法获取军事秘密罪[C-x18、D-x12、E-x09]（刑法 431 \ 1）
100013★为境外窃取、刺探、收买、非法提供军事秘密罪[C-x04]（刑法 431 \ 2）
100014★故意泄露军事机密罪[C-x19、D-x12、E-x06]（刑法 432 \ 1. 2）
100015★过失泄露军事机密罪[C-x19、D-x12、E-x06]（刑法 432 \ 1. 2）
100016★战时造谣惑众罪[C-x24、D-x13、E-x06、F-x01]（刑法 433 \ 1. 2）
100017★战时自伤罪[C-x24、D-x14]（刑法 434）
100018★逃离部队罪[C-x25、D-x14]（刑法 435）
100019★武器装备肇事罪[C-x25、D-x14]（刑法 436）
100020★擅自改变武器装备编配用途罪[C-x25、D-x14]（刑法 437）
100021★盗窃、抢夺武器装备、军用物资罪[C-x19、D-x12、E-

x04]（刑法 438 \ 1）

100022★非法出卖、转让军队武器装备罪[C-x13、D-x04]（刑法 439）

100023★遗弃武器装备罪[C-x19、D-x11]（刑法 440）

100024★遗失武器装备罪[C-x25]（刑法 441）

100025★擅自出卖、转让军队房地产罪[C-x25、D-x13]（刑法 442）

100026★虐待部属罪[C-x19、D-x11]（刑法 443）

100027★遗弃伤病军人罪[C-x18]（刑法 444）

100028★战时拒不救治伤病军人罪[C-x19、D-x12]（刑法 445）

100029★战时残害居民、掠夺居民财物罪[C-x18、D-x12、E-x04]（刑法 446）

100030★私放俘虏罪[C-x18、D-x11]（刑法 447）

100031★虐待俘虏罪[C-x24]（刑法 448）